Wien

Karl Unger

W0236806

Inhalt

»Wien bleibt Wien...«

Spaziergänge durch Wien

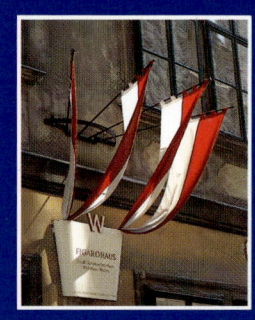

Die Vorstädte 122

Die Umgebung Wiens 234

Serviceteil

Verzeichnis der Karten und Pläne

»Wien bleibt Wien...«

Glückliche, Überglückliche und Wiener

In den inzwischen zur Legende gewordenen Zeiten der Donaumonarchie kursierte der Satz: »Es gibt Glückliche, Überglückliche und Wiener.« Er scheint zu besagen, daß die Bewohner der vielbesungenen Haupt- und Residenzstadt schon auf Erden in himmlischer Glückseligkeit lebten. Aber er kann auch meinen, daß der Wiener das Gegenteil eines überglücklichen Menschen ist. So doppeldeutig wie dieser Satz sind auch die Wiener, und sie haben es über die Jahrhunderte hinweg gut verstanden, ihr schillerndes und widerspruchsvolles Wesen vor neugierigen Blicken zu verbergen. Sie selbst und ihre erfolgreiche Fremdenverkehrswerbung sorgten dafür, daß man sich im Ausland die Bewohner der Stadt als gemütliche, mit einem goldenen Herzen ausgestattete Menschen vorstellt, die ständig die Hände aller Frauen küssen und deren Lebensrhythmus der Walzertakt ist. Österreicher hingegen, wie der Schriftsteller Thomas Bernhard beispielsweise, entdecken eher Düsteres: »Sie können

stundenlang durch Wien gehen ... und sehen nur Verbitterung und Enttäuschung in den Gesichtern.« Wieder ein anderes Bild zeigt die Statistik: Die Wiener stehen früh auf (die Hälfte ist bereits um 6 Uhr wach) und gehen früh schlafen (um 21 Uhr liegt ein Viertel dieser Großstädter schon im Bett). Das klingt nach viel Arbeit und wenig Vergnügen, nach provinziellen, um nicht zu sagen langweiligen Menschen. Und bei einem Bummel durch die Stadt ist nicht zu übersehen, daß sich kaum jemand nach der neuesten Mode kleidet. Alles ist ein bißchen bieder und verläuft in Mäßigkeit, Ruhe und vorgezeichneten Bahnen. Im Umgang mit anderen Menschen wahrt der Wiener vor allem die Form. Gefühle werden selten öffentlich geäußert, selbst im Umgang mit Kindern kaum.

Mit dem Zustand der Welt ist der Wiener tief in seinem Inneren unzufrieden. »Da muß was g'schehen« lautet die eine seiner Lieblingsformulierungen, aber die andere heißt: »Da kann man nix machen«. Erst wenn man verstanden hat, daß sich das Leben der Wiener zwischen diesen beiden Polen, dem Anflug von Aktivismus und der gottergebenen Resignation, bewegt, kann man die schillernden, widersprüchlichen Facetten seines Wesens verstehen. Diese Extreme haben, wie so mancher Analytiker der wienerischen Seele meint, mit der Lage Wiens als »europäisch-asiatischer Grenzstadt« zu tun. »Sie können dieser Stadt ein wirkliches und unverdientes Unrecht tun, wenn Sie sie an deutschem Maße messen und als deutsche Stadt in

Anspruch nehmen«, warnte im vorigen Jahrhundert der große Wiener Feuilletonist Ferdinand Kürnberger. Für ihn vermischten sich in der Donaumetropole zwei unterschiedliche Lebensarten und prägten die Menschen: »Europa ist das Gesetz, Asien ist die Willkür; Europa ist die Pflicht, Asien die Laune; Europa ist das Streng-Sachliche, Asien ist das Rein-Persönliche; Europa ist der Mann, Asien das Kind und der Greis.«

Wien war schon als römisches *Vindobona* eine Grenzstadt und ist es bis heute geblieben. Unter den Habsburgern war es das »Bollwerk der katholischen Christenheit«, abwechselnd bedroht von Türken, Protestanten und Slawen. Nach 1945 war die Stadt eine Verteidigerin des »freien Westens« und, wie die Boulevardzeitungen und der ORF (Österreichische Rundfunk) gerne und oft erzählten, nie vor dem Zugriff der Kommunisten sicher. Das gab den Menschen über Jahrhunderte ein Gefühl der Gefährdung, ließ sie enger zusammenrücken in der Abwehr alles Fremden und intole-

rant werden. Daß die Grenze auch eine Chance bot, Neues und Unbekanntes zu entdecken, haben nur wenige Wiener begriffen.

Das Gefühl der Gefährdung wird noch verstärkt durch die Vorstellung des Wieners, daß er – etwas überspitzt ausgedrückt – ganz alleine auf der Welt ist. Denn als Österreicher fühlt er sich erst in zweiter Linie, und das bringt er auch in seiner Sprache deutlich zum Ausdruck. Der Begriff »Bundesland« bedeutet für ihn soviel wie Provinz, ungeachtet dessen, daß Wien selbst auch ein Bundesland ist. Die Einwohner der Bundesländer werden heute noch abschätzig »Gscherde« genannt, nach der Haartracht der leibeigenen Bauern, die sich die Köpfe scheren mußten. Umgekehrt gibt es eine ausgeprägte Wien-Feindschaft Restösterreichs: Die »jüdisch-liberale« Metropole der Jahrhundertwende war dem bäuerlich-kleinstädtischen Milieu genauso verhaßt wie später das »rote Wien« und heute die »kostspielige Zentralmacht«.

So alleine wie er ist, muß sich der Wiener dazu noch in einer hochkomplizierten Welt von Vorschriften und Anordnungen zurechtfinden. Denn es gibt fast nichts, was nicht geregelt ist, auch wenn es völlig unsinnig ist, wie beispielsweise das Verbot, mitten in der Innenstadt, im Burggarten, Schi zu fahren. Über der Stadt liegt der Geist des »Bürokretinismus« (Karl Kraus) und das Motto der Verwaltung lautet: »Wir können warten«. Deshalb gibt es wenig, was seinen geraden und öffentlichen Weg geht. Vielmehr ist die Bakschisch-Mentalität immer noch verbreitet, und persönliche Beziehungen sind lebenswichtig. Sie machen dann doch vieles möglich, was amtlich gar nicht vorgesehen ist. Für solche Fälle hat der Wiener einen eigenen Begriff geprägt: »Ich geh' mir's richten.« Der Obrigkeit widerspricht der Wiener selten, er trickst sie lieber aus. Von dieser Praxis gibt es sogar steinerne Zeugen: die Häuser zwischen Ringstraße und Gürtel. Einer Bauvorschrift zufolge durften hier keine Gebäude mit mehr als vier Stockwerken errichtet werden, wobei aber das Parterre unterteilt werden konnte. Deshalb haben viele Wohnhäuser Tiefparterre, Hochparterre und ein »Mezzanin« genanntes Zwischenparterre. Der erste Stock ist also eigentlich schon der vierte.

Doch so richtig glücklich wird der Wiener, obwohl er gerne davon erzählt, wie er sich's wieder gerichtet hat, dabei nicht. »Man kann tun, was man will; es kommt in diesem Gefilz von Kräften nicht im geringsten darauf an«, klagte schon »Der Mann ohne Eigenschaften« in Robert Musils weltberühmtem Roman, der auf mehr als tausend Seiten die Tiefen und Untiefen der Wiener Seele auslotet. Aber der Wiener ist eben kein Mann ohne Eigenschaften, sondern – so seltsam das klingen mag – ein »wahrer« Preuße. Das hat seine Wurzeln im Siebenjährigen Krieg (1756–1763). In Bürokratie und Armee, den beiden Hauptstützen des damals von Kaiserin Maria Theresia geschaffenen modernen österreichischen Staates, gab es viele Parallelen zur preußischen Reform. Und in der Gestalt ihres Sohnes Joseph II., der den Preußenkönig Friedrich II. tief bewunderte, hat der militärisch-bürokratische Stil dann auch die habsburgische Dynastie erfaßt und geprägt. Wenn man in Nüchternheit und Schlichtheit, in der völligen Hingabe an den Gedanken der Pflicht den Kern des Preußentums erblickt, dann war Kaiser Franz Joseph weit preußischer als Wilhelm II. Doch das wurde öffentlich immer in Abrede gestellt, denn seit dem Siebenjährigen Krieg bestimmte die Rivalität gegenüber Preußen – und später Deutschland – Ideenwelt und Stil der Habsburger und damit der Wiener. Hinter dem barocken Alltagsritual, das Offenheit und Leichtigkeit suggeriert, stecken, kaum erkennbar, als Kern des wienerischen Wesens Starrheit und Autoritätsgläubigkeit.

Diese Haltung wurde von Generation zu Generation weitergegeben, und es ist auffallend, wie selten man in der Stadt an der Donau im Beisein von Erwachsenen fröhliche, lachende und lärmende Kinder findet. In Wien wird eben noch erzogen, und Meinungsforscher haben herausgefunden, welches dabei nach wie vor die wichtigsten Ziele sind: Gehorsam, Höflichkeit und Sparsamkeit. Der Psychoanalytiker Erwin Ringel, der über Jahre intensiv die »österreichische Seele« erforscht hat, sah darin die Ursache für die überall anzutreffende Bereit-

Wienerisch von Aa-Zores

Ein scharfsinniger Beobachter hat es auf die prägnante Formel gebracht: »Die gleiche Sprache ist es, die den Österreicher von den Deutschen unterscheidet.« Rund 4000 Austriazismen listet ein gängiges Österreich-Wörterbuch für Deutsche auf, 23 von ihnen sind inzwischen auch international anerkannt. Sie waren Gegenstand der österreichischen Beitrittsverhandlungen zur Europäischen Union und dürfen in den offiziellen Dokumenten der EU verwendet werden. Es sind aber nicht allein die Worte. Die österreichische Sprache insgesamt ist anders. Da wird nicht eine mit Paprika gewürzte Wurst gegessen oder beim Fußballspiel ein Tor geschossen. In Österreich beißt man in eine »paprizierte« Wurst und der Torjäger »netzt den Ball ein«.

Der Wiener verwendet darüber hinaus ganz selbstverständlich Worte, die noch nicht einmal Eingang ins Österreichische gefunden haben. Sie wurden geprägt durch die Völker der Monarchie, insbesondere die Juden, oder sind Verstümmelungen aus den früheren Hofsprachen Französisch und Italienisch. Diese Worte geben einer Erzählung die besondere Farbe und fangen eine Stimmung oder eine Situation mit einem Wort ein. Wenn etwa gesagt wird, heute Nacht war ein ordentlicher »Bahöö«, dann kann sich jeder Wiener die Situation vorstellen: Ein Betrunkener gröhlt auf der Straße, in den Wohnungen gehen die Lichter an, die Fenster öffnen sich und verschlafene Menschen brüllen, daß es ruhig sein soll. Der Betrunkene sieht das nicht ein, er gibt Widerworte, Dialoge entwickeln sich, die unsanft Geweckten beginnen zu streiten und sich gegenseitig zu beschimpfen. Die ganze Straße ist schließlich hellwach und der Lärm so laut, daß man den Betrunkenen gar nicht mehr hört. Mit anderen Worten: Es ist ein ordentlicher Bahöö.

Aa – kacken (wird nicht nur für Kleinkinder verwendet)
aufpudln – sich wichtig machen
babá – Auf Wiedersehen
Barabarer – Schwerarbeiter
Bißgurn – zänkisches Weib
blad – dick
därisch – taub
deppat – dumm
dischgariern – diskutieren
Dodl – Dummkopf
Drahrer – Nachtschwärmer
Ezzes – guter Rat
Falott – Lump, Schelm
Fetzntandler – Lumpen- und Altwarenhändler
Fotzhobl – Mundharmonika
Funzn – schlechte bzw. schwache Lichtquelle
Gelse – Mücke
Gewurl – Durcheinander
Gfrett – Jammer
Gifthüttn – Schnapsausschank
Goschn – Mund
Grantscherben – ständig schlecht gelaunter Mensch

Greisler(in) – Besitzer(in) eines Tante-Emma-Ladens, auch Bezeichnung für den Laden selbst
Gscherda – Provinzler
Gugascheckn – Sommersprossen
Haberer – Freund, Kumpel
Hackn – Arbeit
Häfn – Gefängnis
haklich – heikel
hatschen – hinken
Hetz – Spaß, Unterhaltung
heurig – von (aus) diesem Jahr
Koloniakübel – Mülleimer
Krowott – eigentlich Kroate, auch mehr oder weniger liebevoll-herablassende Bezeichnung für etwas hinterlistige Typen
Maschekseitn – die andere Seite
Masen, Massel – Glück
Mistelbacher – Polizist
Muckn – Unart
packln – mogeln; einen Kompromiß schließen
Pantscherl – geheimes Liebesverhältnis
Pappn – Mund
Patschenkino – Fernsehapparat
Pepihacker – Pferdefleischhauer
Pfandl – Pfandleihhaus

pflanzen – foppen
pomali – langsam
potschat – ungeschickt
Pülcher – Halbstarker mit kriminellen Anwandlungen
püseln – schlafen
Rebbach – Nutzen, Gewinn
Sandler – Vagabund, Stadtstreicher
sekkieren – quälen
schetzkojedno – alles egal
Schinakl – Boot
Schlawiner – eigentlich Slowene, im gleichen Sinne verwendet wie Krowott
Schlieferl – Kriecher, Schmarotzer
Schmäh – Aufschneiderei; Witz
Schmarrn – wertlos, schlecht (Der Film XY ist ein Schmarrn), aber auch Mehlspeise
Schmattes – Trinkgeld
Schnorrer – Bettler
schofel – schäbig
Seicherl – Duckmäuser
Spompernadln – Unsinn, Widerrede
Springinkerl – lebhaftes Kind
stierln – wühlen
tachinieren – nichts arbeiten
Trudscherl – niedliches, etwas scheues Mädchen
tschechern – Alkohol trinken bzw. saufen
Tschick – Zigarette
Tschoch – Kaffeehaus
Tuararei – Getue
Urschl – einfältiges Weib
Watschn – Ohrfeige
Wimmerl – Pickel
wischerln – pinkeln
Zararei – Schlepperei
zizerlweis – in kleinen Stücken
Zores – Ärger, Sorgen

Weitere Informationen zum Wienerischen finden sich im Service-Teil unter den Stichworten: Beisllexikon (S. 263), Heurigenlexikon (S. 264) und Kaffeehauslexikon (S. 265).

schaft zum »devoten Dienen« und zum »vorauseilenden Gehorsam«. Deshalb ist es der Obrigkeit von Habsburg bis Hitler in Wien leichtgefallen, ihre Macht auszuüben und die Menschen für ihre Zwecke zu instrumentalisieren. Daß man trotzdem für sein Verhalten verantwortlich ist, verstehen die Wiener nicht, wie die sich von 1986 an über mehrere Jahre hinziehende Affäre um den damaligen Bundespräsidenten Kurt Waldheim deutlich gemacht hat. Ihm fehlte jedes Unrechtsbewußtsein für seine Handlungen im Dritten Reich, und die Mehrzahl der Wiener fühlte genauso: Denn Kurt Waldheim war an keinem nationalsozialistischen Verbrechen beteiligt gewesen, sondern hatte nur wie jeder andere seine Pflicht erfüllt. Und was die Obrigkeit anschafft, das muß man doch tun.

Diese Unterwerfung unter die Autorität und die damit verbundene Furcht vor Selbstverantwortung macht das Alltagsleben oft schwierig. Wenn man beispielsweise einen Beamten, eine Verkäuferin oder einen Museumsaufseher um eine außerhalb der Norm liegende Kleinigkeit bittet, bekommt man in der Regel einen Satz wie den folgenden zu hören: »Da muß ich erst den Herrn Magister fragen, aber der kommt erst morgen wieder ins Haus.« Im Klartext heißt das: Das kommt gar nicht in Frage, und wagen Sie es nicht, meinen Vorgesetzten zu fragen, denn der ist Akademiker und kein so gewöhnlicher Mensch wie Sie. Diese Art der Zurückweisung ist nicht nur in der Form höflicher als eine direkte Ablehnung, sondern hat den unbestreitbaren Vorteil, daß der Betreffende selbst dafür keine Verantwortung übernehmen muß.

Die »Kennworte« des Wieners, die der Dichter Arthur Schnitzler um die Jahrhundertwende notierte, sind unverändert geblieben:

»Wie komm denn i dazu?«
»Es zahlt sich ja net aus!«
»Tun's Ihnen nix an.«

Das klingt ein bißchen aggressiv und vor allem wehleidig. Das »Raunzen«, wie es auf Wienerisch heißt und von dem Volksschauspieler Hans Moser zur grandiosen Kunst erhoben wurde, hat zwei Aspekte. Auf den positiven hat der Schriftsteller Robert Neumann in seinem Versuch, den Deutschen die Österreicher zu erklären, hingewiesen: »Schlichte Gemüter denken von Tante Paula, daß alles, was sie tut oder läßt, einfach großartig sein muß, weil sie die eigene Tante Paula ist. Minder Schlichte fühlen sich für das Tun und Lassen der Tante Paula verantwortlich, weil sie ja doch die eigene Tante Paula ist, sie stehen ihr wachsamer, kritischer, engagierter, wenns sein muß auch feindseliger gegenüber als anderer Leute Tanten: daß sie die eigene Tante ist, verpflichtet

Suizidstudien hat Erwin Ringel darauf hingewiesen, daß in Los Angeles die typische Feststellung nach einem Selbstmord lautet: »Schade um diesen Menschen, er hätte für sich und für uns noch viel leisten können«, in Wien hingegen: »Der hat es gut, der hat alles hinter sich.«

Der Dichter Hermann Bahr behauptete um die Jahrhundertwende: »Der Wiener ist ein mit sich sehr unglücklicher Mensch, der den Wiener haßt, aber ohne den Wiener nicht leben kann, der sich verachtet, aber über sich gerührt ist.« Doch Hermann Bahr war ein »Gscherda« und kein Wiener. Deshalb hat er nicht verstanden, daß dieses Unglücklichsein zum Teil auch Inszenierung ist und sogar ein Moment an Selbsterkenntnis ausdrückt, das der Stückeschreiber Johann Nestroy in den ironischen Satz gefaßt hat: »Ich glaub' von jedem Menschen das Schlechteste, selbst von mir, und ich hab' mich selten getäuscht.«

Aber unbestreitbar ist auch, was zu den angenehmsten Erfahrungen eines Besuchers der Stadt gehört: Die Wiener sind höfliche, hilfsbereite und sehr gemütliche Menschen. Die Basis der Gemütlichkeit jedoch ist die Verdrängung. »Glücklich ist, wer vergißt, was doch nicht zu ändern ist«, heißt es in einem immer noch gerne gesungenen Lied aus der Operette »Die Fledermaus« von Johann Strauß Sohn. Das Werk und eben dieses Lied wurden typischerweise zu einem rauschenden Publikumserfolg vor dem Hintergrund des »großen Krachs« der Wiener Börse im Jahre 1873, der zu zahlreichen Selbstmorden führte und viele Menschen in Hunger und Armut trieb.

Walzerseligkeit und Operettenklischee prägen häufig auch noch das Bild der Wienerin. Das »süße Mädel«, wie es Arthur Schnitzler beschrieben hat, spukt

diese Tante in ihren eigenen Augen zu ganz besonderer Exzellenz. Der erste Typus stellt die Patrioten um jeden Preis, der zweite die ›Beschmutzer eigener Nester‹, die Nörgler mit einem Wort. Die ›Reichsdeutschen‹ sind die Umarmer der ganzen Familie, im Lager der Nörgler steht Österreich.« Der negative Aspekt ist, daß der Wiener – und der ist der unbestrittene österreichische Meister im Raunzen – damit der Notwendigkeit entgeht, sich gegen die Unannehmlichkeiten des Lebens zu wehren. Und weil fast jeder raunzt, erweckt der, der es nicht tut oder gar sagt, es gehe ihm gut, Mißtrauen. Dieser die Stadt beherrschende Grundton von Wehleidigkeit, Klage und Verzweiflung an der Welt macht die Menschen einsam, weshalb es nicht verwundert, daß die Selbstmordrate in der Donaumetropole sehr hoch ist und die Toten auch noch beneidet werden. In einer seiner berühmten immer noch in den Köpfen der Männer herum. Verständlich, war sie doch so wie der Mann sich die Frau wünscht: kokett, aber gut erzogen und um der Liebe willen liebend, nicht mit der Hoffnung auf eine Ehe. Ein bezeichnendes Licht auf den Kult des süßen Mädels wirft ein Vorfall, den Martin Freud, der Sohn des Psychoanalytikers, berichtete: Eines Morgens während seines Militärdienstes teilte er seiner Zimmerwirtin mit, daß er für Nachmittag den Besuch einer Dame erwarte. Noch bevor er sie darum bitten konnte, dann Kaffee zu servieren, sagte sie: »Sehr gut, Herr Einjährig-Freiwilliger, werd' ich Leintücher und Polsterbezüge wechseln.« Noch bis in die späten 60er Jahre galt es als normal und keineswegs anstößig, daß ein Mann eine hübsche Frau auf der Straße verfolgte. »Nachsteigen« nannte man das. An dem Bestreben, die Wienerin auf ein Sexualobjekt zu reduzieren, hat sich, wie die Werbung deutlich macht, wenig geändert. Die Frauenbewegung hat inzwischen ihren Kampf gegen die unübersehbar sexistischen Plakate eingestellt, getreu dem bekannten und beliebten Motto: »Da kann man nix machen«.

»Wien bleibt Wien, und das ist das Schlimmste, was man über diese Stadt sagen kann«, hat einer der großen Kaffeehausliteraten der 20er Jahre, Alfred Polgar, geschrieben. Diese Einschätzung der Stadt und ihrer Menschen hat ihn nicht davon abgehalten, sie zu lieben. Denn wenn man sich keine Illusionen mehr macht über ihre dunklen Seiten – Schlamperei, Freunderlwirtschaft, Borniertheit und Gemeinheit – , kann man sich an den hellen Seiten, an ihrer Großzügigkeit, Kreativität, Toleranz und Genialität, umso mehr erfreuen. Die Wiener kann man nur ganz oder gar nicht lieben. Aber man sollte sie lieben, denn es gibt kaum bessere Menschen als sie, wie selbst der eingefleischte Selbsthasser Thomas Bernhard festgestellt hat: »Wenn wir aus diesem niedrigen verheuchelten und bösartigen und verlogenen und dummen Land hinausschauen, sehen wir, daß die anderen Länder genauso verlogen und verheuchelt und alles in allem genauso niedrig sind.«

Die Stadt

Wien liegt am Schnittpunkt der historischen Bernsteinstraße, einer früher bedeutenden Nord-Süd-Achse, mit der Donau, dem einzigen Fluß Europas, der wesentliche Teile des Kontinents in westöstlicher Richtung verbindet. Das Wetter unterliegt häufigen Schwankungen, denn die Stadt befindet sich in der Übergangszone vom ozeanischen zum kontinentalen Klima. Die oft abrupten Wetterwechsel können das Aussehen der Stadt innerhalb weniger Stunden radikal verändern. Aber auch so hat Wien zu jeder Jahreszeit ein anderes Gesicht. Während der Hochs im Frühling und Sommer wölbt sich ein mediterraner Himmel über den grüngoldenen Kuppeln der Stadt. Im Herbst gibt es naßgraue Tage, an denen der Himmel so traurig ist, daß man ihn trösten möchte und nur die wohlige Wärme der Cafés einen vor Depressionen rettet. Im Winter fegt sibirischer Eishauch durch die Stadt.

Beständig jedoch ist der Wind, das »leichte Lüfterl«. Es kommt aus dem Westen, von den Abhängen des Wienerwalds. Damit die Luft aber nicht zu frisch wird, sind im Westteil der Stadt zwei Müllverbrennungsanlagen errichtet worden. Der Turm der einen, der Spittelauer, ist noch vom Rande der Innenstadt aus zu sehen und bietet einen netten Anblick. Friedensreich Hundertwasser hat diese »goldene Zwetschge« künstlerisch gestaltet. Nicht alle Wiener zeigten sich dafür dankbar, denn seither trägt der Maler den Spitznamen »Beschönerer der Nation« (s. S. 58).

Mit seiner Fläche von 415 km² und einem Umfang von 133 km nimmt Wien einen mittleren Platz unter den europäischen Metropolen ein und ist flächenmäßig das kleinste österreichische Bundesland. Von der Bevölkerungszahl hingegen, gut 1,6 Millionen Menschen, ist es das größte. Rund ein Fünftel aller Österreicher lebt hier. Aber Wien ist überaltert und hat schon seit Jahrzehnten rückläufige Bevölkerungszahlen. Der wesentliche Grund dafür ist, daß die Stadt mit dem Ende der Donaumonarchie ihr traditionelles, in Osteuropa liegendes Einzugsgebiet verloren hat. Die Errichtung des »Eisernen Vorhangs« nach 1945 hat dann das endgültige Ende des Zuzugs böhmischer, mährischer und slowakischer Arbeitskräfte gebracht. Das Ende der sozialistischen Staaten hat die Situation wieder verändert, doch die Wiener sehen das mit gemischten Gefühlen. Willkommen waren noch die Ungarn, die schon Mitte der 80er Jahre, nachdem die Reisebestimmungen liberalisiert worden waren, in Massen kamen, um sich mit lang entbehrten Waren einzudecken. In einem der traditionellen Einkaufszentren, der Mariahilferstraße, wurden sogar die Auslagen ungarisch beschriftet und magyarisch sprechende Verkäufer eingestellt. Nach 1989 kamen auch die Tschechen und Slowaken in ganzen Autobuskolonnen. Erst um die Stadt zu besichtigen, dann – ebenso wie die Bewohner Südpolens – als billige und illegale Arbeitskräfte. Den Teil der Brünner Straße am östlichen Stadtrand Wiens, wo sie in ihren kleinen Autos übernachten und am Tag ihre Arbeitskraft anbieten, nennen die Wiener abfällig, aber nicht unzutreffend

»Arbeitsstrich«. Die Angehörigen der Unterschicht fühlen sich von den Arbeitsimmigranten wirtschaftlich bedroht, und beträchtliche Teile der Mittel- und Oberschicht sehen durch sie die sorgsam gepflegte soziale Ordnung gefährdet. Wie in anderen europäischen Staaten haben rechte und rechtsextreme politische Gruppierungen daraus Kapital geschlagen. Allen voran die »Freiheitliche Partei« (FPÖ) mit ihrem Vorsitzenden Jörg Haider. Publizistische Unterstützung für seine Ziele bekommt er von dem auflagenstärksten österreichischen Boulevardblatt, der »Kronenzeitung«, und ihrem einflußreichen Kolumnisten »Staberl«.

Wie in kaum einer vergleichbaren Großstadt sind in Wien auch heute noch historischer Stadtkern, Vorstädte und Vororte voneinander getrennt. Die Stadt gliedert sich in 23 Bezirke. Sie sind im wesentlichen im Uhrzeigersinn zweifach halbrund um die Innere Stadt, den 1. Bezirk, den historischen Kern Wiens, angeordnet. Die Bezirke 2 bis 9 entsprechen den alten Vorstädten. Die außerhalb des Gürtels liegenden Bezirke 10 bis 20 sind aus den ehemaligen Vororten entstanden. Im weitesten Sinn gehören auch die Randbezirke 21 bis 23 zu den früheren Vororten. Hat man sich diese Struktur erst einmal eingeprägt, kann man sich selbst als Fremder kaum in Wien verirren. Jedes Straßenschild trägt nicht nur die Nummer des Bezirks, sondern verrät auch durch seine Form, ob man

das Zentrum umkreist oder darauf zugeht bzw. sich von ihm entfernt. Straßen, die parallel zum Ring verlaufen, haben ovale Schilder, solche, die vom Zentrum zur Peripherie führen, rechteckige. Die Hausnummern steigen vom Mittelpunkt der Stadt aus an. Und was könnte der anderes sein als der Stephansdom.

In der Umgangssprache wird üblicherweise nicht der Name eines Bezirkes verwendet, sondern die Nummer. Wenn also vom »Zehnten« die Rede ist, dann ist damit Favoriten gemeint, das

mit seinen 147 000 Einwohnern der bevölkerungsreichste Bezirk der Stadt ist – so groß wie Salzburg. Am wenigsten Einwohner hat die Innere Stadt: 18 000. Der flächenmäßig kleinste Bezirk, die Josefstadt, ist mit 1,8 km² noch nicht einmal so groß wie der Zentralfriedhof. Die Donaustadt hingegen, mit 102 km², umfaßt nahezu ein Viertel des Stadtgebietes.

Statt »Bezirk« verwendet der Wiener auch den Ausdruck »Hieb«. Er soll – wie behauptet wird – entstanden sein, als vor der Jahrhundertwende das bevölkerungsreiche Favoriten »auf einen Schlag« eingemeindet wurde. Der »Hieb« ist die eigentliche Heimat des Wieners. Er ist in erster Linie Floridsdorfer oder Ottakringer. Muß er doch einmal eine neue Wohnung suchen, dann nur im eigenen Bezirk, in höchster Not

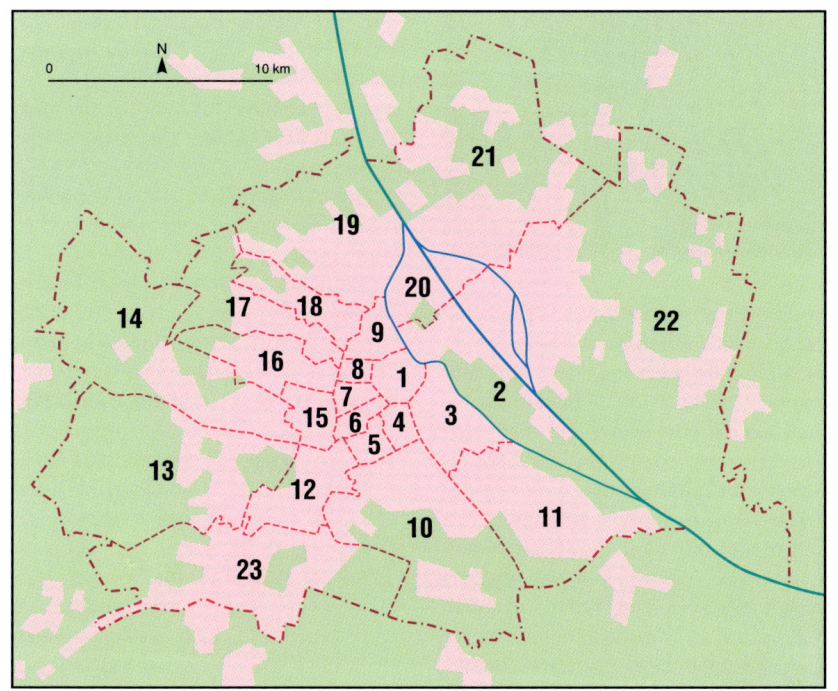

Wiener Stadtbezirke *1 Innere Stadt 2 Leopoldstadt 3 Landstraße 4 Wieden 5 Margareten 6 Mariahilf 7 Neubau 8 Josefstadt 9 Alsergrund 10 Favoriten 11 Simmering 12 Meidling 13 Hietzing 14 Penzing 15 Rudolfsheim-Fünfhaus 16 Ottakring 17 Hernals 18 Währing 19 Döbling 20 Brigittenau 21 Floridsdorf 22 Donaustadt 23 Liesing*

auch im angrenzenden. Das ist verständlich, denn jeder dieser Bezirke ist eine kleine Stadt für sich, mit ihren Eigenheiten und besonderen Charakteristiken. Der 1. Bezirk ist einfach »die Stadt«. Selbst wenn man hinter dem Rathaus wohnt und nur die Ringstraße überqueren muß, sagt man:»Ich gehe in die Stadt«. Der 3. Bezirk (Landstraße) gilt als Diplomatenviertel und der 4. (Wieden) also ebenso nobel wie die Innere Stadt. Die Bezirke 5 bis 8 (Margareten, Mariahilf, Neubau und Josefstadt) sind die Heimat des Kleinbürgertums. Hier finden sich noch jede Menge Häuser aus dem Biedermeier und alle Arten von

Hinterhofindustrien. Nicht ohne Grund hat Ödön von Horváth sein Drama von der Brutalität der Wiener Gemütlichkeit, die »Geschichten aus dem Wiener Wald«, im 8. Bezirk angesiedelt. Der 9. (Alsergrund) ist das Akademiker- und Krankenhausviertel. Wer durch diese Bezirke schlendert, bekommt einen sehr deutlichen Eindruck von dem, was den unvergleichlichen Reiz dieser Stadt ausmacht und zugleich eines ihrer größten Probleme ist: der Bestand an alten Häusern. Statistisch gesehen hat Wien unter den Metropolen dieser Welt den höchsten Prozentsatz an Wohnungen, die älter als 70 Jahre sind. Es hat keine

großflächige Kahlschlagsanierung gegeben, weil der Hausbesitz in der Hauptsache mittelständisch war: »Mein Vater war ein Hausherr und Seidenfabrikant«, heißt es zutreffend in einem beliebten Wienerlied aus dem vorigen Jahrhundert. Hinzu kam dann der am Ende des Ersten Weltkrieges als Notmaßnahme verordnete Kündigungs- und Mieterschutz, den die Stadtverwaltung des »roten Wien« nie wieder aufgehoben hat. Darum ist Wien auch heute noch in Zentrumsnähe eine Stadt der kleinen Betriebe, Geschäfte und Lokale.

Jenseits des Gürtels, der verkehrsreichsten Straße Österreichs, beginnt eine andere Welt. Favoriten (10.), Simmering (11.), Meidling (12.), teilweise Penzing (14.), Rudolfsheim-Fünfhaus (15.), Ottakring (16.) und Hernals (17.) sind die Wohnstätten der Arbeiter, Kleinrentner und Ausländer. Hier finden sich die berüchtigten, aus der Gründerzeit stammenden »Bassenawohnungen«. Ihren Namen haben sie von der »Bassena«, der Wasserstelle auf dem Gang. Viele von ihnen haben auch heute noch kein fließendes Wasser und nur ein »indisches Klo«, wie der Wiener kalauert, weil es sich »jenseits des Ganges« befindet. Im Amtsdeutsch werden diese in der Regel etwa 30 m² großen Unterkünfte »Substandardwohnungen« genannt.

Die Villen der Reichen stehen an den westlichen Abhängen des Wienerwal-

des, am Maurer Berg in Liesing (23.), sowie in den Nobelbezirken Hietzing (13.), Währing (18.) und Döbling (19.). Im 19. Bezirk finden sich auch die alten Weindörfer mit ihren Weinlokalen, den »Heurigen«.

Zwischen Donaukanal und Donau liegen die Bezirke 2 (Leopoldstadt) und 20 (Brigittenau). Der 2. Bezirk war bis 1938 der Stadtteil der jüdischen Bevölkerung, »Mazzesinsel« genannt. Der 20. ist ein Arbeiterbezirk mit trostlosen Mietskasernen und eindrucksvollen Gemeindebauten aus den 20er Jahren. Floridsdorf (21.) und Donaustadt (22.), jenseits der Donau gelegen, werden etwas abschätzig »Transdanubien« genannt. Das linksufrige Wien macht zwar mehr als ein Drittel des Stadtgebietes aus, aber nur 15 % der Bevölkerung wohnen hier. Unter anderem auch eine größere Anzahl von Bauern, denn in Wien arbeiten noch über 4000 Menschen in der Landwirtschaft.

Im Bewußtsein der Wiener liegt ihre Stadt nicht am Fluß, sondern endet an ihm. Wien hat sich zwar erst auf Grund seines Hafens zu einer bedeutenden Stadt entwickelt, aber das ist schon fast tausend Jahre her. Mit dem Rhein-Main-Donau-Kanal gibt es inzwischen einen direkten Anschluß an die großen westeuropäischen Häfen und eine durchgehende Wasserstraße von der Nordsee bis zum Schwarzen Meer. Aber für die österreichische Wirtschaft ist die Bedeutung des Flusses nicht sehr groß; nur etwa 6 % des grenzüberschreitenden Warenverkehrs werden über ihn abgewickelt. Nachdem der Eiserne Vorhang gefallen ist, hofft man, daß die Donau größere wirtschaftliche Bedeutung bekommen wird. Wie man überhaupt hofft, daß durch die Öffnung des Ostens Wien wieder zur Metropole Mitteleuropas wird und einen wirtschaftlichen Aufschwung erlebt. Von ihrer geografischen Lage her wäre die Stadt der Knotenpunkt, an dem sich die europäischen Verkehrs- und Wirtschaftsströme in drei Äste teilen: nach Südpolen, nach der Slowakei und der Ukraine sowie nach Ungarn und Rumänien. Obwohl realistische Beobachter unter anderem wegen der schlechten ökonomischen Verfassung Osteuropas zumindest mittelfristig eine solche Drehscheibenfunktion der Stadt für unrealistisch halten, beginnt man sich in Wien bereits auf diese große Zukunft vorzubereiten. Ob sie denn auch kommt, ist nicht so wichtig, denn der Wiener liebt es, Dinge zu beginnen und sie nicht zu Ende zu führen. Halbfertiges gibt es reichlich in der Stadt, wirkliche Veränderungen hingegen sind selten. Darum gilt – mit Abstrichen, versteht sich – auch heute noch, was schon im Jahre 1898 in einem Reiseführer stand, als Wien das letzte Mal eine große Anstrengung unternahm, zu einer europäische Metropole zu werden: »Einstweilen erinnert das Leben und Treiben nur bei Tage an das anderer Großstädte, da zufolge der ungenügenden Verkehrsmittel, der dürftigen Straßenbeleuchtung und der frühen Absperrung aller Privathäuser die Straßen bereits um 10 Uhr abends veröden.«

Wien in Zahlen

Lage und Fläche: Wien liegt am Nordrand des Wiener Beckens auf 16° 20′ östlicher Länge und 48° 13′ nördlicher Breite. Es nimmt eine Fläche von 41 500 ha ein, davon sind 13 600 ha bebaute Fläche und 5700 ha Verkehrsflächen. 20 500 ha sind Parks, Gärten und Wälder, 1950 ha Gewässer.

Bevölkerung: ca. 1 630 000 Einwohner, davon ca. 770 000 männlich und 860 000 weiblich. Der Ausländeranteil lag bei 18 % (1998)

Politik und Verwaltung: Wien ist die Hauptstadt der Bundesrepublik Österreich, hier ist dementsprechend der Sitz der Regierung und aller Ministerien. Da Wien außerdem ein eigenes Bundesland ist, ist der Gemeinderat zugleich der Landtag und der Bürgermeister somit auch Landeshauptmann (Ministerpräsident). Bei den Landtagswahlen 1996 erhielt die SPÖ 39,1 % der Stimmen (43 Mandate), die FPÖ 27,9 % (29 Mandate), die ÖVP 15,2 % (15 Mandate), die Grün-Alternative Liste 7,9 % (7 Mandate) und das Liberale Forum 7,9 % (6 Mandate).

Wirtschaft: In Wien befinden sich die Zentralen zahlreicher österreichischer und ausländischer Unternehmen, Banken und Versicherungen, die Vermögensverwaltung nimmt daher mit 22 % den größten Anteil an der Bruttowertschöpfung ein, gefolgt von Handel (19 %), Industrie (16 %), Öffentlichem Dienst (15 %). In den letzten Jahren ist auch der Tourismus zu einem wichtigen Wirtschaftsfaktor geworden. 1998 erzielte die Stadt mit über 7,5 Mio. Nächtigungen ein Rekordergebnis. 85% der Besucher kamen aus dem Ausland. An der Spitze liegen Deutsche (1,6 Mio) und Italiener (800 000).

Bildung und Kultur: Mit an die 100 Museen, 12 großen bzw. größeren und zahlreichen kleinen Sprech- und Gesangsbühnen sowie mehreren Universitäten bzw. Hochschulen mit 126 000 Studenten nimmt Wien auch in den Bereichen Bildung und Kultur den ersten Platz ein.

Die Geschichte

Von den Anfängen bis zur Gründung der Ostmark

Die Besiedlung des Wiener Beckens läßt sich bis in die Jungsteinzeit zurückverfolgen. Ungefähr ab dem 5. Jahrtausend vor unserer Zeitrechnung wurden die Menschen am Rand der Berge des Wienerwaldes seßhaft. Auf dem Antonsberg im 23. Bezirk wurde ein Bergwerk entdeckt, das zu den ältesten der Welt zählt und in dem Feuerstein zur Herstellung von Klingen, Pfeilspitzen, Bohrern und Schabgeräten abgebaut wurde.

Etwa um 400 vor Chr. siedelten sich die Kelten hier an und bauten im Wienerwald, auf dem Leopoldsberg, eine Burg. Der Name *Vindobona*, den später die Römer ihrem Lager gaben, stammt ursprünglich aus dem Keltischen und bedeutet soviel wie »weiße Stadt« oder »weißer Platz«. Der Name Wien läßt sich jedoch nicht daraus ableiten. Er kommt wahrscheinlich aus dem ebenfalls keltischen *Vendunia*, was soviel wie »Waldbach« oder »Holzbach« bedeutet.

Um das Jahr Null wurde von den Römern ein hölzernes Hilfslager angelegt. Daraus entstand gegen das Jahr 100 beim Bau des Limes, der Grenzbefestigung des Römischen Reiches, das Legionslager *Vindobona*. Es wurde auf einem Plateau, dem heutigen Hohen Markt, errichtet und erstreckte sich auf die von Graben und Salzgries sowie Tiefer Graben und Rotgasse eingegrenzte Fläche. Nachdem *Vindobona* um 170 in den Markomannenkriegen zerstört wurde, ließ es Kaiser Marc Aurel wieder aufbauen. Daß er hier gestorben ist, wurde lange Zeit behauptet, beruht aber auf dem Irrtum eines spätrömischen Schriftstellers. Bedeutsamer als der Philosoph auf dem Herrscherthron war für Wien der weithin unbekannte und in Geschichtsbüchern allenfalls in Fußnoten vermerkte Kaiser Probus (276–282): Unter ihm wurde der Weinanbau in Pannonien heimisch.

Nach dem Abzug der Römer (487) und den Turbulenzen der Zeit der Völkerwanderung begann für die Stadt erst mit der für das frühe deutsche Kaisertum so entscheidenden Schlacht am Lechfeld (955) ein neues Kapitel. Dieser Sieg über die Ungarn ermöglichte es Kaiser Otto I., nicht nur seine Herrschaft zu stabilisieren, sondern auch, das Reich nach Osten auszudehnen. 976 kamen die vermutlich aus Franken stammenden Babenberger als Verwalter der später *Ostarrichi* genannten Grenzmark nach Melk an der Donau. Von da erweiterten sie planmäßig ihren Herrschaftsbereich.

Von den Babenbergern zu den Habsburgern

Mit den Babenbergern beginnt die eigentliche Geschichte der Donaumetropole. Während ihrer mehr als 250 Jahre dauernden Herrschaft wurde Wien nicht nur Residenzstadt, sondern auch ein wichtiger Handelsplatz. Aber erst Herzog Heinrich II., der angeblich seine Reden mit dem Satz »Ja, so mir Gott helfe« beendete und deshalb »Jasomir-

Wien um 1490, Buchmalerei aus dem Babenberger-Stammbaum

gott« genannt wurde, verlegte seine Pfalz im Jahre 1155 nach Wien, auf den Platz Am Hof. Knapp vierzig Jahre später begann der Aufstieg der Stadt. Bezahlt hat ihn der englische König Richard Löwenherz. Er hatte Herzog Leopold V. auf dem Kreuzzug beleidigt und wurde auf seinem Rückweg nach England in Erdberg (heute 3. Bezirk) gefangengenommen. Das Lösegeld diente zum Ausbau der Befestigungen und zur Stadterweiterung. Damals entstand als Beginn des Handelsweges nach Venedig die Kärntnerstraße mit ihrem Zentrum Neuer Markt.

Im beginnenden 13. Jh. kam es zu einer ersten kulturellen Blüte, denn der Wiener Hof wurde zum bevorzugten Ziel der Minnesänger. Walther von der Vogelweide weilte in der Stadt, Neidhart von Reuenthal besang das Leben in den Dörfern um Wien und der Minnesänger Tannhäuser nahm um 1240 hier zweimal wöchentlich ein Vollbad – was damals höchst ungewöhnlich war. Wann immer Wien in der Literatur des 13. und 14. Jh. erwähnt wird, gilt es als Hort ausschweifenden Vergnügens und höchster Sinneslust, aber auch des exzessiven Lebenswandels und der Prostitution.

Die Bürger hatten guten Grund, fröhlich zu sein. Am 18. Oktober 1221 war Wien als erster deutscher Stadt das Stapelrecht verliehen worden. Das zwang fremde Kaufleute, ihre Waren zwei Monate lang in Wien zu lassen und den Bürgern anzubieten. Konnten sie keine Käufer finden, mußten sie vor der Weiterfahrt eine hohe, manchmal sogar ruinöse Ausfuhrgebühr bezahlen. Um diese zu vermeiden, senkten sie lieber die Preise. So brachten es die Wiener Kaufleute zu Wohlstand, ohne sich den damals für ihren Berufsstand üblichen Gefahren einer Reise aussetzen zu müssen. Kunst und Kommerz prägten also schon unter den Babenbergern das Leben Wiens.

1246 starb der letzte der Dynastie, Friedrich II., der Streitbare, kinderlos. Fünf Jahre später wurde der böhmische König Ottokar II. Herzog von Österreich. Als er dem neuen deutschen König, dem Habsburger Rudolf I., die Lehnsfolge verweigerte, hatte dieser den gesuchten Vorwand für einen Feldzug gegen seinen mächtigen Rivalen gefunden. Nach der Schlacht am Marchfeld (1278), bei der Ottokar II. fiel, sicherte sich Rudolf I. die österreichischen Lande und die Stadt Wien. Für 640 Jahre sollte sie im Besitz der Habsburger bleiben.

Von Rudolf I. zur zweiten Türkenbelagerung

Die Wiener Bürger begegneten den Habsburgern mit Mißtrauen und Ablehnung. Es kam zu einem Aufstand, der aber fehlschlug, und 1288 wurde Wien wieder zur landesfürstlichen Stadt, was den Verlust städtischer Rechte bedeutete. Das war der erste von vielen Aufständen, bei denen die Wiener um ihre Bürger- und Freiheitsrechte kämpften

und immer wieder unterlagen. Daraus zog die Mehrheit der Bürger schließlich den Schluß, daß es besser ist, sich unterzuordnen und Sicherheit im Dienste der Macht zu suchen. Eine Lehre, die bis heute von einer Generation an die andere weitergegeben wird.

1358 kam im Alter von 19 Jahren Rudolf IV. an die Regierung, ein umtriebiger und ruheloser Geist. In den nur sieben Jahren seiner Herrschaft gründete er die Universität und legte, am 11. März 1359, den Grundstein zum Südturm des Stephansdoms. Im gleichen Jahr ließ er ein Bündel Urkunden fälschen und veröffentlichen, das als *Privilegium majus*, als »Großes Privileg«, in die Geschichte eingegangen ist. Es listet eine Reihe von Sonderrechten des Hauses Habsburg auf, die schon Julius Cäsar und Kaiser Nero mit ihrer Unterschrift urkundlich bestätigt haben sollen. Darunter die erfundenen Titel eines »Pfalzerzherzogs« und eines »Erzjägermeisters« sowie die »Verpflichtung«, das Lehen nur in Österreich und auf dem Pferd sitzend entgegenzunehmen und nicht, wie es allgemein Sitte war, kniend und am deutschen Kaiserhof. Der italienische Dichter und Humanist Francesco Petrarca, der im Auftrag des deutschen Kaisers die Dokumente prüfte, schrieb in seinem Gutachten, wer sie gemacht habe, sei ein Erzschelm, wer daran glaube, ein schreiender Esel.

1438 wurde Wien Residenzstadt des Heiligen Römischen Reiches Deutscher Nation und kurze Zeit später Bischofssitz. Damals regierte Friedrich III., der als erster in umfassender Weise jene Verbindung von Untüchtigkeit und Weisheit verkörperte, die später zum Mythos des Hauses Habsburg wurde: das ewige Zaudern, das im Nachhinein als kluge Vorsicht und umsichtige Strategie erscheint, sowie der unbändige Wunsch nach Ruhe, der den Eindruck einer außergewöhnlichen Kraft erweckt, die fähig ist, vorhandene Konflikte als unlösbar und ewig andauernd zu akzeptieren. Eine seiner Beschäftigungen bestand darin, alle seine persönlichen Gegenstände, aber auch die von ihm veranlaßten Bauten mit den Buchstaben A.E.I.O.U. zu versehen. Was Friedrich III. damit sagen wollte, ist nicht bekannt. Von den über 300 Deutungen sind die gängigsten: *Austria est imperare orbi universo* – »Alles Erdreich ist Oesterreich untertan« und *Austria erit in orbe ultima* – »Österreich wird bestehen bis zum Ende der Welt«.

Den Wienern war das Phlegma ihres Herrschers nur recht, denn es ging ihnen gut. Enea Silvio Piccolomini, der spätere Papst Pius II., berichtet über die Stadt, die damals bereits um die 50 000 Einwohner hatte: »Die Häuser der Bürger sind groß, reichlich ausgeschmückt und gut gebaut, mit breit gewölbten Hausfluren. Überall gibt es Glasfenster und eiserne Türen: Vielfach hält man Singvögel, schönen Hausrat findet man in den Wohnungen, von Pferden, Zugvieh und allen Arten von Haustieren sind die Ställe voll. Was an Lebensmitteln tagtäglich in die Stadt gebracht wird, das möchte man nicht für möglich halten. Wagen voll von Eiern und Krebsen rollen an, Brot, Fleisch, Fisch und Geflügel wird in ungeheuren Mengen herbeigeschafft. Und davon kann man am Abend schon nichts mehr zu kaufen kriegen.«

Friedrichs Sohn Maximilian I. stellte 1515 die Handelsfreiheit auch für Ausländer her und machte damit dem bequemen Leben der Wiener Kaufleute ein Ende. Das ist sicher eine der historischen Ursachen für den noch heute distanzierten Umgang mit Ausländern. Im gleichen Jahr fand im Stephansdom die

Friedrich III.

Doppelhochzeit zwischen Maximilians Enkeln und den Kindern des Böhmenkönigs Wladislaw II. statt: Maximilian ließ sich stellvertretend für einen seiner Enkel, Karl bzw. Ferdinand, mit Wladislaws Tochter Anna trauen. Und der jagellonische Thronfolger Ludwig heiratete die Habsburgerin Maria. Diese Hochzeiten legten den Grundstein für die künftige Donaumonarchie. Damals soll auch der berühmte, teils spöttisch, teils bewundernd gemeinte Distichon entstanden sein: *Bella gerant alii, tu felix Austria nube!/Nam quae Mars aliis, dat tibi regna Venus!* – »Kriege mögen andere führen, du, glückliches Österreich, heirate! Wie anderen Mars, so schenkt dir Venus Königreiche!«

Weniger glücklich waren wieder einmal Wiens Bürger, die, um ihre ständischen Vorrechte gegen die Macht des Landesherrn zu verteidigen, zu den Waffen gegriffen hatten. Der Aufstand en-

Stadtgeschichte im Überblick

2000 v. Chr. Erste indogermanische Siedlungen im Raum Wien.

400 v. Chr. Keltische Siedlung auf dem Leopoldsberg.

50 n. Chr. Gründung des römischen Militärlagers *Vindobona*

395 Zerstörung *Vindobonas* durch die Goten.

792 Karl der Große kommt, vermutlich auf seinem Awarenzug, durch Wien und gründet die Peterskirche.

881 Erste Nennung Wiens als »Wenia« in den Salzburger Annalen.

976–1246 Herrschaft der Babenberger über die Ostmark *(Ostarrichi)* des deutschen Reiches.

1137 Erste urkundliche Erwähnung Wiens als Stadt *(civitas)*.

1156 Wien wird Residenz der Babenberger. Es entsteht die Pfalz »Am Hof«.

1221 Durch die Verleihung des Stadt- und Stapelrechtes wird Wien zu einem wichtigen Umschlagplatz des Süd- und Osthandels und erlebt seine erste Blüte.

1278–1918 Herrschaft der Habsburger.

1365 Gründung der Universität.

1421 Blutiger Judenpogrom (Wiener Geserah).

1438 Wien wird Residenzstadt des Heiligen Römischen Reiches Deutscher Nation (bis 1806).

1469 Wien wird Bistum und der Stephansdom Sitz des Bischofs.

1522 Ein mißlungener Aufstand der Stände endet mit dem »Wiener Neustädter Blutgericht«.

1526 Der spätere Kaiser Ferdinand I. erläßt eine neue Stadtordnung, die den Bürgern nahezu alle Selbstverwaltungsrechte nimmt und die Stadt dem landesfürstlichen Absolutismus unterstellt.

1529 Erste Türkenbelagerung: Sultan Süleiman II. bestürmt mit einem rund 200 000 Mann starken Heer einen Monat lang erfolglos die Stadt.

1571 Kaiser Maximilian II. gewährt die Religionsfreiheit: An die 80% der Bevölkerung sind protestantisch.

1625 Das Wüten der Gegenreformation erreicht seinen Höhepunkt: Alle Protestanten müssen die Stadt verlassen.

1679 Die Pest fordert um die 100 000 Todesopfer.

1683 Zweite Türkenbelagerung: Erst ein kaiserliches Entsatzheer unter der Führung des polnischen Königs Johann III. Sobieski kann die von 200 000 Mann unter der Führung des Groswesirs Kara Mustafa belagerte Stadt befreien.

1723 Wien wird Erzbischofssitz.

1754 Laut der ersten Volkszählung hat die Stadt 175 000 Einwohner.

1781 Joseph II. erläßt das »Toleranzpatent«, das den Protestanten freie Religionsausübung gestattet und den Wiener Juden einige Freiheiten gewährt.

1805 Napoleons Truppen besetzen Wien.

1814/15 Der Wiener Kongreß unter der Leitung des Fürsten Metternich unternimmt eine restaurative Neuordnung Europas nach den napoleonischen Kriegen.

1848 Die Märzrevolution, in der die Bürger demokratische Rechte fordern, führt zum Sturz Metternichs und zum Rücktritt von Kaiser Ferdinand I. Sie wird im Oktober vom Militär blutig niedergeschlagen.

1850 Die Vorstädte kommen zu Wien.

1857 Abbruch der Basteien und Schleifung der Stadtmauern.

1865 Eröffnung der Ringstraße.

1873 Weltausstellung in Wien und katastrophaler Börsenkrach.

1890 Eingemeindung der Vororte. Dadurch verdoppelt Wien fast seine Gesamtfläche und zählt nun an die 1,5 Mio. Einwohner.

1892 Eröffnung des ersten Gymnasiums für Mädchen.

1919 Bei den ersten allgemeinen, freien und gleichen Wahlen erhält Wien eine sozialistische Regierung.

1922 Wien wird von Niederösterreich getrennt und ein eigenes Bundesland. Der Gemeinderat ist gleichzeitig Wiener Landtag.

1927 Nach einem politisch motivierten Fehlurteil der konservativen Justiz setzen aufgebrachte Arbeiter den Justizpalast in Brand. Bei den Zusammenstößen mit der Polizei kommen 89 Menschen ums Leben. Es beginnt die Phase eines latenten Bürgerkrieges.

1930 Eröffnung der Gemeindewohnanlage Karl-Marx-Hof.

1933 Ausschaltung des Parlaments und Beginn des »autoritären Regimes« in Österreich.

1934 Bürgerkrieg und Verbot der sozialdemokratischen Partei.

1938 Einmarsch deutscher Truppen und »Anschluß« Österreichs an Hitler-Deutschland. Durch die Eingemeindung von 97 Nachbargemeinden wird Wien zum »Reichsgau Groß-Wien«.

1945 Schwere Luftangriffe zerstören mehr als 21 000 Häuser und machen etwa 90 000 Wohnungen unbenutzbar. Mitte April wird Wien von der Roten Armee befreit. Danach wird die Stadt unter den Alliierten in vier Besatzungssektoren aufgeteilt.

1955 Am 15. Mai wird im Schloß Belvedere der Staatsvertrag unterzeichnet: Österreich erhält seine volle Souveränität und die alliierten Truppen verlassen das Land.

1956 Wien wird Sitz der Internationalen Atomenergiebehörde.

1979 Eröffnung der UNO-City. Wien wird dritter Hauptsitz der Vereinten Nationen.

1992 Ein Großbrand zerstört im November Teile der Hofburg, darunter den weltberühmten Redoutentrakt.

1995 Österreich wird Mitglied der Europäischen Union (EU).

1996 Das Ende des „roten Wien": Zum ersten Mal seit Gründung der Republik (1919) verliert die SPÖ bei den Gemeinderatswahlen die absolute Mehrheit der Sitze.

1999 Eröffnung des 50-geschossigen Millenniumstower am Handelskai. Mit 202 Metern ist er das höchste Gebäude der Stadt.

dete mit der Hinrichtung des Bürgermeisters Martin Siebenbürger und anderer »Rädelsführer« (1522). Vier Jahre später erließ Erzherzog Ferdinand I. »aus Lieb und Gnad« eine neue Stadtordnung, in der die bisher gewährten Bürgerfreiheiten als »nichts nutz« bezeichnet und aus relativ freien Stadtbürgern endgültig Untertanen gemacht wurden.

1526 fiel der ungarische König Ludwig II. in der Schlacht von Mohács und Böhmen ging als Erbe an die Habsburger. Damit richteten sich deren Interessen endgültig nach Südosten. Das brachte aber sofort Konflikte mit der Hohen Pforte, und 1529 belagerten die Türken unter Sultan Süleiman II. zum ersten Mal Wien. Die Verteidigungsanlagen der Stadt waren veraltet, und nur mit Mühe konnte am 11. Oktober, unter der Leitung des Stadtkommandanten Niklas Graf Salm, der Generalsturm abgewehrt werden. Doch dann gab es einen frühen Wintereinbruch und die Türken, die die Vorstädte gebrandschatzt und geplündert hatten, mußten abziehen, weil es ihnen an Quartieren und Proviant für die kalte Jahreszeit fehlte.

Unter Maximilian II. (1564–1576) kam ein Hauch von Liberalität in die Stadt. Fünf Jahre vor seinem Tod gewährte der Kaiser Religionsfreiheit und rund 80 % der Wiener konvertierten zum Protestantismus. Die Stadt bekam sogar einen lutherischen Bürgermeister, Friedrich Hutstocker. Doch des Kaisers Nachfolger, Rudolf II., setzte der Religionsfreiheit ein Ende und verbot jeden öffentlichen protestantischen Gottesdienst. Diese gewaltsame Rekatholisierung war eine mit dem Herzog von Bayern verabredete und in einem Geheimabkommen beschlossene Sache. (Vielleicht ist das der Grund, warum die Wiener auch heute noch die Bayern nicht so recht mögen.)

Richtig in Gang kam sie, als der aus Wien gebürtige, protestantisch erzogene und dann konvertierte Melchior Klesl 1602 in sein Amt als Bischof eingeführt wurde. Er startete die »Klosteroffensive«, die nicht nur den Geist, sondern auch das Bild Wiens grundlegend veränderte.

Nachdem lange Zeit keine nennenswerten Kirchen- oder Klosterbauten entstanden waren, machten 1603 die Franziskaner den Anfang. Bis in die 40er Jahre baute ein Orden nach dem anderen, prunkvoll und aufwendig. Die Kirchen und Klöster überzogen Wien wie ein Spinnennetz. Das Volk sollte sehen, welche Macht der Katholizismus darstellte. Doch Klesls steilem Aufstieg folgte ein jäher Sturz: Er wurde am 20. Juli 1618 in der Hofburg verhaftet, weil er zu einem Kompromiß mit den Protestanten bereit war und den Krieg verhindern wollte, der dann als Dreißigjähriger in die Geschichte eingegangen ist. Denn der Motor der Gegenreformation war als Priester und Staatsmann nicht so verbohrt und fanatisch katholisch wie der Kaiser, der vor jeder wichtiger Entscheidung seine Beichtväter und andere Theologen befragte. Mit Ferdinand II. trat – wie konservative Historiker gern hervorheben – neben die *Pietas Austriaca,* die besondere habsburgische Frömmigkeit und Rechtgläubigkeit, die *Clementia Austriaca,* die »angestammte Milde«, die »angeborene österreichische Sanftmut und Clemenz«. Sie existierte zwar nicht wirklich, wurde aber durch Jahrhunderte in nahezu gleichbleibenden Formeln in Befehlen, Erlassen, Briefen und Aktenstücken immer wieder beschworen.

Der Dreißigjährige Krieg hat, obwohl Wien von Kampfhandlungen weitgehend verschont blieb, das Bild der Stadt bleibend verändert. Die Konfiskationen,

Exekutionen und Landesverweisungen des aufständischen Adels und der Protestanten schufen Platz für einen neuen Adel von der Gnade der Herrscher, der die alten Besitzungen günstig erwerben konnte. Der stand allerdings dem Land und seinen Menschen relativ fremd gegenüber – was durchaus im Sinne der Habsburger war. Keiner anderen europäischen Herrscherfamilie haben durch die Jahrhunderte soviele Ausländer gedient wie den Kaisern in Wien. Die Paläste der Innenstadt vermitteln ein anschauliches Bild davon. Hier finden sich die Namen deutscher, niederländischer, italienischer, spanischer, französischer, ungarischer, böhmischer und polnischer Adelsgeschlechter: Liechtenstein, Auersperg, Kinsky, Harrach, Starhemberg, Palffy, Esterhazy, Collalto, Pallavicini, Clary, Rasumovsky, Clam-Gallas etc.

1665 kam im Rahmen der ersten osmanischen Gesandtschaft der berühmte türkische Weltreisende Evliya Celebi in die Stadt. Und selbst den Augen des Feindes bot Wien ein prächtiges Bild: »Alles in dieser Stadt ist vortrefflich und lobenswert, aber ganz besonders muß man hier rühmen und preisen all die Heilkünstler und Chirurgen und Aderlasser und Augenärzte, die Maler und die Uhrmacher und die Büchsenmacher und die Drechsler, die Sauberkeit der Straßen, die von den Richtern aufrechterhaltene Zucht und Ordnung, die Ehrlichkeit der Kaufleute beim Wiegen und Messen, die allgemeine Wahrheitsliebe, Biederkeit und Gerechtigkeit, die Gutwilligkeit und Besonnenheit der Freien und Leibeigenen, die Milde des Klimas und das feine Auftreten und gepflegte Äußere der schönen Knaben und Mädchen ... Wohl diesem Lande, in dem allenthalben Ruhe und Ordnung herrscht.«

Doch für die Wiener begannen harte Jahre. Seit ihrem Höhepunkt im Europa des 14. Jh. hatte die Pest neunmal in der Stadt gewütet. 1679 war es wieder soweit, die Seuche kostete zwischen 75 000 und 150 000 Menschen das Leben. Und dann kamen die Türken. Durch die niedergebrannten Vorstädte rückten sie vor und hatten am 16. Juli 1683 die Stadt vollständig eingeschlossen. Dem 200 000-Mann-Heer Kara Mustafas standen nicht mehr als 16 000 Verteidiger gegenüber: Nur durch die finanzielle Hilfe des Papstes und dank des Bündnisses mit dem polnischen König Johann III. Sobieski hatten die Wiener überhaupt eine Chance zu überleben. Die Türken führten einen Minenkrieg und hatten sich in unterirdischen Gängen bereits an die Stadtmauer herangearbeitet, als endlich das 75 000 Mann starke polnisch-deutsche Entsatzheer eintraf. Am 12. September 1683 begann nach einem Gottesdienst die Schlacht. Kara Mustafa hatte sich leichtsinnigerweise gegen die Gefahr, die ihm vom Wienerwald drohte, nicht genügend abgeschirmt. So konnte Herzog Karl von Lothringen bei den heißumkämpften Döblinger Schanzen (dem heutigen Türkenschanzpark) den rechten Flügel aufrollen und zwang so die Türken zur Flucht. Damit endete die über 150 Jahre während Bedrohung Wiens durch das osmanische Reich.

Barock, aufgeklärter Absolutismus und Vormärz

Die Habsburger gingen zum Gegenangriff über und befreiten unter der Führung des genialen Feldherrn Prinz Eugen von Savoyen Ungarn und Teile des Balkans von der türkischen Herrschaft. Mit dem Frieden von Passarowitz (1718) erreichte das Habsburgerreich seine größte Ausdehnung, aus der Grenzfestung

Wien wurde der Mittelpunkt des Reiches. Die Stadt erlebte – auch in ihrer Ausdehnung – einen Aufschwung ohnegleichen. Schätzte man um 1700 die Zahl ihrer Einwohner auf 80 000, so ergab die Volkszählung von 1754 bereits 175 000. Der Adel und das Bürgertum strömten in die wiederaufgebauten und 1704 durch den »Linienwall« (dem heutigen Gürtel) gesicherten Vorstädte. Jetzt entstanden die großen Palais zwischen Ringstraße und Gürtel, darunter das Belvedere, der Sitz des Prinzen Eugen. Bis 1740 wurden etwa 400 Paläste errichtet. Der Adel baute jedoch weniger, um seinen Reichtum zur Schau zu stellen, sondern mangels besserer Kapitalanlagen und in der beständigen Furcht vor einem Staatsbankrott, ständig bedroht durch das heillose Durcheinander des Finanzwesens, unberechenbare Vorstöße der Steuerbehörden und Geldentwertung. Der Ausbau der Residenzstadt zu einer glanzvollen Metropole des Barocks, der zwischen 1684 und 1740 von den Kaisern Leopold I., Joseph I. und Karl VI. betrieben wurde, kam vor allem das Volk teuer zu stehen. Nach dem Tode Karl VI. stand auf den Mauern Wiens: »Vivat! Der Kaiser ist tot! Wir bekommen jetzt großes Brot!«

Im Oktober 1740 trat Karls Tochter Maria Theresia in einem Land ohne innere Kraft die Regierung an. Sie gilt vielen als der urwienerische Frauentyp: resolut und sehr weiblich. Doch viel zutreffender ist die Charakterisierung des Historikers Stephan Vajda, der sie »die große Hausfrau« genannt hat. Maria Theresia setzte ihre frauliche Ausstrahlung sehr bewußt ein und hatte ihren Haushalt, den Staat, fest im Griff. Sie hielt ihn aber nicht nur in Ordnung, sondern war Neuerungen, die seine Funktionsfähigkeit verbesserten, durchaus aufgeschlossen. Bevor sie jedoch ihren

Haushalt ordnen und modernisieren konnte, mußte Maria Theresia erst einmal Krieg führen. Da ihr Vater, Karl VI., ohne männlichen Nachkommen geblieben war, hatte er eine Reihe von Verträgen geschlossen, die die internationale Anerkennung der weiblichen Thronfolge sichern sollte. Doch nach seinem Tod hielten sich die anderen Monarchen nicht an ihre Versprechen und fielen über Österreich her. Der Österreichische Erbfolgekrieg (1740–48) und parallel dazu die beiden Schlesischen Kriege (1740–42 und 1744/45) sollten nach dem Willen Frankreichs und Preußens das Ende der habsburgischen Großmacht bringen. Doch Maria Theresia konnte alle Ressourcen ihrer Länder und Untertanen mobilisieren und sich erfolgreich wehren. Als einzigen Verlust mußte sie nach dem Siebenjährigen Krieg (1756–63) Schlesien verbuchen, das endgültig an Friedrich II. fiel. Das hatte jedoch für die Zukunft Europas enorme Auswirkungen: Die ungehemmte wirtschaftliche Ausbeutung dieser reichen Provinz ermöglichte Preußen den Aufstieg zu einer schon bald ebenbürtig neben Österreich stehenden kontinentalen Großmacht.

Bereits kurz nach Maria Theresias Amtsantritt klagte ihr traditionsgebundener Oberhofmeister über den »unglücklichen Neuerungsgeist, welcher bald nach weiland Kaiser Caroli VI. Absterben sich eingefunden und täglich mehr zugenommen« habe. Doch auch die Kaiserin hatte Grund zum Klagen, nur aus anderen Gründen. In einem Brief schrieb sie: »Ich sehe wohl, daß bei uns alles mit viel zu großer Langsamkeit geschieht. Sie wird immer unser Verderben sein, und man beeilt sich niemals, das zu tun, was am allernotwendigsten ist.«

Unmittelbar nach dem Ende der Kriege begann Maria Theresia, unterstützt von ihren Beratern Haugewitz und Kaunitz,

Kaiserin Maria Theresia und ihre Familie auf der Schönbrunner Schloßterrasse

aus dem rückständigen und wirtschaftlich darniederliegenden Habsburgerreich einen im absolutistischen Sinne modernen Staat zu schaffen. Ein Staatsrat wurde eingerichtet, das Justizwesen wurde von der Verwaltung getrennt und letztere zentralisiert. Maria Theresia ließ Armenhäuser und Spitäler bauen, Postdienste einrichten, reformierte das Schulwesen und tat die ersten zögerlichen Schritte in Richtung Bauernbefreiung.

Mehr noch als Maria Theresia hat ihr Sohn Joseph II., ab 1765 deutscher Kaiser und ihr Mitregent in den Erbländern und von 1780 bis 90 Alleinherrscher, das heutige Gesicht Wiens geprägt. Seine Geburt wurde in der Stadt mit gebührendem Enthusiasmus und kernigen Sinnsprüchen gefeiert. Einer lautete:

»Nun können die Feinde losen (aufhorchen), weil Österreich tragt Hosen.« Schon als zwanzigjähriger Kronprinz legte er seiner Mutter eine Denkschrift mit dem Titel »Rêveries« (Träumereien) vor. Zwischen dem übermäßigen Reichtum der Begüterten und der schrecklichen Armut vor allem der Bauern müsse ein Ausgleich gefunden werden, hieß es da, die Herkunft sei kein Vorrecht, sondern eine Verpflichtung, die Wirtschaft müsse merkantilistisch gefördert und der Staat unter Einbeziehung Ungarns zentralistisch regiert werden.

Nach der Verabschiedung der Unabhängigkeitserklärung der Vereinigten Staaten (1776) sagte Josef II., darauf angesprochen: »Kein Zweifel, daß die Leute da drüben in mancher Hinsicht recht haben. Mein Beruf erfordert jedoch, Royalist zu sein.« Diese Sätze verdeutlichen das Staatsverständnis des sogenannten »aufgeklärten Absolutismus«, zu dessen wichtigsten Vertretern der habsburgische Kaiser gehört. »Alles fürs Volk, nichts durchs Volk« war seine Devise, und er selbst bezeichnete sich als »erster Diener seines Staates«. Weil das Volk in seinen Augen wie ein unmündiges Kind war, hatte der Staat für die Förderung von Kunst, Wissenschaft, Technik, Handel und Industrie zu sorgen. Der Abbau städtischer und ständischer Privilegien, die Aufhebung der Leibeigenschaft und die weitgehende Gleichstellung der Bürger vor dem Gesetz erfolgte aus ökonomischen Notwendigkeiten und weil Joseph II. von der Richtigkeit der philosophischen Grundsätze der Aufklärung überzeugt war. Deshalb galt auch der Humanisierung des Strafvollzugs sein besonderes Anliegen. Um den Staat und die Gesell-

Aufklärer Joseph II.

schaft effektiv lenken und führen zu können, schuf der Kaiser eine straffe und zentralisierte Verwaltung, deren Beamte nichts anderes zu sein hatten als ebenfalls Diener des Staates. Aber erst nach dem Tod seiner Mutter konnte Joseph II. seine schon lange projektierten Reformen durchführen. Vieles geschah dabei überhastet und mußte später zurückgenommen werden. »Er neigte dazu, den zweiten Schritt vor dem ersten zu tun«, sagte der von ihm bewunderte Preußenkönig Friedrich II.

Weil es neben der kaiserlichen Macht keine andere im Staat geben sollte, beschnitt er auch den bis dahin übermächtigen Einfluß der römischen Kirche. Das 1781 erlassene Toleranzpatent gewährte den nichtkatholischen Christen erstmals freie Religionsausübung. Einschränkungen gab es nur beim Kirchenbau: Strapenportale, Glocken und Türme waren verboten. Wichtiger war, daß damit den Nichtkatholiken endlich die bürgerliche Gleichberechtigung gewährt wurde. Seit damals dürfen sie ein Gewerbe erlernen, akademische Titel erwerben und ein Amt bekleiden. 1782 wurde auch den Juden Religionsfreiheit gewährt.

Joseph II. war der wohl einzige europäische Monarch, der in das aufklärerische Prinzip der Gleichheit aller Menschen auch die Juden einbezog und gegen die diskriminierenden katholischen Vorstellungen oft mit jesuitischer Schläue argumentierte. Davon berichtet eine der vielen Geschichten, die sich um das Leben des Kaisers ranken: Juden mußten damals für ihre Zugpferde eine Sondersteuer zahlen und baten um deren Streichung. Als die Angelegenheit Joseph II. vorgelegt wurde, fragte der: »Kann man Pferde taufen?« Als seine Beamten das verneinten, meinte er: »Dann sollte man Judenpferde und Christenpferde gleich behandeln.«

Wien veränderte sich unter seiner Regierungszeit nicht nur wegen der großen Bauten, die er in Auftrag gab, wie das Allgemeine Krankenhaus (1784), sondern auch in Folge der neuen zentralistischen Verwaltung. Die bedurfte gerade in einem Vielvölkerstaat einer einheitlichen Sprache – und das war das Deutsche. Bisher hatten die Hofsprachen Französisch und Italienisch als Ausdruck besserer und höherer Lebensform gegolten. Jetzt trat das Deutsche an ihre Stelle und Wien wurde bewußt eine deutsche Stadt. Ein Prozeß, den Joseph II. auch vielfältig gefördert hat, unter anderem durch die Erhebung des Burgtheaters zum deutschen Nationaltheater (1776).

Wenngleich der Kaiser viele seiner Reformen später wieder zurücknehmen mußte, hat, wie der Historiker Adam Wandruszka meint, sein wesentliches Werk die Monarchie sogar überlebt: »Tatsächlich hat sich die von Joseph II. teils geschaffene, teils geprägte Bürokratie bis zum Ende der Habsburgermonarchie als verläßlichste Klammer und Stütze des Staates neben der von ähnlichem Geist durchdrungenen Armee bewährt und hat dann auch als eines der wertvollsten Erbstücke des alten Reiches der Republik Österreich und den Nachfolgestaaten nach 1918 gedient.«

Noch mehr aus der üblichen Habsburgerart schlug sein Nachfolger, Leopold II., der der Meinung war: »Fürsten müssen vor allem anderen von der Gleichheit der Menschen überzeugt sein.« Und in seinem berühmten »Glaubensbekenntnis« aus dem Jahre 1790 hat er geschrieben: »Ich glaube, daß der Souverän, selbst ein erblicher, nur der Delegierte und Beauftragte des Volkes sei, für welches er da ist, daß er diesem alle seine Sorgen, Mühen und Nachtwachen widmen soll; daß jedes Land ein

Grundgesetz oder einen Vertrag zwischen Volk und Souverän haben soll, welches Autorität und die Macht des letzteren beschränkt; daß, wenn der Souverän dieses Gesetz nicht hält, er tatsächlich auf seine Stellung verzichtet, welche ihm nur unter der Bedingung verliehen wurde, und daß man nicht mehr verpflichtet ist, ihm zu gehorchen; daß die ausübende Gewalt dem Souverän, die gesetzgebende aber dem Volke und seinen Vertretern zusteht und daß dieses bei jedem Thronwechsel neue Bedingungen stellen kann. ... Denn der einzige Zweck der Gesellschaften und Regierungen ist das Glück ihrer Individuen.« Doch diese Gedanken in die Tat umzusetzen war Leopold II. nicht möglich. Nach knapp zweijähriger Regentschaft starb er völlig unerwartet am 1. März 1792.

Sein Nachfolger war Franz I., ein Despot in der Maske des Biedermanns, womit er gut in den auch Biedermeier genannten Vormärz paßte. Seine Parole lautete: »Gesunder Menschenverstand und brav Sitzfleisch, das ist das beste.« Dahinter steckte der eiserne Wille, keine Veränderung in seinem Reich zuzulassen. 1794 wurde eine Jakobiner»verschwörung« aufgedeckt. Obwohl die »Umtriebe« in kaum mehr als geheimen Treffen und Diskussionen über Menschenrechte und Reformen bestanden haben, wurden drakonische Strafen, darunter ein Todesurteil, verhängt. Beethoven merkte dazu in einem Brief ironisch an: »Hier hat man verschiedene Leute von Bedeutung eingezogen. Man sagt, es hätte eine Revolution ausbrechen wollen – aber ich glaube, so lange der Österreicher noch braun's Bier und Würstel hat, revoltiert er nicht.«

1806 zwang Napoleon, der seine militärischen Siege gegen den Rest Europas zur politischen Umgestaltung des Konti-

Biedermeieridylle von F.G.Waldmüller

nents nutzte, den Habsburger, die Römisch-deutsche Kaiserkrone niederzulegen. Damit gehörte das Heilige Römische Reich Deutscher Nation, das ohnehin seit langem eine Fiktion war, endgültig der Geschichte an. Zwei Jahre zuvor hatte Franz bereits vorausschauend den Titel »Kaiser von Österreich« und damit den Namen Franz I. angenommen.

Der nach dem Sieg über Napoleon veranstaltete Wiener Kongreß (1814/15) wurde als großes Spektakel inszeniert, um von dem drei Jahre zuvor erfolgten Staatsbankrott abzulenken und Europa in aller Ruhe unter den reaktionären Mächten aufzuteilen. Die »Heilige Allianz« wurde geschaffen mit ihrer jeden Geist erstickenden Zensur, der allmächtigen und allgegenwärtigen Geheimpolizei sowie der Terrorjustiz gegen Demokraten und Republikaner. Franz I. war der Auffassung, daß nicht die Liebe zum Vaterland oder zum Staat den Bürger erfüllen soll, sondern die Anhänglichkeit und Treue zur angestammten Dynastie und zur geheiligten Person des Monarchen. Da aber im bürokratisch-trockenen Zeitalter des beginnenden Kapitalismus barockes Ritual nicht mehr sinnvoll war, ersetzte er es durch das Bild des »guten Hausvaters«, des »guten Kaisers

Franz«. Der Monarch gab sich bürgerlich schlicht und sprach sogar ein »bisserl« Wienerisch.

Unter Franz I. und seinem reaktionären Kanzler Metternich erfaßte Wien jener Lähmungszustand, der bis heute in gewissen Umfang herrscht und den Blick des Bürgers statt auf die Öffentlichkeit auf sein Heim, statt auf die Politik auf die polierten Möbel richtete. Das öffentliche Leben bot jedoch auch nichts von Interesse und war zudem gefährlich. In den Cafés und Beisln saßen jede Menge Spitzel und staatliche Provokateure. Und die Zensur war so umfassend und scharf, daß selbst ein Mitglied des Kaiserhauses, Erzherzog Karl, ihr Opfer wurde. Ein Band seiner Schriften mit selbstkritischen Anmerkungen zu seiner Tätigkeit als Feldherr, den er anonym erscheinen lassen wollte, passierte die Zensur wegen zu scharfer Angriffe auf ein Mitglied des Herrscherhauses nicht. Der Rückzug ins Private wurde künstlerisch gestaltet, mit Hausmusik und erlesenen Möbeln. Über die »schönen Tage« der Familie Biedermeier gibt es eine umfassende Bildberichterstattung. Vor allem Peter Fendi und Ferdinand Georg Waldmüller haben diese Zeit in einem – trotz mancher romantischer Elemente – sehr realistischen Stil festgehalten. Im großen und ganzen waren sich aber die Menschen dieser Zeit, wie die literarischen und musikalischen Zeugnisse belegen, des Widerspruchs zwischen gesellschaftlicher und politischer Unfreiheit und der kleinen privaten Freiheiten des Einzelnen durchaus bewußt. Zur Postkutschenidylle mit kaisergelb gestrichenen Häusern, Landpartien, holden Mädchen und rotwangigen Zechern, eben zum »Biedermeier«, hat erst die Nachwelt den Vormärz, die Jahre vor der Märzrevolution 1848, verklärt.

1835 trat Ferdinand I. die Regierung an. Er war geistig beschränkt und litt an epileptischen Anfällen. In der Hofgesellschaft und bei den Diplomaten wurde er »der Kretin« genannt, das Volk versah ihn mit dem halbamtlichen Beinamen »der Gütige«. Zwei Jahre nach seiner Thronbesteigung fuhr der erste Dampfeisenbahnzug von Floridsdorf (dem heutigen 21. Bezirk) nach Deutsch-Wagram. Das war ein unübersehbares Zeichen, daß nun auch in Wien die industrielle Revolution und der Kapitalismus Einzug hielten. Darauf war man bei Hofe jedoch nicht vorbereitet. Die oberste Maxime des Präsidenten der Geheimen Staatskonferenz, Erzherzog Ludwig, lautete: »Liegenlassen ist die beste Erledigung.« Dem Glanz der neue Technik, etwa der 1817 installierten Gasbeleuchtung, stand das Elend der Arbeiter gegenüber. Wien platzte damals aus allen Nähten: Die Bevölkerungszahl verdoppelte sich zwischen der Jahrhundertwende und 1848 auf über 400 000.

Menschenunwürdige Wohnungen, teure Lebensmittel, geringe Löhne und Arbeitszeiten bis zu 97 Stunden pro Woche führten immer wieder zu Unruhen. Vorsorglich schob man schon zu Beginn der 30er Jahre 5500 auswärtige Gesellen und 3500 Juden, die immer noch eine besondere Aufenthaltsgenehmigung brauchten, einfach ab. Doch so waren die Probleme nicht zu lösen. Im März 1848 kam es in Wien zur Revolution. Als Kaiser Ferdinand davon erfuhr, fragte er: »Ja, derfens denn des?«

Das Zeitalter Kaiser Franz Josephs: Von der Revolution zum Untergang der Monarchie

Die Revolution begann am 13. März 1848. Erzherzog Albrecht ließ, durch die Nachrichten von den Pariser Unruhen nervös geworden, auf eine vor dem Landhaus versammelte friedliche Menge

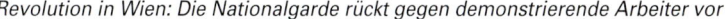

Revolution in Wien: Die Nationalgarde rückt gegen demonstrierende Arbeiter vor

schießen, die für eine freiheitliche Verfassung demonstrierte. Daraufhin versuchten die Bürger, das Zeughaus zu stürmen, und bewaffneten sich. Metternich mußte abdanken, die Zensur wurde aufgehoben und im Mai fanden Wahlen zum provisorischen Gemeindeausschuß statt. Danach beruhigte sich das öffentliche Leben wieder. Ende August flammte die Revolution jedoch erneut auf: Es kam zu Zusammenstößen zwischen Arbeitern und Bürgern. Letztere hatten im März die Hilfe des Proletariats noch begeistert aufgenommen, nun, da ihre wichtigsten politischen Forderungen erfüllt waren, fürchteten sie die von den Arbeitern geforderten sozialen Reformen. Über die blutigen Zusammenstöße am 23. August 1848 hat die »Königl. privil. Berlinsche Zeitung« in einem Bericht geschrieben: »Berittene Munizipalgarden verfolgten die Arbeiter und hieben viele derselben nieder. Hierüber eilten große Massen der Arbeiter, welche sich ruhig verhalten hatten, ihren Kameraden zu Hilfe, einzelne derselben hatten Gewehre, alle waren todesmutig, sie schrien wild durcheinander ›Tod oder Brot!‹ National- und Munizipalgarde machte fortwährend Gebrauch von der Waffe.« Wien war zu diesem Zeitpunkt von den anderen Teilen der Monarchie isoliert und die habsburgische Reaktion wartete nur auf einen Anlaß, um gegen die Stadt vorzugehen. Der kam am 6. Oktober, als die Volksmenge ein Grenadierbataillon daran hindern wollte, sich nach Ungarn einzuschiffen, um dort gegen die Revolutionäre zu kämpfen. Eine wütende Menge stürmte das Kriegsministerium, erschlug den Minister Latour und hängte ihn an eine Laterne. Der Hof flüchtete. Am 31. Oktober eroberte Fürst Windischgrätz mit einer Armee von 80 000 Mann nach tagelangem erbittertem Wi-

derstand die Stadt. Dabei fielen 2000 Revolutionäre. Der Traum von Freiheit, Verfassung und Demokratie endet in Standrecht und Todesurteilen.

Kaiser Ferdinand wurde vom Hause Habsburg zum Rücktritt gezwungen, und am 2. Dezember 1848 bestieg sein erst 18 Jahre alter Neffe Franz Joseph den Thron. Er trat seine Herrschaft unter blutigen Auspizien an und unter noch blutigeren hat er sie fast 70 Jahre später verlassen. Das Volk deutet das »WIR« am Beginn seiner ersten Proklamation als die Initialien der Mörder und Henker der Revolution, der Generäle Windischgrätz, Jellacic und Radetzky. Das Militär und die katholische Kirche wurden mit dem Amtsantritt Franz Josephs wieder zu den tragenden Säulen des Staates und blieben es bis zum Ende der Habsburgerherrschaft. Die herausragende Rolle des Militärs in seinem Staat brachte der Kaiser auch in seiner Kleidung zum Ausdruck: Im Gegensatz zu seinen Vorgängern, die sich dem Volk im zivilen Bratenrock gezeigt hatten, trug er Zeit seines Lebens Uniform.

Wie die »neue Zeit« aussehen sollte, als deren »Herold« sich Kaiser Franz Joseph fühlte, hat der notorische Reaktionär und damalige Senior des Hauses Habsburg, Erzherzog Albrecht, in einer Denkschrift festgehalten: »Die Dynastie, das *Herrscherhaus,* muß durch eine breite Kluft von allen Unterthanen getrennt sein; keiner der letzteren darf in äußeren Ehren, und wenn er noch so hoch gestiegen wäre, dem jüngsten Mitglied des Hauses gleichgestellt werden. Das *Herrscherhaus* hat seine eigenen Gesetze in dem gemeinsam vereinbarten Familienstatute, der Kaiser ist das *Oberhaupt* der Familie, deren Gerichtsherr, der Souverain, die Mitglieder müssen Ihm Gehorsam, Ehrbietung zollen, seine getreuesten Diener sein, ... Dies

Kaiser Franz Joseph I.

ßer Mehrheit in den Gemeinderat. Der berühmte liberale Historiker Heinrich Friedjung hat die Bedeutung dieser Wahl – zwar etwas selbstbeweihräuchernd aber doch zutreffend – mit dem Satz charakterisiert: »In der liberalen Epoche ging die Macht, zum Teil wenigstens, auf das Bürgertum über und dieses hat sich in Österreich auf keinem Gebiet so voll und rein ausgelebt wie in der Neugestaltung Wiens.«

In jenen Jahren wurde nicht nur das Glanzstück Ringstraße gebaut, in deren Eröffnungsjahr (1865) auch die erste Pferdestraßenbahn, die sogenannte Tramway fuhr (rund 30 Jahre später gab es dann die erste »Elektrische«, deren Linienführung quer durch Wien heute noch die Linie 5 folgt), sondern auch eine Reihe anderer Veränderungen vorgenommen, die heute noch das Leben in Wien bis in die Gegenwart prägen: Um die Stadt vor den periodisch auftretenden Überschwemmungen zu schützen, regulierte man zwischen 1870 und 1877 die Donau mit einem Aufwand von 32 Millionen Gulden. 1873 wurde die erste Hochquellenwasserleitung in Betrieb genommen, ein über hundert Kilometer langer gemauerter Kanal, der Wasser aus dem Rax- und Schneeberggebiet nach Wien führt. 1910 folgte die zweite Hochquellenwasserleitung. Beide sind so angelegt, daß das Wasser von den Quellen bis nach Wien leicht bergab fließt und daher keine Pumpanlagen notwendig sind. Die Eingemeindung Favoritens, der Bau des Zentralfriedhofes, von Markthallen und Schulen veränderten das Aussehen der Stadt so sehr, daß der Satiriker Karl Kraus den Satz prägte: »Wien wird zur Großstadt demoliert«. Daß sie nicht grau und trist wurde, lag nicht nur an den ohnehin das Bild der Inneren Stadt bestimmenden Palästen, sondern auch an Bürgermeister Dr. Ca-

sind die Grundsätze, unter denen das Haus Österreich durch vier Jahrhunderte stark geworden, geblüht hat und die älteste und angesehenste Familie Europas geworden ist. Würden diese Grundsätze, diese Basis seines Bestehens verlassen, so muß es ver- und zerfallen gegenüber seiner zusammengewürfelten Völkerfamilie, deren einziges Bindemittel so oft (und auch jetzt wieder) das *Haus und dessen Armee* waren; gegenüber den demokratischen, alles nivellierenden Tendenzen der Jetztzeit.«

Mit der Demokratie hatte Franz Joseph ohnehin nichts im Sinn. Die Errungenschaften der Revolution wurden liquidiert. Erst das »Februarpatent« von 1861 gab Wien wieder kommunale Selbstverwaltungsrechte. Das Bürgertum mißtraute jedoch dem Habsburger und wählte im gleichen Jahr seine politischen Gegner, die Liberalen, mit gro-

Habsburgische Tragödien

Kaiserin Elisabeth von Österreich (1837–1898), genannt »Sisi«, war die wohl tragischste Gestalt in den letzten Jahrzehnten der Dynastie. Was ihr Unglück ausmachte, hat sie selbst so formuliert: »Die Ehe ist eine widersinnige Einrichtung. Als fünfzehnjähriges Kind wird man verkauft und tut einen Schwur, den man nicht versteht und dann dreißig Jahre oder länger bereut und nicht mehr lösen kann.« Was sollte sie, die lebenslustige, aber auch exzentrische Frau mit einem Mann verbinden, der am liebsten Uniform oder die Jägertracht der Alpen trug und seine persönlichen Wohnräume karg mit eisernem Bett und Waschschüssel ausstatten ließ? Hinzu kam, daß sie in Wien wie ein unmündiges Kind behandelt wurde, isoliert, alleingelassen und zur Marionette des spanischen Hofzeremoniells gemacht. Ihre Kinder wurden »Sisi« nach der Geburt weggenommen und von ihrer Schwiegermutter versorgt. Als sich Elisabeth zur Wehr setzte und die Kinder gegen den Willen der Großmutter auf eine Reise des Herrscherpaars durch die ungarischen Provinzen mitnahm, geschah das Unglück: Die beiden Mädchen erkrankten an Durchfall und Fieber und die zweijährige Sophie starb. Auch ihr 1858 geborener Sohn Rudolf kam unter die Obhut der Schwiegermutter. »Krepierl« nannte Franz Joseph abschätzig seinen Sohn und vertraute schließlich die Erziehung dem Grafen Leopold Gondrecourt an. Der ließ den verängstigten Knaben bei jedem Wetter stundenlang exerzieren, versuchte, ihn mit Kaltwasserkuren abzuhärten und riß ihn mit Pistolenschüssen aus dem Schlaf. Rudolf war diesem Drill nicht gewachsen, seine schwache Konstitution reagierte mit Nervosität, Fieberanfällen sowie Magenkatarrh. Im August 1865 erzwang Elisabeth schließlich die Ablösung Gondrecourts, ohne sich selbst aber ausreichend um ihren Sohn zu kümmern.

»Sisi«, die des öfteren an Scheidung dachte, hatte nichts gegen die Liaison ihres Mannes mit der Burgschauspielerin Katharina Schratt einzuwenden, vielmehr wurde die in der Rubrik »Hofstaat« des Amtskalenders als »Vorleserin Ihrer Majestät der Kaiserin« geführt. Hier fand Franz Joseph zwar die Häuslichkeit, die ihm Elisabeth nicht geben konnte, aber die Schratt war kaum weniger anspruchsvoll, verschwenderisch (ihre Spielschulden in Monaco erreichten astronomische Höhen) und launenhaft als die Kaiserin. Elisabeth war auch eine Rebellin, aber vor allem eine tief unglückliche Frau, die unter der steifen und verlogenen Atmosphäre des Wiener Hofes litt. Sie flüchtete sich in Krankheiten oder Reisen und hielt sich äußerst sporadisch in der Haupt- und Residenzstadt auf. Ab ihrem vierzigsten Lebensjahr mehrten sich die Zeichen, daß sie von schweren Depressionen heimgesucht wurde. Da das Kaiserhaus dies nicht zugeben wollte, tat man auch nichts für ihre Heilung. Fast zum Skelett abgemagert, irrte Elisabeth ruhelos in der Welt herum, bis der blinde Zufall sie am 10. September 1898 auf der Uferpromenade in Genf mit dem italienischen Anarchisten Luigi Lucheni zusammenführte, der sie erstach.

Nach der Exekution seines Bruders Maximilian in Mexiko (1867) und dem Selbstmord seines einzigen Sohnes, des Kronprinzen Rudolf (1889), war dies der dritte Schlag, der Kaiser Franz Joseph persönlich traf. Aber das Herrscherhaus insgesamt befand sich im Zustand der Auflösung. Der jüngste Bruder des Kaisers, Erzherzog Ludwig Viktor, den die Wiener »Luzi-Wuzi« nannten, wurde nach einem Skandal in einer Badeanstalt lebenslänglich auf Schloß Kleßheim bei Salzburg verbannt. Erzherzog Otto Franz Joseph stand eines Tages, nur mit einem Säbel und dem Orden vom Goldenen Vlies bekleidet, vor dem Hotel Sacher. Er war vor dem Ehemann einer Bürgersgattin, die er verführen wollte, geflüchtet. Die meiste Zeit aber verbrachte er roulettespielend in Monte Carlo und starb mit 41 Jahren an Syphilis. Mehr jedoch hat Franz Joseph das Verhalten jener Erzherzöge getroffen, die wegen seines starrsinnigen und diktatorischen Familienregimes aus dem Hause Habsburg ausschieden. Feldmarschalleutnant Johann Salvator veröffentlichte eine kritische Schrift über die Armee (»Drill oder Erziehung?«), heiratete die Balletttänzerin Milli Stubel und nannte sich Johann Orth. Er rüstete ein Schiff aus, mit dem er nach Südamerika emigrieren wollte und das bei Kap Hoorn spurlos verschwand. Erzherzog Ferdinand Karl gründete mit der Professorentochter Bertha Czuber einen bürgerlichen Haushalt in München und legte sich den Namen Ferdinand Burg zu. Erzherzogin Luise verließ ihren Mann, den Kronprinzen von Sachsen, und heiratete später den italienischen Komponisten Enrico Toselli. Außerdem wurde sie aktives Mitglied der österreichischen Sozialdemokratie. Eine ganz andere Entwicklung nahm hingegen Erzherzog Leopold Ferdinand, der sich den bürgerlichen Namen Ferdinand Wölfling gab. Er starb 1935 als Hitlerverehrer und Würstelverkäufer.

jetan Felder (1868–1878). »Parks«, so sagte er, »sind die Lungen einer Großstadt«. Das Ergebnis dieser Politik kann sich sehen lassen: Wien hat heute fast 17 Mio. Quadratmeter öffentlich zugängliche Grünfläche. Die kleineren werden von den Bewohnern liebevoll-ironisch »Beserlpark« genannt, weil die Bäume oft wie umgedrehte Besen aussehen. Als Höhepunkt liberaler Selbstinszenierung sollte 1873 eine Weltausstellung die wirtschaftliche Prosperitätsphase krönen. Doch ein Börsenkrach und eine Choleraepidemie machten die Weltausstellung nicht nur zu einem Mißerfolg, sondern zum Beginn einer langen wirtschaftlichen Depression, die Österreich endgültig wirtschaftlich hinter den westeuropäischen Staaten zurückbleiben ließ.

Die Arbeits- und Lebensbedingungen des Proletariats waren in dieser Zeit zutiefst unmenschlich. In den Vororten waren riesige Zinskasernen entstanden, deren meist einräumige Wohnungen mit bis zu zehn Personen belegt waren. Nachdem 1884 eine Untersuchung in der »Österreichischen Monatsschrift für

Socialreform« zu dem Ergebnis kam, daß ein Sträfling besser versorgt wurde als ein freier Arbeiter, kam die Politik in Bewegung. Ein Jahr später wurde der Elf-Stunden-Tag(!) gesetzlich eingeführt. Doch weil die Liberalen die soziale Frage letztlich auf Suppenküchen und das Prinzip der Selbsthilfe reduzierten, erwuchs ihnen von zwei Seiten Opposition: Im Kampf für ein menschenwürdiges Leben organisierten sich die Arbeiter in der Sozialdemokratie, die 1890 mit ihrer ersten großen Maidemonstration machtvoll an die Öffentlichkeit trat. Auf der anderen Seite sahen sich die jahrhundertelang protegierten kleinen Gewerbetreibenden ebenfalls als Verlierer der liberalen Wirtschaftspolitik. In den 30 Jahren, die auf die endgültige Aufhebung der Zünfte (1859) folgte, machten 35 000 Handwerker bankrott. Ihr Existenzkampf gegen die moderne Industrie, die oft in jüdischem Besitz war, führte zu dem, was August Bebel den »Sozialismus der dummen Kerls« genannt hat: einem fanatischen Antisemitismus. Sie sammelten sich in der Christlich-Sozialen Partei, die bei den Wahlen 1895 die liberale Bastion Wien stürmte. Der Führer der Christlich-Sozialen, Karl Lueger, beherrschte bis 1910 die Stadt wie ein König und mit ihm all das, was dem vom Geist der Aufklärung und dem Glauben an die Weisheit der freien Marktwirtschaft geprägten klassischen Liberalismus verhaßt war: Klerikalismus, Intoleranz und kommunale Eingriffe in das Wirtschaftsleben. »Die Ära Lueger« meinte der spätere sozialdemokratische Bürgermeister Karl Seitz, »bedeutet einen großen Fortschritt auf dem Weg der Überführung von wichtigen Produktionsmitteln aus den Händen des Privatkapitals in den Besitz der Gemeinde.« Und weil auch nach 1945 kaum etwas reprivatisiert wurde, ist die Gemeinde Wien heute mit ihren über 70 000 Beschäftigten der größte Arbeitgeber der Stadt.

Noch von den Liberalen initiiert, aber dann unter Bürgermeister Lueger durchgeführt wurde die letzte große Veränderung Wiens. 1893 war der Linienwall eingeebnet worden, und an seine Stelle trat eine Straße, der Gürtel. Im Rahmen eines Generalregulierungsplans wurde am Gürtel die Stadtbahn (heute U-Bahn) gebaut, der Wienfluß reguliert und die Bebauung des Donaukanals gestaltet. Den Auftrag dafür erhielt Otto Wagner, der somit wie kein anderer Architekt der Stadt seinen Stempel aufdrückte.

Schon 1890 war die Stadt erweitert worden zu »Groß-Wien«, wie sie nun amtlich hieß. 1904 wurde dann mit Floridsdorf der erste Bezirk am linken Donauufer eingemeindet und 1911, mitten in der »zweiten Gründerzeit«, einem kurzen, aber heftigen Wirtschaftsaufschwung, der mit dem Ersten Weltkrieg sein Ende fand, überschritt die Einwohnerzahl die Zwei-Millionen-Grenze. Knapp 30 % davon stammten aus den Ländern der böhmischen Krone, 10 % waren Juden. Nicht allein die Hoffnung auf Arbeit und Brot hatte sie nach Wien getrieben, sondern auch die bedrückenden halbfeudalen und despotischen Verhältnisse, die in vielen Teilen der k. u. k.-Monarchie immer noch herrschten. Für die Mitte des 20. Jh. erwartete man eine Einwohnerzahl von vier Millionen.

Am 28. Juni 1914 wurden in Sarajewo der Thronfolger Franz Ferdinand und seine Gemahlin ermordet. Die Militärpartei am Wiener Kaiserhof, unterstützt vom deutschen Kaiser Wilhelm II., wollte den Krieg am Balkan und bekam einen Weltkrieg. An seinem Ende stand auch das Ende der Donaumonarchie: Am 11. November 1918 um 10 Uhr wurde im Wiener Parlament die Ausrufung der Republik beschlossen. Am Nachmittag unterschrieb Kaiser Karl, der dem im November 1916 verstorbenen Franz Joseph nachgefolgt war, seinen Rücktritt von den Staatsgeschäften – mit Bleistift. Doch es gab kein Hintertürchen: Am 23. März 1919 mußte er Österreich für immer verlassen. Die Epoche der Habsburger war zu Ende. Ein Fazit hat der große schweizer Historiker Jacob Burckhardt gezogen, der die Herrscher dieser Dynastie so charakterisiert: »physisch keine Idealfiguren; wenig Genialität; aber Wohlwollen, Ernst, Bedächtigkeit; Ausharren und Gleichmaß im Unglück; keine Lumpen und Liederlichen«.

Von der ersten Republik zur Gegenwart

Aus der Distanz von mehr als einem halben Jahrhundert erscheint das Wien der 20er Jahre wie die Welthauptstadt der Moderne. Gleichzeitig arbeiteten und lebten hier u. a. die Schriftsteller Arthur Schnitzler und Robert Musil, die Komponisten Arnold Schönberg und Alban Berg, die Psychoanalytiker Sigmund Freud und Alfred Adler sowie die Philosophen Moritz Schlick und Ludwig Wittgenstein. Die Wiener jedoch nahmen kaum etwas von den intellektuellen Anstrengungen und der Ausstrahlungskraft ihrer Stadt wahr. Sie hatten ganz andere Sorgen. »Wasserkopf« nannten viele dieses Wien und das nicht zu Unrecht. Österreich war der geringe Rest, den die Friedensverträge von 1919 von der einstigen Donaumonarchie gelassen hatten: 80 000 von weit mehr als 600 000 Quadratkilometern und etwa 6,5 Mio. Menschen von einstmals mehr als 52 Mio. Viele Politiker der neuen Republik hielten dieses »Rumpfösterreich«

für nicht lebensfähig und suchten aus wirtschaftlichen Gründen den Anschluß an Deutschland.

Daneben gab es ein noch bedeutsameres, ein psychologisches Problem: Der neue Staat und viele seiner Bürger hatten keine nationale Identität. Wer oder was war man jetzt als Österreicher? Schon in den letzten Jahren der Habsburgerherrschaft hatte es eine nicht unbedeutende deutschnationale Bewegung gegeben. Sie erreichte keine große politische Bedeutung, weil die deutschsprachigen Österreicher ohnehin das Herrenvolk der k. u. k.-Monarchie waren. Jetzt aber fühlte man sich allein und ohnmächtig. Deshalb wollten viele »heim ins Reich«, das man ohnehin schon immer wegen seiner Effizienz und wirtschaftlichen Stärke, wenn auch meist nur heimlich, bewundert hat. Aber die Alliierten verboten einen Anschluß an Deutschland.

Das 1918 von den Siegermächten geschaffene Österreich war zwar, von kleinen kroatischen und slowenischen Minderheiten abgesehen, ein einheitlich deutschsprachiger Nationalstaat, aber ökonomisch, sozial und kulturell ein Land extremer Gegensätze. Da waren auf der einen Seite die agrarischen Bundesländer mit ihren manchmal noch halbfeudalen Verhältnissen sowie einer stark katholisch geprägten Kultur und auf der anderen das riesige Wien mit seinem Industriegürtel und einer internationalen, laizistischen Kultur. Das Land wurde seit 1920 von der bürgerlichen Christlich-Sozialen Partei regiert, Wien, seit 1922 ein eigenes Bundesland, hingegen von den Sozialdemokraten. Österreich zerfiel politisch in zwei fast gleich große Lager: das bürgerlich-konservative und das proletarisch-sozialdemokratische. Beide waren bis an die Zähne bewaffnet. Die bürgerlichen Formatio-

Wien IX., Berggasse 19

D er Portier sagte: ›Sie kennen die Berggasse? Nach dem – nun, später, wenn der Professor nicht mehr unter uns ist, wird man ihr den Namen Freudgasse geben.‹ « Diese Prophezeiung, an die sich eine Patientin Freuds noch Jahrzehnte später erinnerte, ist nicht eingetroffen. Es dauerte vielmehr bis zum 15. Juni 1971, bis die Tageszeitung »Die Presse« schreiben konnte: »Wo bisher Touristen aus aller Welt vergeblich nach Sigmund Freud fragten, werden sie nun nicht nur Antwort bekommen, sondern auch in seine ehemalige Wohnung gewiesen werden: heute, Dienstag, wird in der Berggasse 19 im neunten Wiener Gemeindebezirk die Sigmund-Freud-Gedenkstätte eröffnet.« Dazu war es aber nur gekommen, weil sich der damalige Bundeskanzler Klaus auf seiner Reise durch die USA mit spitzen Kommentaren über den Mangel an Anerkennung für Freud und sein Werk in Wien konfrontiert sah. Hätte der Entdecker der Psychoanalyse dies erlebt, er hätte weise-ironisch gelächelt, hatte Freud doch nach seiner Amerikareise gemeint: »Drüben verstehen sie mich falsch, aber hier lehnen sie mich aus tiefster Seele ab.«

45 Jahre mußte Sigmund Freud (1856–1939) alt werden, bis er endlich eine außerordentliche Professur an der Universität Wien erhielt. In einen Brief an seinen damaligen Freund Wilhelm Fließ schrieb er: »Die Teilnahme der Bevölkerung ist sehr groß. Es regnet auch jetzt schon Glückwünsche und Blumenspenden, als sei die Rolle der Sexualität plötzlich von Sr. Majestät amtlich anerkannt, die Bedeutung des Traumes vom Ministerrat bestätigt, und die Notwendigkeit einer psychoanalytischen Therapie der Hysterie mit $^2/_3$ Mehrheit im Parlament durchgedrungen.«

Dabei hätten gerade die Wiener allen Grund gehabt, die glanzvolle und schmerzhafte Entwicklung der Psychoanalyse zu feiern, wie der Kulturhistoriker Carl E. Schorske meint: »(Sie) war ein antipolitischer Sieg ersten Ranges. Dadurch, daß (Freud) seine eigene politische Vergangenheit und Gegenwart zu einer Nebenerscheinung des Urkonflikts zwischen Vater und Sohn reduzierte, schenkte er seinen liberalen Zeitgenossen eine ahistorische Theorie von Mensch und Gesellschaft, die eine aus den Fugen und aus der Kontrolle geratene politische Welt leichter zu ertragen erlaubte.« Aber in einer so von katholischen Moralvorstellungen geprägten Stadt spricht man nicht ungestraft offen über Rolle und Bedeutung der Sexualität. Auch die Republik Österreich, die Freud 1920 den akademischen Grad eines ordentlichen Titular-Professors verlieh, tat dies nicht in Anerkennung seiner Entdeckung und Entwicklung der Psychoanalyse, sondern für das gemeinsam mit Josef Breuer verfaßte Frühwerk »Studien über Hysterie« (1895). Das hat kaum etwas mit der psychoanalytischen Methode von Freud zu tun und ist deshalb unverfänglicher als seine späteren Schriften. Obwohl ein hellsichtiger zeitgenössischer Kritiker beim Erscheinen dieses Buches schrieb: »Wir ahnen, daß es einmal möglich sein wird, die innersten Geheimnisse der menschlichen Seele zu ergründen. Die Theorie selbst ist eigentlich nichts anderes als die Psychologie, die Dichter verwenden.«

Das stimmt zweifellos, doch erst Freud hat eine systematische Forschungsmethode entwickelt, die es erlaubt, Einblick in seelische Vorgänge zu nehmen und deren unbewußte Teile zu erforschen. Anfangs versuchte er es mit Hypnose und Suggestion, die er später durch das Instrument der »freien Assoziation« und das analytische Gespräch ersetzte.

Sigmund Freud

Als sein Hauptwerk kann »Die Traumdeutung« (1900) angesehen werden, in der es Freud durch die detaillierte Analyse von Träumen gelang, die bemerkenswerten Unterschiede zwischen den Erscheinungen im unbewußten und im bewußten Bereich der Seele zu erkennen.

Im Haus Berggasse 19 lebte und arbeitete der Begründer der Psychoanalyse von 1891 bis zum 4. Juni 1938, als die Nationalsozialisten den schwerkranken Mann ins Exil nach Großbritannien zwangen. Seine Wohnung, das heutige Museum, wurde nach den Erinnerungen seiner Tochter Anna und der Haushälterin Paula Fichtl wiederhergestellt. Die Warte-, Behandlungs- und Arbeitszimmer befinden sich an originaler Stätte in der über 400 m² großen Woh-

nung. Die Vitrinen enthalten Dokumente und Gegenstände aus Freuds Leben sowie 79 Exponate aus seiner Antikensammlung. Eine Dokumentation gibt einen informativen Überblick über sein Leben und Werk. In dem ehemaligen Wohn- bzw. Behandlungszimmer Anna Freuds sind Ausstellungsstücke untergebracht, die an die große Kindertherapeutin erinnern. Die meisten Originalmöbel und der Großteil von Sigmund Freuds Antikensammlung befinden sich jedoch im Londoner Freud-Museum. Im Medienraum ist u. a. der sonst am Kontinent nicht zugängliche Dokumentarfilm »Freud 1930–1939 mit einem Kommentar von Anna Freud« zu sehen.
Sigmund Freud-Museum, 9., Berggasse 19, ☏ 3 19 15 96, tägl. 9-16 Uhr (Juli – September 9 – 18 Uhr).

nen, später Heimwehren genannt, waren schon im November 1918 zum Schutz des Privateigentums entstanden. Lange Zeit blieben die von faschistischer Ideologie durchdrungenen Heimwehren trotz massiver Unterstützung durch industrielle Kreise zu schwach, um nach der Macht im Staate zu greifen, doch für Terroranschläge und Morde an Arbeitern hatten sie Kraft genug. Deswegen schuf sich die Sozialdemokratie im April 1923 ebenfalls eine bewaffnete Formation, den »Republikanischen Schutzbund«. Wie schon der Name sagt, war sein Ziel der Schutz der Republik und der demokratischen Errungenschaften, während die Heimwehren die Demokratie zerstören und eine faschistische Diktatur errichten wollten. Bewaffnete Zusammenstöße gehörten danach zum politischen Alltag des Landes.

Jahrelang hatten die Heimwehrverbände nur regionale Bedeutung und kein klares Programm. Was sie einte, war der Haß auf das »rote Wien«. Hier hatten die Sozialdemokraten viele ihrer Reformvorstellungen verwirklicht: Kostenlose Gesundheitsvorsorge und kommunale Sportstätten, kulturelle Veranstaltungen und Bildungseinrichtungen gaben auch den Arbeitern ein Stück von jener Lebensqualität, die bis dahin den Besitzenden vorbehalten war. Das riesige kommunale Wohnbauprogramm der »Gemeindebauten« machte Wien zu einem weltweit beachteten Modell einer modernen, menschengerechten Großstadt. Und diese sozialdemokratische Metropole mit ihrer internationalen Ausstrahlung war den provinziellen Konservativen ein Dorn im Auge. Doch sie schien eine uneinnehmbare Festung zu sein.

Die entscheidende Wende ereignete sich am 15. Juli 1927. An diesem Tag kam es zu einer riesigen spontanen Demonstration der Wiener Arbeiter, weil ein Gericht zwei Heimwehrler freigesprochen hatte, die in eine friedliche sozialdemokratische Versammlung geschossen und einen Kriegsversehrten und ein Kind getötet hatten. Die aufgebrachten Demonstranten zogen in die Innenstadt vor den Justizpalast, das Symbol der verhaßten »Klassenjustiz«, und setzten ihn in Brand. Bei den Zusammenstößen mit der Polizei kamen 89 Menschen ums Leben. Den von der SPÖ daraufhin ausgerufenen Generalstreik jedoch konnten die Heimwehren erfolgreich bekämpfen. Die mächtige Sozialdemokratie entpuppte sich plötzlich als Koloß auf tönernen Füßen. Die Heimwehren aber wurden jetzt nicht nur von den jeweils regierenden Kanzlern und der katholischen Geistlichkeit gefördert, sondern erhielten auch massive finanzielle Unterstützung durch Italiens faschistischen Diktator Benito Mussolini. Im Frühjahr 1933 schaltete Bundeskanzler Engelbert Dollfuß das demokratisch gewählte Parlament aus und regierte mit Hilfe von Notverordnungen. Das gab seinem Regime gerade noch den Anschein von Legalität. Bei einem Geheimtreffen mit Mussolini im Sommer des gleichen Jahres verlangte dieser einen offen faschistischen Kurs und die Zerschlagung der SPÖ. Auch für Dollfuß drängte die Zeit. In Deutschland war Hitler an die Macht gekommen und die Zahl seiner Anhänger in Österreich wurde immer größer. Taktisch geschickt provozierte der Bundeskanzler die SPÖ so lange, bis sie nicht mehr anders konnte als entweder zu kapitulieren oder bewaffneten Widerstand zu leisten. Der kampflose und schmähliche Untergang der deutschen Sozialdemokratie nach dem Machtantritt Hitlers war Österreichs Sozialdemokraten eine Warnung. Am 12. Februar 1934 begann ein mehr-

Wien 1934: Verhaftete Sozialdemokraten werden abtransportiert

tägiger Bürgerkrieg, der für die Arbeiter und die SPÖ von Anfang an verloren war. Der Kanzler setzte neben der Heimwehr das Bundesheer ein, ließ Panzer auffahren und mit Artillerie auf Wohnhäuser feuern. Der bewaffnete Widerstand der Arbeiter beschränkte sich im wesentlichen auf Wien und da auf die Gemeindebauten wie den Karl-Marx-Hof, den Goethe-Hof oder die Siedlung Sandleiten. Der Bürgerkrieg forderte etwa 1000 Tote. Nach seinem Sieg ließ Dollfuß trotz des Protestes ausländischer Regierungen neun Sozialdemokraten hinrichten.

Doch des Erfolges konnte er sich nicht lange erfreuen, denn nun drängten die österreichischen Nationalsozialisten an die Macht. Am 25. Juli 1934 unternahmen sie einen Putschversuch, bei dem Dollfuß ermordet wurde. Ihr Ziel war der Anschluß Österreichs an das Deutsche Reich. Doch die von ihnen erhoffte Un-

terstützung durch Hitler mußte ausbleiben, da Mussolini seine Truppen an die Brenner-Grenze beorderte und damit deutlich machte, daß es nicht in seinem Interesse lag, daß Österreich unter deutschen Einfluß geriet. Erst nachdem die beiden Diktatoren sich geeinigt hatten, konnte Hitler knapp vier Jahre später Dollfuß' Nachfolger Kurt Schuschnigg zum Rücktritt zwingen, und am 12. März 1938 marschierte die deutsche Wehrmacht in Österreich ein. Drei Tage später verkündete Hitler auf dem Heldenplatz den »Anschluß« Österreichs und versprach, die »Perle Wien« in »jene Fassung zu bringen, die dieser Perle würdig ist«. Das war eine Lüge, denn der Diktator, der vor dem ersten Weltkrieg einige Jahre hier gelebt hatte, haßte diese Stadt. In »Mein Kampf« hat er geschrieben: »Widerwärtig war mir das Rassenkonglomerat, das die Reichshauptstadt zeigte, widerwärtig dieses ganze Völker-

Hitlers Einmarsch in Wien: Zehnausende kamen zum Heldenplatz und jubelten ihm zu

gemisch von Tschechen, Polen, Ungarn, Ruthenen, Serben und Kroaten usw., zwischen allem aber als ewiger Spaltpilz der Menschheit – Juden und wieder Juden. Mir erschien die Riesenstadt als eine Verkörperung der Blutschande ...« Und so blieb denn auch Berlin Hauptstadt des neuen Großdeutschen Reiches. Österreich hingegen wurde in mehrere Reichsgaue zerschlagen und verschwand selbst als Name völlig von der Landkarte.

Zehntausende Wiener jubelten dem Führer auf dem Heldenplatz zu. Sie waren nicht über Nacht zu Nationalsozialisten geworden, aber jahrelange Arbeitslosigkeit, Not und Elend hatten ihnen das Regime der »Vaterländischen Front« verhaßt gemacht. Von Hitler erhofften sie sich Arbeit und Wohlstand. Der Beweggrund ihrer Begeisterung war also ganz simpel, wie der Kabarettist Georg Kreisler zutreffend bemerkte: »Für die Wiener war es ja gar nicht so interessant, ein Teil Deutschlands zu werden. Was sie interessiert hat, war: sie wollten die Wohnung vom Herrn Kohn haben.« In den ersten Monaten nach dem »Anschluß« zeigten sich viele Bewohner der Stadt von ihrer dunkelsten Seite. Der eigens in die Stadt entsandte, später von den Wienern als »Bierleiter Gürckel« verspottete Gauleiter Bürckel klagte in einem Geheimbericht: »Die herrliche Geschichte des Nationalsozialismus und der Erhebung in Österreich hat durch das, was sich in den ersten Wochen an Raub und Diebstahl ereignet hat, eine gewisse Trübung erfahren.«

Doch es gab auch ein anderes Österreich: In den sieben Jahren der nationalsozialistischen Diktatur sind 2700 Österreicher als Widerstandskämpfer hingerichtet worden, 9687 starben in deutschen Gefängnissen, 16 493 in Konzentrationslagern und 6420 wurden in den von der deutschen Wehrmacht besetzten Ländern umgebracht. Von den über 180 000 österreichischen Juden wurden 65 459 ermordet.

Ende 1944 wurde in Wien das »Provisorische Österreichische Nationalkomitee« gegründet, das sich unter dem Namen 05 organisierte. Null stand für O und 5 für den fünften Buchstaben des Alphabets, E; OE also, die Anfangsbuchstaben des unter den Nationalsozialisten verbotenen Wortes Österreich. Die Widerstandsbewegung nahm auch mit der in Wien einrückenden Roten Armee Kontakt auf, und so konnte schon vor der bedingungslosen Kapitulation Deutschlands, am 27. April 1945, die »Wiederherstellung der Republik Österreich« proklamiert werden. Obwohl Österreich vor allem wegen des antifaschistischen Widerstandes von den Alliierten als erstes Opfer der Hitlerschen Kriegspolitik betrachtet wurde, besetzten sie das Land und teilten es in vier Zonen auf. Das gleiche geschah mit Wien. Nur die Innere Stadt, der 1. Bezirk, war bis 1955 eine internationale Zone, in der sich die Besatzer aus Frankreich,

Großbritannien, der Sowjetunion und den USA monatlich abwechselten. Am 15. Mai 1955 wurde im Schloß Belvedere der Staatsvertrag unterzeichnet und Österreichs Unabhängigkeit und Souveränität wiederhergestellt.

1962 nahm Wien endgültig Abschied von der k. u. k.-Vergangenheit: Die letzte Gaslaterne erlosch. Doch die Zukunft hatte schon früher begonnen. 1956 hatte sich die »Internationale Atomenergiebehörde« in der Stadt niedergelassen, und 1967 war die UNIDO (UN-Organisation für industrielle Entwicklung) nach Wien gekommen. Zwölf Jahre später wurde auf der anderen Seite der Donau die »UNO-City« eröffnet und Wien damit offiziell zum dritten Hauptsitz der Vereinten Nationen. Die »UNO-City« ist nur der Anfang einer geplanten »Donau-City«: 1994 begann man mit den Bauarbeiten zu dem, was sich zu einem zweiten, hochmodernen Stadtkern Wiens entwickeln soll.

Seit den Zeiten eines Robert Musil – und die sind gerade etwas mehr als ein halbes Jahrhundert her – hat sich das Aussehen Wiens extrem verändert. Aber der Charakter der Stadt ist so geblieben, wie ihn der Dichter beschrieben hat: »Eine Stadt wie die unsere, schön und alt, mit ihrem bauherrlichen Gepränge, das im Laufe der Zeiten aus wechselndem Geschmack hervorgegangen ist, bedeutet ein einziges großes Zeugnis der Fähigkeit, zu lieben, und der Unfähigkeit, es dauernd zu tun. Die stolze Folge ihrer Bauten stellt nicht nur eine große Geschichte dar, sondern auch einen dauernden Wechsel in der Richtung der Gesinnung. Sie ist, auf diese Weise betrachtet, eine zur Steinkette gewordene Wankelmütigkeit, die sich alle Vierteljahrhunderte auf eine andere Weise vermessen hat, für ewige Zeiten recht zu behalten.«

Kunst und Kultur

Die Weltgeschichte hat nicht unbedingt ein ordnendes Prinzip, aber sie hat Witz und Ironie. Das allererste Fragment einer österreichischen Prosa ist der sogenannte »Wiener Hundesegen«, ein wahrscheinlich auf vorchristlichen Ursprung zurückgehender Spruch zum Schutz der Hunde. In einer von so tierliebenden Menschen bewohnten Stadt wie Wien erscheint das nur logisch, sind doch auch die Straßen nicht nur »mit Kultur gepflastert«, wie Karl Kraus meinte.

Romanik, Gotik, Renaissance

Ihre erste große kulturelle Blüte erlebte die Stadt unter den Babenbergern, im Zeitalter der Romanik. Davon ist wenig erhalten. Die neben der Ruprechtskirche bedeutsamsten Zeugnisse des romanischen Baustils finden sich in dem – von Spöttern »Geschichts-Arche-Noah« genannten – Stephansdom (Heidentürme und Riesentor, s. S. 98). Er selbst jedoch ist ein gotisches Bauwerk von europäischem Rang. Der mächtige Hallenraum sowie der zum Wahrzeichen Wiens gewordene Südturm zeugen vom Reichtum der Bürger und verherrlichen die Macht der Habsburger. Die von Anton Pilgram 1515 geschaffene Kanzel, in der er sich in einer sehr wienerischen Pose als neugieriger »Fenstergucker« verewigt hat, ist ein interessantes Beispiel gotischer Skulpturkunst und gibt einen Eindruck von den damaligen religiösen Lebensauffassungen. Auf dem Stiegengeländer der Kanzel streiten Kröten, Frösche und Eidechsen miteinander. Sie stellen das Böse dar und werden von einem Hündchen, das auf der Kanzel Wache hält, zurückgebellt. Der tiefere Sinn war, daß jeder Prediger, der die Kanzel betrat, unwillkürlich das Getier berührte und so an das Böse unter der Sonne erinnert wurde. Eines der wenigen anderen in ihrer gotischen Pracht nahezu rein erhaltene Bauwerk ist die Kirche Maria am Gestade (siehe S. 109). Nahezu alle anderen wurden im Barock bzw. danach verändert und oft mit einer neuen Fassade versehen, wie die spätromanische Michaelerkirche (siehe S. 93) oder die gotische Hallenkirche Zu den neun Chören der Engel (siehe S. 112). Und selbst die sich heute dem Besucher hochgotisch darbietende Augustinerkirche (siehe S. 94) ist nicht orginal. Sie wurde gegen Ende des 18. Jh. nach Abtragung der zwischenzeitlich eingefügten barocken Kapellen und Altäre regotisiert.

Die Renaissance hat in Wien wenig Spuren hinterlassen. Die gängige Erklärung dafür lautet, daß der Renaissancefürst par excellence, Kaiser Rudolf II., in Prag und nicht in Wien residierte. Außerdem mangelte es an Geld für repräsentative Bauvorhaben, da die Befestigungsanlagen der Stadt ausgebaut werden mußten. So einleuchtend diese Erklärungen sind, so wenig überzeugen sie. Denn das Schicksal der beiden wichtigsten Renaissancebauten zeigt einen extrem lieblosen Umgang mit jenen Bauwerken, die in ihren Fassaden Vernunft, Humanität und den freisinnigen

Geist der Antike widerspiegeln. Die von Ferdinand I. für seinen Sohn errichtete Stallburg (1558–1564) mit ihrem prachtvollen Arkadenhof wurde bereits ein Jahr nach ihrer Fertigstellung in ein Stallgebäude umgewandelt, in dem sich bis heute die Lipizzaner tummeln. In seiner Anlage einmalig war das ab 1569 in Simmering entstandene Neugebäude für Kaiser Maximilian II.: Ein Schloß inmitten eines großen Gartens mit geometrischen Zierfeldern und Blumenbeeten, mit Kapelle, Aussichtsturm und unterirdischer Grotte. Es war ein Renaissanceschloß ohne Vorbild in Europa. Aber schon unter Maria Theresia begann der Verfall. Wertvolle Bauteile wurden abgetragen und in das neue kaiserliche Lustschloß Schönbrunn gebracht. In den 20er Jahren dieses Jahrhunderts wurde dann aus dem ehemaligen Lustgarten das Krematorium der Stadt Wien mit seinem Friedhof (siehe S. 182). An Versprechungen von Seiten der Gemeinde Wien, Schloß Neuhaus zu restaurieren, fehlt es seit Jahrzehnten nicht. Doch geschehen ist nichts, weil sich dieser Komplex kaum als devisenbringende Touristenattraktion eignet, und so verfällt er, hinter einem Bretterzaun verborgen, immer weiter.

Barock

Im Barock erlebte die Kultur des katholischen Adels ihren Höhepunkt. Sie war im Gegensatz zu der des nordischen Protestantismus weder ethisch noch philosophisch, sondern einfach spielerisch und Ausdruck der Lebensfreude. Deshalb vollbrachte sie ihre Glanzleistungen im Bereich der angewandten und darstellenden Künste.

Die Architektur ist in jenen Jahren die große, alles beherrschende Kunst, deren Maßstäbe von Lukas von Hildebrandt, Johann Bernhard Fischer von Erlach und dessen Sohn Joseph Emanuel gesetzt wurden. Fischers Architektur zeichnet sich durch Flächigkeit und strenge Gliederung (z. B. Hofbibliothek, 1723–1735) sowie massige Monumentalität (z. B. Karlskirche, 1716–1739) aus. Ganz anders sein Rivale Hildebrandt: Er schuf Kulissenarchitektur, die von der Fülle der Bauteile und -ornamente sowie dem Spiel von Licht und Schatten lebt (z. B. Oberes Belvedere, 1721–1722). Für die innere Ausgestaltung ihrer Bauten schätzten beide Architekten die gleichen Künstler: Johann Michael Rottmayr, Daniel Gran und Franz Anton Maulbertsch – Freskenmaler von europäischem Rang.

Die Literatur wurde im Barock wenig gepflegt, da sie sich weder für Repräsentationszwecke noch als Geldanlage sonderlich eignete. Anders war es mit der Musik. Schon 1498 hatte Maximilian I. die kaiserliche Hofkapelle gegründet, die bis ins 18. Jh. der Mittelpunkt des Wiener Musiklebens war. Unter dem ersten großen Barockherrscher, Leopold I., erlebte die italienische Oper in Wien ihre Blütezeit. In Wien wirkte aber auch Christoph Willibald Gluck (1714–1787), dessen Opernreform die Geburtsstunde des modernen Musikdramas ist. 1762 fand im alten Burgtheater die Erstaufführung seiner Oper »Orpheus und Eurydike« statt.

Weltstadt der Musik

Mit dem Ende des Barock wurde die Ära der Architekten von der der Musiker abgelöst. Josef Haydn lebte am Beginn seiner Komponistentätigkeit in Wien und war als Musiklehrer sowie Korrepetitor tätig. Nach seinen großen Triumphen im Ausland holte er 1792 Beetho-

ven als seinen Schüler nach Wien. Mozart kam 1762 das erste Mal in die Stadt und wirkte dann hier von 1781 bis zu seinem Tode. In Wien komponierte er u. a. die Opern »Entführung aus dem Serail«, »Die Hochzeit des Figaro« und »Die Zauberflöte«. Im Gegensatz zu seiner Mutter Maria Theresia förderte Joseph II. dieses Genie. Als letzter betrat Franz Schubert (1797–1828) die Bühne. Schon früh wurde für diese vier der Begriff »Wiener Klassik« kreiert, der aber mehr verdeckt als erhellt. Beispielsweise die Tatsache, daß diese Musiker, obwohl sie teilweise gleichzeitig wirkten, vier verschiedenen Generationen angehören. In Mozarts Geburtsjahr hatte Haydn seine Ausbildung beendet und das erste Streichquartett komponiert; als Beethoven getauft wurde, schrieb Mozart bereits die vierte Oper; und als Schubert zu komponieren begann, fehlte von Beethovens Symphonien nur noch die Neunte. Wenn den Vieren außer Klarheit und Einfachheit etwas gemeinsam ist und den Begriff »Wiener Klassik« rechtfertigt, dann ist es lediglich das schwer zu beschreibende typisch Wienerische in ihrer Musik. Am deutlichsten tritt das bei Schubert zu Tage, und dessen Freund Eduard von Bauernfeld hat es so umschrieben: »Schubert war gewissermaßen eine Doppelnatur, die Wiener Heiterkeit mit einem Zuge tiefer Melancholie verwebt und veredelt.«

Im Vormärz entwickelt sich Wien zur klassischen Weltstadt der Musik: Es gab einen großen Aufschwung der Hausmusik und der »Schubertiaden« genannten musikalischen Zirkel. Musikverlage wurden gegründet und Musikschulen, es entstand eine hochwertige Instrumentenindustrie. 1842 wurden die Wie-

Johann Strauß-Denkmal im Stadtpark

ner Philharmoniker gegründet. Ihren Namen verdanken sie einer »Philharmonischen Academie« von Otto Nicolai, Kapellmeister am Kärntnertortheater und Komponist der Oper »Die lustigen Weiber von Windsor«. Sie haben viele Werke von Brahms, Bruckner, Mahler und Richard Strauß mit den Komponisten am Pult uraufgeführt. Zu erkennen sind die Philharmoniker nicht nur am weichen, »typisch wienerischen« Klang der Streicher, sondern auch am besonderen Ton der Wiener Oboe und des Wiener Horns.

Wien ist auch nach dem Ende der Klassik eine Stadt der Musik geblieben: Die großen Romantiker Johannes Brahms, Anton Bruckner, Hugo Wolf, Gustav Mahler lebten und wirkten hier. Das relativ konservative Publikum machte es ihnen oft schwer. Mahler beispielsweise wurde gerade noch als »artistischer Direktor« der Hofoper (1897–1907) akzeptiert, aber nicht als Komponist. Der Dirigent Bruno Walter berichtete, daß es bei der Uraufführung seiner 4. Symphonie im Musikverein fast zu Handgreiflichkeiten kam. Gustav Mahler litt unter Wien und meinte einmal: »Muß man denn hier immer erst tot sein, damit sie einen leben lassen?«

»Spectacles müssen sein« – Biedermeieridylle und romantischer Hintersinn

Daß Wien im Vormärz zu einer Stadt der Musik wurde, hat einen ganz banalen Grund, der damals den Intellektuellen durchaus bewußt war. Der Dichter Franz Grillparzer brachte ihn in einer Bemerkung über Ludwig van Beethoven auf den Begriff: »Wenn man wüßte, was sie bei Ihrer Musik denken … Dem Musiker kann doch die Zensur nichts anhaben.«

Ganz im Gegensatz zu Literatur und Theater. Und gerade letzteres hatte und hat in Wien eine besondere Bedeutung. »Spectacles müssen sein«, sagte schon Kaiserin Maria Theresia und setzte das Theater mit sicherem Instinkt in ihrem Interesse ein. Am 19. Februar 1768 verkündete sie ein für die Zukunft des Herrscherhauses lebenswichtiges Ereignis mitten während einer Vorstellung im Hofburgtheater: »Kinder, der Poldl hat an Buam.« Der »Poldl« war ihr Sohn Leopold und der »Bua« der spätere Kaiser Franz I.

Das Theater war die Nahtstelle zwischen Hof, Adel und Bürgertum und ist es heute zwischen der »großen« mondänen und der »kleinen« privaten Welt. Deshalb haben Schauspieler, allen voran die Burgschauspieler, in Wien ein hohes soziales Prestige, und jede noch so kleine Veränderung bei den großen Bühnen bietet nahezu unerschöpflichen Gesprächsstoff und wird schnell zum »Skandal«. Im Mittelpunkt des Interesses steht das Burgtheater. Besetzungen und Abberufungen werden nicht selten zu einem Politikum und zum Gegenstand von Parlamentsdebatten. Seit Claus Peymann 1986 als Burgtheaterdirektor nach Wien gekommen ist, hat sich die Zahl der Auseinandersetzungen wesentlich erhöht und an Erbitterung gewonnen. Der lautstarke Kontrahent seiner aufklärerischen und gesellschaftskritischen Konzeption ist das Massenblatt »Kronen-Zeitung«. Im Namen des »gesunden Volksempfindens« fordert sie das Recht auf »Spectacles« ein. In diesen Auseinandersetzungen geben die Politiker, gleichgültig welcher Partei sie angehören, meist eine schlechte Figur ab, da sie regelmäßig dem Stammtisch ihren Tribut zollen.

»Poldls Bua« war es im übrigen, der durch seine Verschärfung der Zensur den Dichtern und damit auch Franz Grillparzer das Leben so schwer machte. Dessen Drama »König Ottokars Glück und Ende«, ein euphorischer Hymnus auf die Dynastie der Habsburger, lag zwei Jahre bei der Zensurbehörde. Eines Tages wurde der Dichter persönlich vorstellig: »Herr Hofrat, was haben S' denn an dem Stück Gefährliches g'funden?« Daraufhin der Zensor: »Gar nichts. Aber sehen S': man kann halt nie wissen.«

Zu den wichtigsten Autoren des Vormärz gehören neben Grillparzer Ferdinand Raimund, Johann Nestroy, Adalbert Stifter und die Lyriker Nikolaus Lenau und Anastasius Grün. Von diesen fünf Dichtern begingen zwei Selbstmord, einer wurde wahnsinnig und zwei starben einsam und verbittert. Im rückständigen Österreich neigte die Romantik eben nicht zur Revolte, sondern zur Resignation. Dem heranschleichenden Kapitalismus fehlte die düstere Größe, die er in Westeuropa besaß. Die wiener Lust an Verkleinerungsformen, am Herzerl und Busserl, zerlegte die Romantik in bitter-süße Gustostückerln. Die Leidenschaft wurde zur Gemütlichkeit, die Liebe zur Sentimentalität und der Weltschmerz zum Raunzen.

Der bedeutendste Dichter dieser Zeit ist Johann Nepomuk Nestroy (1801–1862). Er machte das Vorstadttheater salonfähig, und vor allem die Intellektuellen strömten in seine Stücke. Schonungslos offenbarte Nestroy den Bürgern ihr Spießertum, ihre Feigheit und ihre Brutalität. Er tat es aber nicht aufgeregt und schulmeisterlich, sondern mit gutgespielter Naivität und virtuoser Sprachkunst. Nestroy hat wie kein anderer den Wiener durchschaut: »Nur der geistlose Mensch kann den Harm übersehn, der überall durch die fadenscheinige Gemütlichkeit durchblickt.« Das haben die Wiener ihm nicht verziehen und sich auf ihre Weise gerächt: Nach seinem Tode haben sie Nestroy zum harmlosen Komödianten degradiert. Erst gut fünfzig Jahre später hat ein anderer sprachgewaltiger Wiener, Karl Kraus, Nestroy wieder zu dem gemacht, was er war und ist: Der erste große deutsche Satiriker, der die sprachlichen Phrasen zur Wahrheit umdreht. »Ich hab die Not mit Ihnen geteilt, es ist jetzt meine heiligste Pflicht, auch in die guten Tag' Sie nicht zu verlassen.«

Die Maler des Biedermeier, Joseph Danhauser, Peter Fendi und Ferdinand Waldmüller konzentrierten sich hingegen auf die idyllischen Aspekte des Lebens. Zwar finden sich auch in ihren Bildern die sozialen Spannungen, aber wesentlich verschlüsselter als in der Musik Beethovens und auch Schuberts. In jenen Jahren begann auch der Höhenflug des Walzers (Johann Strauß Vater und Josef Lanner). Doch selbst der stand in den eisigen Zeiten des Vormärz anfangs im Verdacht des Aufführertums. »Es ist eine bedenkliche Macht in dieses schwarzen Mannes Hand gegeben«, schrieb 1833 Heinrich Laube über Johann Strauß Vater: »Ich weiß nicht, was Strauß außer Noten versteht, aber dies weiß ich, daß dieser Mann viel Unheil anrichten könnte, wenn er Rousseausche Ideen geigte: die Wiener machten in einem Abend den ganzen contract social.« Die Angst des späteren Burgtheaterdirektors war unbegründet: Johann Strauß Vater spielte für die Reaktion auf. Sein Hymnus auf einen der Schlächter der 1848er Revolution wurde weltberühmt: der Radetzkymarsch.

Sein Sohn, ein besessener Arbeiter, brauchte zu seiner Inspiration Wien: Nicht die Natur, wie die berühmten Walzer »Geschichten aus dem Wienerwald« und »An der schönen blauen Donau«

vermuten lassen, sondern das pulsierende Großstadtleben mit seinen Kaffeehäusern, Ballsälen und Billardzimmern. »Schani«, wie er liebevoll von den Wienern genannt wurde, war so eng mit der Haupt- und Residenzstadt verbunden, daß für viele in der Rückschau sein Tod (1899) das Ende der Donaumonarchie markierte. Ein Hofbeamter brachte dieses Gefühl auf den nicht unzutreffenden und häufig zitierten Satz: »Genaugenommen regierte Franz Joseph bis zum Tod von Johann Strauß.« Mit ihm und seiner »Fledermaus« begann auch das »Goldene Zeitalter« der Operette. Deren bedeutendste Komponisten sind neben Strauß Franz von Suppé, Karl Millöcker, Karl Zeller und Richard Heuberger. Um die Jahrhundertwende folgte das »Silberne Zeitalter« (Emmerich Kálmán, Franz Lehár, Robert Stolz), das trotz mancher Erfolge noch in den 20er Jahren bereits den Niedergang der Gattung ankündigte. Ihren Platz hat heute in Wien das Musical eingenommen.

Wie die Dekorationen einer Operette war auch der Stil des in der zweiten Hälfte des 19. Jh. einflußreichsten Malers, Hans Makart (1840–1884). Seine Historienbilder entsprachen dem Publikumsgeschmack. Sie waren protzig und von leicht dekadenter Sinnlichkeit. Das 1877 fertiggestellte Gemälde »Einzug Karls V. in Antwerpen« zog bei einer Ausstellung im Künstlerhaus innerhalb weniger Tage 34 000 Besucher an. Seinen größten Triumph feierte der Maler 1879 bei der Silberhochzeit des Kaiserpaares Franz Joseph und Elisabeth. Er stattete die Prunkwagen für den Festzug aus, bei dem die kurz zuvor eröffnete Ringstraße in die Inszenierung einbezogen wurde. Hans Makart repräsentierte ein Kunstverständnis, das der Schriftsteller Hermann Bahr 1896 mit den Worten beschrieben hat: »In Wien wird von einem Bilde verlangt, daß es zu allen Möbeln passen, nur nicht auffallen und, wenn man es nach dem Essen betrachtet, einen unbedenklich und hübschen Eindruck machen soll.«

Der Aufbruch in die Moderne

In der Auflehnung gegen den traditionellen Kunstbetrieb und den modischen Makart-Rummel ist die »Secession« entstanden. Sie war getragen von der Idee, daß die Kunst – wie Otto Wagner es formulierte – »dem modernen Menschen sein wahres Gesicht zu zeigen« hat. Die politisch-gesellschaftliche Schwäche des Bürgertums und sein Rückzug ins Ästhetische ließ schließlich auch den Aufbruch der »Secession« in Behaglichkeit ausklingen. Gustav Klimt (1862–1918) in der Malerei und Otto Wagner (1841–1918) in der Architektur wurden zu den Ästheten der gebildeten höheren Mittelschicht. Um die Jahrhundertwende war Wien, wie der Schriftsteller Hermann Broch feststellte, »weit weniger eine Stadt der Kunst als der Dekoration par excellence. Entsprechend seiner Dekorativität war Wien heiter, oft schwachsinnig heiter, aber von eigentlichem Humor oder gar von Bissigkeit und Selbstironie war da wenig zu spüren.«

In der Literatur, die um 1900 ihre große Epoche erlebte, war das anders. Peter Altenberg, Hermann Bahr, Max Brod, Hugo von Hofmannsthal, Franz Kafka, Robert Musil, Arthur Schnitzler, Georg Trakl, Franz Werfel, Anton Wildgans und Stefan Zweig zählen nicht nur schon lange zu den Klassikern der Moderne, sondern sind auch bissig, ironisch und voller Selbstzweifel. Doch im Gegensatz zur übrigen europäischen Literatur gab es in Österreich im 19. Jh.

Zuschauerraum des alten Burgtheaters (1888), Gouache von Gustav Klimt

keine nennenswerte Bewegung des sozialen Realismus. Die Ursache dafür liegt sowohl in der traditionellen Macht der barocken Phantasie als auch im Scheitern des Bürgertums, sich unabhängig vom Adel zu entwickeln. Doch was es gab, war eine lautstarke Opposition gegen die in Wien so beliebte Durchdringung des Alltagslebens mit Kunst. Ihre Protagonisten waren der Schriftsteller Karl Kraus (1874–1936), der Architekt Adolf Loos (1870–1933) und der Komponist Arnold Schönberg (1874–1951). Wie Kraus die Klarheit und

Arnold Schönberg wiederum empfand das Harmonische der Musik als einen falschen und die Zerrissenheit des modernen Menschen verschleiernden Ausdruck. In dem Liederzyklus »Das Buch der hängenden Gärten« (1908/09) hat er sich von der Tonalität verabschiedet und nannte diese Handlung »Emanzipation der Dissonanz«. Schönberg, der wie Kraus und Loos ein ethischer und kein sozialer Revolutionär war, richtete seine Kritik nicht gegen das Gesellschaftssystem, sondern gegen dessen Kultur des Scheins und des Selbstbetrugs. »Unsere Zeit sucht vieles«, schrieb er in seiner »Harmonielehre«: »Gefunden hat sie vor allem etwas: den *Komfort*. Der drängt sich in seiner ganzen Breite sogar in die Welt der Ideen und macht es so bequem, wie wir es nie haben dürften.« Vor allem die so gerne beschworene Wiener Gemütlichkeit war diesen Streitern der Moderne ein Dorn im Auge. Karl Kraus sagte: »Ich verlange von der Stadt, in der ich leben soll: Asphalt, Straßenspülung, Haustorschlüssel, Luftheizung, Warmwasserleitung. Gemütlich bin ich selber.«

Aus der von ihnen erlebten Vereinzelung des modernen Menschen haben diese Künstler ein egozentrisches Programm gemacht. Am deutlichsten hat es der expressionistische Maler Oskar Kokoschka (1886–1980) formuliert: »Die Einsamkeit zwingt jeden Menschen, daß er für sich, ganz allein, wie ein Wilder sich die Idee der Gesellschaft erst erfindet. Zur Flucht in die Einsamkeit zwingt ihn am Ende die Erkenntnis, daß jede Gesellschaftslehre eine Utopie bleiben muß. Diese Einsamkeit verschlingt uns in ihrer Leere.« Thronfolger Franz Ferdinand meinte über den Maler, als er dessen die menschliche Leere und Verzweiflung ausdrückenden Bilder besichtigte: »Dem Kerl sollte man die Knochen

Sauberkeit der Sprache wiederherstellen wollte, so versuchte Loos das Lebensumfeld – Stadt, Wohnung, Kleidung und Mobiliar – durch die Entfernung aller Schnörkel zu reinigen. Architektur, sagte er in seiner programmatischen Schrift »Ornament und Verbrechen« (1907), ist keine Kunst: »Alles, was einem zweck dient, ist aus dem reich der kunst auszuschließen. (Erst) wenn das lügnerische schlagwort ›angewandte kunst‹ aus dem sprachschatz der völker verschwunden sein wird, erst dann werden wir die architektur unserer zeit haben.«

Der Wiener Kreis

Hund, du verfluchter, da hast du's,« schrie der 33jährige Doktor der Philosophie, Johann Nelböck, als er am Morgen des 22. Juni 1936 mit vier Schüssen den Philosophieprofessor Moritz Schlick tötete. Ort des Geschehens war die Philosophenstiege der Wiener Universität. Nelböck wurde des Mordes angeklagt und zu zehn Jahren Haft verurteilt. Das Urteil fiel so milde aus, weil der Täter die Sympathien der herrschenden Konservativen auf seiner Seite hatte. So schrieb beispielsweise das »Linzer Volksblatt«, das Moritz Schlick einen »Mephisto des Geistes« nannte: »Vierzehn volle Jahren tranken junge Menschenblüten den Giftfusel des Positivismus als Wasser des Lebens in sich hinein. Seelischer Tod und schweres seelisches Siechtum sind die Folge. In einer solchen Lage befand sich wohl Nelböck, als er seinen einstigen Lehrer erschoß.«

Moritz Schlick (1882–1936) war der führende Kopf eines lockeren Zusammenschlusses von Philosophen und Naturwissenschaftlern, der von sich sagte: »Der sogenannte ›Wiener Kreis‹ der wissenschaftlichen Weltauffassung‹ sucht … eine metaphysikfreie Atmosphäre zu schaffen, um wissenschaftliche Arbeiten auf allen Gebieten durch logische Analyse zu fördern.« Unter anderem gehörten dazu Otto Neurath (1882–1945), Rudolf Carnap (1891–1970) und Kurt Gödel (1906–1978). In engem Kontakt stand der Wiener Kreis mit Ludwig Wittgenstein (1889–1951), von dem der Satz stammt, der als Motto für alle diese Denker gelten kann: »Die Philosophie soll die Gedanken, die sonst, gleichsam, trübe und verschwommen sind, klar machen und scharf abgrenzen.«

Einmal in der Woche, donnerstags abends, traf sich der Wiener Kreis im Universitätsgebäude in der Boltzmanngasse, wo die mathematischen und physikalischen Institute untergebracht sind. Es wurden Briefe vorgelesen – schließlich waren u. a. Albert Einstein und Bertrand Russell Briefpartner –, neue Bücher vorgestellt und diskutiert sowie über den Stand und die Perspektiven der eigenen Forschung berichtet. In der Vorgehensweise, wie sie Moritz Schlick beschrieben hat, wird auch der Unterschied zu den anderen Philosophen deutlich: »Früher fragte die Philosophie nach dem Urgrund des Seienden, nach der Existenz Gottes, der Unsterblichkeit und Freiheit der Seele, nach dem Sinn der Welt und der Richtschnur des Handelns – wir aber fragen weiter gar nichts als: ›Was meinst du eigentlich?‹ Jedem, wer es auch sein mag, und wovon er auch sprechen mag, stellen wir die Frage: ›Was ist der Sinn deiner Rede?‹ Die Meisten werden dadurch gehörig aus dem Konzept gebracht. Aber das ist nicht unsere Schuld, wir fragen ganz aufrichtig und wollen niemandem eine Falle stellen.«

Es mutet den Betrachter heute noch erstaunlich an, daß eine so sehr der Klarheit und Sachlichkeit verschriebene Philosophie wie der Logische Empirismus gerade in einer so barocken und metaphysischen Stadt wie Wien entstehen und weltweite Bedeutung erlangen konnte. Den Handelnden erschien das ganz selbstverständlich. »Der Name ›Wiener Kreis‹«, schrieb Otto Neurath, »ist mehr als nur eine geographische Bezeichnung; Wien vereint seit langem die für die Entwicklung einer empiristischen Einstellung, wie sie der Kreis radikal vertritt, günstige Bedingungen. Der natürliche Boden für die Entwicklung … ist eigentlich das politische und gesellschaftliche Durcheinander, das in der ehemaligen Monarchie herrscht und das zuweilen schwer mit einem Blick zu erfassen ist. Unaufhörlich stößt man auf ein eigenartiges Hin und Her zwischen der alten Tradition und den modernsten Versuchen, zwischen einer methodischen Unterdrückung und einer unerwarteten Toleranz.« Und gerade diese methodische Unterdrückung des freien Geisteslebens durch nahezu alle habsburgischen Herrscher hat den Bruch mit der traditionellen Philosophie so einfach gemacht. Denn die kaiserliche Zensur hatte verhindert, daß die für das neuzeitliche Denken so wichtigen Schriften Immanuel Kants in Österreich bekannt und populär wurden. Deswegen verstrickten sich die österreichischen Philosophen im Gegensatz zu ihren europäischen Kollegen kaum in die letztendlich ermüdende und um sich selbst kreisende Auseinandersetzung mit dem deutschen Idealismus. Zum anderen mußte das Alltagsleben in einer Stadt wie Wien, in der immer anders gedacht als gehandelt wurde, einen philosophisch denkenden Kopf zu der Auffassung bringen, daß die scheinbar banale Frage »Was meinst du eigentlich?« von eminenter erkenntnistheoretischer Bedeutung ist.

Seine große, aber kurze Blüte erlebte der »Wiener Kreis« in den Jahren zwischen 1928 und 1938. Mit seiner Forderung nach logischer Durchsichtigkeit und empirischer Sachhaltigkeit von Sprache und Erkenntnis setzte er neue Maßstäbe für das philosophische Denken in diesem Jahrhundert. Aus seinem Ideengut entwickelte sich eine der größten internationalen Strömungen der Philosophie. Nur in Wien spielte sie nach der Ermordung Schlicks kaum noch eine Rolle, denn die austrofaschistische und danach die nationalsozialistische Diktatur zwangen die führenden Köpfe des »Wiener Kreises« in die Emigration. Logisches und aufgeklärtes Denken war diesen auf Irrationalismus und Massensuggestion beruhenden Regimen viel zu gefährlich.

Erst vor wenigen Jahren ist die aus ihrer Heimatstadt vertriebene Vernunft wieder zurückgekehrt. Am 2. Oktober 1991 wurde im Festsaal des Alten Rathauses das »Institut ›Wiener Kreis‹ – Verein zur Förderung wissenschaftlicher Weltauffassung« gegründet, mit dem Ziel, »daß gerade die Stadt Wien aus kulturpolitischen und wissenschaftlichen Gründen als weltoffene Stadt mit multikultureller Tradition und Identität der nach ihr benannten und aus ihr vertriebenen Bewegung des Wiener Kreises eine angemessene Stätte der Dokumentation und Forschung« errichtet.

Von Friedensreich Hundertwasser verhübschte Müllverbrennungsanlage

im Leib zerbrechen.« Damit hatte er sicher so manchem Wiener aus dem Herzen gesprochen.

Die Wiener mochten auch die Musik Schönbergs und seiner Schüler Alban Berg und Anton von Webern nicht. Das »Illustrierte Wiener Extra-Blatt«, eine damals viel gelesene Boulevard-Zeitung, schrieb über die Uraufführung von Schönbergs Kammersymphonie im Jahre 1906: »Viele stahlen sich vor Schluß dieses Stückes lachend aus dem Bund, viele zischten und pfiffen, viele applaudierten. In einer Loge stand bleich und mit verkniffenen Lippen der Herr Hofoperndirector Gustav Mahler, der das hohe Protectorat über entartete Musik schon längere Zeit führt.«

Schon der Erste Weltkrieg und der Zerfall der Donaumonarchie, aber in noch viel stärkerem Maß die nationalsozialistische Fremdherrschaft und der Zweite Weltkrieg haben die Traditionslinien der Wiener Kunst und Kultur unterbrochen. Die letzten großen und international anerkannten Künstler stammen aus der Phase, als man sich aggressiv gegen die kulturelle Dummheit des Wirtschaftswunders aufgelehnt hat: Der Wiener Aktionismus (Nitsch, Brus, Mühl,

Schwarzkoggler) und die Literaten der Wiener Gruppe (Achleitner, Artmann, Bayer, Rühm, Wiener). Heinz Leinfellner, Fritz Wotruba und der Maler Albert Paris Gütersloh gründeten 1946/47 den Art-Club. Hier trafen sich Hundertwasser, Brauer, Fuchs, Leherb, Lehmden, Hausner und Hutter und es entstand der später als »Wiener Schule« bezeichnete phantastische Realismus, über den ein Kritiker schrieb: »Wien lugt an allen Ecken und Enden aus diesen Bildern hervor, und wir entdecken einen verborgenen Hintersinn, wo man dem Augenschein vertrauen will; Dämonie in jeder Sofaecke gutbürgerlicher Gemütlichkeit; geschliffene Formulierungen, wo man anderwärts nur ungestüme Expression treffen würde.«

Einen anderen Weg ist Friedensreich Hundertwasser gegangen. Er knüpft bewußt an die dekorative und harmoniestiftende Tradition der Secession an. Im Manifest seines »KunstHausWien« (1990) fordert er: »Kunst muß wieder einen Sinn bekommen. Kunst muß wieder bleibende Werte schaffen. Mut zur Schönheit in Harmonie mit der Natur.«

Umstrittener Neubau: Das Haas-Haus

Die Wiener Küche

Die Wiener Küche ist zwar weltberühmt, aber was von ihren Gerichten orginär aus der Donaumetropole stammt, läßt sich oft nur schwer bestimmen. Man betrachte beispielsweise die »Nockerln«. Auf die Frage, woher sie kommen, wird jeder in der Stadt sagen: aus Wien natürlich, zumindest aber aus Österreich. Dagegen werden die Ungarn protestieren und auf ihre *nokledi* verweisen. Ebenso die Tschechen mit ihren *noky*. Am wahrscheinlichsten jedoch ist, daß die Nockerl von den italienischen *gnocchi* abstammen. Und so ist es oft. Viele Gerichte der Wiener Küche sind »Tornisterkinder«, die vom Militär in die Haupt- und Residenzstadt gebracht wurden. So auch das bekannteste aller Gerichte: Es hat seinen Ursprung im *costoletta alle milanese,* das der davon begeisterte Feldmarschall Radetzky aus der Lombardei mitbrachte. Mit einigen geringen Veränderungen wurde das weltberühmte »Wiener Schnitzel« daraus. Im Gegensatz zu seiner italienischen Variante wird es nicht in Butter, sondern in Schmalz gebacken. Fett darf es trotzdem nicht sein. Die entscheidende Probe des wahren Kenners besteht darin, sich eine Sekunde lang draufzusetzen: Es darf kein Fettfleck auf der Hose zurückbleiben.

Das berühmteste Gebäck der Donaumetropole, der Apfelstrudel, gehört ebenfalls nicht zu den Wiener Kreationen. Er stammt von den Ungarn, die sich den unglaublich dünnen Strudelteig von der türkischen Süßspeise *baklava* abgeschaut haben. Weil die Wiener diesen Teig so sehr lieben, füllen sie ihn auch mit anderen Ingredienzen: Mit Topfen (Quark), Mohn oder Nüssen, aber auch mit Kraut (feingehacktem Weißkohl) und sogar mit Schwammerln (Pilzen).

Die Wiener Küche kennt relativ wenige interessante Vorspeisen, dafür aber ein reichhaltiges Sortiment von Suppen. Das reicht von der klaren Ochsenschlepp-(schwanz)suppe mit so vorzüglichen Einlagen wie Lungenstrudel oder Milzschnitten über die eher alltägliche Leberknödel- oder Grießnockerlsuppe bis hin zu aufwendigen und exzellenten Kreationen wie der Krebsensuppe oder der Bröselknöderlsuppe mit gehacktem Hirn.

Die Hauptgerichte sind in der traditionellen Küche schlicht und reichlich mit Beilagen versehen. Man konsumiert in Wien fast genauso viele Kartoffeln wie in Deutschland, in endlosen Variationen. Wenn es keine Kartoffeln gibt, dann gibt es Knödel, Nockerln, Nudeln oder Reis – viele Kohlenhydrate jedenfalls. Vielleicht hängt damit auch die Vorliebe für Panaden zusammen. Denn paniert wird nicht nur das Schnitzel, sondern alles, was sich dafür eignet: Sellerie, Leber, Hirn und natürlich das Huhn: Das Backhendel, spöttisch auch »Huhn im Schlafrock« genannt, wurde zum Symbol einer ganzen Epoche, des Biedermeier.

Die Hauptgerichte sind oft Variationen beliebter Speisen. So zählt ein Kochbuch aus dem vorigen Jahrhundert allein an die zwanzig unterschiedliche Gulascharten auf. Doch die Seele der Wiener Küche ist das gekochte Rindfleisch. Fassungslos steht der Fremde vor den in dieser Stadt entwickelten Differenzierungen beim Rindfleisch. Da unterscheidet man zwischen Tafelspitz und Kavalierspitz, zwischen Schulterschwanzl und Hieferschwanzl, zwischen weißem und schwarzem Scherzl usw. usf. Begriffe wie Kruspelspitz oder Rieddeckel ins »Deutsche« zu übersetzen ist nicht möglich, sie können nur umschrieben werden und bleiben immer noch ein Rätsel. (Im ersten Fall handelt es sich um das unter dem Rieddeckel gelegene, etwas grobfasrige Fleisch von vorzüglichem Geschmack, während letzteres ein über dem Rostbratenried liegendes überall beliebtes Suppenfleisch bezeichnet.)

Namen spielen in der Wiener Küche überhaupt eine große Rolle, und hinter den oft feudalen Bezeichnungen verbergen sich die relativ einfachen Zutaten bodenständiger Gerichte. Den Fremden führen sie oft in die Irre. So hat beispielsweise der »Vanillerostbraten« überhaupt nichts mit diesem exotischen Gewürz zu tun. Vielmehr ist dieser Braten mit Knoblauch gespickt, der früher als »Vanille des kleinen Mannes« bezeichnet wurde. Gerne werden auch Geschichten erfunden, um den vornehmen Namen eines einfachen Gerichtes zu begründen. So wird oft behauptet, daß der »Kaiserschmarrn« dem Andenken Kaiser Franz Josephs gewidmet wurde und soviel bedeutet wie »kaiserlicher Unsinn«. (»Schmarrn« ist der Wienerische Ausdruck für Quatsch, Unsinn.) Aber das ist Unsinn, da es sich bei dieser Speise um eine süße Variante des aus dem Grenzgebiet zu Italien stammenden einfachen »Casa«(Haus)-Schmarrn handelt.

Die Nachspeisen sind der Höhepunkt der Wiener Küche. In vornehmen Häusern gab es früher eigene, meist aus Böhmen oder Mähren stammende

»Mehlspeisköchinnen«, die vor allem auf warme Nachspeisen spezialisiert waren. Sie machten das Dessert zum Hauptgericht. Bei Zwetschgen- oder Marillenknödeln, Powidltatschgerln und Mohnnudeln kommt man gut ohne Fleisch aus. Auch die Palatschinken haben nicht das geringste mit Schinken zu tun, sondern sind in der einfachsten und besten ihrer zahllosen Variationen mit Marillenmarmelade bestrichene Pfannkuchen. Wenn sie hingegen nudelig geschnitten sind, heißen sie Fritatten und dienen als Suppeneinlage.

Wien zu verlassen stimmt Feinschmecker nicht nur traurig, sondern kann auch zu schweren körperlichen Schäden führen. Das hat kein geringerer als Josef Haydn 1790 erfahren. Nach einer der üblichen überstürzten Abreisen seines Brotherrn, des Fürsten Esterházy, klagte er in einem Brief: »Ich wurde in 3 Tagen um 20 Pfd. mägerer, denn die guten Wiener Bisserl verloren sich schon unterwegs. Ja ja, dachte ich bei mir selbst, als ich in meinem Kosthaus statt dem kostbaren Rindfleisch ein Stück von einer 50jährigen Kuh, statt dem Ragout mit kleinen Knöderln einen alten Schöpsen mit gelben Murken, statt dem böhmischen Fasan ein ledernes Rostbrätl, statt den so guten und delikaten Pomeranzen einen Dschabl oder so genannten Gros-Salat, statt der Backerei dürre Äpfelspältl und Haselnuß – und so weiter speisen mußte.«

Spazier-
gänge
durch
Wien

Die Innere Stadt

Die Ringstraße

Der Ring ist mehr als eine Straße. Er ist nicht nur für die Bewohner Wiens, sondern für alle Österreicher auch ein geschichtlicher Begriff, vergleichbar mit dem des »Second Empire« der Franzosen oder der »Gründerzeit« der Deutschen, und bezeichnet eine der großen Epochen dieser Stadt. Die Geschichte der Ringstraße beginnt mit einem am 25. 12. 1857 in der amtlichen »Wiener Zeitung« abgedruckten Handschreiben Kaiser Franz Josephs: »Es ist mein Wille, daß die Erweiterung der inneren Stadt mit Rücksicht auf eine entsprechende Verbindung derselben mit den Vorstädten ehemöglichst in Angriff genommen und hierbei auch auf die Regulierung und Verschönerung Meiner Residenz- und Reichshauptstadt Bedacht genommen werde. Zu diesem Ende bewillige Ich die Auflassung der Umwallung und der Fortifikationen der inneren Stadt sowie der Gräben um dieselbe.«

Die großen europäischen Metropolen wie Paris oder London hatten zu diesem Zeitpunkt längst ihre mittelalterlichen Befestigungsanlagen geschleift. Nur die Donaumetropole hatte sie auf Drängen der Militärs behalten. Nicht zur Abwehr eines feindlichen Angriffes, sondern wegen der befürchteten revolutionären Bedrohung durch das Proletariat der Vorstädte. Eine Angst, die Franz Joseph teilte (schließlich waren seit der niedergeschlagenen Revolution von 1848 noch keine zehn Jahre vergangen), weswegen es im sogenannten »Motivationsbericht« zum kaiserlichen Handschreiben heißt: »Die Anlage der Straße hat besonders auf militärische Strategie Rücksicht zu nehmen.« Um schnelle Truppen- und Materialtransporte zu ermöglichen, aber auch, um den Bau von Barrikaden zu verhindern, wurde die Ringstraße ungewöhnlich breit konzipiert. Außerdem wurden an ihren beiden Endpunkten – denn der Ring ist in Wirklichkeit ein Hufeisen – Kasernen errichtet.

Eine davon, die **Roßauer Kaserne** 1, ein mächtiger Rohziegelbau im Windsorstil, ist heute noch vorhanden und wird von der Polizei genutzt. Sie ist der nicht direkt am Ring gelegene markante Ausgangspunkt der Prachtstraße, die auf den ersten Blick von pulsierendem Leben erfüllt scheint. Doch das täuscht. Die Wiener überqueren sie in der Regel eilig, denn sie ist immer noch in erster Linie Kulisse und nicht Lebensbereich. Auf dem Ring ist Realität geworden, was einer ihrer Architekten, Heinrich Ferstel, gefordert hat: »Die Baukunst hat das neue Staats- und Gemeinwesen zu verklären und ihm dadurch eine monumentale Verewigung zu sichern.« Außerdem war die Ringstraße auch nicht als öffentlicher Raum der Begegnung und Kommunikation konzipiert worden, sondern als gesellschaftliche Trennungslinie. »Nach dem vorliegenden Plane«, schrieb der Architekt Ludwig von Förster, dessen Entwurf die Baugrundlage bildete, »erhielte der innere Stadtteil eine abgeschlossene und regelmäßige Figur, um die herum sich der Korso, eine der herrlichsten Promenaden, ziehen und die innere Stadt von den äußeren Vorstädten trennen würde.« So ist es gekommen und die Trennungslinie besteht noch heute, nur ist aus der herrlichen

Die Votivkirche

Promenade eine vielbefahrene mehrspurige Einbahnstraße geworden.

Das erste Gebäude am Schottenring, der 73m hohe **Ringturm** 2, ein 20-stökkiges Bürogebäude, wurde zwar erst 1953–1955 errichtet, paßt aber in den historisierenden Stil der Straße: Sein Vorbild sind die amerikanischen Wolkenkratzer der 20er Jahre. Dahinter beginnt das ehemalige Textil- und Börsenviertel, das sich bis zum Salzgries erstreckt und sein Zentrum in der **Börse** 3 hat. Von ihr ist nur noch das Äußere, die Neorenaissancefassade, im Original erhalten. Das Innere wurde nach dem Großbrand von 1956 neu gestaltet. Dieser Teil des Rings wird von großen Wohnhäusern eingenommen. Das typische Ringstraßenhaus ist vier bis sechs Stockwerke hoch, hat etwa 16 Wohnungen und

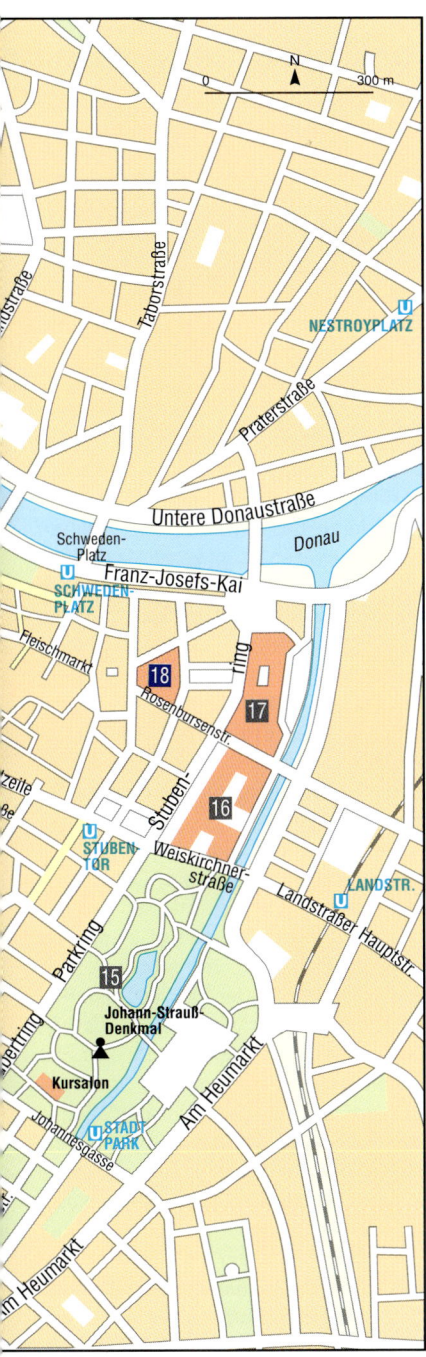

Ringstraße

1 Roßauer Kaserne
2 Ringturm
3 Börse
4 Votivkirche
5 Universität
6 Rathaus
7 Burgtheater
8 Volksgarten
9 Parlament
10 Naturhistorisches Museum
11 Kunsthistorisches Museum
12 Äußeres Burgtor
13 Burggarten
14 Oper
15 Stadtpark
16 Museum für angewandte Kunst
17 Regierungsgebäude
18 Postsparkassenamt

wurde spöttisch »Mietspalast« genannt. Wie zutreffend diese Bezeichnung ist, wird weniger an den Fassaden deutlich als vielmehr an den fast immer aufwendig und imposant gestalteten Eingangshallen und Treppenhäusern. Mit den Einnahmen aus dem Grundstücksverkauf für ihre Errichtung wurden die Kosten für den Bau der Ringstraße, ihrer Parks und sogar für die öffentlichen Gebäude bestritten.

Am Ende des Schottenrings, leicht zurückgesetzt, befindet sich ein für das Gesamtkunstwerk Ringstraße völlig untypischer Bau: die **Votivkirche** 4. Der Platz davor bzw. sein Name ist ein – nicht nur wienerisches – Lehrstück über den Umgang mit Zeitgeschichte. Ursprünglich hieß er (nach einem Habsburger) Maximilianplatz und wurde nach dem Ende der Monarchie 1919 in Freiheitsplatz umbenannt. 1934 bekam er den Namen des austrofaschistischen Diktators Dollfuß und 1938 den Görings. Nach der Befreiung 1945 hieß er wieder Freiheitsplatz, um ein Jahr später in Rooseveltplatz umbenannt zu werden.

Diesen Namen trägt auch heute noch der kleinere Teil, der größere heißt seit 1985 Sigmund-Freud-Park.

Die Votivkirche hat mit dem von Kaiser Franz Joseph nach einer internationalen Ausschreibung mit 85 Bewerbern am 1. 9. 1859 genehmigten Bebauungsplan nichts zu tun. Dieses »Denkmal des Patriotismus und der Anhänglichkeit der Völker Österreichs an das Kaiserhaus« wurde zum Gedenken an ein fehlgeschlagenes Attentat eines ungarischen Nationalisten auf den Kaiser (1853) errichtet. Ursprünglich sollte sie als Garnisonskirche für Wien und als ein Pantheon für Österreichs bedeutendste Männer dienen. Das machte sie in den Worten der liberalen »Neuen Freien Presse« zu einem Symbol des »Säbel- und Kultusregiments.« Eine voreilige Feststellung, denn die Generalität hatte kein Interesse daran, ihre Macht symbolisch mit dem Klerus zu teilen. Sie bestand darauf, daß die »vaterländische Ruhmeshalle« in den militärisch-industriellen Komplex des Arsenals (s. S. 137) kam. So findet sich heute in der Kirche nur die von König Ferdinand I. für Niklas Graf Salm, den Verteidiger der Stadt bei der ersten Türkenbelagerung (1529), gestiftete Grabtumba. Ohnehin ist die Votivkirche von außen, als gelungen nachgeahmte gotische Kathedrale, wesentlich eindrucksvoller als von innen.

Die Propsteipfarrkirche »Zum göttlichen Heiland«, wie sie offiziell heißt, ist ein Unikum, weil das liberale Bürgertum mit den »Prachtbauten« der Ringstraße eigentlich den Sieg der weltlichen Kultur und des Rechts über die Religion und den Absolutismus feierte. In dem an die Votivkirche anschließenden Rathausviertel hat es das Wertsystem des Liberalismus für die Ewigkeit in Stein geformt: Bildung, Freiheit, Kunst und Recht. Darum stehen Universität und Rathaus, Theater und Parlament nicht nur auf engstem Raum nebeneinander, sondern sind auch architektonisch gleichberechtigt.

Die **Universität** ⑤, das Symbol der liberalen Kultur, wurde massiv und monumental im Stil der Renaissance errichtet (1873–1884), um die Wiedergeburt der rationalen Wissenschaft nach der langen Nacht des mittelalterlichen Glaubens zu feiern. Architekt war das Stil-Chamäleon Heinrich Ferstel (1828–1883), der zuvor mit der Votivkirche zu gewaltigem Ruhm gekommen war.

Sein **Rathaus** ⑥ baute das liberale Wien in massiger Gotik, um seinen Ursprung als freie mittelalterliche Stadtgemeinde zu beschwören, die es nie so richtig gewesen ist. Es wurde 1872–1883 vom Kölner Dombaumeister Friedrich von Schmidt errichtet. Kaiser und Kirche drängten darauf, daß das Rathaus nicht höher wurde als die Votivkirche, darum ist der Turm mit 98 m einen Meter niedriger als der des Gotteshauses. Aber die Wiener stellten auf die Spitze den eisernen »Rathausmann«, der mit seiner Standarte 6 m mißt.

Rund um das Rathaus stehen die »Mietpaläste« schlechthin. Die Reichsratsstraße mit ihren Arkaden ist das großbürgerliche Gegenstück zu der von adeligen Palästen beherrschten Herrengasse (s. S. 114). Der Park vor dem Rathaus mit seinen zahlreichen exotischen Sträuchern und Bäumen ist eine der schönsten Gartenanlagen der Stadt. Außerdem bildet er einen Denkmalhain, in dem all jene versammelt sind, die zu unterschiedlichen Zeiten als große Söhne Wiens galten. Das reicht von ausgewählten Babenberger-Herzögen über Johann Strauß Vater und Josef Lanner bis zu den sozialdemokratischen Bundespräsidenten Karl Renner und Theodor Körner.

Gegenüber lädt bei schönem Wetter die Terrasse des Café Landtmann ein, eines der alten großen und gediegenen Ringstraßencafés. (Deshalb hat es auch eine »Terrasse« und nicht, wie sonst in Wien üblich, einen »Schanigarten«.) Zu seinen Stammgästen gehören neben Politikern und anderen Prominenten die Schauspieler des benachbarten **Burgtheaters** 7. Das wurde 1874–1888 von Carl von Hasenauer und Gottfried Semper für die gewaltige Summe von 10 Millionen Gulden errichtet und im Stil des Frühbarock gestaltet, um an die Zeit zu erinnern, als Geistliche, Höflinge und Bürger durch das Theater in künstlerischer Begeisterung vereinigt wurden und erstmals – wenn auch nur für Stunden – die Standesunterschiede zu verschwinden begannen. Daß sie am Ende des 19. Jh. immer noch massiv vorhanden waren, zeigt aber das Burgtheater auch: Seine beiden Flügel sind Treppenhäuser, von denen das eine für den Hof und das andere für das Volk bestimmt war. Das bestand bis vor kurzem fast ausschließlich aus den »feineren Herrschaften«. Erst der unter anderem deswegen dem Wiener Feuilleton lange Zeit verhaßte Burgtheaterdirektor Claus Peymann hatte hier Veränderungen vorgenommen: »Wir haben Privilegien abgeschafft und das denen weggenommen, die es vorher fest in den Händen hatten. Nämlich einer ganz bestimmten Großbourgeoisie, die das Haus durchaboniert hatte und eigentlich im Parkett und auf den teuren Plätzen ein anderes Publikum gar nicht zuließ. Man war dort unter sich. Ich habe gesagt: das Haus gehört allen Österreichern. Ich habe die Preise verändert, so daß es auch Leuten, die weniger verdienen, möglich ist, im Vorverkauf eine Karte zu bekommen. Da hat es ja dann alle möglichen Kuriositäten gegeben. Da haben Abonnenten auch noch die Plätze neben sich gekauft, um zu vermeiden, daß irgend so ein

Im Burgtheater

Fin de Siècle
Die Ringstraßengesellschaft

Mit dem Bau des ersten repräsentativen öffentlichen Gebäudes, der Oper, begann die »Ringstraßenära«, die seither einen mythischen Glanz gewonnen hat. In seiner Autobiographie »Die Welt von gestern« hat Stefan Zweig das Wesentliche jener Jahre festgehalten: »Wenn ich versuche, für die Zeit vor dem ersten Weltkriege, in der ich aufgewachsen bin, eine handliche Formel zu finden, so hoffe ich am prägnantesten zu sein, wenn ich sage: es war das goldene Zeitalter der Sicherheit. Alles hatte seine Norm, sein bestimmtes Maß und Gewicht. Wer ein Haus besaß betrachtete es als sichere Heimstatt für Kinder und Enkel, Hof und Geschäft vererbte sich von Geschlecht zu Geschlecht, während ein Säugling noch in der Wiege lag, legte man in der Sparbüchse oder der Sparkasse bereits einen ersten Obolus für den Lebensweg zurecht, eine kleine ›Reserve‹ für die Zukunft. Niemand glaubte an Kriege, an Revolutionen und Umstürze. Alles Radikale, alles Gewaltsame schien bereits unmöglich in einem Zeitalter der Vernunft.«

Dafür gab es auch einen Grund: Eine Friedensperiode von bis dahin nicht gekannter Länge, denn seit 1871 hatte es zwischen den europäischen Großmächten keinen Krieg mehr gegeben. Das liberale Großbürgertum hatte sich in den prachtvoll ausgestatteten Mietspalästen der Ringstraße auf das angenehmste eingerichtet und ging völlig im kulturellen und gesellschaftlichen Leben auf. Für sie, die sich in der Ringstraße ein Denkmal gesetzt hatten, war Kultur zwar auch ein Bereich des Lebens, aber vor allem ein Statussymbol. Ihren Kindern aber, die in einer Atmosphäre aufwuchsen, in der Theateraufführungen, Operninszenierungen und Konzerte eine Bedeutung hatten wie in anderen Ländern Wahlkampagnen und Kabinettsumbildungen, war die Kunst das Leben. Ihre Eltern akzeptierten das und setzten – für die damaligen Vorstellungen eines ehrbaren bürgerlichen Lebens höchst erstaunlich – keinen Widerstand entgegen, wenn sie die Kunst zum Beruf machten. So meinte der berühmte Pathologe Carl von Rokitansky liebevoll-ironisch über seine vier Söhne, die Musiker und Mediziner geworden waren: »Zwei heulen und zwei heilen.«

Das Leben für die Kunst wurde jedoch zum Ersatz für gesellschaftliches und politisches Handeln und zur nahezu einzigen sinnstiftenden Quelle des Lebens. Das machte die junge Generation aber auch sensibel und trieb sie in Opposition zu ihren Vätern. Die Ringstraße und der »Ringstraßenstil« wurden für sie zum symbolischen Brennpunkt ihrer Kritik. Denn in den als protzig verachteten Bauten, die in ihren Augen keine Kunst, sondern nur Fassade waren, sah die kritische und von Selbstzweifeln geplagte junge Generation die zu Stein gewordene Fassade selbstgerechter und machthungriger Emporkömmlinge. »Als Metropole des Kitsches«, so urteilte der 1886 geborene Hermann Broch über die Stadt seines Vaters, »wurde Wien auch die des Wert-Vakuums der Epoche.«

»Wir sollen von einer Welt Abschied nehmen, ehe sie zusammenbricht«, schrieb Hugo von Hofmannsthal 1905. So zutreffend dieses Gefühl war, denn keine 10 Jahre später versank Europa in einem Weltkrieg und eine ganze Generation starb auf dem Schlachtfeld, so wenig konnten die Jungen formulieren, was sie wollten. Es entstand jene bitter-süße Atmosphäre, die das Fin de Siècle zur Legende hat werden lassen. Ironischerweise hat diese Generation, die der Monumentalität und dem Machtstreben so fern stand und die selbst in ihrem Alltagsleben zwischen Frivolität und Weltschmerz schwankte, den Namen »Ringstraßengesellschaft« bekommen. Sie hatte das Gefühl, daß ihr Leben ein Tanz auf dem Vulkan war. So ist es auch gewesen. An ihr Ende erinnerte sich viele Jahre später der Musikkritiker Max Graf: »Ich sehe noch den distinguierten Graf Berchtold vor mir, wie er an einem Sommertag des Jahres 1914 im Eingang eines Ringstraßenhotels stand. Er hatte soeben die Kriegserklärung an Serbien unterschrieben. Nun stand er hier, schlank, mit einem ironischen Lächeln, eine Zigarette mit Goldmundstück in seinen manikürten Fingern, und betrachtete die Menge, unterhielt sich gelegentlich mit Vorübergehenden. So trat die kultivierte Ringstraßengesellschaft in den 1. Weltkrieg ein, der sie zerbrach. Sie hatte gelebt mit Lachen und Scherzen, und mit Lachen und Scherzen starb sie.«

Hergelaufener in Jeans neben ihnen sitzt. Das habe ich denen dann aber vermasselt, indem die Leute sich dann trotzdem auf diese Plätze haben setzen können.«

An das Theater schließt der **Volksgarten** 8 an, der bereits vor dem Bau der Ringstraße entstanden ist. Er wurde auf der von den Franzosen 1809 gesprengten Burgbastei angelegt. Seinen Mittelpunkt bildet der nach athenischem Vorbild gestaltete Theseustempel. Er wurde eigens für die Theseus-Statue des römischen Bildhauers Antonio Canova erbaut. Napoleon hatte sie in Auftrag gegeben, und nach seiner Verbannung kaufte sie der Wiener Hof. Heute ist das Original im Treppenhaus des Kunsthistorischen Museums aufgestellt. Im Volksgarten befindet sich auch eine Gedenkstätte für die 1898 in Genf ermordete Kaiserin Elisabeth, genannt Sisi. Daß dies ein lauschig-romantischer Ort ist, finden nicht nur Liebespaare.

Das dem Volksgarten gegenüberliegende **Parlament** 9 wurde 1874–1883 vom dänischen Architekten Theophil Hansen in allerlei antiken Formen geschaffen. Als wahrer Philhellene glaubte er, daß »diese edlen klassischen Formen auf die Volksvertreter mit unwiderstehlicher Kraft erhebend und idealisierend wirken« mußten. Sein frommer Wunsch ging nicht in Erfüllung. Vielmehr war der Alltag des Parlaments in den letzten Jahrzehnten der Monarchie geprägt durch ohrenbetäubenden Lärm, Handgreiflichkeiten und blutige Schlägereien. Die Standbilder auf der Rampe verraten ganz nebenbei, in welch geringem Ausmaß der österreichische Liberalismus in der Vergangenheit verankert war. Da er keine Geschichte hatte, hatte er auch keine Helden. Deshalb sitzen entlang der Rampe acht antike Historiker. Das zentrale Symbol ist Pallas Athene als Beschützerin der Stadt und Göttin der Weisheit. Sie verkörpert die liberale Einheit von Politik und rationaler Kultur: »Wissen macht frei«.

Trotz eines gerade überstandenen Staatsbankrotts brauchten die Architekten Semper und Hasenauer beim Bau des **Naturhistorischen** 10 und des **Kunsthistorischen Museums** 11, die sie im Stil der italienischen Renaissance errichteten (1871–1891), nicht zu sparen. Sie beherbergen die von den Habsburgern über Jahrhunderte angelegten Sammlungen (s. S. 274), und die sind in jeder Beziehung eindrucksvoll. So hat das Kunsthistorische Museum beispielsweise die weltweit größte Sammlung von Pieter Brueghel d. Ä., mit etwa einem Drittel aller erhaltenen Bilder. Zwischen den beiden Museen befindet sich das Maria-Theresien-Denkmal, das die Kaiserin umgeben von ihren Beratern und Feldherrn zeigt. Ihr gegenüber steht das **Äußere Burgtor** 12, ein Eingang zur Hofburg (s. S. 86ff.). Es wurde von Soldaten der kaiserlichen Armee 1824 zur Erinnerung an die Völkerschlacht in Leipzig errichtet. 1934, während der austrofaschistischen Diktatur, wurde es zum Heldendenkmal für die Gefallenen des Erste Weltkrieges gemacht. Weil es dann eben schon da war, fügte man nach 1945 die Namen der toten Soldaten des Zweiten Weltkrieges hinzu und in der 60er Jahren die der von den Nationalsozialisten ermordeten Kämpfer für Österreichs Freiheit. Tote können sich nicht mehr wehren.

Der **Burggarten** 13, der frühere »Kaisergarten«, ist der Bevölkerung erst seit 1919, dem Ende der Monarchie, zugänglich. An seinem Ende steht ein hübsches

Kunsthistorisches Museum

Gewächshaus, das der Jugendstilarchitekt Friedrich Ohmann entworfen hat. Wie in einer so musikbesessenen Stadt nicht anders zu erwarten, war die **Oper** 14 das erste fertiggestellte öffentliche Gebäude. Sie wurde am 25. Mai 1869 mit Mozarts »Don Giovanni« eröffnet. Die beiden Architekten erlebten diesen Tag nicht mehr. August von Siccardsburg war an einem Schlaganfall gestorben, sein Kollege Eduard van der Nüll hatte zwei Monate vorher, tief verletzt vom Spott und der Kritik der Wiener an diesem in den Formen der französischen Frührenaissance gestalteten Gebäude, Selbstmord begangen. Kaiser Franz Joseph, der sich an seinem Tod mitschuldig fühlte, weil er bei einer Besichtigung keine lobenden Worte gefunden hatte, soll damals den Entschluß gefaßt haben, bei ähnlichen Gelegenheiten in Zukunft nur noch die Worte zu

Königswarter (Nr. 4) und das bereits 1872 anläßlich der Weltausstellung zum Hotel Imperial umgebaute Palais des Herzogs Philipp von Württemberg (Nr. 16). Das Viertel um den Opern- und den Kärntnerring war die Domäne der Finanzaristokratie; der sich daran anschließende Schwarzenbergplatz sowie der Schubert- und der Parkring hingegen das Zentrum des Blutadels.

Der **Stadtpark** 15 ist mit über 11 ha die größte Grünanlage am Rande der Innenstadt. Er entstand, weil Kaiser Franz Joseph sich einen Park wünschte, »welcher der Residenz zur Zierde gereicht«, auf dem Boden des ehemaligen Wasserglacis, einem Auengebiet des damals noch unregulierten Wienflusses. In ihm befindet sich das neben Stephansdom und Riesenrad zum dritten Wahrzeichen der Stadt gewordene Johann Strauß-Denkmal. Im Kursalon, der einst wirklich Mineralwasser und frische Ziegenmilch für Gesundheitsbewußte ausschenkte, finden von Ostern bis Ende Oktober Walzerkonzerte statt.

Angeregt durch das South Kensington (heute Victoria and Albert) Museum in London forderte Wiens erster Professor für Kunstgeschichte, Rudolf von Eitelberger, die Errichtung eines **Österreichischen Museums für angewandte Kunst** 16 (s. S. 274). 1871 wurde das von Heinrich von Ferstel konzipierte Gebäude, dem eine Schule angegliedert war, am Stubenring eröffnet. Es beherbergt eine umfangreiche und einmalige Sammlung österreichischen Kunsthandwerkes von der Romanik bis zum 20. Jh. Besonderen Raum nehmen natürlich die Jugendstilarbeiten der berühmten Wiener Werkstätten ein.

An ihrem Ende kommt die Prachtstraße wieder zu den Anfängen zurück. Die beiden letzten, nach der Jahrhundertwende entstandenen großen Bau-

sagen, mit denen er schließlich in das Gedächtnis der Wiener eingegangen ist: »Es war sehr schön. Es hat mich sehr gefreut.«

Am 12. März 1945 wurde die Oper von Bomben getroffen und brannte völlig aus. Der originalgetreue Wiederaufbau als Logentheater dauerte zehn Jahre. Am 5. November 1955 wurde sie zum zweiten Mal eröffnet. Diesmal mit Beethovens »Fidelio«.

Der kurze Kärntnerring zwischen der Oper und dem Schwarzenbergplatz war das Kernstück des öffentlichen Lebens auf der Ringstraße. Hier fand der tägliche Korso, das Flanieren der »besseren Gesellschaft«, statt, dessen Drehscheibe das nach einem Geschäft benannte Sirk-Eck an der Kärntnerstraße war. In diesem Abschnitt stehen auch die imposantesten Ringstraßenpalais: das Hotel Bristol (Nr. 1), das Palais des Bankiers

Hundertwasserhaus und Wittgensteinvilla

Als Protest gegen die seiner Meinung nach seelenlose moderne Architektur konzipierte Friedensreich Hundertwasser ein Haus nach ökologisch-künstlerischen Gesichtspunkten. Diese »hausgewordene Malerei« wurde 1983/85 im Rahmen des sozialen Wohnungsbaus der Gemeinde Wien errichtet, wenngleich die Mieten nicht gerade sozial sind. Hundertwasser

dazu: »Die Innereien des Hauses sind sozusagen ein Nebenprodukt meiner Außenfassade. … Ich habe die Haut gestaltet und die Haut ist gesund und deswegen ist auch das Innere gesund.« Den Vorwurf, daß das verspielt-heitere Haus kitschig sei, weist Hundertwasser grundsätzlich zurück: »Der Mann der das Wort Kitsch erfunden hat, ist … jemand, der dem einfachen Menschen eine gewisse elitäre Welt aufzwingen möchte, die dieser gar nicht will.«

Die andere Traditionslinie der Wiener Architektur verkörpert die nahegelegene Wittgensteinvilla. Sie wurde von dem berühmten Philosophen Ludwig Wittgenstein selbst entworfen und von dem Loos-Schüler Paul Engelmann 1926 errichtet. »Hausgewordene Philosophie« nannte Wittgensteins Schwester den kargen Bau. Er verkam über die Jahre, bis er 1975 von der Botschaft der damaligen VR Bulgarien erworben und instand gesetzt wurde.
Hundertwasserhaus: 3., Kegelgasse/Löwengasse Wittgensteinvilla: 3., Kundmanngasse 19

Hundertwasserhaus

ten bedeuteten politisch eine Wiederkehr des Militärs und des Katholizismus.
Mit Kaserne und Kirche hatten sie versucht, die Gestaltung des Ringes zu bestimmen. Doch der politische Sieg des
Liberalismus hatte sie früh von dieser
gewaltigen städtebaulichen Umgestaltung Wiens ausgeschlossen. Das
Kriegsministerium jedoch (heute: **Regierungsgebäude**) **17** markiert die Rückkehr der Armee als gewaltige bürokrati-
sche Institution. Es nimmt das Gelände
der Franz-Josef-Kaserne ein, die in der
ursprünglichen Konzeption als Ergänzung der Roßauer-Kaserne noch eine
wichtige Rolle gespielt hatte und 1898
als anachronistisch abgerissen worden
war. Der Bauauftrag für das Regierungsgebäude ging an den vom Thronfolger
Franz Ferdinand protegierten und im
neubarocken Stil arbeitenden Architekten Ludwig Baumann.

Postsparkassenamt

Das von Otto Wagner entworfene
Postsparkassenamt **18** hingegen ist
einer der großen Jugendstilbauten
Wiens. Seine mit Granit- und Marmorplatten sowie auffallend großen Nieten
gestaltete Fassade wirkt wie eine Werbung für die Bank: Sie strahlt Sicherheit
aus. Das moderne Gebäude ist aber
auch ein Symbol für das Wiederaufle-
ben alter religiöser Kräfte im neuen sozialen Gewand. Die Postsparkasse war
eine mit staatlicher Unterstützung 1883
für den »kleinen Mann« geschaffene
und von der Christlich-Sozialen Partei
propagandistisch geförderte Institution,
um die Macht der als »jüdisch« verteu-
felten Großbanken einzudämmen. Ihr
Initiator, Georg Coch, wurde für die
Christlich-Sozialen zum Märtyrer, weil

es seinen Anhängern nicht gelang, eine
Büste von ihm im neuen Verwaltungs-
gebäude aufzustellen. Sie sprachen sofort von einer »jüdischen Verschwörung«, und der »König von Wien«, Bürgermeister Karl Lueger, machte daraus
ein Politikum. Die Stadtverwaltung be-
anspruchte den Platz vor dem Postsparkassenamt für Coch und errichtete dort
mit Otto Wagners ausdrücklicher Zustimmung die Büste. Das war das erste
bewußt antisemitische Denkmal auf der
Ringstraße. Wie die Votivkirche die
schwindende Macht des traditionalisti-
schen katholischen Klerus zu Beginn der
liberalen Ära symbolisiert, steht das
Coch-Denkmal für die neue Macht einer
katholischen Massenbewegung am Ende
des kurzen liberalen Zeitalters in Wien.

Kärntnerstraße, Graben und Kohlmarkt

Wiens innerstädtische Hauptader ist die Kärntnerstraße. Neben der Oper ist das infolge einer eigenwilligen Verkehrsführung noch nicht so recht zu erkennen. Dafür sieht man hier eine jener Institutionen, die überall auf der Welt mit dieser Stadt verbunden wird, in voller Größe: das **Hotel Sacher** ◼1. Seinen legendären Ruf erwarb es sich in den letzten Jahrzehnten der Monarchie. Zum einen war es in der kalten Jahreszeit, wenn Kaiser Franz Joseph in der Hofburg residierte, oft die letzte Rettung für die hungrigen Gardeoffiziere, wenn sie zur kaiserlichen Tafel geladen waren. Die Hofetikette verlangte nämlich nicht nur, daß dem Kaiser als erstem serviert wurde, sondern auch, daß das Essen beendet war, wenn er das Besteck niederlegte. Da Franz Joseph ein schneller Esser war, bekamen die am Ende der Tafel sitzenden jungen Offiziere die Speisen oft nur zu sehen. Zum anderen wurde in diesen Jahren – so will es zumindest die Legende – von der zigarrenrauchenden Frau Sacher die gleichnamige und weltberühmte Torte erfunden, um den Kaiser zu versöhnen. Der sittenstrenge Herrscher war auf sie nicht gut zu sprechen, weil Anna Sacher die Tête-à-têtes der Erzherzöge mit den »süßen Mäderln« des Opernballets duldete. In Wirklichkeit wurde die Torte schon 1832 vom Gründer des Geschäfts, Franz Sacher, kreiert, der damals Küchenchef bei Fürst Metternich war. »Er belästigt mich immerfort mit der Bitte, etwas Neues zu schaffen, als ob meine Kuchen nicht gut genug seien. Deshalb warf ich einfach einige Zutaten zusammen – und schon

war sie fertig«, berichtete der Küchenchef später. »Sie«, das war die Sachertorte, die in den 60er Jahren sogar Gegenstand eines langwierigen Gerichtsverfahrens wurde. Dabei ging es um die Frage, wer das Recht hat, sein Werk als Original-Sachertorte zu bezeichnen: das Hotel Sacher oder die Konditorei Demel. Nach eingehender Prüfung, wann und wer diesen Kuchen erstmals in der Mitte durchgeschnitten hat und in welcher Form Marmelade zu ihren Bestandteilen gehört, fällte schließlich der Oberste Gerichtshof ein Urteil, das wohl niemanden überraschte: Einzig das Hotel Sacher darf sein Produkt »Original« nennen.

Im Gegensatz zur standardisierten Banalität vieler Fußgängerzonen hat die Kärntnerstraße ein eigenes, fast mediterranes Flair und die Straßencafés unter Lindenbäumen vermitteln einen Eindruck von der Wiener Gemütlichkeit. Obwohl schon 1257 als *Strata Carinthianorum* erwähnt, besitzt die Kärntnerstraße – ganz im Gegensatz zu den umliegenden Seitengassen – nur wenige historische Gebäude. Der älteste Bau, das **Palais Esterházy** ◼2, stammt aus dem 17. Jh. Erwähnenswert ist es aber nicht wegen seiner Architektur, sondern weil es Wiens einziges Spielcasino beherbergt sowie das extravagante Modehaus Adlmüller, wo sich die Prominenz einkleidet. Natürlich findet sich in der Kärntnerstraße auch jede Menge feinster Designer-Ware. Daneben gibt es viel Traditionelles. So etwa das 1823 gegründete Glashaus J. & L. Lobmeyr (Nr. 26), das einen trefflichen Einblick in den gehobenen Wiener Geschmack gibt und

Kärntnerstraße, Graben, Kohlmarkt *1 Hotel Sacher 2 Palais Esterházy 3 Winter-palais des Prinzen Eugen 4 American Bar 5 Stock im Eisen 6 Haas-Haus 7 Pestsäule 8 Dorotheum 9 Café Demel*

über ein sehenswertes Glasmuseum verfügt (zugänglich während der Geschäftszeiten). Oder das Loden- und Trachtenhaus Resi Hammer (Nr. 29–31), das bieder-bäuerliche Kleidung in modisch-sportiven Variationen zeigt. Weil in Wien die große Vergangenheit der Stadt an allen Ecken und Enden zu finden ist und sie auch ein gutes Geschäftsargument ist, hat man in der Musikabteilung des allen Modernisierungsbestrebungen zum Trotz angenehm altertümlich wirkenden Kaufhauses »-Steffl« eine Mozartbüste aufgestellt. Sie

steht aber nicht einfach so herum, sondern soll daran erinnern, daß dieser geniale Komponist hier vier Stockwerke tiefer, am 5. Dezember 1791, gestorben ist.

In der Himmelpfortgasse befindet sich das **Winterpalais des Prinz Eugen** 3, in dem der große Feldherr 1736 starb. Die Anteilnahme seines Herrschers war gering. Statt an dem Begräbnis teilzunehmen, fuhr Kaiser Karl VI. mit dem gesamten Hof nach Laxenburg, »um sich zu amüsieren«. Das Palais, von dem der Öffentlichkeit nur die berühmte Prunkstiege zugänglich ist, erfreut sich bei

Glashaus Lobmeyr in der Kärntnerstraße

gefällt und die Schlosser erklärten ihn zu ihrem Zunftwahrzeichen. Jeder wandernde Gesell schlug, bevor er die Stadt verließ, einen Nagel ein. Die letzten stammen allerdings von den Arbeitern der U-Bahn. Ihm gegenüber steht das von dem Wiener Stararchitekten Hans Hollein geschaffene **Haas-Haus** 6, ein postmodernes Büro- und Boutiquen-Center nach US-amerikanischem Vorbild (s. S. 59). Ein beliebter Treffpunkt ist das Café im obersten Stockwerk. Das liegt allein an der Dachterrasse, denn der Kaffee in der gegenüberliegenden und nicht so ansehnlichen »Aida« zählt zu den besten Wiens. Das 1990 fertiggestellte Haas-Haus führte zu großer Aufregung unter den Wienern, die bis heute nicht verebbt ist. Vordergründig geht es dabei um die Fassaden, die vielleicht elegant, aber auf jeden Fall kalt wirken, und um die Frage: »Schiach oda leiwand?« (Häßlich oder schön?). Dahinter verbirgt sich aber ein wichtiges und

den Wienern keiner großen Beliebtheit. Verständlich – beherbergt es doch das Finanzministerium. Mehr Lebensfreude bietet da schon das Restaurant »Zum Kuckuck« gegenüber, in dessen Hof sich ein alter Ziehbrunnen und mittelalterliches Mauerwerk befinden. In dem leicht zu übersehenden »Kärntner Durchgang« auf der linken Seite der Fußgängerzone versteckt sich ein Juwel der modernen Architektur: Die von Adolf Loos 1907 geschaffene **American Bar** 4. Sie ist nahezu unverändert erhalten und wurde mit ihrer illusionistischen Vergrößerung durch Spiegel zum Inbegriff einer architektonisch perfekten Lösung auf kleinstem Raum.

Die Kärntnerstraße mündet auf einen Platz, der nach dem in einer Nische des linken Eckhauses befindlichen Baumstumpf **Stock im Eisen** 5 heißt. Gegen 1440 wurde dieser Baum, eine Fichte,

Fassade eines Juweliergeschäfts am Kohlmarkt, gestaltet von Hans Hollein

American Bar von Adolf Loos

immer noch ungelöstes stadtplanerisches Problem: Darf man in einer so durch historische Gebäude geprägten Innenstadt zeitgenössisch bauen oder muß man sie gleichsam als Freiluftmuseum erhalten?

Haas-Haus und Stock-im-Eisen markieren den Beginn des **Graben.** Der Name erinnert an das römische Lager, dessen südwestliche Seite ohne natürlichen Schutz war, so daß ein Graben angelegt werden mußte. Halb Straße, halb Platz, ist er heute ein Mittelpunkt des städtischen Lebens und Vorzeigeobjekt Wiens. 1950 wurde hier die erste Neonbeleuchtung der Stadt installiert, 1971 die erste Fußgängerzone eröffnet. In seiner Mitte erhebt sich die barocke **Pestsäule** (oder Dreifaltigkeitssäule) **7** . Sie verdankt ihre Errichtung einem Gelübde Kaiser Leopold I., als 1679 die Seuche in Wien an die hunderttausend Todesopfer forderte. Der Kaiser selbst ist auf ihr in einer für gekrönte Häupter seltenen Pose abgebildet: demütig und

kniend. Ebenfalls in der Mitte des Graben befindet sich – unterirdisch – eine sehr wienerische Sehenswürdigkeit: die von Adolf Loos entworfenen Jugendstil-WCs. Für mehr als 10 Mio. Schilling wurden sie renoviert und bieten nicht nur einen noblen Rahmen für menschliche Bedürfnisse, sondern dienen auch des öfteren als Ort für die von zeitgenössischen Künstlern so gerne veranstalteten Performances.

Vom Graben lohnt sich ein Abstecher in die Dorotheer Gasse, in der sich vier sehr unterschiedliche Einrichtungen befinden, die aber jedes auf seine Art inzwischen zur Institution geworden sind: der Imbiß Trześniewski (Nr. 1), das Café Hawelka (Nr. 6; s. S. 162), das Jüdische Museum (Nr. 11; s. S. 96), und das **Dorotheum** (Nr. 17; s. S. 280) **8** . Diese Pfandleihe, von den Wienern schlicht »Pfandl« genannt, ist eines der größten Auktionshäuser der Welt. Es wurde von Kaiser Joseph I. als »Versatz- und Fragamt« gegründet und hat seinen Namen

Richtig Reisen
Tip

Trześniewski

Belegte Brötchen (das sind in Wien Brotscheiben) gehören zu den wohlschmeckendsten und für das Auge erfreulichsten Bestandteilen der Wiener Imbißkultur. Sie wurden von den böhmischen Köchinnen in die Donaumetropole gebracht und heißen eigentlich *Chlebíčky*. Eine Sonderform davon und typisch wienerisch sind die Brötchen bei Trześniewski. Seit über 80 Jahren stellt er seine pikanten Aufstriche (Hummer mit Ei, Paprika grün, Salami usw. usf.) her und ihr Geheimnis ist immer noch nicht gelüftet. Das kleine Imbißlokal ist eine Institution und von einem urtypisch wienerisch-ungemütlichen Flair. Zu den Brötchen empfiehlt sich ein »Pfiff«: $^1/_8$ l Bier. *Trześniewski: 1., Dorotheergasse 1, Mo–Fr 8.30–19.30 Uhr, Sa 9–17 Uhr*

von seinem Sitz, dem ehemaligen Dorotheerkloster. Viermal im Jahr finden hier große Kunstauktionen statt. Die für das Dorotheum so besondere Atmosphäre von Pomp und Nervenkitzel kann man jedoch täglich erleben: Von Montag bis Freitag finden die Auktionen um 14 Uhr statt, am Samstag um 10 Uhr.

Am oberen Ende des Graben bieten sich zwei Möglichkeiten an, das »window-shopping« fortzusetzen, und jede führt in ein anderes Stück Wiener Geschichte. Nach rechts zweigt die Tuchlauben ab. Hier hat sich, im Haus Nr. 19, um 1400 ein reicher Tuchhändler seinen großen Festsaal mit Darstellungen aus den Dichtungen des Minnesängers Neidhart von Reuenthal ausmalen lassen. Durch spätere Umbauten wurden die Fresken verdeckt und teilweise zerstört. 1979 stieß man bei Renovierungsarbeiten zufällig auf sie. Sie sind die ältesten Profanmalereien Wiens und ein hochinteressantes Zeugnis der bürgerlichen Kultur des Spätmittelalters (s. S. 277).

Nach links biegt man vom Graben in den **Kohlmarkt,** der sich vom alten Holzkohlenmarkt zur mondänen Einkaufsstraße gewandelt hat. Die Fassade des kleinen Kerzengeschäftes Retti (Nr. 8) hat Hans Hollein 1965 geschaffen. Ebenso die des Juweliers Schullin (Nr. 7) schräg gegenüber. Daneben prunkt die Jugendstilfassade des Verlagshauses Artaria (Nr. 9), in dem Chopin während seiner Aufenthalte in der Donaumetropole wohnte.

Ein Spaziergang, der beim Hotel Sacher begonnen hat, kann natürlich nirgendwo anders enden als im Haus Kohlmarkt Nr. 14, wo sich die **k. u. k. Hofzuckerbäckerei Demel** 9 befindet. Sie ist nicht einfach eine hervorragende und weltberühmte Konditorei, sondern repräsentiert das süße Leben

Küß' die Hand, gnä' Frau

Der Unterschied ist selbst auf den Schildern zu erkennen. In dem traditionsreichen und urwienerischen Café Sperl findet sich die schon lange vergilbte, aber weithin sichtbare Bekanntmachung: »Die P. T. Gäste werden höflich gebeten auf ihre Garderobe zu achten, da bei eventuellem Abhandenkommen kein Ersatz geleistet wird. (Dabei steht P.T. für *pleno titulo*, »mit vollem Titel«.) Wo bitte in Deutschland würde man eine solch artige Aufforderung lesen?

Da erstaunt es umso mehr und paßt auch gar nicht in das Bild, das man sich von ihnen macht, daß die Wiener sich selbst für unfreundlich halten – und es auch sind. Doch das wissen sie gut hinter den Ritualen der Höflichkeit zu verstecken. Diese sind eine Form des Indirekten, und auch wenn sie leicht und spontan aussehen, sind sie das Ergebnis anstrengender Arbeit. Offenheit zwischen Gesprächspartnern ist in Wien kaum üblich und kann leicht zu Verstimmungen führen. Deshalb hört man auch selten ein klares »Ja« oder »Nein«. »Heute paßt es nicht«, lautet die Standardformulierung. Und wer nach dem dritten Mal immer noch nicht begriffen hat, daß es nie passen wird, ist und bleibt ein verbohrter Zugereister. Beliebt hingegen ist es, sich wann immer es möglich ist zu entschuldigen oder zu bedanken, auch wenn dafür nicht der geringste Grund vorhanden ist.

Die Wiener Höflichkeitsformen haben einen ungeheuren Verschleiß an Konjunktiven: »Hätten Sie vielleicht die Freundlichkeit …?«, »Könnten Sie eventuell …?«, »Dürfte ich bitten …?« Das mutet barock an und hat in der Tat auch sehr viel mit dem absolutistischen Staat zu tun. Denn der Vorteil dieser Art von Höflichkeit ist, daß sie Distanz und Spielraum schafft und einen Schutz im Angesicht der Mächtigen bietet. Dieses in seinen Ursprüngen feudale Untertanenverhalten kennt feinste Differenzierungen, die dem Außenstehenden meist verborgen bleiben. Besonders ausgeprägt finden sie sich in den Begrüßungsritualen in den Amtsstuben, die aber auch bei einem zufälligen privaten Treffen in einem Café oder beim Heurigen nicht durchbrochen werden. Für den Wiener liegen ganze Welten zwischen »Meine Reverenz«, »Meine Verehrung«, »Meine spezielle Hochachtung« und dem einfachen »Grüß Gott«. Mit »Guten Tag« gab man sich früher als überzeugter Sozialdemokrat und Atheist zu erkennen. Das ist jedoch schon einige Zeit vorbei: Heute wird man mit diesem Gruß sofort als »Piefke« erkannt.

Ebenso wichtig wie die korrekte Grußform, wenn nicht noch wichtiger, ist der Titel. Dank des standhaften Kampfes der Gewerkschaften gibt es den Hofrat immer noch. Er ist der erfolgreiche Abschluß einer Beamtenkarriere. Der Kommerzialrat hingegen ist ein käuflich erworbener Titel, was ihn in seiner Bedeutung nicht mindert. Jeder Lehrer an einer höheren Schule hat den Titel Professor. (Darum bestehen die Hochschullehrer auch auf ihren »Univ.-Professor«.) Für den ausgeübten Beruf kann der Titel völlig ohne Belang sein, er wird trotzdem genannt. So wurde einer der beliebtesten Sportreporter des Österreichischen Rundfunks immer mit dem Satz angekündigt: »Am Mikrofon Ingenieur Edi Finger«. Über die Titelsucht und Titelgläubigkeit machen die Wiener selbst gerne ihre

Witze, aber es würde nie jemandem einfallen, außer wenn er seine Mißachtung ausdrücken will, einen Fremden ohne Titel anzusprechen. Und wenn einer einen hat, der in seiner Kürze der Bedeutung des Amtes unangemessen scheint, dann wird die Anrede um eine barocke Wendung erweitert. Deswegen wird das Staatsoberhaupt auch nicht »Bundespräsident XY« genannt oder »Herr Bundespräsident XY«, sondern »Unser Herr Bundespräsident XY«. Oder – weil die Wiener für ihren Spott bekanntlich selber sorgen –: UHBP.

der Donaumonarchie schlechthin. Vor dem Schaufenster bleibt jeder stehen und bewundert die bildhauerischen Fähigkeiten der Zuckerbäcker. Um die Weihnachtszeit finden sich da Sennhütten aus Schokolade zwischen sahnigen Almen und Gletschern aus Marzipan. Aber auch aktuelle Ereignisse werden in Zucker geformt. Nach der Ermordung John Lennons waren die vier Beatles zu sehen: John mit rosa Flügeln als »Engerl«.

1857 wurde die Konditorei der Hoflieferantin Dehne, die die offizielle Zuckerbäckerei des kaiserlichen Haushaltes war, von deren Gesellen Christoph Demel übernommen und dreißig Jahre später an seinen jetzigen Platz am Kohlmarkt verlegt. Nach dem Tod der letzten Demel-Erbin, Klara, ward das Traditionshaus von mehreren Skandalen erschüttert. Baron Berzeviczy-Pallavicini war als »letzter Romantiker« nicht geschäftstüchtig und die Altgräfin Cecily Salm-Reiferscheidt war zwar jung, aber realitätsfern. 1972 erwarb der bis dahin in Wien kaum bekannte Udo Proksch die Konditorei. Er machte aber nicht nur als

Gesellschaftslöwe und Propagandist der Senkrechtbestattung von sich reden, sondern steckte auch voll krimineller Energie. Die von ihm veranlaßte Versenkung des Frachters »Lucona«, bei der sechs Menschen den Tod fanden, wuchs sich Anfang der 90er Jahre zu einem innenpolitischen Skandal aus und brachte Proksch für den Rest seines Lebens hinter Gitter. Danach gelangte das Traditionsunternehmen in den Besitz des Deutschen Günter Wichmann. Der mußte 1993 den Offenbarungseid leisten und Demel ging an die Gläubigerbanken. Obwohl die Schließungsgerüchte nicht verstummen wollen, hat der Besucher auch heute an einem ganz normalen Tag mit Sicherheit die Auswahl zwischen Punschtorte, Indianertorte, Josephinentorte, Giselatorte, Linzertorte, Makronentorte, Brottorte, Sachertorte und natürlich der Demeltorte. Außerdem ist der Besuch der Hofzuckerbäckerei Demel ein Muß für jeden, der sich wenigstens einmal im Leben in der dritten Person ansprechen lassen möchte: »Haben schon gewählt? Werden noch einen Wunsch haben?«

Von der Hofburg zur Kapuzinergruft

»Nicht um die Burg« ist eine in Wien gängige Wendung, die benutzt wird, wenn man etwas nicht tun oder herausgeben will. In ihr kommt indirekt die Bedeutung zum Ausdruck, die die Hofburg für die Wiener hat. Sie ist das Symbol einer absoluten Macht, die man nicht in Frage stellen kann. Und in der Tat wirkt sie wie ein riesiger Monumentalbau, obwohl sie, kunsthistorisch gesehen, ein Torso ist und die unterschiedlichsten Stile vereint: Der älteste Teil, der Schweizertrakt ist gotisch, die Stallburg ein Renaissancebau und die dominierenden Teile stammen aus dem Barock bzw. aus der Ringstraßenära. Aber alles zusammen ergibt ein Gesamtkunstwerk, eine »Stadt in der Stadt«. Mit ihren Plätzen und Gärten umfaßt die Hofburg ein Areal von 240 000 m². Und die Gebäude zerteilen sich in 18 Trakte mit 2600 Räumen, in denen heute etwa 5000 Menschen beschäftigt sind.

Der erste Spatenstich erfolgte 1275 unter der Herrschaft des böhmischen Königs Ottokar, der für die Auseinandersetzung mit Kaiser Rudolf gerüstet sein wollte. Doch dieser erwies sich schließlich als der Stärkere, und daher urkundeten die Habsburger seit 1279 »in castro Wiennensis«. Aber selbst ihre Herrschaft dauerte nicht so lange wie der Bau der Burg. Mit dem Innenausbau der von Karl von Hasenauer und Gottfried Semper 1881 im Stil der Renaissance begonnenen **Neuen Hofburg** **1** wurde man nicht eher als 1926 fertig, acht Jahre nach der Abdankung des letzten Habsburgers, und politisch spielte sie erst am 15. März 1938 eine Rolle. Von ihrem Altan verkündete Adolf Hitler den »Anschluß Österreichs«. Während überall Verhaftungen stattfanden und bereits die ersten Transporte mit Widerstandskämpfern und politischen Gegnern in die deutschen Konzentrationslager zusammengestellt wurden, jubelte die auf dem **Heldenplatz** **2** versammelte riesige Menschenmenge ihrem neuen Führer zu.

Heute sind in der Neuen Hofburg ein Lesesaal sowie Kataloge der Österreichischen Nationalbibliothek untergebracht sowie mehrere Museen, unter anderem das **Museum für Völkerkunde** (s. S. 276). Zu dessen bedeutendsten Ausstellungsstücken gehört ein als »Krone Montezumas« bezeichneter aztekischer Federschmuck. Der Name ist zwar nur die Erfindung eines phantasievollen Wissenschaftlers, der 1878 der Eröffnung des Museums einen besonderen Glanz verleihen wollte, doch das mindert den Wert dieser »Krone« nicht, denn sie ist ein Unikat. Selbst das Anthropologische Museum in Mexiko City besitzt nur eine Kopie davon.

Am **Festsaaltrakt** **3**, heute Kongreßzentrum, vorbei, gelangt man in die **Alte Hofburg** **4** (s. S. 272). Seit 1533, als Ferdinand I. seine Residenz mit den wichtigsten Hofämtern nach Wien verlegte, haben alle Habsburger in den Prunkgemächern der Burg residiert. Der **Schweizerhof**, dessen Name an die eidgenössischen Söldner erinnert, wurde von Ferdinand I. zu einem Renaissanceschloß umgebaut. Damals entstand auch das mächtige und eindrucksvolle **Schweizertor**. Durch den Hof erreicht man die **Burgkapelle**. Sie wurde mehrfach umgebaut und dient heute gern als Kirche für Hochzeiten in noblem Rahmen. Im Tabernakel befindet sich das sogenannte Wunderkreuz Ferdinands II., das dem Kaiser im Dreißigjährigen Krieg Mut zugesprochen haben soll. Die der Burgkapelle angeschlossene Hofmusikkapelle war die Gründungsstätte der Hofsängerknaben, aus denen schließlich die Wiener Sängerknaben hervorgegangen sind. Gemeinsam mit Mitgliedern des Staatsopernchores singen sie an Sonntagen und kirchlichen Feiertagen die Messe (Kartenvorbestellung erforderlich).

Im Schweizerhof befindet sich auch der Eingang zu den beiden **Schatzkammern**. In der weltlichen werden in 16 Räumen unter anderem die Reichskleinodien des Heiligen Römischen Reiches Deutscher Nation, Krönungs- und Ordensinsignien sowie Erinnerungsstücke aus dem habsburgischen Besitz gezeigt. Die geistliche Schatzkammer umfaßt fünf Räume, in denen die am kaiserlichen Hof verwendeten liturgischen Geräte und Meßgewänder zu sehen sind.

Von der Hofburg zur Kapuzinergruft 1 Neue Hofburg 2 Heldenplatz 3 Festsaaltrakt 4 Alte Hofburg 5 Loos-Haus 6 St. Michael 7 Stallburg 8 Winterreitschule 9 Nationalbibliothek 10 Augustinerkirche 11 Palais Lobkowitz 12 Albertina 13 Mahnmal gegen Krieg und Fachismus 14 Kapuzinerkirche

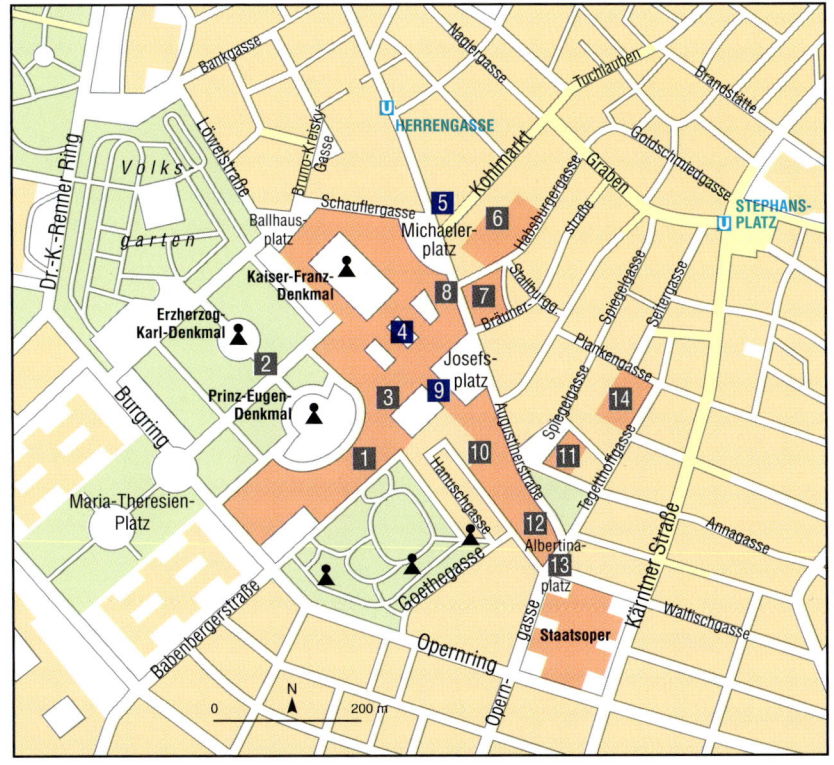

Wien und seine Dichter

Von den rund 2000 Schriftstellern, die das »Handbuch der Interessengemeinschaft österreichischer Autoren« verzeichnet, haben fast die Hälfte Wien als ihren Wohnort angegeben. Diese als Stadt der Musik bezeichnete Metropole zieht eben auch Dichter wie ein Magnet an und fordert sie, Stellung zu beziehen. Die einen lieben, die anderen verachten sie, aber kalt bleibt keiner. Stefan Zweig beispielsweise schrieb in seinen Lebenserinnerungen: »Es war lind hier zu leben, in dieser Atmosphäre geistiger Konzilianz, und unbewußt wurde jeder Bürger dieser Stadt zum Übernationalen, zum Kosmopolitischen, zum Weltbürger erzogen.« Den entgegengesetzten Standpunkt nahm Thomas Bernhard ein, der meinte: »Wien ist ganz oberflächlich wegen seiner Oper berühmt, aber tatsächlich gefürchtet und

Arthur Schnitzler

verabscheut wegen seiner skandalösen Toiletten.«

Über einen Punkt jedoch gibt es Übereinstimmung: über die Nähe der Stadt zum Tod. Alfred Polgar nannte Wien »das fidele Grab an der Donau« und Franz Kafka sprach vom »absterbenden Riesendorf«. Es scheint, als lasse sich an der Donaumetropole die gerne geäußerte These beweisen, daß morbide Gesellschaftsstrukturen exzellente Schriftsteller hervorbringen. Aber die bedeutendsten Dichter, die Wien hervorgebracht hat, sind keineswegs voller Resignation und Sehnsucht nach dem Tode, sondern aufrührerisch. Das gilt schon für den als schwermütigen Melancholiker verharmlosten Nikolaus Lenau, der im »gemütlichen« Biedermeier Dichtung mit revolutionärem Anspruch schrieb und deshalb immer Schwierigkeiten mit der Zensur hatte. Ähnlich erging es seinem Zeitgenossen Johann Nestroy (»Ich habe auch meine Stunden der Empörung, aber ich verstecke sie, weil ohnmächtige Empörung lächerlich ist«), dessen tiefsinnige Satiren seine Nachfolger auf dem Theater zu biederen Komödien verharmlost haben.

Keine Stadt der Welt ist so vielfältig und eindrucksvoll beschrieben worden wie Wien. Eine literarische Entdeckungsreise der Donaumetropole und ihrer Bewohner sollte man mit Ferdinand von Saars »Wiener Elegien« beginnen, die durch stimmungsvolle

Bilder aus dem Wien vor der Ringstraßenära beeindrucken. Mit dem Fin
de Siècle und dem Lebensgefühl dieser
Stadt zum Ende der Monarchie auf das
engste verbunden ist das Werk von
Arthur Schnitzler. Der Arzt und Schriftsteller, den Sigmund Freud – wie er
sagte – »aus einer Art von Doppelgän-
gerscheu« gemieden hat, beschäftigt
sich meist mit den seelischen Vorgän-
gen und dem Unterbewußten seiner
Protagonisten. Die Monolognovellen
»Leutnant Gustl« und »Fräulein Else«
sowie die Tragikomödie »Das weite
Land« geben einen sensiblen Einblick in
die Wiener Gesellschaft der Jahrhundertwende.

Im Spannungsverhältnis zu dieser
Stadt sind auch einige der großen literarischen Werke der Moderne entstanden. So Robert Musils unvollendeter
Roman »Der Mann ohne Eigenschaften« und Elias Canettis »Die Blendung«,
die beide die neurotische Grundstim-
mung der Donaumetropole beschrei-
ben, der eine liebevoll-ironisch, der
andere düster-bissig. Ein voluminöses
Panorama der Stadt von den letzten
Jahren der Monarchie bis zum österreichischen Bürgerkrieg 1934 bietet das
von Lebensgefühl und -auffassung sehr
wienerische Hauptwerk Heimito von
Doderers »Die Dämonen« und der als
»Rampe« dazu konzipierte Roman »Die
Strudelhofstiege«. Humoresker, aber
deswegen nicht ohne tieferen Sinn, ist
das Werk von Friedrich Torberg. »Die
Tante Jolesch oder der Untergang des
Abendlandes in Anekdoten« ist, wenn
man das Wesen der Stadt und seiner
Menschen erfassen will, unverzichtbar:
»Typisch für Wien, und nur für Wien, ist
nach wie vor, daß die Legenden funktionieren. Und das werden sie tun,
solange es Wirklichkeiten gibt, die sich
nach ihnen richten. In Wien nämlich

Robert Musil

verhält sich's nicht so, daß die Realität
eines Tatbestandes allmählich verblaßt
und legendär wird. In Wien entwickelt
sich die Legende zur Wirklichkeit.«

Aber Wien hat nicht nur eine große
Vergangenheit, was die Literatur be-
trifft, sondern auch eine Gegenwart.
International so bekannte und renom-
mierte Autorinnen und Autoren wie
Elfriede Jelinek, Gerhard Roth, Michael
Scharang, Peter Turrini und Gernot
Wolfgruber leben und arbeiten hier. Ihr
hauptsächliches Thema sind die Provinzialität und der kleinbürgerliche Mief
sowie die Mentalität der Verantwor-
tungslosigkeit. Letztere hat der große
Lyriker Ernst Jandl in seinem Gedicht
»nach altem brauch« beschrieben:

keiner schließlich
hat es gewollt
jeder schließlich
hat es getan
das hört sich an wie lüge
und ist es auch

Heldenplatz und Neue Hofburg ▷

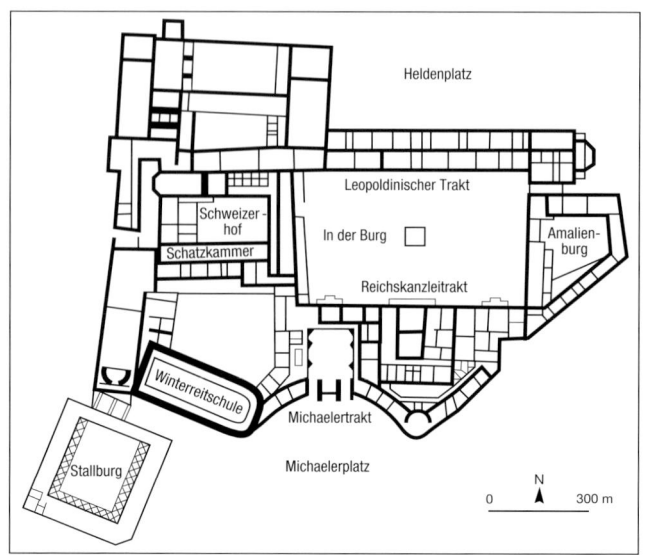

Heldenplatz

Leopoldinischer Trakt

Schweizer-hof

In der Burg

Amalien-burg

Schatzkammer

Reichskanzleitrakt

Winterreitschule

Michaelertrakt

Stallburg

Michaelerplatz

N

0   300 m

*Wiener Hofburg,
Grundriß*

Außerdem befinden sich hier eine Reihe von Reliquien wie der Kreuzesnagel, der die rechte Hand Christi durchbohrt haben soll, sowie ein Zahn des heiligen Petrus. Vor dem Schweizertor breitet sich der Platz »In der Burg« aus, in dessen Mitte ein Denkmal für Kaiser Franz II. steht.

Der 1660–1680 errichtete **Leopoldinische Trakt** enthält die Wohn- und Zeremonienappartements der Kaiserin Maria Theresia und ihres Sohnes Joseph II. Sie sind der Öffentlichkeit nicht zugänglich, da hier die Amtsräume des Bundespräsidenten und die Präsidentschaftskanzlei untergebracht sind: Das Arbeitszimmer Kaiser Josephs II. benutzt heute das Staatsoberhaupt der Republik. Und wenn auf der Dachspitze des Leopoldinischen Traktes die rot-weiß-rote Fahne weht, dann ist der Präsident im Hause.

Die **Amalienburg** ist ein Renaissancebau, in dem sich die Räume des Zaren Alexander I. und der Kaiserin Elisabeth befinden. Sie sind der Öffentlichkeit ebenso zugänglich wie die Franz-Joseph-Appartements im barocken **Reichs-kanzleitrakt**. In ihnen können die originalen Einrichtungsgegenstände, so z.B. die Turngeräte der schlankheitsbesessenen Kaiserin Elisabeth, Wandteppiche und Bilder sowie Erinnerungsstücke besichtigt werden. Der sich daran anschließende **Michaelertrakt** wurde nach dem Abbruch des alten Hofburgtheaters (1888) errichtet. Dabei griff man auf die alten Pläne des Barockbaumeisters Joseph Emanuel Fischer von Erlach zurück. Die Figuren in den Nischen des prunkvollen Tores symbolisieren die Wahlsprüche von Karl VI. (*Constanter continent orbem* – »Fest hält er das Weltreich zusammen«), Maria Theresia (*Justitia et clementia* – »Durch Gerechtigkeit und Milde«), Joseph II. (*Virtute et exemplo* – »Mit Tugend und Beispiel«) und Franz Joseph (*Viribus unitis* – »Mit vereinten Kräften«).

Durch das Tor gelangt man auf den Michaelerplatz und ist mit einem gewaltigen Kontrast zur höfischen Pracht konfrontiert. Das **Loos-Haus** 5, der 1910 von Adolf Loos entworfene gradlinige

»Haus ohne Augenbrauen«, aber mit Blumenkästen: Das Loos-Haus

Zweckbau, stieß denn auch als »Haus ohne Augenbrauen« beim Hof, den Behörden und der Bevölkerung auf vehemente Ablehnung. Den gegenüber logierenden Kaiser Franz Joseph soll es zu dem in Wien bald zum geflügelten Wort gewordenen Ausruf »Mir bleibt auch nichts erspart« inspiriert haben. Loos protestierte mit diesem schmucklosen Haus gegen den pompösen Ringstraßenstil, den er für ein liberales und aufgeklärtes Zeitalter als unpassend empfand: »Je tiefer die kultur, desto stärker tritt das ornament auf. Der papua und der verbrecher ornamentieren ihre haut.« Daß die Wiener auch heute noch nicht so recht mit diesem Gebäude von schlichter Eleganz leben können, zeigt sich so manchen Sommer, wenn Blumenkästen vor die Fenster gehängt werden, die einen Ersatz für die sonst übliche Fensterumrahmung, also die »Augenbrauen«, schaffen sollen.

Links daneben befindet sich das 1990 wiedereröffnete Café Griensteidl, das zu den legendären Stätten der Wiener Kaffeehauskultur gehört. Bis zu seiner Schließung im Jahre 1897 war es der bevorzugte Treffpunkt von u. a. Arthur Schnitzler, Hermann Bahr, Hugo von Hofmannsthal, Hugo Wolf und Arnold Schönberg. Ein bißchen von dieser durchaus angenehmen Atmosphäre künstlicher Aufgeregtheit und Intrige, von Eleganz und inszenierter Herabgekommenheit, die ihm damals den Spitznamen »Café Größenwahn« eingetragen hat, ist heute noch zu finden. Das mag daran liegen, daß es der bevorzugte Aufenthaltsort der Redakteure und Mitarbeiter einer Wiener Tageszeitung ist.

Die Salvatorianerkirche **St. Michael** 6 ist die ehemalige Hofpfarrkirche des Kaiserhauses. Hinter der klassizistischen Fassade verbirgt sich der einzige spätromanisch-frühgotische Sakralbau Wiens. Unter ihm befindet sich eine zwischen dem 16. und 17. Jh. entstandene Gruft (s. S. 277). Hier sind all die Adeligen bestattet, die auch im Tod ihrem Herrscherhaus noch nahe sein wollten. Daneben gibt es aber auch Massengrüfte für das einfache Volk. Bis zu ihrer Schließung 1783 wurden hier etwa 4000 Personen bestattet.

Verläßt man die Kirche durch den rechten Seitenausgang, kommt man in einen für die Stadt so typischen Innenhof, der zugleich ein Durchhaus ist. Es mündet in die Habsburgergasse, und damit ist wieder der Komplex der Hofburg erreicht. Die **Stallburg** 7 ist der bedeutendste Wiener Renaissancepalast. Seit Karl VI. residieren hier die Lipizzaner der Spanischen Hofreitschule, die, vermutlich 1572, zur Pflege der klassischen Reitkunst gegründet wurde. Am frühen Morgen kann man sie auf ihrem Weg in die gegenüberliegende **Winterreitschule** 8 sehen. Ihr illustrer Auftrittsraum ist der von J. E. Fischer von Erlach gestaltete barocke »Weiße Saal« (s. S. 272). Doch wirkt er keineswegs verspielt, sondern in der sachlichen Zweckmäßigkeit seiner flächenhaften Architektur überaus modern. Im November 1992 hat ein verheerender Großbrand einen ganzen Trakt der Hofburg erfaßt. Der große historische Redoutensaal aus dem 18. Jh. – Schauplatz vieler Feste und auch Tagungsort der KSZE-Konferenz – wurde bis auf die Außenfassade zerstört. In Mitleidenschaft gezogen wurden auch die Hofreitschule sowie die **Nationalbibliothek** 9, eine der bedeutendsten Bibliotheken der Welt. Sie ist über einen der schönsten Plätze der Stadt zu erreichen, den Josefsplatz. Der ursprünglich freistehende Hochbarockbau wurde nach Plänen von Vater und Sohn Fischer von Erlach errichtet. Die Figurengruppe auf dem hervortretenden Mittelteil stellt die römische Göttin Minerva dar, die mit ihrem Gefährt jene zwei Gestalten überrollt, die den Unfrieden in die Welt bringen: die Unwissenheit und den Neid. Der Prunksaal, der zu den glanzvollsten Innenräumen des Ba-

rock gehört, wird heute für wechselnde Ausstellungen genutzt.

Die **Augustinerkirche** 10 war von 1634–1783 Hofpfarrkirche. Auch danach fanden hier noch Trauungen des Kaiserhauses statt, doch führten sie – zumindest im letzten Jahrhundert – nie zu glücklichen Ehen. 1810 heiratete Erzherzogin Maria Louise Napoleon, der sich aus Zeitmangel von Erzherzog Karl vertreten ließ. Franz Joseph und Elisabeth von Bayern standen hier vor dem Traualtar, ebenso Kronprinz Rudolf mit seiner ungeliebten Stefanie von Belgien. Neben einer Marienstatue befindet sich hier hinter einer schweren Eisentür das unauffällige »Herzgrüftlein« (s. S. 277). Hier liegen in 54 Urnen die Herzen der Habsburger. Denn sie ließen sich immer gleich dreimal bestatten: Ihre Körper befinden sich in der Kapuzinergruft und die Eingeweide in St. Stephan. Dieser Brauch der getrennten Bestattung endete erst 1878. Die größte Urne enthält zwei Herzen: die der zumindest nach dem Willen der Kaiserin auch noch im Tode unzertrennlichen Maria Theresia und Franz von Lothringen. In einer der kleineren ist das Herz des in Wien verstorbenen Herzogs von Reichstadt, des Sohnes Napoleons, eingeschlossen. Als seine Überreste nach Paris gebracht wurden, hat man es vergessen – eine echte Wiener Schlamperei.

Der Kirche schräg gegenüber steht das **Palais Lobkowitz** 11. Dieser monumentale Barockbau war im vergangenen Jahrhundert ein bedeutendes kulturelles Zentrum Wiens. Hier erklang 1803 erstmals, im privaten Rahmen, Beethovens »Eroica«, und vier Jahre später seine Vierte Symphonie. Seit 1991 birgt es das **Österreichische Theatermuseum,** das aus der Sammlung des Schauspie-

In der Nationalbibliothek

Jüdisches Museum

Das offizielle Wien brauchte sehr lange, um sich der Mitbürger zu erinnern, die im Leben dieser Stadt bis zu ihrer Ermordung durch die Nazis immer eine herausragende Rolle gespielt haben. Erst Ende 1993 wurde das Jüdische Museum eröffnet. Es soll den Besuchern die lange und wechselvolle Geschichte der Beziehungen zwischen Juden und Nichtjuden in Österreich und Zentraleuropa nahebringen. Es ist als Stätte der Begegnung konzipiert, in der auch Symposien und Kulturveranstaltungen stattfinden. Ab 1996 wird eine ständige Judaicasammlung der Öffentlichkeit zugänglich sein, die sich auf drei große, bereits vorhandene Sammlungen von unschätzbarem Wert stützen kann.

Untergebracht ist das Museum in einem klassizistischen Altstadtpalais mit barockem Baukern, das 1823 vom Bankhaus Arnstein und Eskeles erworben wurde. Das gehörte zu den angesehensten Instituten seiner Zeit und war an der Gründung der österreichischen Nationalbank beteiligt. Die Gattinnen der beiden Bankiers, Cäcilie Eskeles und Fanny Arnstein, führten damals berühmte Salons, in denen »tout Wien« zu Gast war (siehe S. 206).
Jüdisches Museum: 1., Dorotheergasse 11, ℰ 5 35 04 31, So–Fr 10–18 Uhr, Do bis 20 Uhr.

---

lers und Burgtheaterdirektors Hugo Thimig hervorgegangen ist (s. S. 276).

Im klassizistisch umgebauten ehemaligen Palais Taroucca ist die nach ihrem Begründer, dem Herzog Albert von Sachsen-Teschen, benannte Graphische Sammlung **Albertina** 12 untergebracht. Sie ist eine der umfangreichsten der Welt und besitzt mit 145 Zeichnungen die größte Werksammlung von Albrecht Dürer. Von Fra Angelico und Leonardo über Brueghel und Gainsborough bis zu Schiele und Picasso sind hier alle Größen der Kunstgeschichte vertreten. Der davor liegende Platz wird beherrscht durch das von Alfred Hrdlicka 1988–1991 gestaltete **Mahnmal gegen Krieg und Faschismus** 13. Es wurde hier zum Gedenken an die Opfer des NS-Regimes und die unter dem Platz in zugeschütteten Luftschutzbunkern ruhenden Bombentoten des Zweiten Weltkrieges aufgestellt. Das steinerne »Tor der Gewalt« symbolisiert den Terror der nationalsozialistischen Diktatur, und der marmorne Orpheus steht für den Untergang im Krieg. Unmut erregte bei vielen Wienern die Bronzeplastik des pflasterschrubbenden Juden. Erinnert sie doch daran, daß am 12. März 1938 reichsdeutsche und wiener Antisemiten – und von denen gab es nicht wenige – ihre jüdischen Mitbürger zwangen, auf die Straßen gemalte pro-österreichische Parolen unter anderem mit Zahnbürsten zu entfernen.

Durch die Tegetthofstraße kommt man zu der unscheinbaren **Kapuzinerkirche** 14. In ihrem Aussehen hat sie nichts von einem Pantheon und doch liegt in ihrer Gruft eine Familie, die 20 Römische Könige bzw. Kaiser gestellt hat. In der von Kaiser Matthias und seiner Gattin Anna 1618 gestifteten **Kaisergruft** (s.S. 277) ruhen in neun Räumen und 138 Metallsärgen (aus Zinn, seit 1790 aus Bronze) 12 Kaiser, 16 Kaiserinnen und mehr als 100 Erzherzöge. Die letzte Beisetzung fand 1989 statt, als der Sarg der Exkaiserin Zita unter großem Medienspektakel (Videos davon können käuflich erworben werden) in den Vorraum der Franz-Josephs-Gruft gebracht wurde. Daß die gekrönten Häupter auch Menschen waren, wird nur in der Maria-Theresia-Gruft deutlich: Die Kaiserin hat sich nicht nur mit ihrem geliebten Mann in einem Doppelsarkophag bestatten lassen, sondern auch die Bestattung der einzigen Nicht-Habsburgerin angeordnet: Ihrer hochverehrten Erzieherin Gräfin Karoline Fuchs-Mollardt. Dabei demonstrierte gerade die Grablegungszeremonie eines Kaisers in der Kapuzinergruft, daß er nur ein gewöhnlicher Sterblicher ist. Zweimal – so ist zeitgenössischen Berichten zu entnehmen – klopfte der Oberhofmeister am 30. November 1916 an die Pforte und erwiderte auf die Frage des Pater Guardian, wer Einlaß begehre: »Seine Apostolische Majestät, der Kaiser Franz Joseph«. »Den kenne ich nicht«, sagte der Mönch jedesmal und hielt das Tor verschlossen. Erst als der Oberhofmeister beim dritten Male sagte: »Dein Bruder Franz Joseph, ein armer Sünder«, tat sich die Pforte auf.

In der Kapuzinergruft

Vom Stephansdom zum Griechenbeisl

Der **Stephansdom** 1 ist das Symbol der Stadt Wien und der Republik Österreich. Das klingt wie eine Selbstverständlichkeit, ist es aber nicht. Denn zum einen ist Wien eine vor allem vom Barock geprägte Stadt und auch heute noch in gewissem Maß von dessen Geist erfüllt. Deshalb ist es erstaunlich, daß sie sich ein gotisches Bauwerk zum Symbol erkoren hat. Zum anderen versinnbildlicht der Dom wie kein anderes Bauwerk Österreichs jene habsburgische Einheit von Thron und Altar, die gerade von den Gründungsvätern der demokratischen Republik immer politisch bekämpft worden war. Warum der Stephansdom trotzdem zum Symbol geworden ist, hat der Architekt Adolf Loos in seiner Charakteristik des Bauwerkes deutlich gemacht: »Wir haben den weihevollsten kirchenraum der welt. Das ist kein totes inventarstück, das wir von unseren vätern übernommen haben. Dieser raum erzählt uns unsere geschichte. Alle generationen haben daran mitgearbeitet, alle in ihrer sprache.« Der weihevolle Charakter des Domes ist heute nur noch bei Messen zu spüren, da es sonst von Besuchern nur so wimmelt. Doch seine Geschichte erzählt St. Stephan auch in Lärm und Gedränge.

Der heutige Eingang, das **Riesentor**, früher nur zu besonderen Anlässen und für die hohen Herren geöffnet, stammt aus der ältesten erhaltenen Bauphase. Er gehört wie die beiden Heidentürme an seinen Seiten noch zum spätromanischen Kirchenbau, der urkundlich erstmals 1295 erwähnt wird. Rechts neben dem Eingang befindet sich eine gegen Ende des Zweiten Weltkrieges eingeritzte Buchstaben-Ziffern-Kombination: O5. Sie war das Zeichen der österreichischen Widerstandsbewegung gegen Hitler-Deutschland. Die Fünf steht für den fünften Buchstaben des Alphabets, also OE = Ö wie Österreich. (s. S. 47).

Im Vorraum des Domes öffnet sich der Blick auf einen dreischiffigen Hallenraum, der rund 100 m lang ist. Links befindet sich die **Tirnakapelle**, in der Prinz Eugen bestattet ist. Vor der **Kanzel**, einem Meisterwerk spätgotischer Bildhauerei aus Sandstein (siehe S. 48), steht die »Dienstbotenmadonna«, eine frühgotische Skulptur aus dem Jahre 1325. Sie gilt als Fürsprecherin bei Ungerechtigkeiten. Ein Dienstmädchen, das einst fälschlicherweise des Diebstahls beschuldigt wurde, soll zur Muttergottes gebetet haben und daraufhin wurde der wahre Täter gefunden. Ihre gräfliche Herrin hat danach diese Figur gestiftet. Wie die Kanzel ist auch die Orgelempore ein Werk von Meister Pilgram. Der Mann mit Zirkel und Winkel in der für Wien so typischen Pose des Fensterguckers ist – wie auf der Kanzel – Anton Pilgram selbst.

Im Dunkel der nördlichen Turmhalle befindet sich der »Zahnweh-Herrgott«. Er trägt diesen Namen, weil er drei Tunichtgute damit gestraft hat und heute vor Zahnschmerzen schützen soll. Mit dem Bau des **Nordturms** wurde 1450 begonnen. Er blieb unvollendet, weil, wie man erzählt, sein Erbauer, Hans Puchsbaum, zwecks schneller Fertigstellung einen Pakt mit dem Teufel schloß. Darin verpflichtete er sich, niemals den

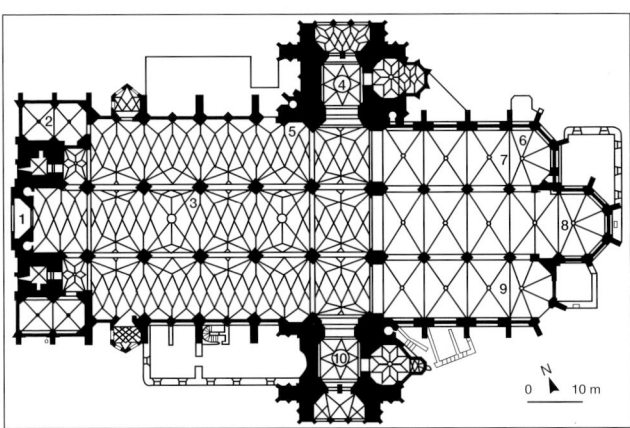

Stephansdom
1 Riesentor und
 Heidentürme
2 Tirnakapelle
3 Kanzel und
 Dienstboten-
 madonna
4 Nordturm
5 Orgelfuß
6 Grab Rudolf IV.
7 Wiener Neu-
 städter Altar
8 Hochaltar
9 Grab
 Friedrichs III.
10 Südturm

0 ▲ 10 m

Namen Gottes oder eines Heiligen aus-
zusprechen – ein unerfüllbares Verlangen zu einer Zeit, da alle Menschen auf
die Namen von Heiligen getauft waren.
So hieß denn auch seine Braut Maria,
und als sie eines Tages den Platz über-
querte, rief er ihr vom Gerüst aus zu.
Und auf der Stelle wurde Puchsbaum
mit teuflischer Gewalt in die Tiefe ge-
stürzt. Gut hundert Jahre später gab
man jede Hoffnung auf, den Turm zu
vollenden und schloß ihn mit einem von
einem Adler bekrönten Kuppelbau ab.
Mit einem Aufzug kann man hinauffah-
ren und die neue »Pummerin« besichtigen, die hier hängt. Diese über 20 t
schwere Glocke wurde 1711 aus dem
Metall erbeuteter türkischer Kanonen
gegossen. Beim Brand des Domes 1945
stürzte sie in die Tiefe und mußte neu
gegossen werden. Seit 1957 hängt sie
wieder im Adlerturm und wird nur zu
besonderen Anlässen wie dem Jahres-
wechsel geläutet.

Von der Turmhalle gelangt man auch
nach unten in die **Katakomben**, die jedoch mit der römischen Christenverfol-
gung nicht das Geringste zu tun haben.
Ihren Mittelpunkt bildet die Herzogs-
gruft, die Rudolf IV. für die Mitglieder

des Hauses Habsburg anlegen ließ.
Nach dem Bau der Kapuzinergruft
pflegte man hier aber nur die kupfernen
Urnen mit den Eingeweiden aufzube-
wahren. Ihre Bedeutung gewannen die
Katakomben nach der Pestepidemie von
1713, als alle Friedhöfe hoffnungslos
überbelegt waren. Zwischen 1745 und
1783 wurden hier etwa 11 000 Tote »bestattet«. Die Leichname wurden einfach
in die zu den Grabkammern führenden
Schächte geworfen und diese, wenn die
Gewölbe voll waren, zugemauert. Erst
später haben Sträflinge und bußfertige
Mönche die Gebeine fein säuberlich ge-
schichtet.

Im linken Seitenchor steht neben dem
leeren Stiftergrabmal für Rudolf IV. der
gotische **»Wiener Neustädter Altar«**.
Der **Hochaltar** aus schwarzem Marmor
wurde von Tobias und Johann Jakob
Pock gefertigt (1640–1660). Das Altarbild
zeigt die Steinigung des hl. Stephan. Die
Statuen daneben stellen die Landes-
patrone Leopold und Florian sowie die
Pestheiligen Rochus und Sebastian dar.
Rechts und links hinter dem Altar sind
die gotischen Glasfenster erhalten ge-

Der Stephansdom ▷

Die Allgegenwart der Kirche

Das Bild der Wiener Innenstadt wird auch heute noch beherrscht von den Symbolen des ersten und zweiten Standes: dem Gesamtkunstwerk Hofburg als Residenz des Kaisers, den eleganten Palais des Hochadels, dem gotischen Stephansdom und einer Unzahl kleiner und großer, in den engen Straßen verstreuter Kirchen. So macht die Architektur nicht nur die Allgegenwart der römisch-katholischen Kirche deutlich, sondern auch ihre enge Verquickung mit der weltlichen Macht.

Die Reformation hat der Katholizismus in Österreich nur mit Hilfe der politischen Gewalt besiegen können. Ein brutaler Vorgang, der in einer typischen und oft gebrauchten Redewendung immer noch lebendig ist: »Dich werden wir schon katholisch machen«, sagt der Wiener, wenn er jemanden zu seiner Meinung bekehren will. Andererseits haben die Wiener die Kirche als Institution im Alltagsleben auch nie allzu ernst genommen. Die Fähigkeit »Fünfe gerade sein zu lassen« ist tief im Lebensgefühl des barocken Katholizismus verankert. Gerade der österreichische Katholizismus war immer voll praller Lebensfreude, was so manchen Eiferer, wie beispielsweise den Hofprediger Abraham a Sancta Clara (1644–1709), verärgerte. Empört berichtete er über eine Messe der Augustiner: »Die Politici und Staatsleut stehen da in eingepuderten Paruquen, kehren dem Altar den Rücken, präsentieren einander Toback,

lesen Briefe, erzählen Zeitungen, mancher lainet an einer Kirchensäule, betrachtet die neue Mode oder schauet auf ein schönes Frauenzimmer, winkt ihr mit den Augen …«

Die Anlehnung an die Habsburger, die zugleich eine Unterwerfung war, machte den Katholizismus schon im Barock gleichsam zur Staatskirche. Damals bekamen auch der Fronleichnams- und der Marienkult, die heute noch im Leben der Gläubigen eine große Rolle spielen, ihre besondere Bedeutung. Die triumphale Demonstration der geweihten Hostie geht auf die traditionelle habsburgische Eucharistieverehrung zurück, ist aber auch Ausdruck des Sieges über den Protestantismus: Die Kommunion war das Zeichen für die Rückkehr der Abtrünnigen in den Schoß der alleinseligmachenden Kirche. Die Fronleichnamsprozession wurde zum sichtbaren Ausdruck der Verschmelzung von Herrscher- und Heiligenkult. Seit Ferdinand II. (1590–1637) gingen der Kaiser und die Mitglieder des Hauses Habsburg hinter dem Allerheiligsten her. Ihre Stelle haben in der Republik der Bundespräsident und die jeweils prominenten Politiker eingenommen. Etwa zur gleichen Zeit entwickelte sich auch die intensive Marienverehrung, und das ganze Land sowie die kaiserliche Dynastie wurden dem besonderen Schutz der Himmelskönigin, der »Magna Mater Austriae« unterstellt. Ihr wichtigster Wallfahrtsort, das steirische Mariazell, ist zu einer Art von österreichischem Staatsheiligtum geworden. In der zweiten Hälfte des vorigen Jahrhunderts war der habsburgische Kaiser erster Sohn und letzter Schutz der universalen römischen Kirche. Das Konkordat von 1855 machte den katholischen Glauben zwar nicht offiziell, aber faktisch zur Staatsreligion und die Kirche, wenn schon nicht direkt zur Staatskirche, so doch, neben dem Militär, zum zweiten wichtigen Pfeiler der habsburgischen Macht. Alle Pflichtschulen gelangten unter die Obhut des Klerus, und für Eheschließungen galt nicht das weltliche, sondern das kanonische Recht. Das macht verständlich, warum der Sekretär von Papst Pius IX. erschrocken meinte, die Welt stürze zusammen (»Casca il mondo«), als er von der österreichischen Niederlage gegen die protestantischen Preußen bei Königsgrätz (1866) erfuhr.

Zu einer politischen Bewegung für die Massen wurde der Katholizismus gegen Ende des 19. Jh. mit der Gründung der Christlich-Sozialen Partei, der Vorläuferin der heutigen ÖVP (Österreichische Volkspartei). Ihrem Führer, dem späteren Wiener Bürgermeister Karl Lueger, bot er eine Weltanschauung, die die unterschiedlichsten antiliberalen Elemente vereinigte: die Treue zum Hause Habsburg, den Gedanken der sozialen Reform und den Antisemitismus. Die Christlichsozialen teilten mit vielen österreichischen Katholiken die Angst vor dem Buch. Bildung war ihnen zu aufgeklärt, zu liberal und zu jüdisch. Berühmt-berüchtigt wurden zwei Aussprüche des angesehenen Wiener Gemeinderats und Mitkämpfers Luegers, Bielohlawek: »Wann i a Büachl sieh, dös hob i schon g'fressen« und: »Literatur is, wos a Jud' von an andern abschreibt.«

Vom ätzenden Gift des Antisemitismus zerfressen war auch der katholische Klerus. Ein so aufrechter und kom-

»Das entartete Judentum im Bunde mit der Weltfreimaurerei ist auch vorwiegend Träger des ammonitischen Kapitalismus und vorwiegend Begründer und Apostel des Bolschewismus. Diesen schädlichen Einfluß des Judentums zu bekämpfen und zu brechen, ist nicht nur gutes Recht, sondern strenge Gewissenspflicht eines jeden überzeugten Christen ...« Zu einer grundlegenden Veränderung und Modernisierung der Kirche kam es im Gefolge des 2. Vatikanischen Konzils und durch den engagierten persönlichen Einsatz des Wiener Kardinals Franz König. Doch seit dem Amtsantritt von Papst Johannes Paul II. werden auch in Österreich vornehmlich konservative Bischöfe ernannt. Und das bleibt nicht ohne Auswirkungen auf das Alltagsleben, denn Tradition und Gegenwart der Kirche sind untrennbar mit dem Leben dieser Stadt verbunden. Auch wenn »nur« noch 70 % der Wiener Katholiken sind und 14 % der Bevölkerung kein religiöses Bekenntnis haben, ist »Grüß Gott« die übliche Grußformel. Eine solche Anrede gibt es – sieht man von Bayern ab – in keinem anderen katholisch geprägten Land Europas: Nicht in Italien oder Spanien noch in Polen oder Irland. Auch das Geistes- und Kulturleben Wiens bewegt sich ständig in dem tiefen Widerspruch zwischen dem grandios-barock Katholischen mit seiner ausufernden Sinnlichkeit und Opulenz und der spröd-strengen Tradition der josephinischen Aufklärung mit all ihrer Skepsis und ihren Selbstzweifeln. Im ewigen Zweikampf zwischen Ornament und Askese, zwischen Konditorei und Buchhandlung, zwischen Zentralfriedhof und Krematorium gewinnt immer noch meist der Katholizismus, auch wenn die Kirchen immer leerer werden.

promißloser Gegner Hitlers wie der Linzer Erzbischof Gföllner schrieb beispielsweise 1933 in einem Hirtenbrief:

kenkriege zwei Wochen lang Tränen aus ihren Augen geflossen sein. Das ergibt aber nur Sinn, wenn sie nicht mit den Christen, sondern mit den Ungläubigen Mitleid hatte. Denn bei Zenta verlor Prinz Eugen 430 Mann, die Türken hingegen über 25 000.

Der neu gestaltete Platz vor dem Stephansdom ist das Zentrum der Innenstadt. Beim Bau der U-Bahn-Station wurden 1972 die Fundamente der alten Friedhofskapelle von St. Stephan freigelegt. Dabei stieß man auf ein weiteres unterirdisches Gewölbe, die Virgilkapelle. Dieses außergewöhnliche Zeugnis mittelalterlicher Stadtgeschichte liegt 12 m unter dem Straßenniveau und war früher wahrscheinlich nur über eine Strickleiter zugänglich. Heute kann man sie bequem von der U-Bahn-Station aus erreichen.

blieben. Der Südchor wird von dem prunkvollen Marmorsarkophag des Geizhalses Friedrich III. beherrscht, auf dem die von ihm entworfene apokryphe Aufschrift AEIOU (siehe S. 25) natürlich nicht fehlen darf.

Der **Südturm** ist mit 136,7 m der dritthöchste Kirchturm der Welt und gilt als einer der schönsten der deutschen Gotik. Der 1433 vollendete »Steffl« war durch die Jahrhunderte der Wächter der Stadt: Von 1534 bis 1956 befand sich hier die höchste Feuerwache Wiens. Über 343 Stufen kann man sie erreichen und den herrlichen Rundblick genießen.

Bevor man wieder zum Heidentor kommt, passiert man einen Altar, vor dem stets zahlreiche Menschen beten und viele Kerzen brennen. Das ist das Gnadenbild der Maria Pötsch, eine ikonenartige Mariendarstellung. Sie wird seit der Schlacht bei Zenta (1697) in Österreich, aber auch in Ungarn, hoch verehrt. Der Legende nach sollen bei dieser entscheidenden Schlacht der Tür-

Durch die Singerstraße kommt man zu dem verträumt-anmutigen Franziskanerplatz mit einem geschlossenen Baubestand aus dem 17./18. Jahrhundert. Zum Verweilen lädt ein »Kleines Café« ein. Beherrscht wird der Platz von der **Franziskanerkirche 2**, Wiens einzigem Sakralbau mit einer Renaissancefassade. In ihrem Inneren befindet sich die älteste Orgel der Stadt (1643) und am Hochaltar ein Marienbildnis, das volkstümlich »Madonna mit der Axt« genannt wird. Der Legende nach soll ein protestantischer Bilderstürmer versucht haben, sie zu zerschlagen. Die Axt jedoch ist steckengeblieben und der Bilderstürmer dem plötzlichen Tod anheimgefallen.

Von der Grünangergasse gelangt man durch bizarre Höfe und Durchgänge in die Blutgasse. Solche Durchhäuser sind eine der architektonischen Besonderheiten Wiens. Unerwartete Durchgänge, hinter halboffenen Toren verborgen, haben nicht nur etwas Geheimnisvolles,

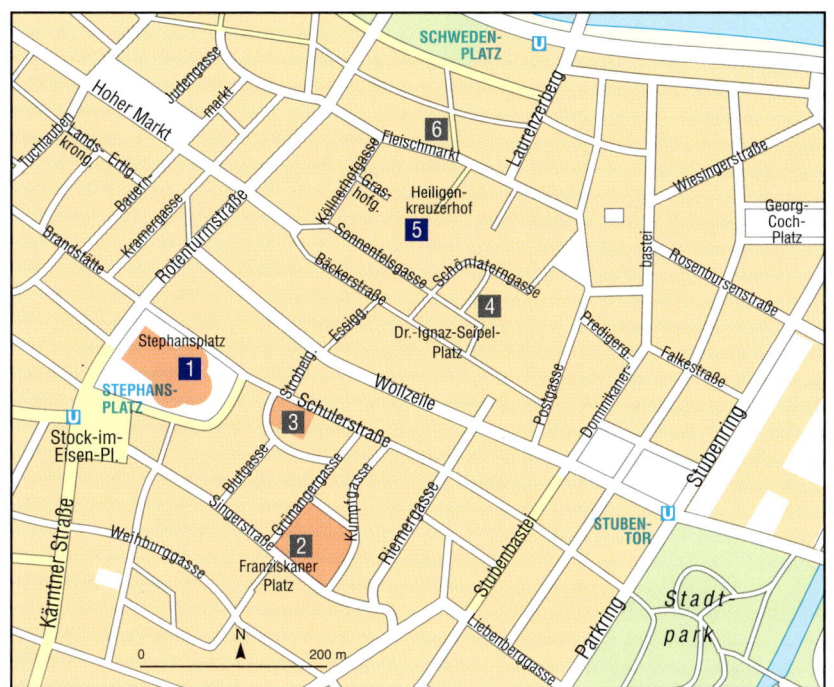

Vom Stephansdom zum Griechenbeisl 1 Stephansdom 2 Franziskanerkirche
3 Figarohaus 4 Jesuitenkirche 5 Heiligenkreuzerhof 6 Griechenbeisl

sondern machen auch ein wienerisches
Lebensprinzip deutlich: Ans Ziel gelangt
man besser auf Umwegen. Wofür in der
Tat einiges spricht, denn es sind eben
die geheimnisvollen und krummen
Wege, die die Schönheit und die Spannung des Lebens ausmachen, und nicht
die geraden und überschaubaren.

Direkt führt die Blutgasse zum **Figaro-
Haus** 3, in dem sich die einzige in Wien
original erhaltene Mozartwohnung befindet. Hier lebte er mit seiner Familie
von 1784 bis 1787 und schrieb unter
anderem die Oper »Die Hochzeit des
Figaro«. Die ehemalige Wohnung ist als
Erinnerungsstätte ausgestaltet und meist
von Besuchern überfüllt.

Durch die Strobel- und Essiggasse
geht es in die Bäckerstraße. Das Schwan-

feldsche Haus (Nr. 7), ein repräsentati-
ves Bürgerhaus, hat den schönsten
Renaissancehof der Stadt. Im Sommer
entfalten die Arkaden und der wuchernde
wilde Wein ein lebhaftes Spiel von Licht
und Schatten und die Stille des Hofes
kann einen für Augenblicke in eine andere Welt versinken lassen.

Erst im Jahre 1770 wurden die Häuser
in Wien zum ersten Mal durchnumeriert.
Bis dahin trugen sie gemalte Hauszeichen, die ihnen auch den Namen gaben.
Am Haus Bäckerstraße 12, früher: »Wo
die Kuh am Brett spielt«, ist ein solches
teilweise noch erhalten. Es zeigt eine
Kuh und einen Wolf beim Backgammon.
Dazwischen steht ein unentschlossen
aussehender Kürschner als Karikatur auf
die opportunistischen Stadträte, die zu-

warten, um sich dann auf die Seite des Siegers zu schlagen. Denn Kuh und Wolf sind nicht einfach zwei Tiere, sie stehen vielmehr als Symbol für Protestantismus und Katholizismus. Wenige Schritte weiter, am Dr. Ignaz Seipel-Platz, wird deutlich, wer gesiegt hat. Die barocke Pracht der **Jesuitenkirche** 4 und der von diesem militant gegenreformatorischen Orden errichteten alten Universität künden von einer Macht, die glücklicherweise inzwischen vergangen ist.

Durch die Sonnenfeldgasse gelangt man in die malerische Schönlaterngasse im ältesten Viertel der Stadt. Sie hat ihren Namen nach dem an Nr. 6 angebrachten Hauszeichen, einer »schönen Laterne«. Nr. 7 hat als Hauszeichen einen Basilisk, ein greulich anzusehendes Tier mit warzigen Füßen und glühenden Augen. Er war aus einem Hühnerei geschlüpft, das eine Kröte ausgebrütet hatte, wohnte im Brunnen und

erschreckte schon 1212 die Bewohner des Hauses. Der Sage nach – und das ist eine der ältesten der Stadt – zerplatzte der Basilisk vor Scham, als er sein Spiegelbild erblickte. Wie viele Sagen hat auch diese einen realistischen Kern: Naturwissenschaftler meinen, daß im Brunnenschacht unterirdischer Schwefelwasserstoff ausgeströmt sei, der die Menschen benommen gemacht und Halluzinationen erzeugt hat.

Bei Nr. 15 lohnt sich ein Blick in einen Altwiener Innenhof mit seinen Pawlatschen. So werden die offenen Gänge genannt, die jedes Stockwerk umgeben und zugleich als Zugang und Erweiterung der Wohnung dienen. Nr. 9, die **Alte Schmiede**, bietet sich für eine Pause bei einem kleinen Braunen an. Sie ist Café, Kunstgalerie, literarisches Quartier und Konzertsaal. Hier kann man alles treffen, was im intellektuellen Wien Rang und Namen hat (s. S. 273).

In der Schönlaterngasse

Donaurundfahrt

An der Schwedenbrücke ist der Ablegeplatz der traditionsreichen und 1995 liquidierten Ersten Donaudampfschiffahrtsgesellschaft (DDSG). Wie einst die staatliche Gesellschaft veranstaltet jetzt das neue private Unternehmen, das sich weiterhin DDSG nennt, Rundfahrten auf dem Donaukanal und der Donau, die einen interessanten und ungewöhnlichen Blick auf die Stadt ermöglichen.

Im Mittelpunkt der Fahrten stehen architektonische Sehenswürdigkeiten wie das alte Schützenhaus und die Nußdorfer Schleuse von Otto Wagner sowie das Fernheizwerk Spittelau und das KunstHausWien von Friedensreich Hundertwasser (Mai – Sept. tägl. 10, 11, 14 und 15 Uhr).

In den Sommermonaten werden außerdem Evergreen- und Disco-Tanzabende gegeben (Fr u. Sa 19.30 Uhr).

Durch einen Torbogen kommt man in den **Heiligenkreuzerhof** `5`, den weiträumigen Stadthof des Wienerwaldstiftes (siehe S. 251), der sich in barockem Stil präsentiert. Auf der anderen Seite des Hofes gelangt man ebenfalls durch ein Tor in die Köllnerhofgasse, die auf den Fleischmarkt mündet. Hier steht das **Griechenbeisl** `6`, ein historisches Wirtshaus. Zu seinen Gästen zählten Beethoven, Strauß, Schubert, Grillparzer, Nestroy und Graf Zeppelin. In der Künstlerstube, einem der sieben Gewölbe, haben sich zahlreiche Literaten und Künstler mit ihrer Unterschrift verewigt. Verbürgt ist, daß Mark Twain in diesen Räumen seine komisch-hintersinnige Erzählung »Die Eine-Million-Pfund-Note« schrieb. Nicht verbürgt hingegen ist, daß auch schon der liebe Augustin, der Verfasser des den Wienern noch heute ins Gemüt gehenden Liedes

»Oh du lieber Augustin, alles is' hin«, zu den Stammgästen gehörte. Doch das wird sich nicht mehr genau feststellen lassen, da der zur Zeit der großen Pest von 1679 lebte. In seinem 60 Jahre später erschienenen Buch »Alt- und Neues Wien« berichtet Mathias Fuhrmann vom Schicksal des Bänkelsängers während der Pest: »Bey so großen Elend und Verwirrung« hätte man schon manchmal auch Schlafende in die Pestgrube geworfen, »als wie einer Namens Augustin, der ein Sack-Pfeiffer gewesen, welcher zwischen der Kayserl. Burg und St. Ulrich auf selbigem Weeg, wegen eines starken Rausches gelegen und geschlaffen« habe. Am nächsten Morgen soll er aufgewacht sein und auf dem Dudelsack gespielt haben, damit die Leute auf ihn aufmerksam werden und ihm heraushelfen. »So hat ihm dieses Nacht-Lager auch nicht das wenigste geschadet«.

Vom Hohen Markt zum Ballhausplatz

Der am Rande des von den Wienern auch »Fetzenviertel« genannten Textilquartiers liegende **Hohe Markt** ist der älteste Platz der Stadt. Doch hier stand weder – wie oft behauptet – der Palast des Festungskommandanten des römischen *Vindobona*, noch verschied hier Kaiser Marc Aurel. Aber zu sehen ist er doch: auf der spätsecessionistischen **Ankeruhr** , die »den Wienern gewidmet ist«. Hier paradiert stündlich jeweils eine für die Donaumetropole wichtige historische Berühmtheit vor dem Zifferblatt: Vom römischen Kaiser über Walther von der Vogelweide bis zu Joseph Haydn. Um 12 Uhr formieren sich alle Figuren zu einem Umzug. Der »tie-

Ankeruhr

fere« Sinn dieser Uhr ist es, auf die Beständigkeit und den Wert einer Lebensversicherung, insbesondere der der Firma Anker, hinzuweisen, auch wenn die Zeit unwiederbringlich verstreicht und alle Spuren tilgt. So erinnert auch kaum etwas an die ersten Herren der Stadt: Auf die **römischen Ruinen** 2 macht nur ein kleines Hinweisschild in der Passage des Hauses Hoher Markt Nr. 3 aufmerksam. Die Mauerreste zweier Häuser von Stabsoffizieren, die 1948 bei Kanalarbeiten 5 m unter Straßenniveau entdeckt wurden, sind auch nicht sehr spektakulär. In *Carnuntum* (s. S. 245) gibt es wesentlich mehr zu sehen. Verständlich, denn *Vindobona* war nur der militärische Flankenschutz für die ältere, wichtigere Befestigung donauabwärts.

Der barocke **Vermählungsbrunnen** 3, den Leopold I. (Wahlspruch: *Consilio et industria* – »Klug und beharrlich«) 1729 errichten ließ, gibt dem völlig charakterlosen Platz wenigstens ein freundliches Aussehen. Zuvor war er Richtstätte, und noch bis 1839 wurden hier die Urteile vom Balkon der Schranne, des Gerichtsgebäudes, verkündet.

Auf diesem Platz kam wahrscheinlich auch Otto Haymo zu Tode, der die **Salvatorkapelle** 4 gestiftet hat. Dieser freiheitsliebende Bürger war einer der Köpfe der Verschwörung, die nach der Ermordung König Albrechts I. (1308) die Stadt von den Habsburgern befreien wollte. Ein Durchgang führt von der mit einem prächtigen Renaissanceportal – einem der wenigen in Wien – versehenen Kirche zu dem ehemaligen Wohnhaus Haymos, dem **Alten Rathaus**.

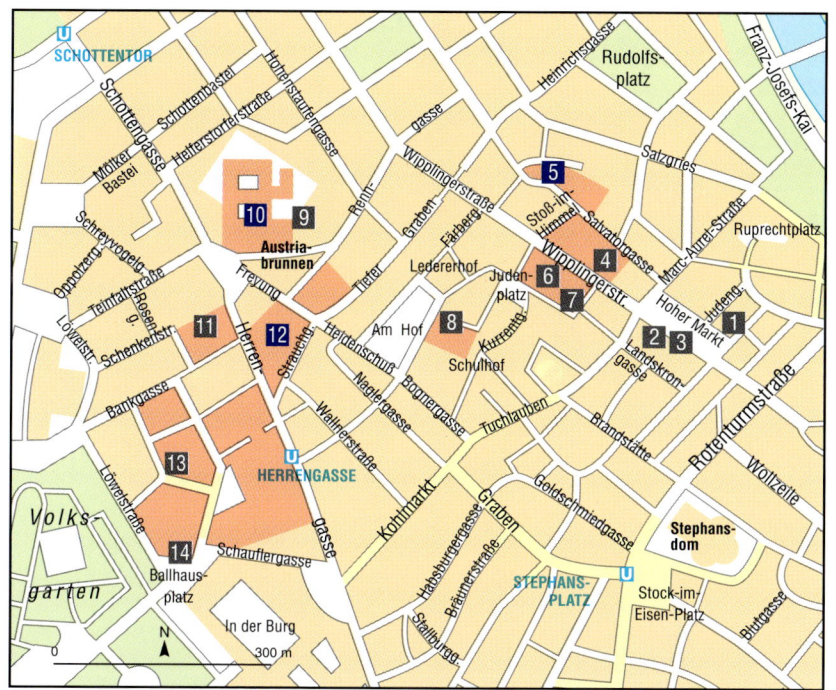

Vom Hohen Markt zum Ballhausplatz   *1 Ankeruhr   2 Römische Ruinenstätte
3 Vermählungsbrunnen   4 Salvatorkapelle und Altes Rathaus   5 Maria am Gestade
6 Böhmische Hofkanzlei   7 Haus »Zum großen Jordan«   8 Kirche »Zu den neun Chören
der Engel«   9 Schubladenkastenhaus   10 Schottenkirche und -kloster   11 Palais Kinsky
12 Palais Ferstel   13 Minoritenkirche   14 Ballhausplatz*

Nach Aufdeckung der Verschwörung
hatte es Friedrich der Schöne dem Stad-
trat übereignet, der es bis zur Fertigstellung des Baus auf der Ringstraße als
Rathaus benutzte. Heute ist hier das
»Dokumentationsarchiv des Österreichischen Widerstandes« untergebracht (s.
S. 270). Es zeigt in seinen Räumen Exponate der aktiven Auflehnung gegen die
austrofaschistische Diktatur (1934–1938)
und berichtet von Widerstand und Ver-
folgung unter der nationalsozialistischen Besetzung (1938–1945). Denn
auch das ist Wien: Bei aller Bereitschaft
zur Anpassung an die Mächtigen gibt es
eine zwar kleine, aber sehr starke und

ungebrochene Tradition des Freiheits-
willens und der sozialen Gerechtigkeit.

Verläßt man das Alte Rathaus durch
den Hinterausgang, kommt man in die
Salvatorgasse, die zu **Maria am Gestade 5**, einem Juwel der Gotik führt.
Die Westfassade erweckt beim Näher-
kommen den Eindruck eines Schiffsbu-
ges. Die Kirche lag einst direkt am Steil-
hang eines alten Donauarmes und war
ursprünglich das Gotteshaus der Do-
nauflößer. Die steilen Treppen zum Tiefen Graben lassen den Abhang noch erkennen und machen deutlich, warum
sich in diesem Bereich sowohl das römische Kastell wie auch die frühmittelal-

Würstelstand und Beisl

Die Wiener essen gerne, viel, gut und oft. Zu den wichtigsten Zwischenmahlzeiten gehört das sogenannte »Gabelfrühstück« am Vormittag, bei dem traditionell ein kleines Gulasch, ein Beuschl oder ein paar jener Würstchen verzehrt werden, die überall auf der Welt nach dieser Stadt genannt werden, nur hier nicht. Aber ob Wiener oder Frankfurter ist – wie der Einheimische sagt – ganz Wurscht. Denn wenn er zum Würstelstand geht, ißt er sie – so er etwas auf sich hält – sowieso nicht. Auch die anderen Angebote wie Leberkäs, Käserkrainer,

Debreziner oder Polnische können ihn nicht verlocken. Vielmehr verlangt er: »Ahassemidansiassn«. Oder, wenn er anderen Glaubens ist: »Ahassemidanschorfn«. Wörtlich übersetzt heißt das: »Eine Heiße mit einem süßen (scharfen)«. Gemeint ist eine Burenwurst und dazu süßer bzw. scharfer Senf. Diese Wurst, auch »Burenheidl« (= haut) genannt, ist mindestens 20 cm lang, rotbraun, trieft vor Fett und wird heißgemacht, nicht gebraten. Sie sieht so ungenießbar aus wie der echte

Würstelstandbesitzer unfreundlich ist, schmeckt aber himmlisch. Natürlich hat sie auch ihre Feinde, die nicht müde werden darauf hinzuweisen, daß die »Hasse« von der »Landesinnung Wien der Fleischer« in die Güteklasse 3b verbannt wurde. Das ist qualitätsmäßig immerhin das hintere Mittelfeld – daß dahinter nichts mehr kommt außer ausgemusterten Speckschwarten, muß ja niemand wissen.

Die andere Möglichkeit für ein Gabelfrühstück oder irgendeine andere Mahlzeit sind die Beisl, in denen oft schon ab 10 Uhr warme Speisen serviert werden. Denn »die schönste Gegend ist ein gedeckter Tisch« wußte schon Johann Nestroy. Man kann »Beisl« durchaus korrekt mit Gasthaus übersetzen, doch das trifft nicht den Kern. Kurz vor seinem Tod Mitte der 60er Jahre beschwor der Dichter Heimito von Doderer seinen Stammwirt: »Franz, halt' mir die Beisln, damit sie überleben, sie sind das Rückgrat der Intelligenz«. Der aber brauchte sich darum nicht zu sorgen, denn seit einigen Jahren erlebt Wien einen wahren

Beisl-Boom. Es ist zum Treffpunkt für alle geworden, aber mit deutlichen Differenzierungen. Es gibt ausgesprochene In-Beisl, in die man geht, um gesehen zu werden, solche, die man wegen ihres guten Essens besucht oder in denen man für teures Geld einfaches Essen bekommt, solche zum Nebenbei-Essen und Tratschen, solche, in denen man seinen Hunger stillt, und dann gibt es natürlich auch noch die für den Weltschmerz und die durstigen Seelen.

Ein wirkliches, also ein traditionelles Beisl erkennt man schon von außen an den Schildern. Sie verheißen »Kalte und warme Küche« und »Hauerweine«. Das fordert nicht dazu auf, sich damit den Kopf zuzuhauen, sondern meint, daß sie direkt vom Winzer, dem »Hauer«, kommen. Das Innere des Lokals ist im wesentlichen von der Lage abhängig. Je weiter man sich vom Zentrum entfernt, desto einfacher und ungemütlicher werden sie. Resopal und Neonlicht beherrschen sie. Am Eingang stehen die Trinker. Sie sind nur auf ein schnelles »Stehachterl« gekommen, und das ist meist schon einige Zeit her. Aber weil sie beim Zahlen noch ein »Fluchtachterl« trinken können, gehen sie irgendwann doch nach Hause. In der Regel schenkt der Chef aus, während die Chefin in der Küche wirkt. Der Kellner wird oft »Schani« genannt, auch wenn er nicht Jean bzw. Johann heißt. Aber dieser Name hat es den Wienern spätestens seit den Walzerkönigen der Strauß-Dynastie so angetan, daß sie auch die drei, vier Tische, die jedes Beisl im Sommer auf den Gehweg stellt, Schanigarten nennen.

Groß ist die Beislszene in den Vorstädten. Doch ihre Erforschung ist nicht ohne Risiken. Thomas Bernhard beispielsweise veranlaßten sie zu der nicht unrichtigen Feststellung: »Die Toilettenfrage und die Tischdeckenfrage sind in Wien nicht gelöst.« Anders verhält es sich mit dem Essen. Da gilt immer noch, was der Kulturhistoriker Egon Friedell schon in den 20er Jahren erkannt hat: »In Wien bekommt man, genau genommen, in allen Restaurants nur Gulasch zu essen, aber es schmeckt immer anders. In Berlin bekommt man alles, was es gibt: Austernpastete, warme Hummer, Ananascrème, gebratene Trüffel – aber es schmeckt alles wie Sülzkotelette.«

Das wirkliche Risiko für den Gast stellen jedoch die Wirtinnen und Wirte dar. Was Heimito von Doderer in seinem Roman »Die Wasserfälle von Slunj« über einen Gasthof im fünften Bezirk geschrieben hat, ist keineswegs allein das Produkt seiner schöpferischen Phantasie: »Mitunter wurde man hinausgeworfen, bevor man noch Platz genommen hatte, und auf die Bestellung eines Krügels Bier erwiderte die umfängliche Wirtin in grobem Tone, man möge gefälligst schauen, daß man weiterkomme, sie wolle jetzt schlafen. Dennoch waren die zwei geringen Stuben stets voll von Gästen, obwohl mitunter auch alle zugleich plötzlich an die Luft gesetzt wurden, oder einem einzeln das verlangte in barscher Weise verweigert ward … obgleich die Gäste sich hier ohnehin selbst und sogar gegenseitig bedienen mußten, aber unter dem Kommando der Wirtin. So hieß es etwa: ›Was brauchen Sie jetzt a Schinkensemmel!?! An Schmarrn. Aber dem Herrn Pühringer dürfen S' a Viertel Wein bringen.‹ « Die Wirtin erhob ihre 128 Kilogramm fast niemals vom Stuhle, und einen Kellner hielt sie sich nicht. …

Manchmal gab sie aber auch offene Sympathie-Erklärungen ab, wie: ›Des G'sichterl seh' i gern. Bist a Schatzi. Kriegst heut a Wurscht …‹ «.

terliche Stadt befanden: der Hohe Markt mit seinen angrenzenden Gäßchen und Straßen war ein durch die Natur geschütztes Hochplateau. Der heutige Bau von Maria am Gestade stammt aus dem 14. Jh. Beeindruckend sind zwei hochgotische Tafelbilder, die Marias Verkündigung und ihre Krönung zeigen, sowie die Fragmente mittelalterlicher Glasmalereien. Einen empfindlichen Stilbruch mit der gotischen Kunst und ihrer Spiritualität stellt der Schrein mit den sterblichen Überresten des Redemptoristenpaters Klemens Maria Hofbauer (1781–1848) dar. Dieser Bäckergeselle aus Mähren wurde in Wien zum Führer einer romantisch-katholischen Geistesbewegung, deren Ziel die Überwindung der josefinischen Aufklärung war. Für seinen erfolgreichen Beitrag zur Restauration des Katholizismus in Österreich wurde er 1909 heiliggesprochen.

Durch die Gasse »Stoß im Himmel« streift man wieder das Alte Rathaus, an dessen Ecke ein gotischer Engel zu sehen ist, der die Wappen von Wien und Österreich in seinen Händen hält. Er stammt aus der Zeit um 1450 und ist mit ziemlicher Wahrscheinlichkeit das älteste Hauszeichen Wiens. Die ehemalige **Böhmische Hofkanzlei** 6, für die Johann Bernhard Fischer von Erlach die Pläne zeichnete, ist eines der Hauptwerke des Barock. Heute haben hier Verfassungs- und Verwaltungsgerichtshof ihren Sitz. Das an der Rückseite des Gebäudes, auf dem Judenplatz, errichtete Lessing-Denkmal kann man durchaus als Mahnung an die immer noch im obrigkeitsstaatlichen Denken gefangenen Obersten Richter verstehen. 1939 wurde es von den Nazis entfernt und erst 1982 wieder hier aufgestellt. Das ging nicht ohne Aufregung vor sich, denn Humanismus und Toleranz haben in Wien nicht immer einen leichten Stand.

Dieser Platz war das Zentrum des mittelalterlichen Judenviertels mit seinen ca. 800 Bewohnern. Hier standen das Haus des Rabbi, eine der bedeutendsten Talmudschulen des deutschsprachigen Raumes, die Synagoge und ein Hospital. Vorurteile, Haß und Neid lösten 1421 die »Wiener Geserah« aus, ein Pogrom, bei dem auf der Gänseheide in Erdberg 210 Juden verbrannt wurden. Daran erinnert am **Haus »Zum großen Jordan«** 7 das spätgotische Relief der Taufe Christi mit der berüchtigten, katholisch-verbohrten Inschrift: »Durch die Taufe im Jordanfluß wird der Leib von allen Übeln gereinigt. Da weicht selbst verborgene Sündhaftigkeit. Im Jahre 1421 tobte Rachgier durch die Stadt, die furchtbaren Verbrechen der hebräischen Hunde zu sühnen. Die Welt wird einst durch die Sintflut gereinigt, doch diesmal wurde die Schuld in den Flammen gebüßt.« 1995/96 wurden bei Bauarbeiten Reste der damals zerstörten ältesten Synagoge Wiens entdeckt.

Durch die stilvoll restaurierte Kurrentgasse gelangt man auf den Schulhof, einen sehr stillen Platz, auf dem die Zeit stehen geblieben zu sein scheint. Vielleicht ist deshalb im Harfenhaus (Nr. 2) das **Uhrenmuseum der Stadt Wien** untergebracht (s. S. 276). Der Platz bietet die Möglichkeit zu einer Besinnungspause, bevor einen auf dem größten Platz der Altstadt, **Am Hof,** wieder das prall-barocke Leben einfängt. Der Name erinnert daran, daß hier im 12. Jh. die älteste Babenbergerpfalz stand und der Hof seine rauschenden Feste feierte. »Das ist der wunnigliche Hof ze Vienne« lobte der Minnesänger Walther von der Vogelweide, der hier gerne zu Gast weilte. Beherrscht wird der Platz von der eigenwilligen frühbarocken Fassade der ehemaligen **Jesuitenkirche »Zu den neun Chören der Engel«** 8. Sie ist ein

Jesuitenkirche »Zu den neun Chören der Engel« auf dem Platz Am Hof

für Österreich und Deutschland geschichtsträchtiger Ort, denn von ihrem Balkon verkündete 1806 ein kaiserlicher Kommissär das Ende des Heiligen Römischen Reiches Deutscher Nation.

Die Kirche und die sie umgebenden prunkvollen barocken Bürgerhäuser zeugen auch vom Reichtum dieser Stadt. Das ehemalige Märkleinsche Haus (Nr. 7) ist so groß, daß es heute die Feuerwehrzentrale beherbergt. Und es wäre nicht Wien, wäre da nicht auch noch Raum für ein Museum, das anschaulich den Berufsstand dokumentiert (s. S. 273). Die barocke Pracht gibt dem Platz ein römisches Gepräge, aber nicht unbedingt Leben. Denn das Entscheidende fehlt: Straßencafés – oder »Schanigärten«, wie die Wiener sagen.

Dafür entschädigt die **Freyung** (Freistatt), wenn auch nicht auf den ersten Blick. In der Mitte des dreieckigen Platzes steht der **Austria-Brunnen,** der an die vergangene Größe des Landes erinnert, zeigt er doch in Allegorien die vier Hauptflüsse der Monarchie: Po, Elbe, Weichsel und Donau. Das im Volksmund wegen seiner Fassade **»Schubladenkastenhaus«** 9 genannte Gebäude ist ein frühes Beispiel (1773) für ein Mietshaus mit gleichartigen Wohnungen und dem damals ungewöhnlichen Verzicht auf eine palastartige Gliederung der Fassade.

Im 12. Jh. wurden vom Babenberger-Herzog Heinrich II. Jasomirgott (nach seinem Motto: »Ja, so mir Gott helfe«) die »Schotten«, die in Wirklichkeit irische Mönche waren, nach Wien gerufen und gründeten 1155 ihr Kloster. In ihrer heutigen Form sind **Schottenkirche und -kloster** 10 barock bzw. klassizistisch. Durch ein Tor gelangt man in den Schottenhof, einen großen, wundervollen Platz mit alten Kastanienbäumen und Vogelgezwitscher. Und hier befindet sich auch ein Gastgarten, in dem sich ganze Sommertage verträumen lassen. Die Anlage ist weitläufiger, als sie auf den ersten Blick erscheint. Sie umfaßt das Schottengymnasium, eine der renommiertesten Schulen der Stadt, und im Konventsgebäude eine Gemäldegalerie, die zu den interessantesten Museen Wiens gehört. Das benachbarte **Palais Kinsky** 11 ist ein Hauptwerk des Barockbaumeisters Lukas von Hildebrandt. Das italienisch anmutende **Palais Ferstel** 12 wurde von seinem damaligen Besitzer, dem gefeierten Ringstraßenarchitekten, entworfen. Die glasüberdachte Passage war Wiens später und eher provinzieller Beitrag zu den damals in Mode befindlichen großen europäischen Geschäftsgalerien. Hier befindet sich unter anderem ein stil- und atmosphäreloser Aufguß des legendären »Café Central«, das um die Jahrhundertwende der Treffpunkt des literarischen Wien war.

Die Passage führt direkt in das Herz des Hochadels. In der Herrengasse, der Bankgasse und der Wallnerstraße finden sich seine Palais, und selbst eine unvollständige Aufzählung liest sich wie das Inhaltsverzeichnis des »Gotha«: Modena, Mollard-Clary, Wilczek, Batthyány, Esterházy, Trautson, Strattmann-Windischgrätz-Pálffy usw. usf. Was sich hinter den prächtigen Fassaden verbirgt, sollte man nicht genauer erforschen, könnte es doch Talmi sein. Denn auch dafür ist Wien berühmt, ebenso wie für das Sich-Einrichten im Unvollständigen. Der ursprüngliche Turm der **Minoritenkirche** 13 etwa wurde in den Türkenkriegen teilweise zerstört und danach mit einem Notdach versehen. Das bedeckt die Kirche noch heute. Die Wiener leben mit Provisorien, nicht gerne, wie sie sagen, aber doch ganz gut. Im Inneren der »Italienischen Nationalkirche

Maria Schnee«, wie sie seit 1786 offiziell heißt, befindet sich eine Kopie von Leonardo da Vincis »Letztem Abendmahl«. Giacomo Raffaeli hat sie im Auftrage Napoleons geschaffen. Nach dessen Sturz kaufte sie der Wiener Hof für 400 000 Gulden. Es paßt in die Kirche, denn auch das Hochaltarbild ist eine Kopie. Das Original »Maria Schnee« hängt in Rom.

Auf dem Platz davor ist eine Büste Leopold Figls aufgestellt, des ersten Bundeskanzlers der 2. Republik und Vaters des Staatsvertrages, der Österreich 1955 nach 17 Jahren Besetzung die endgültige Unabhängigkeit brachte. Er residierte am **Ballhausplatz** 14. Damit wird der Sitz des Außenministers und des Bundeskanzleramtes bezeichnet. Es ist – wie könnte es anders sein – ein Barockbau, den Lukas von Hildebrandt entworfen hat und der ursprünglich die »Geheime Hofkanzlei« beherbergte. Hier wurde nicht nur österreichische Geschichte gemacht, sondern auch zweimal europäische. 1814/15 war dieses Gebäude Schauplatz des »Wiener Kongresses«, der nach dem Sturz Napoleons Europa unter den Siegern neu aufteilte. Und hier wurde 1914 das Ultimatum an Serbien verfaßt, das den Ersten Weltkrieg auslösen sollte. Das war harte Arbeit gewesen, wie die Frau des damaligen Außenministers Leopold Graf von Berchtold später berichtete: »Der arme Polderl konnte nicht schlafen an dem Tag, an dem er das Ultimatum an die Serben geschrieben hat, er hat sich so gesorgt, sie könnten es vielleicht annehmen. Mehrmals ist er nachts aufgestanden und hat einen Paragraphen geändert oder hinzugefügt, damit da nichts passiert.«

Das jüdische Wien

Am Anfang stand ein Verbot. Weil sein Polizeiminister vor den »allzu liberalen Ideen« warnte, verweigerte Kaiser Franz I. seine Zustimmung zur Errichtung eines jüdischen Bethauses in der Seitenstättengasse. Doch mit einem Trick – das an dem vorgesehenen Platz befindliche Haus wurde für baufällig erklärt – gelang es der jüdischen Gemeinde doch, zu ihrer – heute noch genutzten – **Synagoge** **1** zu kommen. Der von dem berühmten Biedermeierarchitekten Josef

Kornhäusel entworfene Bau wurde am 9. April 1826 eingeweiht. Der jetzige Zustand der Synagoge entspricht nicht mehr dem ursprünglichen Raumkonzept, da sie 1938 in der »Reichskristallnacht« von den Nazis verwüstet wurde. Daß sie nicht zerstört wurde, verdankt sie ironischerweise einer eigentlich diskriminierenden Bestimmung des Toleranzpatentes von Joseph II. Sie durfte, wie auch die protestantischen Kirchen, keine Straßenfront haben, sondern

Das jüdische Wien   1 Synagoge   2 Ruprechtskirche   3 Morzinplatz   4 Talmud-Schule   5 Leopoldskirche   6 Seifensiederhaus (Wiener Kriminalmuseum)   7 Ehemalige Produktenbörse

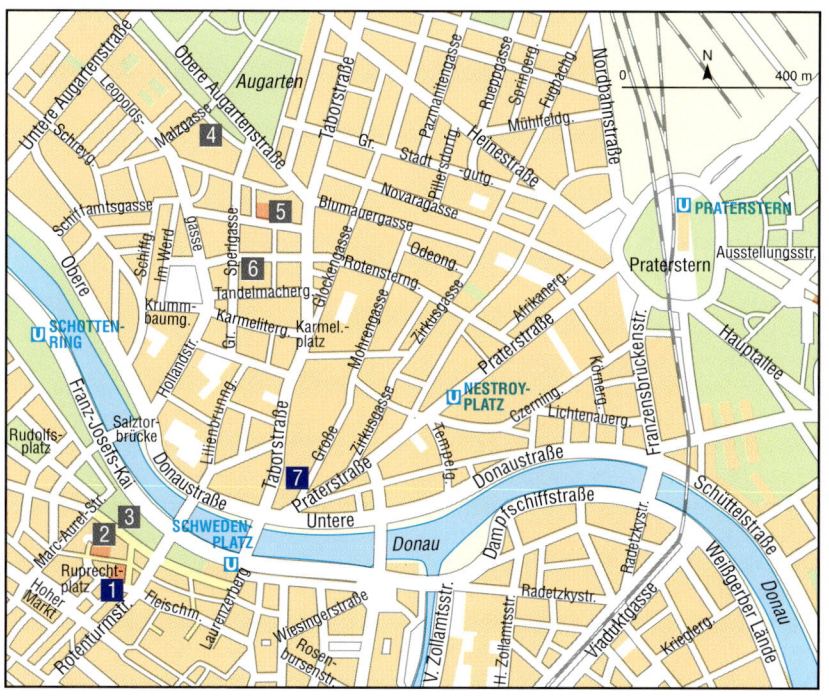

»Wer ein Jud ist, bestimm ich«

Seit dem Mittelalter war der Antisemitismus ein wesentlicher Bestandteil des öffentlichen Lebens und Denkens. Selbst die relativ aufgeklärte und menschenfreundliche Kaiserin Maria Theresia pflegte Juden nur hinter einem Paravent in Audienz zu empfangen und sagte noch drei Jahre vor ihrem Tod, sie kenne »keine ärgere Pest als diese Nation, die betrügt, wuchert und redliche, gute Christen an den Bettelstab bringen will«. Und viele Maßnahmen zur Verbesserung ihrer rechtlichen Situation hatten einen diskriminierenden Beigeschmack. So trug das 1793 eingerichtete »Judenamt« die Aufschrift: »Für Juden, Sesselträger und Fiaker«. Aber das war eine andere Form des Antisemitismus als der, der Mitte des vergangenen Jahrhunderts in Wien entstand. Die Juden waren zu diesem Zeitpunkt, wie die Philosophin Hannah Arendt bemerkte, das Staatsvolk der Donaumonarchie schlechthin. Sie bildeten keine Nationalität – nicht einmal eine sogenannte unhistorische wie die Slowaken oder Ukrainer. Ihre bürgerliche und wirtschaftliche Existenz hing nicht von der Teilhabe an einer nationalen Gemeinschaft ab, wie bei den Deutschen oder Tschechen, sondern im Gegenteil davon, keinen solchen Status einzunehmen. Ihre Treue zum Kaiser und zum Liberalismus als politischem System machte sie zum übernationalen Volk des Vielvölkerstaates, sie traten gleichsam in die Fußstapfen der Aristokratie. Ihr Glück stand und fiel mit dem kosmopolitischen Staat. In dem Ausmaß aber, wie die Nationalisten eines jeden Volkes versuchten, in ihrem Interesse die Zentralgewalt der Monarchie zu schwächen, wurden die Juden im Namen jeder Nation angegriffen.

Mitte der 80er Jahre des vergangenen Jahrhunderts tauchte auf den Wänden Wiens der Satz auf: »Ob Jud, ob Christ, ist einerlei – in der Rasse liegt die Schweinerei«. Diese Parole des deutschnationalen Politikers Georg von Schönerer markiert einen wichtigen Einschnitt: Der Jude war nun nicht mehr wegen seiner Religion, sondern wegen seiner »Rasse« verdammenswert. Und er würde es immer bleiben, denn die Religion kann er wechseln und sich assimilieren. Aber die »Rasse« ist unveränderbar. Obwohl Schönerers Partei nicht allzu viele Wähler fand, hatte seine Hetze Auswirkungen. Arthur Schnitzler mußte feststellen: »Es war nicht möglich, insbesondere für einen Juden, der in der Öffentlichkeit stand, davon abzusehen, daß er Jude war, da die anderen es nicht taten.« Die feinen Herrschaften sprachen von ihrem »schönen Antisemitismus« und gaben als Gesellschaftsspiel der großbürgerlichen Salons aus, was in Wirklichkeit längst zur gefährlichen Massenideologie geworden war. Ein Grund dafür war das sprunghafte Anwachsen des jüdischen Bevölkerungsanteils der Donaumetropole. Betrug er 1857, dem Jahr, als die Stadtbefestigungen fielen, nur 1,3 %, so lag er 1890 bereits bei 12 %. Parallel dazu kam es nach der endgültigen rechtlichen Emanzipation der Juden (1867) zu einer Bildungsexplosion: Um 1890 waren 33,6 % der Studenten und fast die Hälfte der Rechtsanwälte, Ärzte und Journalisten Mitglieder der israelitischen Kultusgemeinde.

In dem 1933 erschienenen Standardwerk »Die Juden Wiens« des Historikers Hans Tietze heißt es: »Vor allem in Wien, wo die große Zahl und das geschäftliche Übergewicht der Juden ihren Wettbewerb mit der übrigen Bevölkerung besonders scharf gestaltete, nahm die Bekämpfung der Juden alsbald den Charakter eines christlichen Sozialismus an. ... In seiner Gesamtheit stellte das aufgeklärte Wiener Judentum eine Kerntruppe des Liberalismus dar, und wer nach diesem schlug, mußte auch sie treffen. Daß der liberale Grundsatz der freien Konkurrenz den Juden förderlich war, wurde instinktiv erkannt. Der Jude wurde das Symbol des Verhaßten und Bekämpften; er ist der Wucherer und der Lohndrücker. Zu diesem wirtschaftlichen Argument gesellte sich ein zweites Element der antiliberalen Bewegung: die Auflehnung gegen den kirchenfeindlichen Rationalismus. Der Jude ist also nicht nur Wucherer, sondern auch Freigeist.«

1887 war der »Christliche Verein« gegründet worden, die Keimzelle der späteren Christlich-Sozialen Partei. Dieser Verein gab die »Illustrierte Wiener Volkszeitung« heraus. Im Untertitel hieß sie »Organ der Antisemiten«. Mit Karl Lueger (1844–1910), genannt der »fesche Karl«, bekam die Christlich-Soziale Partei einen charismatischen Führer, der sie zur Massenpartei der kleinen Gewerbetreibenden und des

Mittelstandes machte. 1895 errang die Partei einen erdrutschartigen Sieg über die Liberalen und zog mit 92 Abgeordneten (von insgesamt 138) in den Wiener Gemeinderat ein. Lueger wurde zum Bürgermeister gewählt, doch Kaiser Franz Joseph verweigerte seine Zustimmung. Erst nach seiner vierten Wahl kapitulierte Franz Joseph und ernannte den Antisemiten zum Bürgermeister – sinnigerweise am Karfreitag des Jahres 1897. Heute wird oft behauptet, daß Karl Lueger, der insgesamt siebenmal zum Wiener Bürgermeister gewählt wurde, kein verbohrter Antisemit war und zum Beweis dafür sein Ausspruch zitiert: »Wer ein Jud ist, bestimme ich.« Doch das kündet nur von seinem Opportunismus, denn als sein politisches Ziel hat er schon 1882, zu Beginn seiner Karriere, den »unentwegten Kampf gegen das mit Hilfe der Verbreitung des Judentums international organisierte Großkapital« bezeichnet.

Die letzten Jahre Luegers erlebte auch Adolf Hitler in Wien, wo er von 1908 bis 1913 lebte. Darüber hat er in »Mein Kampf« geschrieben: »In dieser Zeit bildete sich in mir ein Weltbild und eine Weltanschauung, die zum granitenen Fundament meines derzeitigen Handelns wurde. Ich habe zu dem, was ich mir so schuf, nur weniges hinzulernen gemußt, zu ändern brauchte ich nichts.« Sofort nach dem Anschluß an das Dritte Reich begannen die Ausschreitungen gegen Juden und jüdische Geschäfte. Etwa 70 000 Wohnungen wurden »arisiert«, 42 Synagogen und Bethäuser in der »Reichskristallnacht« zerstört. Von den rund 180 000 in Wien lebenden Juden wurden etwa 40 000 deportiert und ermordet, die anderen konnten die Stadt gegen Bezahlung von Lösegeld verlassen.

Nach 1945 wurde versucht, den Mantel des Schweigens darüber zu breiten. Dabei half auch einer, der es eigentlich wesentlich besser hätte wissen müssen: Im Februar 1947 schrieb der damalige sozialdemokratische Wiener Bürgermeister General Theodor Körner in der offiziösen »Wiener Zeitung« unter dem Titel »Das Märchen vom Antisemitismus in Wien«: »… denn der Wiener ist Weltbürger und daher von vornherein kein Antisemit. Antisemitische Tendenzen sind ihm auch jetzt vollkommen fremd. Erzählungen darüber sind bewußte Lügen oder gedankenloses Geschwätz.«

mußte hinter einem Wohnhaus verborgen sein. Das aber wollten die Nazis nicht gefährden.

Ein paar Schritte weiter steht die **Ruprechtskirche** 2, das wahrscheinlich älteste Gebäude Wiens, 1161 zum ersten Mal urkundlich erwähnt. Die Nähe dieser beiden Gotteshäuser zueinander hat etwas Symbolisches, denn bis ins Spätmittelalter verlief das Zusammenleben von Juden und Wienern friedlich. Im 13. Jh. hatte die Stadt das großzügigste Minderheitengesetz des deutschen Sprachraums und das Judenviertel blühte. Das ändert sich mit dem Pogrom von 1420/21 schlagartig. Von diesem Inferno bis zum Holocaust sind es geografisch gesehen nur ein paar Schritte: Von der Ruprechtskirche die Treppen hinab zum **Morzinplatz** 3. Auf diesem öd und widerwärtig gestalteten Platz stand, bis es 1945 von Bomben zerstört wurde, das Hotel Métropole, das in den Jahren des Dritten Reiches der Gestapo als Hauptquartier diente. Daran erinnert ein eher unauffälliger Gedenkstein.

Auf dem Karmelitermarkt

Über die Salztorbrücke kommt man in den 2. Bezirk, die Leopoldstadt. 1625 ließ Ferdinand II. im damaligen »Unteren Werd« ein Ghetto errichten, »um die Juden vor der Bevölkerung zu schützen«. Es entstand eine blühende kleine Stadt mit Synagogen, Schulen, einem Hospital, Wiens erster Müllabfuhr und einem noch heute existenten Friedhof (s. S. 169). Als sich die wirtschaftliche Lage der Stadt verschlechterte – nicht zuletzt durch die hohen Bestechungsgelder, die Leopold I. für seine Kaiserwahl ausgab –, kam es zu Tumulten der Bevölkerung. Um die Wiener zu beruhigen, mußten die Juden als Sündenböcke herhalten, und 1669 wurden sie, etwa 3000 an der Zahl, vom Kaiser vertrieben. Seit damals heißt der »Untere Werd« zu seinen Ehren Leopoldstadt.

Nach der rechtlichen Emanzipation der Juden (1867) wurde sie endgültig zu ihrer Heimstatt und bekam um die Jahrhundertwende den Spitznamen »Mazzesinsel«, nach der traditionellen Passahspeise. 1938 war die Hälfte der Einwohner des 2. Bezirkes Juden. Die Nazis machten die Leopoldstadt wieder zu einem Ghetto. Wöchentlich wurden etwa 1000 Juden in die KZs abtransportiert, insgesamt etwa 40 000.

Öffentliches jüdisches Leben gibt es hier erst wieder seit den 70er Jahren. Damals durften erstmals größere Gruppen sowjetischer Juden nach Israel ausreisen. Manche von ihnen kamen jedoch nach Wien. So entstanden auf der »Mazzesinsel« wieder jüdische Schulen und Bethäuser. Das heutige Zentrum des Viertels ist die belebte Hollandstraße. Das erkennt man aber nur, wenn man genau schaut. Das koschere Restaurant und die koscheren Geschäfte sehen eher aus, als wollten sie sich in den Häusern verkriechen und hätten alles darangesetzt, sich zu tarnen. Das Selbstbe-

Jüdische Kinder in der Hollandstraße

wußtsein, das die jüdischen Quartiere in Antwerpen, Paris oder New York ausstrahlen, fehlt in Wien. Deutlicher wird die Präsenz jüdischen Lebens auf dem Karmelitermarkt. Daß die Waren von Verkäufern in der Kleidung der orthodoxen Juden angeboten werden ist hier ebenso selbstverständlich wie verschleierte Frauen unter der Kundschaft. Mittel- und Osteuropa sowie der Orient sind auf diesem Markt eins geworden.

Das schachbrettartige Muster der Straßen zwischen Krummbaumgasse, Großer Schiffgasse und Malzgasse zeugt von der planmäßigen Erschließung des Inselgebiets nach der Zerstörung des Ghettos. In der Malzgasse befindet sich, kaum erkennbar, eine **Talmud-Schule** 4, die 1873 gegründet wurde und als eine der strengsten und besten Europas galt. Zu Beginn der 50er Jahre wurde sie renoviert und langsam wieder reaktiviert. Heute gleicht sie von

Wiener Kriminalmuseum

In 20 Räumen dokumentiert dieses Museum die Geschichte des Justiz- und Polizeiwesens sowie der Kriminalität vom späten Mittelalter bis zur Gegenwart. Viele Exponate stammen aus den Archiven der Wiener Polizei und sind ausgesprochen grausig. Sie umfassen u. a. Geräte aus einem sadistischen Salon des vorigen Jahrhunderts, eine breite Palette von Mordwerkzeugen und mumifizierte Köpfe Hingerichteter. Hauptsächlich werden Gewaltverbrechen dokumentiert und dies nicht selten mit riesigen Fotos der Opfer. Insofern zeigt dieses 1991 eingerichtete Museum zwar auch die Geschichte des Verbrechens in der Donaumetropole, aber vor allem die dunkle Seite des Wiener Wesens: den Voyeurismus, die heimliche Freude an Brutalität und die hemmungslosen Rachegelüste.
Wiener Kriminalmuseum, 2., Große Sperlgasse 24, ☎ 2 14 46 78, Di-So 10-17 Uhr

außen einer kleinen Festung. Die barocke **Leopoldskirche 5** erhebt sich an der Stelle, wo einst die Synagoge des Ghettos stand.

Hauptstraße der Judenstadt war die Große Sperlgasse. Selbst ihr heutiges Aussehen zeigt noch, daß die Leopoldstadt immer ein Handwerker- und Händlerbezirk war. Ein winziger Laden liegt neben dem anderen. Das Angebot reicht von Bekleidung und Parfum bis zu »Waren aller Art«. Doch die Geschäfte gehen und gingen nie allzu gut. Viele Läden stehen leer und oft sind die heruntergelassenen Rolläden dick mit Staub und Rost überzogen. Das älteste Gebäude dieser Straße ist das **Seifensiederhaus 6**, das bald nach 1683 auf dem Boden des jüdischen Gemeindehauses errichtet wurde und heute das Wiener Kriminalmuseum beherbergt.

Über die Karmelitergasse erreicht man die Taborstraße, die eine anheimelnde Mischung von historischen Gebäuden, nicht allzu modernen Auslagen, Hotels und kleinen, alten Geschäften ist.

Sie war früher eine der wichtigsten Wiener Fernstraßen. Erst der Bau der Eisenbahn sowie die Donauregulierung ließ sie für den Verkehr bedeutungslos werden. Ein letzter Versuch, ihren Niedergang aufzuhalten, war 1890 die Errichtung der **Börse für landwirtschaftliche Produkte** **7** im historisierenden Ringstraßenstil. Vorher wurde der Getreidehandel in einem nahegelegenen Café abgewickelt. Bis 1938 war der 2. Bezirk mit Kaffeehäusern übersät. Sie dienten als Ort für politische Versammlungen, für Geschäfte aller Art und für jedwede Form von Lebensberatung bis hin zu Auskünften über das ferne Amerika. Besucht wurden sie vor allem von den ärmeren Juden aus den böhmischen, mährischen, ungarischen und galizischen Städten und *Schtetls*, auf die Wien wie ein Magnet wirkte. Angekommen sind sie am nahen Praterstern, am Kaiser-Ferdinand-Nordbahnhof. Die Bahnlinie war 1836–1847 von einem Bankkonsortium unter der Führung des Hauses Rothschild errichtet worden, um das nordmährisch-schlesische Industrierevier zu erschließen; sie bediente die Städte Krakau, Lemberg und Tschernowitz.

Aber nicht nur die Armen, auch das jüdische Bürgertum blieb in der Nähe des Nordbahnhofes, in der Praterstraße. Sigmund Freud, Alfred Polgar, Arnold Schönberg und Arthur Schnitzler wuchsen hier auf. In seiner Autobiografie »Jugend in Wien« schrieb Schnitzler über diese Straße: »Die Leopoldstadt war zu jener Zeit noch ein vornehmes und angesehenes Viertel, und insbesondere ihre Hauptstraße, in der auch das Carltheater stand, wußte etwas von ihrem Glanz auch über die spärlichen Stunden hinaus zu bewahren, da in Equipagen und Fiakern die große, die elegante, die leichtlebige Welt von Pfer-

derennen oder von den Blumenfenstern aus der Hauptallee zurückgesaust kam.«

Den Eindruck einer Prachtstraße hat der Besucher heute nicht. Wenn er von der Taborstraße kommend in die Praterstraße einbiegt, sieht er vor allem Bürohäuser. Ein solches steht da, wo das berühmte Carl-Theater war, in dem u. a. Johann Nestroy auftrat (Nr. 31). Auch Schnitzlers Geburtshaus (Nr. 16) wurde verändert, und vieles ist von den Nazis zerstört worden. So der 1858 errichtete »Große Tempel der Aschkenasen«, der Juden Ost- und Mitteleuropas, in der Tempelgasse. Er war die größte Synagoge Wiens. An ihn erinnert wenigstens ein Mosaik an einem nach 1945 errichteten Wohnhaus, während an den »Türkischen Tempel« der Sepharden in der Zirkusgasse nichts erinnert.

Eine Gedenkstätte hingegen ist in der Praterstraße Nr. 54 eingerichtet worden, wo Johann Strauß Sohn sein Opus 314, den Walzer »An der schönen blauen Donau« schrieb. Er wurde im Fasching des Jahres 1867 in den nahegelegenen Dianasälen vom Wiener Männergesangverein uraufgeführt und fiel beim Publikum mit Pauken und Trompeten durch. Schuld daran war der als haarsträubend empfundene ursprüngliche Text: »Wiener seid froh! O-ho! Wie so? No, so blickt nur um! I bitt' warum? …«

Ein Kuriosum ist der im venezianischen Stil gehaltene Dogenhof (Nr. 70). Ende des 19. Jh. wurde hier ein italienisches Viertel mit entsprechendem Ambiente geplant. Es war Teil eines wesentlich größeren Vorhabens: Die Nationen der Monarchie sollten in Wien architektonisch um den Kaiser geschart werden. Mit dieser Spielzeugpolitik hoffte man, dämpfend auf den Nationalitätenkonflikt einzuwirken. Aber dieses Ziel hätte der Plan selbst dann nicht erreicht, wenn er zur Ausführung gekommen wäre.

Die Vorstädte

Vom Augarten in den Prater

Was früher in der Stadt keinen Platz hatte, wurde in die Leopoldstadt, ursprünglich ein System von Inseln und Donauarmen, verlagert: die Schlächter, die Gerber, die Juden und die kaiserlichen Jagdgebiete. Aus letzteren sind zwei große und schöne Naherholungsgebiete geworden.

Der **Augarten** 1 ist seit 1775 der Öffentlichkeit zugänglich. Als sich adelige Damen nach seiner Freigabe durch Joseph II. beschwerten, daß bald kein Platz mehr in Wien sei, wo die besseren Leute ungestört unter sich sein könnten, meinte der: »Wenn ich stets unter meinesgleichen sein wollte, müßte ich den ganzen Tag in der Kapuzinergruft spazierengehen.«

Über dem Eingang stehen immer noch seine Worte: »Allen Menschen gewidmeter Erlustigungs-Ort von Ihrem Schätzer«. Auf den ersten Blick wirkt Wiens älteste und über 50 ha große Gartenanlage in ihrer schlichten Großzügigkeit verwirrend und öde. Aber das täuscht. Seit langem schon ist der Park ein Naherholungsgebiet der Anwohner, d. h. ein Park der Arbeiter und Rentner, die sich hier mit Leidenschaft dem »Tarockieren und Tachinieren« hingeben. Also dem Nichtstun und dem komplizierten altösterreichischen Kartenspiel Tarock. An sommerlichen Wochenenden durchzieht ein Hauch gegrillten Lammfleisches den Augarten, und die Ghettoblaster liefern sich musikalische Schlachten. Im Schatten der fast 50 m hohen Flaktürme, die 1940 gebaut wurden, um die nahegelegenen Bahnhofsanlagen vor Fliegerangriffen zu schützen, und die heute wie riesige Grabsteine des Dritten Reiches wirken,

entfaltet sich türkisches Familienleben. So haben diejenigen den Park wieder in Besitz genommen, mit denen seine Geschichte für die Wiener beginnt.

Gleich rechts nach der Eingangsanlage ist die Alte Favorita, ein ehemaliges Gartenpalais, das Kaiser Leopold I. 1677 kaufte und vergrößern ließ. Die von den Türken 1683 zurückgelassene Ruine wurde zum Teil als Gartensaal ausgebaut. Dort erklangen von 1772 an die Morgenkonzerte, bei denen unter anderem Mozart, Beethoven und Johann Strauß Vater dirigierten. Heute befindet sich hier die Augarten-Porzellanmanufaktur (gegründet 1718), die (nach Meißen) zweitälteste in Europa. Die vielgepriesenen traditionellen Service mit dem blauen Bindenschild heißen »Pacquier«, »Prinz Eugen« und »Maria Theresia«. Die Dekors reichen vom Barock über den Jugendstil bis zur Moderne. Daneben werden auch Nippesfiguren hergestellt: Von Lipizzanern bis zu »Wiener Typen« nach Originalmodellen aus der Zeit Maria Theresias. Im Palais dahinter wohnen seit 1948 die Wiener Sän-

gerknaben. Nach einer Eignungsprüfung kommen die Kandidaten mit sieben Jahren in Vorbereitungskurse. Bewähren sie sich, werden sie in den Chor und sein Internat aufgenommen und bleiben bis zum Stimmbruch. Danach können sie im sogenannten »Mutantenstöckl« des Augartenpalais bleiben und eine öffentliche Schule besuchen. Völlig unverkitscht erlebt man sie bei den sonntäglichen Messen in der Hofburgkapelle (s. S. 87). Zu den wenigen Sängerknaben, die eine große musikalische Karriere gemacht haben, zählen Josef Haydn und Franz Schubert.

Vom Augarten führt eine Allee, die Heinrich-Heine-Straße, zum **Praterstern** 2,

Vom Augarten in den Prater
1 Augarten
2 Praterstern
3 Wurstelprater
4 Ernst-Happel-Stadion
5 Lusthaus
6 Galopprennbahn Freudenau
7 Maria Grün

Strizzis beim Stoß
Die Wiener Unterwelt

Die Kaffeehäuser rund um das Vergnügungsviertel des Praters waren einst der Treffpunkt der großen und kleinen Kriminellen, genannt »Strizzis«, und ihrer Prostituierten, im Jargon »Mizzis« geheißen. In den Hinterzimmern wurde und wird »Stoß« gespielt, ein illegales Glücksspiel mit einem kompliziert-aufgeblasenen Regelwerk, dessen einziger Sinn ist zu garantieren, daß am Ende die Bank gewinnt. Doch Fast-Food und andere kulinarische Moden machen vor nichts halt, auch nicht vor der Unterwelt. In den Räumen des legendären Café Budapest in der Praterstraße befindet sich jetzt eine Filiale von McDonald's und das einstige Café Tosca, berüchtigt für seine häufigen Messerstechereien, hat sich in ein indisches Restaurant verwandelt.

Das macht das Leben auf jeden Fall friedlicher und angenehmer, denn Wiens Ganoven griffen immer schnell zur Waffe, wie schon ihre Spitznamen deutlich machten. Josef »Der G'schwinde« Angerler und Josef »Notwehr« Krista lieferten sich Ende der 60er Jahre blutige Straßenschlachten im Kampf um die Herrschaft über Wiens Kriminelle. Doch damit nicht genug. Wiener »Pülcher«, wie die Gangster in der Umgangssprache auch genannt werden, hinterließen selbst im Ausland, in St. Pauli und in Düsseldorf, eine blutige Spur bei dem Versuch, ins internationale Geschäft einzusteigen.

Diese Art von »Strizzis« schätzt verständlicherweise niemand. »Die echte Wiener Unterwelt gibt es nicht mehr. Zuhälter traten an die Stelle fachkundiger Kassenschränker, und Rowdies nahmen die Plätze ›gelernter‹ Galeristen ein. Ja, auch die Verbrecher haben nicht mehr das Niveau von früher.« So klagte schon 1962 die Tageszeitung »Kurier«. Und inzwischen ranken sich um das virtuose Schaffen und kriminelle Wirken der »Wiener Meister« zahlreiche Legenden. Alois »Stieferl« Stiepani beispielsweise ist, wie er selbst erzählte, als Jugendlicher aus reinem Interesse zu seinem Beruf als Panzerknacker gekommen: »Ich bin in Erdberg aufgewachsen. Da hat es fünf, sechs Schränker-Platten gegeben. Internationale Leute. Uns Junge hat das interessiert. Der Vater eines Jungen war Eisenhändler, bei dem sind alte Tresore gestanden zum Verschrotten. Naja – da hab' ich halt zum ersten Mal geübt.« Mit 19 stand er das erste Mal vor dem Richter, mit 65 das letzte Mal. Nachdem er sich zur Ruhe gesetzt hatte, lebte er von einer kleinen Rente in einem Gemeindebau – nicht anders als ein typischer Arbeiter oder kleiner Angestellter. Als einziges Andenken aus seiner großen Zeit soll er einen Maßanzug aus der Werkstatt der ehemaligen Hofschneiderei Knize am Graben aufbewahrt haben.

Was die alten Ganoven dieser Stadt trotz aller Brutalität so komisch macht, ist ihre unermeßliche Beschränktheit und Autoritätsgläubigkeit. Wiens letzter Falschmünzer beispielsweise beendete erst 1966 seine Tätigkeit – und das nicht freiwillig. Über Monate hatte Franz Madiaszkowa Zehn-Schilling-Münzen hergestellt, die er dann in Zigarettenautomaten warf. Bei seiner Verhaftung stellte die Polizei 293 Zigarettenpackungen sicher. Doch auch der Richter, der den Berufskriminellen zu zwei Jahren Haft verurteilte, war nicht ganz von

tion nicht ganz geheuer, jedenfalls sagte er zu ihrem Anführer nur die inzwischen geflügelten Worte: »I bins, dei Präsident.« Die Ausbrecher gaben daraufhin auf.

Wie in den anderen europäischen Großstädten auch hat die Kriminalität in der Donaumetropole in den letzten Jahrzehnten zugenommen und die Berufsverbrecher sind brutaler und gewalttätiger geworden. Für Komik und Anekdoten sorgen nur noch die Ama-

Halbseidene Gestalten: Skulpturengruppe im Wurstelprater

dieser Welt. Das relativ hohe Strafmaß begründete er mit der Behauptung: »Dreihundert Männer wie Sie können eine Stadt ruinieren.«

In die Geschichte Wiens eingegangen ist ein Häftlingsausbruch mit Geiselnahme im Herbst 1971. Wiens Polizeipräsident Josef Holaubek wollte persönlich die Gangster zur Aufgabe überreden. Vielleicht war ihm die Situa-

teure, die allerdings immer mehr werden. Beispielsweise jener bis heute nicht gefaßte Bankräuber, der erst gar nicht bis zur Kasse vordrang. Er riß vielmehr einer zufällig im Raum stehenden Kundin einen Briefumschlag mit 63 000 Schilling aus der Hand und sagte höflich, wie der Wiener nun mal ist: »Tschuldigung, mehr wüll i gar net. Auf Wiederschaun!«

wo das Denkmal des einzigen österreichischen Seehelden, Admiral Tegetthoff, steht. Sein Sieg bei Lissa (dem dalmatinischen Vis; 1866) hatte aber keinerlei Auswirkungen mehr auf den bereits verlorenen Krieg mit Preußen.

Dahinter liegt das bis zur Donau reichende Stuwerviertel, eine Mischung aus Kleinstgewerbetreibenden, alten Läden und heruntergekommenen Wirtshäusern. Berüchtigt sind der Max-Winter- und der Mexiko-Platz. Der erstere soll – aber wer weiß das schon so genau – ein Zentrum des illegalen »Stoß«-Spieles sein, der andere beherbergt den »kleinen« Ost-West-Handel, bei dem Schmugglerwaren wie Zigaretten oder Wodka umgeschlagen werden. Hier herrscht Bazarmentalität und babylonische Sprachverwirrung: Polnisch, Russisch, Rumänisch, Bulgarisch, Armenisch und Deutsch. Weil sich in der Namensgebung von Straßen und Plätzen auch ausdrückt, was den Menschen einer Stadt wichtig ist, sei erwähnt, daß dieses Viertel nach der Familie Stuwer benannt ist. Seit dem Ende des 18. Jh. erfreute sie über vier Generationen die Wiener mit nächtlichen Illusionen: Sie inszenierte Kunstfeuerwerke im Prater.

Der Prater ist fast eine Welt für sich: eine bunt-lärmende bei Tag und eine immer noch zwielichtige bei Nacht. Das Jagdgelände, das Kaiser Maximilian 1560 zwischen den Armen der Donau erschließen ließ, hat sich seit dem Jahre 1766, als Joseph II. »das Entree in dem Bratter jedermänniglich erlaubt(e)«, bis heute in großen Zügen unverändert erhalten. Schon ein Jahr nach der Freigabe entstand der **Wurstelprater** **3** (von »Wurstel«, Hanswurst) mit Kegelbahnen, Schaukeln, Ringelspielen und Wirtshäusern. Hier kann man die Wie-

ner, denn der Prater ist immer noch ein gern besuchter Ort, bei Bier und einer Stelze näher kennenlernen als selbst beim Heurigen. Dem technischen Stolz des vergangenen Jahrhunderts verdankt der Prater das Riesenrad, ein Wahrzeichen der Stadt, das durch den Film »Der dritte Mann« weltberühmt wurde. Die 65 m hohe Konstruktion wurde von der englischen Ingenieurfirma Basset in der für Wiener Verhältnisse schier unglaublichen Zeit von nur acht Monaten errichtet und am 21. Juni 1897 in Betrieb genommen. Aus den großen roten Kabinen hat man einen weiten Blick über die Donaulandschaft. Für besondere Gelegenheiten kann man auch eine luxuriös ausgestattete Gondel stundenweise mieten. Sie nimmt bis zu zwölf Personen auf und kostet rund 4000 Schilling.

Auch wenn der Wurstelprater, wie alle großen Rummelplätze, von den schier unbegrenzten Möglichkeiten der Technik sowie der Monotonie von Sexkinos und Flipperhallen beherrscht wird, versuchen viele Betreiber mit Erfolg, altwienerisches Flair zu erhalten. Deshalb gibt es noch eine Hochschaubahn, ganz un-

Wahrzeichen Wiens: Das Riesenrad

moderne Auto- und Hippodrome sowie entzückend altmodische Kinderauto- bahnen, Ringelspiele, Schaukeln und Schießbuden. In den ausgelassenen Lärm mischen sich die Düfte der k. u. k.- Monarchie: Burenwurst, Čevapčiči, knob- lauchduftende Langosfladen und türki- schen Honig gibt es an allen Ecken und Enden zu kaufen. Daß der Prater vor allem Spaß macht, weil es hier etwas derber zugeht, wußte schon der Ge- heimrat Goethe im fernen Weimar. Sei- nen Mephisto läßt er beim Hexentreffen in der Walpurgisnacht sagen: »Hier ist's so lustig wie im Prater«.

Über die mehr als 4 km lange Hauptal- lee kommt man in die Praterauen. Sie waren seit jeher ein Ort, den Liebende gern besucht haben, weil sich irgendwo immer ein einsames Plätzchen findet. Die anderen, die sich einst – aber dann ganz früh am Tage – hier trafen, waren die Duellanten. Diese Form des Männ- lichkeitswahns ist erfreulicherweise lange vorbei. Darüber berichtet hat Ar- thur Schnitzler, in dessen Novellen oft ein stimmungsvoll-wehmütiges, aber immer realistisches Bild des Praters um die Jahrhundertwende entworfen wird.

Vorbei am Konstantinhügel erreicht man durch eine Art englischen Garten die Jesuitenwiese, wo 1894 das erste of- fizielle Fußballmatch Wiens stattgefun- den hat. Einer der teilnehmenden Ver- eine existiert noch heute, die »Vienna«. Sie war als »First Vienna Football-Club« von englischen Gärtnern gegründet worden. In der Folge wurde Fußball sehr schnell zum Volkssport und es entwik- kelte sich eine »Wiener Schule«. Ihr Kennzeichen ist ein von Witz und Tech- nik geprägtes Spiel, bei dem man sich nicht allzusehr anstrengen muß. Auf der linken Seite befinden sich hinter den Bäumen verborgen das Messegelände, die Trabrennbahn Krieau und das **Ernst-**

Happel-Stadion 4. Letzteres kann man auch schneller und bequemer erreichen, wenn man im Wurstelprater die Liliput- bahn besteigt, die hier endet. Das Sta- dion, die größte Sportstätte Österreichs, wurde von der sozialdemokratischen Stadtverwaltung zum zehnjährigen Ju- biläum der Republik errichtet und 1931 mit einer Arbeiter-Olympiade eröffnet.

Am Heustadlwasser, einem alten Do- nauarm, vorbei kommt man zum **Lust- haus** 5, einem Gartenrestaurant, das einst direkt am Strom stand (Do–Di 12–18 Uhr). Hier befindet man sich wie- der auf historischem Boden. Der klassi- zistische zweistöckige Pavillon wurde unter Joseph II. von dem damaligen Stararchitekten Isidor Canevale gestaltet und erlebte seine größte Stunde im Jahre 1814. Damals tafelten hier die gegen Napoleon verbündeten Monar- chen, und 18 000 eigens zu diesem Zweck aufmarschierte Soldaten mußten den »Kaisertoast« ausbringen. Nahe beim Lusthaus liegt die **Galopprenn- bahn Freudenau** 6, eine würdevoll-ro- mantische Anlage aus der zweiten Hälfte des 19. Jh. Ihre Glanztage hatte sie vor dem Ersten Weltkrieg, als sie Ort des Sonntagsvergnügens von Adel und Großbürgertum war.

Die kleine, schlichte **Kirche Maria Grün** 7 ist eng mit dem Reit- und Jagd- sport verbunden. Sie entstand aus der 1911 von einem Gastwirt geschaffenen »Waldandacht« und macht etwas von der Volksverbundenheit des Katholizis- mus deutlich: Das Hauptaltarbild zeigt Maria mit dem Kinde in den Praterauen, und die zahlreichen Gedenk- und Erin- nerungstafeln drücken ein sehr weltli- ches und direktes Verhältnis zu den Hei- ligen aus, wenn es da beispielsweise über einen Verstorbenen heißt: »St. Georg nimm ihn auf in dein Reiter- heer«.

Vom Belvedere zum Arsenal

Wenn man sich, vom Ring kommend, über die Schwarzenbergstraße dem gleichnamigen Platz nähert, durchschreitet man ein Viertel, in dem sich in der Ringstraßenära Geld- und Blutadel niedergelassen hatte. Der habsburgische Erzherzog Ludwig Viktor und der Bankier Freiherr von Wertheim besaßen hier ihre Palais (Nr. 1 und Nr. 17) und waren Eigentümer fast der Hälfte der umstehenden Häuser. Vom vergangenen Glanz künden auch das auffälligste Bauwerk dieses Platzes, die französische Botschaft (Nr. 12), ein bedeutendes Werk des »Art Nouveau« außerhalb Frankreichs, und der **Hochstrahlbrunnen** [1]. Weil das Botschaftsgebäude ein leicht orientalisches Aussehen hat, wird heute noch gerne behauptet, daß die Pläne in Istanbul vertauscht worden sind. Aber viele Wiener glauben auch, daß der Hochstrahlbrunnen errichtet wurde, um dahinter das Ehrenmal der nicht sehr geliebten sowjetischen Befreier zu verstecken. Das eine wie das andere ist falsch. Der Brunnen wurde schon 1873 anläßlich der Fertigstellung der ersten Hochquellenwasserleitung errichtet. Und die Rote Armee hat ihr Denkmal, eine der wenigen sichtbaren Erinnerungen an das Ende des Zweiten Weltkrieges, dahinter gebaut, weil sie ihn in die künstlerische Gesamtkonzeption einbezogen hat. Obwohl in einem leichten Anflug von stalinistischem Pomp gestaltet, beeindruckt das schon wenige Monate nach Kriegsende, im August 1945, aufgestellte Ehrenmal im Gedenken an die »für die Befreiung Österreichs vom Faschismus« gefallenen Soldaten.

Die Jahre, in denen die Kommunalpolitiker davon überzeugt waren, daß es möglich sei, die autogerechte Stadt zu schaffen, sind am Schwarzenbergplatz nicht spurlos vorübergegangen. Die mehrspurigen Straßen, die wie Schneisen wirken, machen ihn hektisch, chaotisch und häßlich. Darum sollte man diesen Platz schnell verlassen, denn hinter ihm tut sich eine ganz andere Welt auf, die verspielte und doch so wohlgeordnete des Barock. Die war – wie zeitgenössischen Berichten zu entnehmen ist – auch sehr laut. Und so ist es geblieben, denn hier ist zu jeder Tageszeit ein großes Stelldichein der Besucher Wiens.

Das **Palais Schwarzenberg** [2] war einer der ersten adeligen Sommersitze, der vor den Stadtmauern entstanden ist. Diese Familie war immer für ihr diplomatisches Geschick berühmt und das findet sich selbst in der Baugeschichte des Palais wieder. Den jahrelangen Architektenstreit der beiden großen Barockbaumeister Johann Lukas von Hildebrandt und Johann Bernhard Fischer von Erlach entschied der damalige Fürst auf seine Weise: Die ersten Entwürfe und der Rohbau stammen von Hildebrandt, daran nahm dann Fischer von Erlach Veränderungen vor und sein Sohn Joseph Emanuel vollendete den Bau und gestaltete den Garten. Heute beherbergt das Schloß ein Nobelhotel mit einem ausgezeichneten Luxusrestaurant.

Das Palais liegt offiziell am Rennweg, also da, wo nach Metternich »der Balkan beginnt«, d. h. die Zivilisation endet. Von ihm geht weiter oben die Ungarngasse ab, die einst den Ausgangspunkt

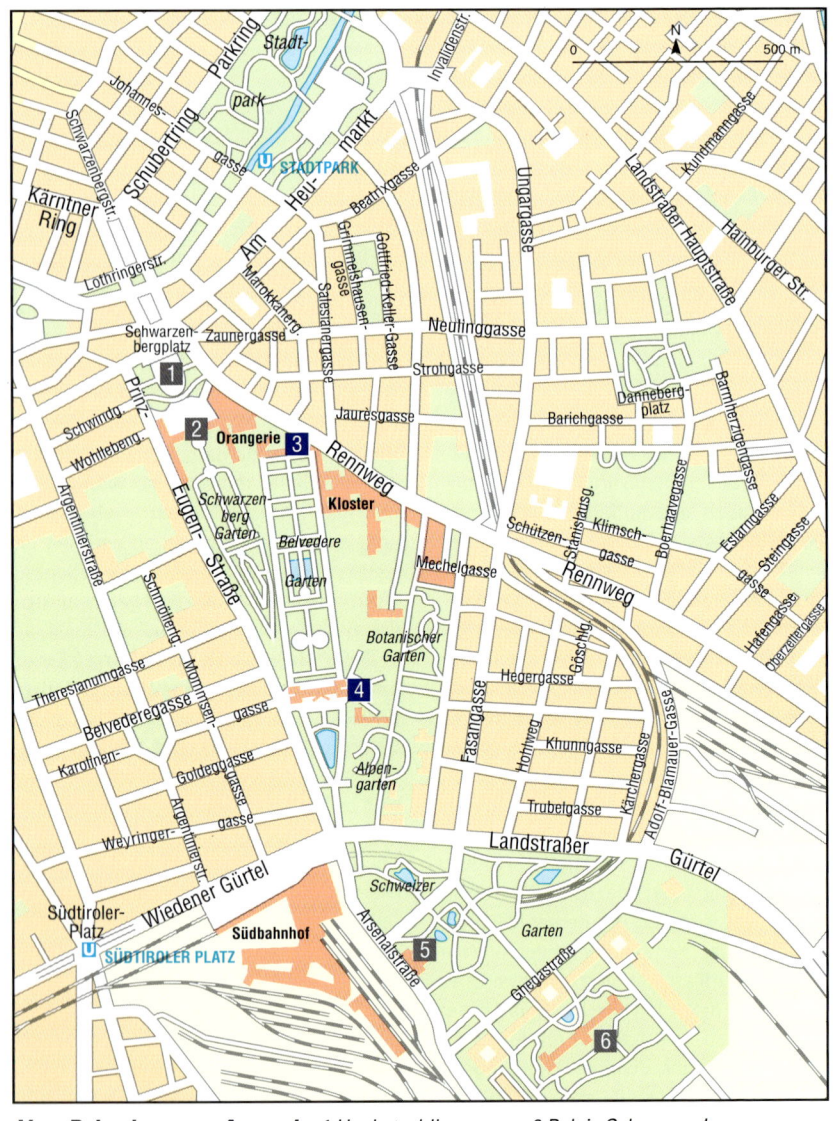

Vom Belvedere zum Arsenal *1 Hochstrahlbrunnen   2 Palais Schwarzenberg*
3 Unteres Belvedere   4 Oberes Belvedere   5 Museum des 20. Jahrhunderts   6 Arsenal

für den Handel mit Budapest bildete und
nach 1945 zu literarischen Ehren gelangte. Die Ich-Erzählerin in Ingeborg
Bachmanns Roman »Malina« sagt über
die Gasse: »Ein Fremder wird sie nie zu

Gesicht bekommen, weil es in ihr nichts
zu besichtigen gibt und man in ihr nur
wohnen kann. ... Noch nie hat jemand
behauptet, die Ungarngasse sei schön,
oder die Kreuzung Invalidenstraße/Un-

garngasse habe ihn bezaubert oder sprachlos gemacht.« Daher bleibt man besser am Rennweg und betritt das Belvedere, wo solches durchaus passieren kann.

Daß der Türkenbezwinger Prinz Eugen von Savoyen (1663–1736) seine Sommerresidenz gerade hier errichten ließ, ist kein Zufall. Sie liegt exakt an jener Heerstraße, auf der die Türken 1683 nach Wien gezogen waren. Der französische Prinz, den seine Soldaten wegen seiner Gestalt und seines einfachen braunen Waffenrocks »kleiner Kapuziner« nannten, war nicht nur ein genialer Feldherr, sondern auch ein überragender Politiker. Er, und nicht der Kaiser, war der welthistorische Gegenspieler Ludwig XIV. Seine erfolgreiche Sicherung und Vermehrung der österreichischen Großmachtstellung hat die Grundlagen der habsburgischen Staatsidee gelegt, die das Reich bis 1918 zusammenhielten. Prinz Eugen war aber auch der Wissenschaft und den Künsten aufgeschlossen und davon kündet nicht zuletzt das Belvedere, das Hauptwerk von Lukas von Hildebrandt. 1716 wurde das **Untere Belvedere** **3**, das eigentliche Wohnschloß vollendet. Heute befindet sich hier das **Barockmuseum**, das Malereien und Plastiken österreichischer bzw. in Österreich wirkender Künstler zeigt: von Altomonte, Rottmayr, Troger, Kremser-Schmidt bis zu Maulbertsch und seinen Nachfolgern (s. S. 272). Der räumliche Glanzpunkt ist der zweigeschossige Marmorsaal, in dessen Mitte die Originalfiguren von Georg Raphael Donners Providentia-Brunnen am Neuen Markt stehen. In der daneben gelegenen Orangerie ist das **Museum Mittelalterlicher Kunst** untergebracht (s. S. 273).

Über einen prächtigen Garten mit Kaskaden, symmetrischen Treppen, Hek-ken und Alleen gelangt man zum **Oberen Belvedere** **4**. Der Weg führt nicht nur real, sondern auch metaphorisch nach oben: Der plastische Schmuck der Wasserbecken beginnt mit dem Gott der Unterwelt, Pluto, und endet bei Apoll und Herakles. Von der Terrasse des Oberen Belvedere hat man einen eindrucksvollen Blick auf Wien. In der unmittelbaren Nähe sieht man links den Garten und das Palais Schwarzenberg, rechts, durch hohe Mauern abgeschirmt, den Rest des Salesianerinnen-Klosters und den Botanischen Garten, der mit seiner wuchernden Natur einen Kontrast zur geometrisch-barocken Gartenarchitektur des Belvedere darstellt. Sehr deutlich wird an dem Schloß mit seiner hervorragend gegliederten und üppig geschmückten Fassade immer noch die Freude der barocken Architekten an perspektivischen Illusionen. Der Teich, in dem sich das obere Belvedere spiegelt, verdoppelt den Bau, und die Stiegen und Rampen im unteren Park scheinen in den Himmel zu führen. Verstärkt wurden diese Effekte noch durch die Beleuchtung bei großen Festen. So versammelten sich beispielsweise zum Abschiedsfest für Marie Antoinette im Jahre 1770 rund 6000 Gäste im Schein von 130 000 Öllampen und 13 000 Kerzen.

Die Erbin des unverheiratet gebliebenen Prinzen, die »grausliche Victoria«, wie die Wiener sie nannten, verkaufte das Belvedere an Maria Theresia. Erst diente es der kaiserlichen Familie als Wohnsitz, wurde aber schon 1871 zur Gemäldegalerie, die es bis heute geblieben ist. Die **Galerie des 19. und 20. Jahrhunderts** gibt einen ausgezeichneten Überblick über das österreichische Kunstschaffen von Klassizismus

Meisterwerk des Barock: Das Belvedere ▷

bis zu Secession und Expressionismus. In geringerem Umfang sind auch Werke aus der Zeit nach 1945 zu sehen (s. S. 273). Und es kann als ausgleichende Gerechtigkeit der Geschichte angesehen werden, daß die Bilder von Klimt, Schiele und Kokoschka da hängen, wo in den letzten Jahren vor dem Ersten Weltkrieg der einflußreichste und größte Gegner der modernen Kunst residierte und seine Nebenregierung führte, der in Sarajewo ermordete Thronfolger Franz Ferdinand.

Politische Bedeutung erlangte das Schloß erst in der jüngsten Vergangenheit. Am 15. Mai 1955 unterzeichneten nämlich die Außenminister der vier Alliierten Staaten im Großen Marmorsaal des Oberen Belvedere den Staatsvertrag. Zum Schrecken der Protokollbeamten trat Außenminister Figl anschließend mit diesem Dokument in den Händen auf den Balkon und verkündete einer jubelnden Menge: »Österreich ist frei«.

Am Alpengarten vorbei und über den Landstraßer Gürtel hinweg kommt man in den Schweizer Garten. In ihm verbirgt sich das **Museum des 20. Jahrhunderts** [5]. Es ist nicht nur relativ weit vom Stadtzentrum entfernt, sondern neben dem Südbahnhof und seinen großen Gleisanlagen unattraktiv untergebracht. Moderne Kunst wird in Wien – trotz aller offiziellen Beteuerungen – nicht sonderlich geschätzt. Heute ist vor allem das Gebäude interessant: Es war ursprünglich Österreichs Pavillon bei der Weltausstellung 1958 in Brüssel. Licht, Glas und Beton künden von einem Lebens- und Zukunftsgefühl, das im Zeitalter der postmodernen Architektur keinen Platz mehr zu haben scheint. Hier finden heute in erster Linie Wechselausstellungen statt, denn die Klassiker der modernen Kunst sind, weil sie inzwischen eben »Klassiker« geworden sind, näher am Stadtzentrum, im Palais Liechtenstein ausgestellt (siehe S. 169 und 274).

Das Auto, in dem Franz Ferdinand in Sarajewo starb, ist heute Ausstellungsstück

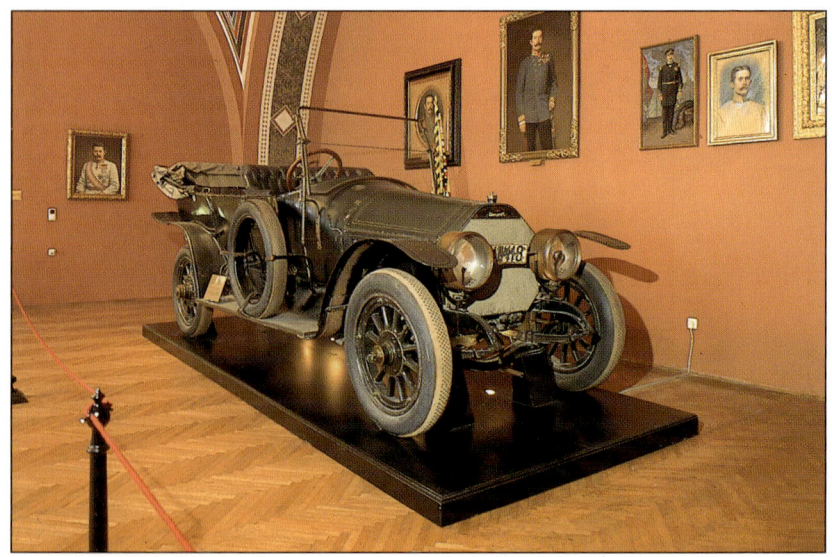

Friedhof St. Marx

er Friedhof von St. Marx, der von 1784–1874 belegt wurde, ist der einzige erhaltene Biedermeierfriedhof der Stadt und steht unter Denkmalschutz. Er führt den Besucher in eine fremde und sehr eitle Welt. Hier ruhen »Fabricanten« und »Privatiers«, »jubilirte Kassiere der kk. Staatshauptkasse«, »bürgerliche Lust- und Ziergärtner« sowie eine »bürgerliche Kanalräumers-Gattin« und der »Todtengräber allhier«. Da nicht alle Berühmtheiten in den Zentralfriedhof überführt wurden, sind in St. Marx unter anderem noch die Gräber des Erfinders der Nähmaschine, Josef Madersperger, des Konstrukteurs der Bugholzmöbel, Michael Thonet, des Biedermeier-Architekten Josef Kornhäusel zu finden – und das von Wolfgang Amadeus Mozart. Nur wo es genau liegt, war schon 17 Jahre nach seinem Tod nicht mehr bekannt. Aber da, wo es möglicherweise sein könnte, hat der Friedhofswärter Alexander Kugler ein sehr wienerisches Denkmal aus altem ausgedientem Grabschmuck gestaltet.

Friedhof St. Marx, 3., Leberstraße 6–8

Am Ende des Schweizer Gartens steht man plötzlich und völlig unvermittelt wieder vor einer anderen Welt: dem Rohziegelbau des **Arsenals** 6 . Dieser Komplex wurde unter dem Eindruck der 1848er Revolution gebaut und beherrschte von der Höhe des Wienerberges die Stadt. Das Arsenal war eine Zwingburg mit verschiedensten Funktionen: Kaserne für drei Regimenter, Fabrikanlage, Ruhmeshalle, Heeresmuseum und Kapelle. Um freies Schußfeld zu haben, wurde sogar der nahegelegene Bahnhof auf tieferem Niveau angelegt als vorgesehen und sinnvoll.

Wenn man etwas über den Geist des Militarismus erfahren und all die barbarischen Werkzeuge sehen will, mit denen sich die Menschen gegenseitig umbrachten, darf man einen Besuch im **Heeresgeschichtlichen Museum** nicht versäumen (s. S. 274). Ingeborg Bachmann sagte von ihm, »daß (es), ohne besonders aufzufallen, zu den merkwürdigsten Einrichtungen unserer Stadt gehört«. Im historisierenden Ringstraßenstil gebaut, soll es den Eindruck eines maurisch-byzantinischen Palastkomplexes vermitteln. Dieser älteste von vorneherein als Museum geplante Bau Wiens enthält eine umfangreiche Sammlung militärischer Objekte vom Dreißigjährigen Krieg bis zum Ersten Weltkrieg. Hier steht auch das Auto, mit dem der Thronfolger und seine Gattin am 28. Juni 1914 durch Sarajewo fuhren, und hier liegt die noch immer blutverschmierte Uniform, in der er an diesem Tag starb.

Die Trockenlegung des Phrasensumpfes
Karl Kraus

Ich gab mein Herz dahin im Hassen,
Sie wußten nicht, was Liebe sei.

In dem Saal des Heeresgeschichtlichen Museums, der dem Attentat von Sarajewo gewidmet ist, befindet sich unter den Ausstellungsstücken auch ein Artikel von Karl Kraus. Dieser Journalist, Satiriker und Schriftsteller ist einer der großen Söhne Wiens. Aber einer von der Sorte, dessen Namen man gerne und oft bei offiziellen Anlässen im Munde führt, mit dem man sich aber lieber nicht näher beschäftigen will. 1874 im böhmischen Jitschin geboren, kam er schon als Kind nach Wien, wo er studierte und später als Literaturkritiker und Journalist tätig war. Bestimmend für sein Leben wurde, daß er jüdischer Herkunft und, in einer Zeit deutschnationaler Begeisterung, ein österreichischer Patriot war. Indem er zum Katholizismus konvertierte, wollte er dem Judentum entrinnen. Doch die Vorurteile der ›feinen‹ Gesellschaft waren stärker, und das war für Karl Kraus besonders schmerzhaft. Seine jüdische Herkunft war der Grund, daß die Verbindung mit Sidonie Nádherný von Borutin, der großen Liebe seines Lebens, immer brüchig blieb. Der Vielvölkerstaat Österreich, aber vor allem Wien, war seine Heimat, als deren »treuer Hasser« er sein Lebenswerk schuf. Die oft angekündigte Emigration hat Karl Kraus nicht vollzogen, er harrte vielmehr aus in dieser »Versuchsstation des Weltuntergangs«.

Als bürgerlicher Humanist hat er den moralischen und intellektuellen Niedergang der Gesellschaft durch die Presse bekämpft, den »Untergang der Welt durch schwarze Magie«, wie er es nannte. In der schwadronierenden und wabernden Sprache der Journalisten, die »geistreich (sind), wenn (sie) bloß Neuigkeiten erzählen soll(en)«, sah Karl Kraus die Wurzel allen Übels. Für ihn war das Wort etwas Besonderes, war Anfang und Ende der Welt. So wie es der chinesische Philosoph Konfuzius formuliert hat: »Wenn die Begriffe nicht richtig sind, so stimmen die Worte nicht; stimmen die Worte nicht, so kommen die Werke nicht zustande; kommen die Werke nicht zustande, so gedeihen Moral und Kunst nicht; gedeihen Moral und Kunst nicht, so trifft die Justiz nicht; trifft die Justiz nicht, so weiß die Nation nicht, wohin Hand und Fuß setzen. Also dulde man nicht, daß in den Worten etwas in Unordnung sei. Das ist es, worauf alles ankommt.«

Das Angebot einer Festanstellung bei der renommierten »Neuen Freien Presse« lehnte Kraus ab und gab eine eigene Zeitschrift, »Die Fackel«, heraus, die er ab 1911 nur mehr mit eigenen Beiträgen füllte. Im April 1899 erschien das vom intellektuellen Wien mit Span-

Karl Kraus

nung erwartete erste Heft, und in einem zeitgenössischen Bericht heißt es: »Eines Tages, soweit das Auge reicht, alles – rot. Einen solchen Tag hat Wien nicht wieder erlebt. War das ein Geraune, ein Geflüster, ein Hautrieseln! Auf den Straßen, auf der Tramway, im Stadtpark, alle Menschen lesend aus einem roten Heft. Es war narrenhaft. Das Broschürchen, ursprünglich bestimmt, in einigen hundert Exemplaren in die Provinz zu flattern, mußte in wenigen Tagen in Zehntausenden von Exemplaren nachgedruckt werden. Und dieses ganze Heft, mit Pointen so dicht besät, daß man es behutsam lesen mußte, um keine der blitzenden Perlen zu verlieren, war von einem Menschen geschrieben.«

Den Höhepunkt ihrer Verbreitung erreichte die Zeitschrift in den Jahren vor dem Ersten Weltkrieg, als fast 38 000 Exemplare verkauft wurden. Das Motto der »Fackel« hat Karl Kraus in den ersten Nummern formuliert: »Kein tönendes ›Was wir bringen‹, aber ein ehrliches ›Was wir umbringen‹ hat sie sich als Leitwort gewählt. Was hier geplant wird, ist nichts als eine Trockenlegung des weiten Phrasensumpfes.«

Karl Kraus war der Meinung, daß er in einer für Satiriker schwierigen Epoche lebte. Die Zeitgenossen seien lächerliche Figuren, die nicht einmal merkten, wie lächerlich sie sind. Er war der Überzeugung, daß das Unaussprechliche des Zeitalters von diesem selbst ausgesprochen werden müsse.

Daher wurde das Zitat zum wesentlichen Merkmal seiner Satire. Ein typisches Beispiel dafür ist die folgende Zeitungsmeldung, die während des Ersten Weltkrieges in der »Fackel« unter der Überschrift »Fortschritte der Wissenschaft« völlig ohne Kommentar abgedruckt wurde: »Anfangs des Jahres 1915 hat Doktor Guépin einem Soldaten in zwei Operationen einen sehr großen Teil der Hirnmasse weggenommen. Der Verwundete hat sich nach seiner Genesung das Kriegskreuz und die Militärmedaille auf dem Schlachtfeld verdient.«

Ihm war klar, daß »die Presse vermittels der Phrase«, wie er das Hurrageschrei nannte, den Ersten Weltkrieg zwar nicht unmittelbar verursacht hatte, aber daß ohne sie die Kriegsmaschinerie nicht so gut angelaufen und erst recht nicht vier Jahre weitergelaufen wäre. Aus den Zeitungen bezog er auch das Rohmaterial für sein Drama »Die letzten Tage der Menschheit«, die einem »Marstheater zugedacht« sind, da seine Aufführung etwa zehn Abende umfassen würde. Erst nach dem Zweiten Weltkrieg wurde das Stück, wenn auch nur auszugsweise, aber mit großem Erfolg aufgeführt und gelesen. Die wahrscheinlich beste, weil im Sprachduktus sehr wienerische Fassung hat der große Schauspieler und Satiriker Helmut Qualtinger auf Schallplatte gesprochen. Das Drama hat heute nichts von seiner Aktualität verloren und löst beim Publikum noch immer die gleiche Beklemmung aus. Denn: »Die unwahrscheinlichsten Taten, die hier gemeldet werden, sind wirklich geschehen. Die unwahrscheinlichsten Gespräche, die hier geführt wurden, sind wörtlich gesprochen worden; die grellsten Erfindungen sind Zitate.«

Sprechen war auch für Karl Kraus wichtig, der seine Texte öffentlich gelesen hat, nicht nur, um den Boykott des offiziellen Wiens und der Zeitungen zu durchbrechen, sondern weil er der Meinung war, daß Literatur nicht nur Gedachtes, sondern auch Gesehenes und Gehörtes ist. Zwischen 1910 und 1936 hat er seine Texte in rund 700 Veranstaltungen vorgelesen. (Davon ist einiges auf Schallplatte erhalten). Das waren herausragende Veranstaltungen, wie Elias Canetti in seiner Autobiografie »Die Fackel im Ohr« berichtet: »Bald kam Karl Kraus selbst und wurde von einem Beifall begrüßt, so stark wie ich ihn noch nie, nicht einmal bei Konzerten erlebt hatte.« Und die dänische Schriftstellerin Karin Michaelis meinte: »Hätte er chinesisch oder persisch gesprochen, die Menschen hätten ihm mit gleicher Spannung zugehört.«

»Das Wort entschlief, als jene Welt erwachte«, schrieb Karl Kraus nach der Machtergreifung Hitlers und verfaßte damit seine eigene Grabinschrift. Denn nach dem Januar 1933 und der Zerstörung der österreichischen Demokratie im Februar 1934 setzte er seinen nicht wirklich lebensgefährlichen Krankheiten keinen inneren Widerstand mehr entgegen. Am 12. Juni 1936 starb Karl Kraus.

Daß sein jahrzehntelanger Kampf gegen journalistische Phrase und Dummheit an der Donaumetropole spurlos vorbeigegangen ist, macht der Zustand der Wiener Tageszeitungen deutlich: Von den Massenblättern »Kronen-Zeitung« und »Täglich alles« bis zu den seriösen Gazetten »Die Presse« und »Der Standard«. Die von Karl Kraus überlieferte Frage einer Bekannten, »wie es denn zugehe, daß ihr Friseur einen Befähigungsnachweis benötige, aber ihr Journalist keinen«, ist bis heute nicht beantwortet.

Der Karlsplatz

Bertolt Brecht meinte, Wien sei um ein paar Kaffeehäuser herumgebaut. Und dabei ist manchmal auch einiges schief gegangen. Deswegen fängt man am besten alles, was man in dieser Stadt tut, in einem Café an, da kann nämlich bei einem kleinen Braunen und einem Butterkipferl Ärger erst gar nicht aufkommen. Einen Rundgang um den Karlsplatz beispielsweise sollte man im **Café Museum** 1 beginnen. Wegen seines modernen, von Adolf Loos 1899 gestalteten Innenraums erhielt es den Spitznamen »Café Nihilismus«. An der Einrichtung hat sich wenig geändert und darum kann der Besucher heute noch den gleichen Eindruck haben wie der Kunstkritiker Ludwig Hevesi kurz nach

der Jahrhundertwende: »Sehr nihilistisch, aber appetitlich, logisch, praktisch.«

Der Karlsplatz hingegen ist in vielerlei Beziehung das genaue Gegenteil: Er ist üppig, unlogisch und unpraktisch. Die Wiener scheinen den »horror vacui« zu haben, die Angst vor der freien Fläche. Darum ist es unmöglich, einen umfassenden Blick vom Karlsplatz zu bekommen. Alles ist verstellt, und wo noch ein kleines Plätzchen frei war, hat man einen der in Wien so treffend »Käfig« genannten, mit Maschendraht eingezäunten Ballspielplätze geschaffen oder eine Rutsche zum Vergnügen der Kinder hingestellt. Darum ist das einzig Positive, was man über die Umgestaltung des

Schachspieler im »Café Nihilismus«

Der Karlsplatz
1 Café Museum
2 Stadtbahn-
  Stations-
  gebäude
3 Handels-
  akademie
4 Künstlerhaus
5 Musikvereins-
  gebäude
6 Historisches
  Museum der
  Stadt Wien
7 Karlskirche
8 Theresianum

Platzes nach dem Bau der U-Bahn Ende der 70er Jahre sagen kann, daß die alten **Stadtbahn-Stationsgebäude** 2 von Otto Wagner wiedererrichtet worden sind. Sie zeigen die für ihn typische Verbindung von Bautechnik und Ornament (s. S. 151): Das Eisenskelett, in dem die Marmorplatten verankert sind, ist nicht versteckt, sondern deutlich zu erkennen und die Fassade ist mit seinem Lieblingssymbol, der Sonnenblume, geschmückt. Das eine Häuschen dient nach wie vor als Zugang zur Stadtbahn bzw. der heutigen U-Bahn, das andere ist ein Kaffeehaus und vor allem in den Sommermonaten ein beliebter Treffpunkt.

Der Karlsplatz erweckt einen so disparaten Eindruck, weil man in Wien gar nicht so langsam ist, wie gerne behauptet wird. Das war schon gegen Ende des vorigen Jahrhunderts so, wie Robert Musil, ein zeitweiliger Stammgast des Café Museum, wußte und in seinem grandiosen Roman »Der Mann ohne Eigenschaften« festgehalten hat: »Leute, die damals noch nicht gelebt haben, werden es nicht glauben wollen, aber schon damals bewegte sich die Zeit so schnell wie ein Reitkamel; und nicht erst heute. Man wußte bloß nicht, wohin. Man konnte auch nicht recht unterscheiden, was oben und unten war, was vor und zurück ging.« Die **Handelsakade-**

mie **3**, das **Künstlerhaus 4** und das **Musikvereinsgebäude 5**, eine in der Ringstraßenära entstandene städtebauliche Gesamtkomposition, sollten beides ausdrücken: das Voranschreiten des Geistes und – mit ihren Neorenaissancefassaden – die Größe der Vergangenheit. Der erstere der Zweck- und Repräsentationsbauten wurde 1860 errichtet und schuf die architektonische Vorgabe. Das Künstlerhaus ließ die erst 1861 gegründete »Gesellschaft der bildenden Künstler« bauen. Heute finden hier die großen und publikumsträchtigen Ausstellungen und die nicht minder berühmten und überlaufenen »Gschnasfeste« im Fasching statt.

Knapp fünfzig Jahre zuvor war die »Gesellschaft der Musikfreunde«, kurz Musikverein genannt, entstanden. Sie gewann den späteren Erbauer des Parlaments, Theophil Hansen, als Architekt für ihr Konzerthaus. Nahezu jeder prominente Musiker ist seither mindestens einmal hier aufgetreten, und spätestens seitdem die legendären Neujahrskonzerte der Wiener Philharmoniker im Fernsehen ausgestrahlt werden, ist es in der ganzen Welt ein Begriff. Aber Wien wäre nicht Wien, fände man nicht doch etwas zum Nörgeln. In diesem Falle hat es Thomas Bernhard in seiner Komödie »Alte Meister« getan: »Ich habe mir sogar einmal den Scherz erlaubt, in eine meiner Kritiken für die Times einfließen zu lassen, daß der Abort im Musikverein, also dem obersten aller obersten Wiener Musentempel, jeder Beschreibung spottet und daß es mich jedesmal eine Überwindung kostet, in den Musikverein hineinzugehen aus diesem Grunde, … Wie außerordentlich muß die Musik sein, die im Musikverein gespielt wird, sagte Reger, daß ich sogar hingehe, obwohl ich wenigstens zweimal abendlich den Abort des Musikvereins aufsuchen muß.« Doch wie es bei Polemiken so ist: Sie stimmen meist nur zur Hälfte und übersehen das Wesentliche. Die Toiletten im Musikvereinsgebäude sind selbstverständlich in Ordnung, nicht hingegen die harten und ungemüt-

Weltberühmt: Der »Goldene Saal« des Musikvereins

Ewig vom Pech verfolgt
Erfinder in Wien

Erst vor zehn Jahren erklärte wieder ein Doktor Weinholz, wie er nächstens auf einer Dampf hinter sich ausströmenden Flugmaschine in der Luft so fahren würde wie Fuhrleute auf Erden – und was ist daraus geworden? Nichts! Da lobt man sich die hierzuland erfundenen Apparate zur Unterdrückung der Cholera und zur Besserung des Wetters; denn mögen sie auch nicht funktionieren, so war doch die Absicht der Erfinder eine edle und patriotische.«

Es ist nicht anzunehmen, daß Josef Ressel (1793–1857) diese Worte des damals höchst populären Dampfplauderers des Wiener Kaiserhofes, Friedrich Anton von Schönholz, kannte. Und wenn, hätten sie ihn wenig beeindruckt, denn er war ein manischer Erfinder: Als er Zeuge eines Unfalls wurde, den ein scheuendes Pferd verursachte, entwickelte er einen Apparat, der das Durchgehen von Pferden verhindern sollte; als er einen Zahn verlor, weil sich in seinem Jausenbrot ein Stück vom Mühlstein befand, konstruierte er eine Zylindermühle mit Stahlwalzen. 1826 beendete er die Konstruktion der größten seiner Erfindungen: der Schiffsschraube. Drei Jahre später fand im Hafen von Triest die erste Probefahrt eines Schraubendampfers statt. Doch ein Defekt im Maschinenraum, der nicht das geringste mit der Schiffsschraube zu tun hatte, setzte dem Unternehmen ein schnelles Ende. Ressel

ließ den Schaden beheben und bereitete eine zweite Probefahrt vor. Doch womit er nicht gerechnet hatte war die k. u. k.-Polizeidirektion. Die hatte aus dem Dampfausbruch messerscharf geschlossen, daß die Erfindung noch nicht ausgereift sei, und verbot kurzerhand jede weitere Probefahrt. Aber so war das eben damals in Österreich-Ungarn, das Robert Musil liebevoll Kakanien genannt und so beschrieben hat: »Verwaltet wurde dieses Land in einer aufgeklärten, wenig fühlbaren, alle Spitzen vorsichtig beschneidenden Weise von der besten Bürokratie Europas, der man nur einen Fehler nachsagen konnte: sie empfand Genie und geniale Unternehmungssucht an Privatpersonen, die nicht durch hohe Geburt oder einen Staatsauftrag dazu privilegiert waren, als vorlautes Benehmen und Anmaßung.«

Über dieses Verbot geriet die Schiffsschraube in Vergessenheit. 1836, also zehn Jahre nach Ressels Erfindung, wurde sie erneut erfunden: In den USA meldete der Schwede John Ericsson ein Patent an und in England ein gewisser Mister Smith.

Josef Madersperger (1768–1850) erfand die erste Nähmaschine, in der – wie heute noch üblich – das Öhr der Nähnadel in der Spitze lag. Er mußte sich jedoch an den Kaiser direkt wenden, damit er dafür im Jahre 1815 ein Patent erhielt. Ein wesentlich verbessertes Modell sandte er 1840 an den »Nie-

derösterreichischen Gewerbeverein«
zur Prüfung. Der schickte ihm für »seine
Erfindung und seine uneigennützigen
Bestrebungen« eine bronzene Medaille
als Belohnung. An einer industriellen
und kommerziellen Auswertung war
hingegen niemand interessiert. Zehn
Jahre später wird Josef Madersperger
noch einmal aktenkundig: Als Pflegling
Nummer 20 962 des Armen- und Sie-
chenhauses der Sankt Marxer Vorstadt.
Während er als Erfinder in Vergessenheit geriet, kann sein Grab heute noch
besucht werden, weil er in einem Ar-
mengrab auf dem letzten erhaltenen
Biedermeier-Totenacker Wiens, dem
St. Marxer-Friedhof (s. S. 137) bestattet
wurde.

1867 wanderte der Südtiroler Tischler
Peter Mitterhofer (1822–1893) zu Fuß
nach Wien, um seinem Kaiser eine
selbst konstruierte, mit holzgeschnitte-
nen Buchstaben ausgestattete Schreibmaschine darzubringen. Franz Joseph I.
schenkte ihm dafür 200 Gulden. Der
Tischler kehrte nach Hause zurück und
vervollkommnete mit dem Geld seinen
Apparat. Drei Jahre später machte er
sich wieder auf den Weg in die Haupt-
und Residenzstadt. Diesmal gab der
Kaiser nur mehr 150 Gulden und befahl, den Apparat im Polytechnischen
Institut zur Schau zu stellen. Peter

Mitterhofer starb als einfacher Tischler,
während Carlos Glidden aus Milwaukee
ein reicher Mann wurde. Er hatte als
Student in Wien Mitterhofers Modell
kennengelernt, in den USA ein Patent
für eine Schreibmaschine erhalten und
im Waffenfabrikanten Remington einen
Unternehmer für die industrielle Ferti-
gung gefunden.

Sigfried Marcus (1831–1898) baute
1864 einen kompletten Verbrennungs-
motor mit elektrischer Zündung und
Wasserkühlung und perfektionierte in
den nächsten zehn Jahren sein Auto-
mobil mit allem sonst noch nötigen
Zubehör, einschließlich hydraulischer
Bremsen. Obwohl er damit durch Wien
fuhr, legte der betriebsame Erfinder –
wahrscheinlich aus seiner intimen
Kenntnis der k. u. k.-Bürokratie – keinen
Wert auf die professionelle Verwertung
seines Automobils.

Glücklicher und finanziell erfolgrei-
cher war da schon Franz Wertheim aus
dem nahe bei Wien gelegenen Krems.
Er konstruierte einen feuer- und ein-
bruchsicheren Geldschrank. Aber den
konnten die Wiener auch eher brauchen als eine Schiffsschraube. Genauso
wie jene Erfindung, die Johann Nepomuk Freiherr von Reithoffer zum reichen Mann gemacht hat: der elastische
Hosenträger.

lichen Stühle. Recht hat Bernhard natürlich mit seinem Lob der unvergleichlichen Musik. Das liegt aber nicht allein
an den Interpreten, sondern auch an der
Akustik. In Messungen des Nachhalls
hat 1960 ein amerikanischer Akustiker
festgestellt, daß der »Goldene Saal« auf
der ganzen Welt der beste Raum für
Musik ist. Das Geheimnis dieses auch
prachtvoll anzusehenden Resonanzkör-

pers konnte er jedoch nicht lüften, aber
es hat sicher etwas mit den 36 Karyati-
den, den güldenen Mädchengestalten,
zu tun.

Offengelegte und sichtbar gemachte
Geheimnisse finden sich im **Histori-
schen Museum der Stadt Wien** 6 (s.
S. 274), einem für die späten 50er Jahre
typischen Bau am östlichen Ende des
Platzes. Es bietet einen umfassenden

Überblick über die Stadtgeschichte von der Vorzeit bis ins 20. Jh. Unter den Exponaten befinden sich zwei Stadtmodelle aus dem 19. Jh. und das sogenannte »Pompejanische Zimmer«, ein typischer Empiresalon in Gold und Weiß. Originalgetreu aufgestellt sind hier auch die Wohnung von Franz Grillparzer und das Wohnzimmer von Adolf Loos.

Daneben steht das Bauwerk, das dem Platz den Namen gegeben hat, die **Karlskirche** 7. Kaiser Karl VI. hat sie im Pestjahr 1713, in dem er auch die für den Fortbestand der habsburgischen Dynastie so wichtige Pragmatische Sanktion erlassen hat, seinem Namenspatron, dem Pestheiligen Karl Borromäus, versprochen. 1737, im Jahr nach dem Tod Prinz Eugens und drei Jahre vor dem Tod des Kaisers, wurde sie vollendet. Die Karlskirche ist die letzte große architektonische Verherrlichung der Verbindung von religiöser und politischer Herrschaft, von habsburgischem Kaisertum und triumphierendem Katholizismus. Das ist heute so direkt nicht mehr zu erkennen, ebensowenig wie die Tatsache, daß sie ursprünglich in be-

herrschender Lage, hoch über dem Steilrand des Wientals, errichtet wurde. Die Vorderansicht der Barockkirche ist zur Hofburg, dem Sitz des Kaisers gerichtet. An den beiden Triumphsäulen, auf denen das Leben des heiligen Karl dargestellt ist, wird deutlich, wer in diesem Bündnis die bestimmende Macht ist. Denn auf jeder ihrer Spitzen liegt eine Krone, die von vier goldenen kaiserlichen Adlern umgeben ist. So wurde dem Betrachter damals unmißverständlich vor Augen geführt, daß er zwar vor einer Kirche, aber vor allem vor einem kaiserlichen Bauwerk in der Residenz eines Weltreiches steht. Die von Vater und Sohn Fischer von Erlach geschaffene Kirche ist fast 80 m lang und 60 m breit. Die Kuppel erreicht eine Höhe von 72 m. Das kostete die gewaltige Summe von über 300 000 Gulden, die von den Kronländern aufgebracht werden mußte – und von der Stadt Hamburg. Der ward nämlich ein Strafgeld auferlegt, wegen der mutwilligen Zerstörung der österreichischen Gesandtschaftskapelle.

Im großen Bassin vor der Kirche steht die Plastik »Hill Arches« von Henry

Stadtbahn-Stationsgebäude und Karlskirche

Wiener Bestattungsmuseum

Die Sammlung dieses kleinen Museums, das in seiner Art einzig auf der Welt ist, gibt einen umfassenden Eindruck vom Wiener Totenkult. Ausgestellt sind Uniformen der Bestattungsbetriebe und Trauerlivreen, prächtige Bahrtücher und Trauerbekleidung mit Accessoires. Zu den wertvollsten Stücken gehört der Rettungswecker des Währinger Friedhofs und der berüchtigte, von Kaiser Joseph II. eingeführte Klappsarg (s. S. 184). Außerdem zeigt das Museum eine umfangreiche Sammlung von Partezetteln, Stichen und Originalphotos historischer Begräbnisse sowie jede Menge Kuriosa. Dafür, daß der Besuch nicht nur zu einem interessanten, sondern auch zu einem amüsanten Erlebnis wird, bürgt der Museumsführer: Er erzählt kompetent und mit »Wiener Schmäh«. *Wiener Bestattungsmuseum: 4., Goldeggasse 19, ✆ 5 01 95-42 27, Mo–Fr 12–15 (nach Voranmeldung)*

Karlsplatz

147

Moore und in die Grünfläche daneben wurden – damit sie nicht zu leer wirkt – ein paar Denkmäler gestellt, die so etwas wie ein Pantheon der verkannten Genies ergeben: Josef Ressel, Josef Madersperger und Siegfried Marcus werden hier gewürdigt. Letzterer mit der trotzigen Aufschrift: »Das in Wien erfundene Auto nahm seinen Siegeslauf über die ganze Welt«.

Über die Karlsgasse, an der klassizistischen Technischen Universität vorbei, und durch die Gußhausstraße kommt man in die Favoritenstraße. Hier wird an einem Gebäude nicht nur deutlich, warum die Karlskirche da steht, wo sie steht, sondern vor allem, wie selbstverständlich, ja fast unauffällig sich die barocke Pracht in das Stadtbild einfügt. Das **Theresianum** 8 ist nämlich das ehemalige kaiserliche Sommerschloß »La Favorita«, der bevorzugte Aufenthaltsort Karls VI. Und die von ihm gestiftete Kirche lag direkt auf dem Weg zur Hofburg. Weil er hier auch gestorben ist, wollte seine Tochter Maria Theresia das Schloß nie mehr betreten und befahl den Ausbau von Schönbrunn. La Favorita überließ sie den Jesuiten mit der Auflage, eine Schule für junge Adelige, das »Theresianum«, zu schaffen. Die erlangte eine solche Bedeutung, daß nach dem Ausgleich von 1867, der im Prinzip zwei Staaten – Österreich und Ungarn – schuf, die Aufnahmequote für die nunmehr »ausländischen« magyarischen Adelssprößlinge jeweils zum Gegenstand von Verhandlungen auf höchster Ebene wurden. Außerdem wurde hier die sogenannte »Orientalische Akademie« als Ausbildungsstätte für Diplomaten und Beamte eingerichtet. In veränderter Form bestehen Schule und Akademie noch heute.

Secession und Naschmarkt

Bis 1992 hatte man von den Stufen der **Secession**  einen wenn auch durch das Österreichische Verkehrsbüro eingeschränkten Blick auf den Karlsplatz. Doch seitdem die Kunsthalle für Ausstellungen zeitgenössischer Kunst (s. S. 275) errichtet wurde, ist es damit endgültig vorbei. Sehen aber kann man immer noch das Künstlerhaus, aus dem 1892 die Opposition der »Jungen« auszog. Gustav Klimt, damals ein junger Meister der alten Schule, hatte er doch seinen ursprünglichen Ruhm als Historienmaler der Ringstraße (Deckengemälde im Burgtheater) erworben, übernahm die Führung und gründete 1897 die heute noch bestehende »Secession«. Die verstand sich in der Tradition der römischen *secessio plebis* als Aus-

zug des Volkes, das, weil es die Mißherrschaft der Herrschenden ablehnt, aus dem Staat ausscheidet. Die Secessionisten legten damit eine sehr wienerische Verhaltensweise an den Tag: sich zurückziehen statt der etablierten Macht Widerstand zu leisten und für Veränderung zu kämpfen. Sie flüchteten sich in die antike Mythologie: Ihre Zeitschrift nannten sie »Ver Sacrum« – »Frühlingsopfer«, und für die erste Ausstellung lieferte Klimt ein Plakat, auf dem Theseus den grausamen Minotaurus erschlägt, um die Jugend Athens zu befreien. Neben dem offensichtlichen hat dieses Plakat noch einen tieferen Sinn: Sigmund Freud hat zu Recht darauf hingewiesen, daß der mythologische Stier das Urbild des Vaters ist.

Das Motto der Secession lautet: »Der Zeit ihre Kunst, der Kunst ihre Freiheit.«

Beethovenfries von G. Klimt (Ausschnitt)

Das hieß alles und gar nichts. Und statt eines Programms gab es die schon damals modischen Schlagworte: Erneuerung, Identität, Wahrheit und Freude. Der an Richard Wagner orientierte Begriff des »Gesamtkunstwerks«, der im Dekor der Ringstraße verlorengegangen war, wurde vom Jugendstil, der »Ganzheitliches« schaffen wollte, in veränderter, psychologisierender Form wieder zum Leben erweckt. Nur verstand jeder dieser großen Individualisten darunter etwas anderes. Ihr einigendes Band war die Zurückweisung der ästhetischen und philosophischen Gewißheiten des 19. Jh. und die Demaskierung der Ringstraße – an der aber neben Klimt auch Otto Wagner mitgearbeitet hatte – als »Potemkinsches Dorf«.

Mit dem Reingewinn der ersten Ausstellung wurde das Secessionsgebäude errichtet, das wegen seiner aus vergoldeten Lorbeerblättern zusammengesetzten Kuppel bei der Bevölkerung den Spitznamen »Krauthappel« (Kohlkopf) erhielt. Weil die Secessionisten meinten, die Kunst solle dem Menschen einen Zufluchtsort vor dem Druck des modernen Lebens bieten, wurde das Haus als elegante Meditationsstätte entworfen. Während die Museen des 19. Jh. gewöhnlich Nachahmung von Renaissancepalästen waren, inspirierte sich der Architekt der Secession, Joseph Olbrich, an einem »heidnischen« Tempel: »Mauern sollten es werden, weiß und glühend, heilig und keusch. Ernste Würde sollte alles umweben.« Die Treppe und das Portal des Gebäudes strahlten, bevor permanenter mehrspuriger Autoverkehr den Platz umbrandete, die Feierlichkeit eines Grabmals aus. Sie sollten beim Besucher den Eindruck hervorrufen, daß sich im Inneren der Schrein der Kunst befindet, eine Art Heiliger Gral. Neben das Mystische trat das Moderne: Der Innenraum ist völlig offen und daher in sich veränderbar – eine damals revolutionäre architektonische Konzeption. Begründet wurde dies nicht nur mit dem sachlichen Hinweis, daß nicht vorhersehbar sei, welche

Secessionsgebäude

Raumeinteilung das Ausstellen von moderner Kunst erfordere, sondern auch mit der Moderne selbst. Der offene und veränderbare Raum entspricht, wie ein begeisterter Kritiker zur Eröffnung schrieb, »dem eilenden, rauschenden, flimmernden Leben, dessen mannigfaltiges Spiegelbild wir in der Kunst suchen, um einen Augenblick Einkehr zu halten und Zwiesprache mit unserer eigenen Seele«.

Inmitten des damals in trottelhafter Provinzialität tobenden Nationalitätenstreites der Donaumonarchie hat die Secession Wien den europäischen Kunstströmungen geöffnet. Gleichzeitig hat sie eine österreichische Kultur entwickelt, weil sie unterschiedslos auf die verschiedenen Traditionen des Vielvölkerstaates zurückgriff und sie zu einem bis dahin nicht existierenden Universalismus verschmolz. Darum schnitten die Secessionisten, auch wenn sie sich häufig beklagten, bei offiziellen Ausschreibungen erstaunlich gut ab. So entwarf beispielsweise Koloman Moser die Briefmarkenserien zum 60. und 65. Thronjubiläum Franz Josephs (1908 und 1913).

»Die Künste heben den Schleier . . .«
Otto Wagner

Seit dem Barock haben in Wien große Architekten gewirkt, doch keiner hat das Bild der Donaumetropole so entscheidend geprägt wie Otto Wagner (1841–1918). Der in Wien geborene Sohn eines katholischen Notars studierte bei den beiden großen Ringstraßenarchitekten Eduard van der Nüll und August von Siccardsburg. Mit Wohnbauten am Rande dieser Prachtstraße (Stadiongasse 6–8 und Universitätsstraße 12) erntete er seine ersten Erfolge.

1893 gewann Wagner den Wettbewerb für einen neuen Bebauungsplan Wiens. Diese von der Stadtverwaltung vorgenommene Ausschreibung war wegen der 1890 erfolgten Eingemeindung mehrerer Vorstädte notwendig geworden. Diesmal standen aber, anders als bei der Ringstraße, nicht ästhetische Fragen, sondern solche der Stadtentwicklung insgesamt im Vordergrund. Schließlich hatte sich die Fläche der Stadt verdreifacht und die Bevölkerung war von über einer halben auf mehr als 1,3 Millionen angewachsen. Die Vororte mußten an die städtischen Einrichtungen angeschlossen und Verkehrswege gebaut werden, nicht zuletzt galt es den Wienfluß zu regulieren, der – was ihm heute wirklich nicht mehr anzusehen ist, da er im innerstädtischen Bereich ohnehin nur entlang des Stadtparks seinen Tunnel verlassen darf – noch 1897 und 1899 folgenschwere Überschwemmungen verursacht hat.

Otto Wagner gab seinem Entwurf für Wien als Großstadt das Motto: *Artis sola domina necessitas* – »Notwendigkeit ist die einzige Herrin der Kunst«. Das signalisierte die endgültige Abkehr vom Ringstraßenstil. 1894 wurde mit dem Bau der Stadtbahn begonnen. Wagner entwarf selbst mehr als dreißig Stationen, von denen viele heute noch in Betrieb sind. Wichtig war ihm dabei ein »Zusammenstimmen von Kunst und Zweck«, weil das »nach modernen Anschauungen immer die erste Bedingung einer guten Lösung« ist.

Im gleichen Jahr wurde Wagner zum Architekturprofessor an der Akademie der bildenden Künste ernannt. In seiner Antrittsvorlesung sagte Otto Wagner: »Der Realismus unserer Zeit muß das Kunsthandwerk durchdringen. ... Kein Niedergang der Kunst wird daraus resultieren, er wird vielmehr neues, pulsierendes Leben den Formen einhauchen und sich mit der Zeit neue Gebiete, welche heute noch der Kunst entbehren, wie beispielsweise das Gebiet des Ingenieurwesens, erobern.«

Obwohl der Architekt immer glatten Oberflächen den Vorzug gab, hatte er es mit der strengen Durchführung seiner Prinzipien nicht so eilig. Vorerst schloß er sich der Secession an. Die beiden 1898/99 entstandenen Wohnhäuser in der Linken Wienzeile brechen zwar radikal mit dem Mietspalast der Ringstraße, sind aber beherrscht vom Jugendstil-Dekor. Dabei ist leicht zu

Kirche am Steinhof

übersehen, daß Wagner hier zum erstenmal seine drei wesentlichen Architektur-Prinzipien umgesetzt hat. Zwei davon stammen aus der Erfahrung mit der Stadtbahn, sozusagen vom Industriebau: der Vorrang des Zwecks, der die Form bestimmt, und die offene Verwendung aller Materialien entsprechend ihren Eigenschaften. Das dritte Prinzip, die unhistorische, symbolische Sprache der Moderne, übernahm er von der Secession. Deren Ornamenthaftigkeit bestimmt nicht nur die Bauten der Stadtbahn, sondern auch die Neugestaltung und Überdachung des Wienflusses, die Kaianlagen des Donaukanals mitsamt dem Schützenhaus sowie die Anstaltskirche am Steinhof (s. S. 203), das sakrale Hauptwerk des Jugendstils.

In der Neustiftsgasse 40 ging Wagner noch einen Schritt weiter. Er übertrug den für ein Bürohaus konzipierten Stil auf die Wohnarchitektur. Geometrische Form und eine sparsam dekorierte Fassade sind aber nicht gerade das, was die Wiener schätzen. Darum, und weil es im Gegensatz zum Postsparkassenamt nicht von internationaler Berühmtheit ist, hat man das Haus verfallen lassen. 1995 hat zu allem Überfluß noch ein Lokal mit Namen »Steirisches Schmankerlstüberl« eröffnet und

seinen Teil der Fassade selbst gestaltet: grün-weiß-grau.

Otto Wagner war sich der wirtschaftlichen Erfordernisse bei der Stadtplanung bewußt und vertrat die Meinung, daß sie in Zukunft vor allem Aufgabe des Ingenieurs und nicht des Dekorateurs sein würde. Das bestimmte auch sein Kunstverständnis. Der von ihm nie realisierte Entwurf einer »Galerie für Kunstwerke unseres Zeitalters« sollte in einem Majolikafries über die ganze Breite des Hauses den Satz tragen: »Die Künste heben den Schleier, der bisher auf der Menschheit lagerte, empor.«

Daß Otto Wagner es »wagte, wieder reine Flächen ohne überkommene Dekorationen und Profile zu bauen« (Walter Gropius), war ein heute kaum mehr zu würdigender revolutionärer Schritt, mit dem er versucht hat, »in einem Land ohne feste Traditionen einer neuen Ästhetik zum Durchbruch zu verhelfen« (Le Corbusier). Sein genialster Schüler war Josef Hoffmann, Architekt und universeller Künstler. Gemeinsam mit Kolo Moser gründete er die »Wiener Werkstätten« (1903-1923), jene »legendäre Pflegestätte der Geschmackskultur«, die vom kleinen Schmuckstein bis zur kompletten Wohnungseinrichtung alles herstellte, was der moderne Mensch glaubt, zum Leben zu brauchen.

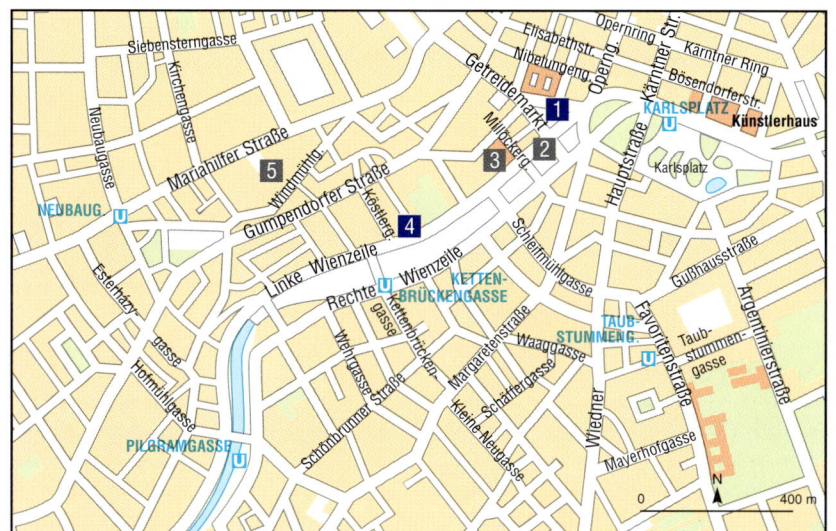

Die Secession und der Naschmarkt *1 Secession   2 Naschmarkt   3 Theater an der Wien   4 Otto-Wagner-Häuser   5 Durchhaus Windmühlgasse 20*

Und das Postsparkassenamt (s. S. 77) und die Kirche am Steinhof (s. S. 203) sind die architektonisch radikalsten staatlichen Monumentalbauten, die in Europa nach dem Eiffelturm (1899) und vor dem Ersten Weltkrieg gebaut wurden.

Natürlich hatte die Secession auch ihre Gegner in Wien, vor allem im Kleinbürgertum. Dessen Sprecher hatten zwar keine Argumente, aber jede Menge antisemitischer Demagogie. So schrieb beispielsweise das »Deutsche Volksblatt«, die Zeitung der Christlich-Sozialen Partei, nach einer Veranstaltung, daß in diesem »Hort aller liberalen Bestrebungen« die »Mitgliederkarten aus gelbem Karton (sind), wobei sie aber leider nicht die dreieckige Form des Fleckes beibehielten, durch welche man in früheren besseren Zeiten die Juden von den Christen unterschied.«

Seit 1986 kann man in einem neu geschaffenen Raum im Untergeschoß das für mehrere Millionen Schilling vom Staat erworbene und restaurierte Beethovenfries von Gustav Klimt sehen (s. S. 148). Es war 1902 zur Ausstellung des damals als sensationell gefeierten Beethoven-Standbilds des Leipziger Künstlers Max Klinger entstanden und ist ein Beispiel des für die Secession so typischen künstlerischen Narzismus: Künstler (die Secession) schaffen Werke über einen Künstler (Klinger), dessen Werk einen Künstler (Beethoven) darstellt.

Doch im Gegensatz zu Beethovens Werk ist Klimts Fries nicht promethisch. Das erste Bild »Die Leiden der schwachen Menschheit« zeigt die Schwachen, die den »wohlgerüsteten Starken« anflehen. »Die feindlichen Gewalten« sind allesamt weiblich, ausgenommen das affenartige Unwesen in der Mitte. Sie stehen zwischen den Leidenden und dem Glück. Es findet kein Kampf statt, sondern, wie der Katalog hervorhob, überfliegen die Sehnsüchte und Wünsche der Menschheit die feindlichen Kräfte.

Auch das ist Ausdruck eines sehr wienerischen Verhaltens: der Wunsch ist alles, die Auseinandersetzung nichts. Das letzte Bild »Diesen Kuß der ganzen Welt« illustriert Schillers Worte aus der Ode »An die Freude«. Schiller und Beethoven meinten diesen Kuß politisch, als Kuß der Brüderlichkeit des Menschen. Beethoven läßt das »Seid umschlungen Millionen« in seiner 9. Symphonie bewußt nur von männlichen Stimmen singen, um deutlich zu machen, daß hier etwas ganz Bestimmtes gemeint ist: die Parole der Französischen Revolution – Freiheit, Gleichheit, Brüderlichkeit. Für Klimt jedoch ist das Umschlingen ein rein erotisches Gefühl, das zudem nicht ungefährlich ist. Die Frauenhaare, die sich um die Knöchel des Liebhabers winden, bedeuten auch Verstrickung.

Seine Reise nach innen, in die Abgründe der Seele, zu der Klimt, den Otto Wagner den »größten Künstler, den die Erde je getragen hat«, genannt hat, bei der Gründung der Secession aufgebrochen war, hat er jedoch bald abgebrochen. Die gehässigen Kritiken und Skan-

dale, die seine Arbeiten hervorriefen, ließen ihn sehr schnell den ästhetischen Rückzug ins Dekorative und in die feine Gesellschaft Wiens antreten, die sich an der harmlosen Schönheit des Jugendstils erfreute. Den von Klimt für die Wiener Kunst entdeckten Weg der psychologischen Erfahrung beschritten dann jüngere, wie beispielsweise der Expressionist Oskar Kokoschka mit der ihm eigenen Radikalität.

Gleich neben dem ästhetisch kultivierten Weihetempel Secession findet sich das pralle Leben: der **Naschmarkt** 2. Von den großen Werbeschildern der Firmen Eduscho und Nordsee soll man sich nicht täuschen lassen: Dieser Markt ist nicht fest in deutscher Hand, sondern noch immer zutiefst wienerisch. Das scheint schon sein Name zu suggerieren, passend für eine so genußsüchtige Stadt wie Wien. Doch in Wirklichkeit bedeutet der etwas ganz anderes, und auch nicht das, was sein ehemaliger Name ausdrückt: Aschenmarkt. Was man auf diesem Markt, der früher näher an der Karlskirche war und sich erst seit 1916 an der jetzigen Stätte über dem Wienfluß befindet, seit 1774 kaufen konnte, war Milch. Und die Eimer, in denen sie verkauft wurde, nannte man Aschen. Ein anderer Name, der eng mit diesem Markt verbunden ist, lautet Sopherl. Ein Biedermeier-Feuilletonist hat ihn in die Welt gesetzt, und die »Frau Sopherl« ist im Wienerischen zum Gattungsbegriff für die resolute und schlagfertige, dazu ungemein tratschsüchtige Verkäuferin geworden. Ob die Standlerinnen am Naschmarkt je so hießen, darf bezweifelt werden. Heute jedenfalls heißen sie eher Ulya oder Gülnare, denn gerade hier wird deutlich, daß Wien immer schon ein Schmelztiegel war. So weist beispielsweise das schon leicht verwitterte Schild eines der großen

Ehemaliges Hofmobilien- und Materialdepot

Diese Sammlung alter Stilmöbel, die 1924 zum ersten Male ausgestellt wurden, hat sich aus einer 1750 von Maria Theresia gegründeten Einrichtung entwickelt. Praktisch, wie die Monarchin war, hat sie für nicht mehr benutzte Einrichtungsgegenstände der Hofburg und ihrer Schlösser ein Hofmöbeldepot errichten lassen. Mit dessen Beständen wurden Kanzleien und die Wohnungen von Bediensteten eingerichtet. Heute noch leiht sich die Republik Österreich für besonders festliche Anlässe Möbel aus. Zu den wertvollsten Stücken gehören das genannte »Schloßhofer«-Zimmer des Prinz Eugen, der Kaiserthron aus dem 19. Jh., der schlichte, nur mit einem

Rollverschluß versehene Schreibtisch Joseph II. und das Schlafzimmer von Franz I. Von letzterem ist auch ein Gegenstand zu sehen, der die Grenzen der habsburgischen Volkstümlichkeit deutlich macht: eine Zweihandsäge. Wie jeder Habsburger hatte auch Franz I. ein Handwerk erlernt und war darüber zum begeisterten Gärtner geworden. Die Säge aber hat auf der einen Seite eine Markierung, so daß die erlauchte Hand nicht dahin greifen mußte, wo möglicherweise bürgerlicher Schweiß sich festgesetzt hatte.

Kaiserliches Hofmobiliendepot: 7., Andreasgasse 7, ☎ 5 24 33 57-0 , tägl. 9–17 Uhr.

alten festgemauerten Stände einen Milan Grkinic als dessen Besitzer aus.

Der Naschmarkt ist bunt: Salzgurken und mit Sauerkraut gefüllte Paprika, Bauern- und Biogemüse und -obst, Döner Kebab und Bummerlsalat, Oliven und Gabelbissen, Mohnstritzerl und Pide, Topfenkolatschen und Baklava, Islamische Fleischerei und Hendlhaxen, Teufelsroller und Sushi vereinigen sich zu einem kulinarischen Gesamtkunstwerk. Doch immer noch ist für den Einheimischen »A Hasse« oder eine Leberkässemmel der krönende Abschluß eines Marktbesuches. Bei der U-Bahnstation Kettenbrückengasse endet der

Markt und das Reich der fliegenden Händler beginnt bzw. am Samstagen das des Flohmarktes.

Neben dem Naschmarkt in der Linken Wienzeile ist das 1801 eröffnete **Theater an der Wien** 🔢. Das »Papagenotor« in der Millöckerstraße erinnert an seinen ersten Direktor Emanuel Schikaneder, der hier in der Rolle des Papageno aus Mozarts »Zauberflöte« dargestellt ist. Er hat zu dieser Oper das Libretto geschrieben und dafür gesorgt, daß Beethovens »Fidelio« in diesem Haus seine Uraufführung erlebte. Die neuere Geschichte des Theaters beginnt mit Alexandrine von Schönerer, der Schwester des berüchtigten deutschnationalen Antisemiten Georg, die es 1889 erwarb. Unter ihrer Leitung wurde aus einem Zentrum des Volkstheaters eine überragende Operettenbühne. Wobei die oberflächlich-humorigen Werke von Johann Strauß Sohn und Karl Millöcker die satirisch-kritischen Volksstücke von Johann Nestroy und Ludwig Anzengruber fast vollständig verdrängten. An diese Tradition knüpfte Peter Weck an, unter dessen Direktion (1983–1992) das Theater an der Wien zur erstrangigen europäischen Musicalbühne wurde. Zu den größten Erfolgen zählt neben »Cats« das Stück »Elisabeth« über die österreichische Kaiserin »Sisi«.

Ebenfalls in der Linken Wienzeile, neben dem Naschmarkt, stehen zwei der reizvollsten **Jugendstilhäuser** **4** von Otto Wagner. Das eine (Nr. 40) mit seinen kunstvollen Pflanzenmotiven wird nach den witterungsfesten Keramikplatten, mit denen die Fassade verkleidet ist, »Majolikahaus« genannt. Es wurde mit dem Golddekor des anderen (Nr. 38) abgestimmt. Die zwischen die Fenster gesetzten Medaillons schuf Kolo Moser,

mit dem Wagner oft zusammengearbeitet hat. Sehenswert ist auch das ovale Treppenhaus mit seinen prachtvollen Aufzugsgittern. Der Eingang befindet sich in der Köstlergasse. Hier – im Kontrast zu den anderen hochherrschaftlichen Häusern – wird dann auch erst der revolutionäre Charakter der Wagnerschen Architektur deutlich.

Bergan, denn Wien ist eine hügelige Stadt, kommt man in die **Windmühlgasse** **5**, die keine besondere Aufmerksamkeit verdiente, gäbe es hier nicht ein Durchhaus. Bei Nummer 20 betritt man es und fühlt sich sofort in einer anderen, ruhig-zauberhaften Welt. Daß Ferdinand Raimund, der Dichter der selbst am Burgtheater immer noch gerne gespielten wienerischen Zauberpossen hier geboren wurde, erscheint nur logisch. Von seiner Größe und Anlage her – die einzelnen Höfe sind durch Treppen verbunden – ist es selbst für Wien einmalig. Wenn man die vorbildlich renovierten Höfe durchquert hat, ist man wieder im Trubel des vollen Lebens: auf Wiens größter und beliebtester Einkaufsmeile, der Mariahilferstraße.

Jugendstilhäuser von Otto Wagner in der Linken Wienzeile

Vom Palais Schönborn zum Spittelberg

Der 8. Wiener Gemeindebezirk war und ist ein Ort, der sich durch drei große B charakterisieren läßt: Beamte, Beisln und Bühnen. In vielen seiner kleinen Gassen ist die für Beamte so typische Atmosphäre ruhiger Gelassenheit spürbar. Aber natürlich hat auch dieser Bezirk, einst malerisch zwischen zwei Wienerwaldbächen gelegen, den Adel angezogen. Ein Ort berühmter Feste war das Palais in der Laudongasse, das Lukas von Hildebrandt für den Vizekanzler des Reiches, Karl Graf Schönborn, zu Beginn des 18. Jh. erbaute. Heute ist im **Palais Schönborn** 1 das Österreichische Museum für Volkskunde untergebracht (s. S. 276). In den zu Beginn der 90er Jahre restaurierten Räumen sind historischer Alltag und Brauchtum des Alpen- und Donauraumes zu besichtigen. Vertreten sind auch die Völker der ehemaligen Donaumonarchie.

Der Park daneben gehört zu den ersten öffentlichen Grünanlagen Wiens und wurde mehrfach umgestaltet. Das ist ihm nicht bekommen. Im Zweiten Weltkrieg wurde hier ein Löschteich angelegt und ein Luftschutzbunker errichtet, der wegen der Gefährdung der umliegenden Häuser nicht mehr gesprengt werden konnte. Bei der letzten Neugestaltung im Jahre 1989 wurde dann auch noch eine eingezäunte Auslaufstrecke für Hunde installiert. Dem Parkende gegenüber befindet sich eines jener typischen Beisl, das sich bei den Anwohnern zu jeder Tageszeit größter Beliebtheit erfreut.

Durch die Floriani-, Schlössel- und Tulpengasse kommt man, an mehreren schön renovierten klassizistischen Hausfassaden vorbei, in die Lenaugasse. Mit ihrer Mischung aus klassizistischen und biedermeierlichen Wohnhausbauten gibt sie einen guten Eindruck vom Aussehen einer Vorstadtgasse in der ersten Hälfte des 19. Jh. 1986 wurde sie zur Fußgängerzone gemacht und mit alten Straßenlaternen eine falsche Romantik hergestellt. Aber es geht wohl nicht anders, denn nur so wird – vor allem an nebeligen Herbsttagen – etwas von der einstigen Atmosphäre lebendig. Haus Nr. 3, das »Palästchen« »Zum weißen Stern«, ist typisch für die Bebauung dieses Gebietes um 1700, als die gerade entstandene Vorstadt zu Ehren des eben gekrönten Königs Joseph I. »Josefstadt« genannt wurde. Die Häuser 9 (später aufgestockt), 7 und 11 zeigen in dieser Reihenfolge die Stilentwicklung bis zum Klassizismus.

Am Ende der Lenaugasse kann man sich nach links wenden und das **Café Eiles** 2 betreten. Es wurde schon 1840 eröffnet und war damals ein beliebtes Vorstadtcafé, weil es über eine Aussichtsterrasse verfügte, von der man über das unbebaute Glacis, die heutige Ringstraße, einen herrlichen Blick auf Wien hatte. Beliebt ist es nach wie vor und immer noch ein Treffpunkt von Künstlern, Studenten und männlichen Kartenspielrunden. Damen, die dieser Beschäftigung ebenfalls frönen, begeben sich traditionell in das nur wenige Schritte entfernte Café Rathaus (Landgerichtsstraße 5). Rechts an der Ecke Lenaugasse und Josefstädter Straße befindet sich die Gaststätte »Zur Stadt Paris«. Sie sieht verfallen und verstaubt aus, dabei ist sie noch gar nicht so lange geschlossen. »Zur Stadt Paris« war einst das Stammlokal oder, richtiger, eine Mischung aus Arbeits-, Wohn- und Eßzimmer des Romanciers Heimito von Doderer. Franz Blauensteiner, der Wirt, hat nach dessen Tod darüber erzählt: »Am liebsten hat er Hausmannskost, Schweinebraten, G'selchtes und Stelze, gegessen. Mittags trank er nie Alkohol. Er war ein Herr und wollte nicht zeigen, daß er heimlich trank. Anfang der 50er Jahre ist er das erste Mal zu mir ins Lokal gekommen und hat sich sofort als ›Romanschriftsteller‹ vorgestellt. Hier hielt er beim allerletzten Schnaps weit nach der Sperrstunde immer stundenlang Referate über die ›obstibierende Wirkung des Birnenschnaps‹. Untertag schrieb er an seinem Stammplatz gegenüber der Schank große Teile der ›Dämonen‹.« Verewigt hat Heimito von Doderer dieses Lokal in seiner Erzählung »Ein anderer Kratki-Baschik«. Das gab den Wienern die Möglichkeit, einer ihrer Leidenschaften, der Anbringung von Gedenktafeln zu frönen.

Biegt man von der Josefstädter Straße nach rechts in die Lange Gasse, kommt man zu einem der schönsten Barockhäuser der ehemaligen Vorstädte, der **Alten Backstube** **3**. Es wurde 1697 erbaut und das alte Hauszeichen aus Sandstein, »Zur heiligen Dreifaltigkeit«, befindet sich noch über dem Tor. Von 1701 bis 1963 hat hier ohne Unterbrechung eine Bäckerei bestanden. Deren historische Einrichtung ist in dem kombinierten Museum-Café zu besichtigen und gibt einen guten Einblick in die vorindustrielle handwerkliche Produktionsweise (s. S. 273). Durch die Maria Treu-Gasse erreicht man den Piaristen-, offiziell **Jodok-Fink-Platz** **4**. Schon der große Stadtplaner Camilo Sitte hob

dessen Intimität im Gegensatz zur herzlosen Ringstraße hervor. Daran hat sich bis heute nichts geändert. In den Sommerabenden hat er ein leicht römisches Gepräge – nicht nur, weil hier eine Pizzeria einen Gastgarten betreibt. Die hochbarocke Kirche Maria Treu mit ihren beiden Flügelbauten, dem Piaristenkolleg und dem Löwenburgkonvikt, gibt einen stimmungsvollen Hintergrund, vor dem sich die ganze Leichtigkeit des Wienerischen Lebens entfalten kann. Daß dem immer schon so war und auch sein wird – selbst im Himmel –, machen bei einem Besuch der Kirche die besonders schönen Deckenfresken von Franz Anton Maulbertsch deutlich. Sie künden aber auch von einer tiefen Gläubigkeit, die ihren reinsten Ausdruck in der Musik findet. Darum ist es kein Zufall, daß an der Orgel der Piaristenkirche so religiöse Komponisten wie Franz Liszt und Anton Bruckner musizierten.

Vieles an der Leichtigkeit des Seins ist selbstverständlich Inszenierung, aber gut gespielte. Denn dafür ist Wien berühmt und auch seine bedeutendste Privatbühne, das **Theater in der Josefstadt** **5**. Der von Josef Kornhäusel errichtete klassizistische Bau wurde am 3. 10. 1822 mit der eigens zu diesem Anlaß von Beethoven komponierten Ouvertüre »Die Weihe des Hauses« eröffnet. Ihre Blütezeit erlebte die Bühne 1924–1938 unter Max Reinhardt. Der war, wie er in seinen Erinnerungen schrieb, geprägt vom Burgtheater: »Dort wurde ich genährt (für 40 Kr. altösterreichischer Währung pro Abend), mit den reichen Kunstmitteln des Kaiserlich-Königlichen Instituts, und dort sangen an meiner Wiege die berühmten Schauspieler jener Zeit ihre klassischen Sprecharien.« Programmatisch hieß es im Programmzettel seiner ersten Inszenierung an diesem Haus: »Die Schauspieler im

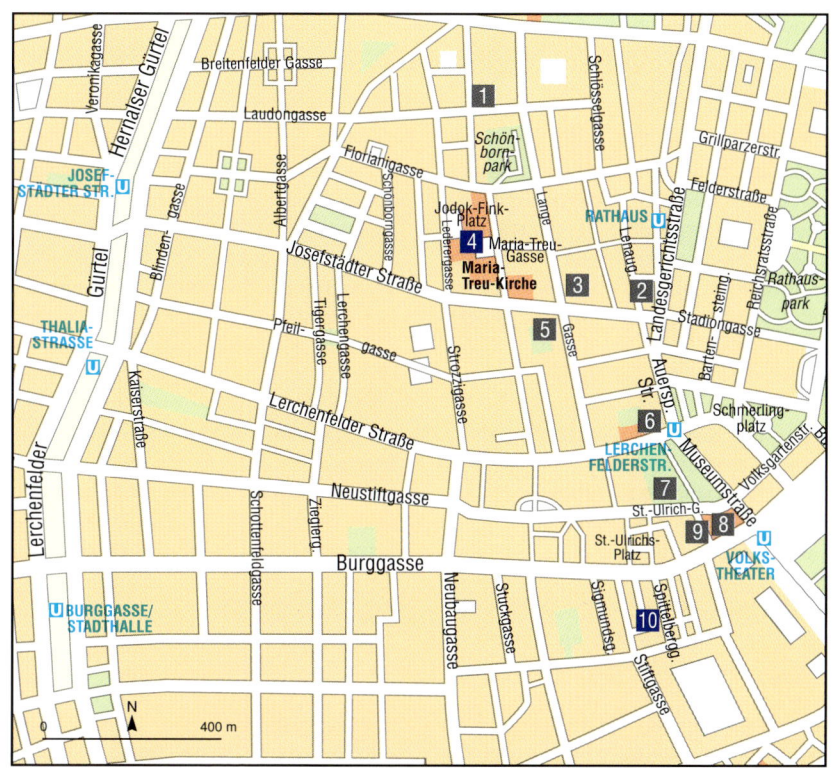

Palais Schönborn zum Spittelberg   1 Palais Schönborn   2 Café Eiles   3 Alte Backstube   4 Jodok-Fink-Platz   5 Theater in der Josefstadt   6 Palais Auersberg   7 Palais
Trautson   8 Volkstheater   9 Bellaria-Kino   10 Spittelberg

Theater in der Josefstadt unter der Führung von Max Reinhardt.« »Unter ihm«
wirkten so berühmte Wiener Schauspie-
lerinnen und Schauspieler wie Paula
Wessely, Attila Hörbiger, Fritz Kortner
und Hans Moser. Am nobel unterspiel-
ten Tonfall der »Josefstadt« orientierten
sich noch Jahre später die Amtsräte und
die Hofratswitwen sowie die Geschäfts-
frauen aus der Umgebung, die etwas
Besseres sein wollten. Bei diesem hier
stark verbreiteten Streben klingt es
durchaus einleuchtend, daß die falschen Schmucksteine, der sogenannte
»Straß«, von einem Juwelier namens

Josef Strasser in der Josefstadt erfun-
den worden sein sollen. Weil Kaiserin
Maria Theresia, die ihr Volk lieber arbei-
ten und beten sah, diesen Juwelier nach
Paris vertrieb, behauptet nun alle Welt,
der Straßschmuck sei eine französische
Erfindung. Sie tut es mit Recht, denn die
Geschichte des Josef Strasser war nur
die Ausgeburt der überbordenden
Phantasie eines zweitklassigen Wiener
Komödienschreibers, und den falschen
Schmuck hat ein Elsässer erfunden.
    Dem Theater schräg gegenüber befin-
det sich die **Alte Löwenapotheke**. Sie
bietet in ihrer Altertümlichkeit einen

hübschen Anblick und war einstmals die unbestritten schönste Apotheke Wiens. Das verdankte sie den vier von Ferdinand Waldmüller für das Portal gemalten Bildern. Sie befinden sich jetzt in der »Österreichischen Galerie« im Oberen Belvedere (s. S. 273). Ihr ursprünglicher Besitzer hat aber auch Geschichte gemacht. Zu Reklamezwecken beleuchtete er 1816 sein Geschäft und die Auslagen mit Gaslampen. Das war eine solche Sensation in Wien, daß selbst Kaiser Franz I. sich unter die Neugierigen gesellte.

An der Ecke Josefstädter Straße/ Lange Gasse befindet sich das »Spezial Wein- und Bierhaus«, ein typisches Beisl. Es bietet nichts Besonderes, aber um die Mittagszeit ist kaum ein freier Platz zu finden. Denn die Angestellten der umliegenden Büros schätzen die einfache, doch schmackhafte Küche und den für richtige Beisl so selbstverständlichen, ständig zwischen übertriebener Freundlichkeit und mürrischem Gerkaunze schwankenden Umgangston der Kellner. Das Haus selbst ist wie die benachbarten eines der charakteristischen biedermeierlichen Vorstadthäuser, war doch die Lange Gasse die Hauptstraße der Josefstadt, bevor diese zu einem Wiener Gemeindebezirk wurde.

Das **Palais Auersperg** 6 ist ein Musterbeispiel für jene Barockpalais, die nach dem Ende der Türkengefahr zu Beginn des 18. Jh. am Rande der Vorstädte erbaut wurden. Sein einstiger Besitzer, Peter Marchese Capece di Rofrano, soll Richard Strauß zur Figur des Octavian im »Rosenkavalier« inspiriert haben. Am Ende des Zweiten Weltkrieges war es für wenige Tage das Hauptquartier der österreichischen Widerstandsbewegung O5 (s. S. 47).

Das Verkehrsgewühl der Museumsstraße macht es schwer sich vorzustellen, daß hier einst der Adel gern seine Sommerpaläste errichten ließ, wovon neben dem Auerspergschen Palast auch das von J. B. Fischer von Erlach entworfene **Palais Trautson** 7 kündet, in dem heute das Justizministerium untergebracht ist. Der 7. Bezirk, Neubau, der inzwischen erreicht ist, ähnelt in seiner Struktur der Josefstadt. Hier steht das **Volkstheater** 8, 1888/1889 erbaut von den Architekten Ferdinand Fellner und Hermann Helmer. Es wurde für sie zu einer Goldgrube, denn sie bekamen zahlreiche Nachfolgeaufträge in anderen Städten der Monarchie. Und ein Theater sieht aus wie das andere: in Klagenfurt, in Budapest und in Czernowitz. Das Volkstheater war über viele Jahre die progressive politische Bühne Wiens. Hier wurde Hochhuths »Stellvertreter« aufgeführt und der von konservativer Seite auch über Wien verhängte Brecht-Boykott durchbrochen. Heute gibt sich das Theater zeitgeistig, was ihm den Beifall der Szene einträgt, es aber – vor allem im Vergleich mit »Burg« und »Josefstadt« – langweiliger gemacht hat.

Dahinter, ein bißchen versteckt in der Museumsgasse, ist eine inzwischen fast ausgestorbene Kulturinstitution: ein Lichtspieltheater. Kritiker behaupten, das **Bellaria-Kino** 9 pflege die Austro-Nostalgie. Wahr ist vielmehr, daß in diesem Kino, das allein schon wegen seines Innenraums sehenswert ist, ausschließlich Filme aus der Zeit zwischen 1930 und 1950 zu sehen sind.

Durch die Burggasse gelangt man zum **Spittelberg** 10. Der Name ist eine Verballhornung des Wortes »Spital«, da ein großer Teil der Grundstücke früher dem Wiener Bürgerspital gehörten. Daß es sich hier wirklich um einen Berg handelt, ist heute nicht sofort zu erkennen, war aber früher den die Stadt angreifenden Heeren bewußt. Sowohl die Türken

Mythos Café

Hoch klingt in Wien immer noch das Lied vom tapferen Kundschafter Josef Georg Kolschitzky. Mehrfach hatte er sich während der Türkenbelagerung 1683 durch die feindlichen Reihen geschlichen und den Kontakt mit dem kaiserlich-polnischen Entsatzheer gehalten. Als Belohnung erhielt er die von den Osmanen bei ihrer überstürzten Flucht zurückgelassenen Säcke voll Kaffeebohnen. Und damit

machte Kolschitzky dann Geschichte: Er eröffnete das erste Wiener Kaffeehaus.

Das ist die Legende, die historische Wahrheit ist ein bißchen anders. Das erste Café wurde 1688 von dem armenischen Kaufmann Johannes Diodato am Stephansplatz gegründet. Dessen Verwandte sowie die Erben des legendären Kolschitzky eröffneten dann bei der »Schlagbrücke«, die in die Leopoldstadt führte, »Kaffeehütten«. Hier, im Bereich des heutigen Schwedenplatzes, war über Jahrzehnte das Zentrum der Wiener Kaffeesiederei, die zwar nicht die älteste, aber die am besten erhaltene Kaffeehaustradition Europas begründete. So berichtete schon 1704 der französische Globetrotter Freschot, daß

Wien »voll von Kaffeehäusern« ist. Seine spätere Rolle aber begann es erst einzunehmen, als die »Zeitungscafés« entstanden. Sie wurden dem Wiener, weil man »nicht zu Hause und doch nicht an der frischen Luft« war, zum bevorzugten Aufenthaltsort. »Du kannst zehnmal vergebens nach der Wohnung eines Wieners gehen, mit dem du Notwendiges zu sprechen hast, kennst du aber sein Kaffeehaus, so triffst du ihn sicher«, klagte Mitte vergangenen Jahrhunderts der Berliner Satiriker Adolf Glaßbrenner.

Zum Mythos wurde das Kaffeehaus in der Ringstraßenära, als es zum Ort der Literatur wurde. Im Café Griensteidl, auch Café Größenwahn genannt, verkehrten die Schriftsteller des literarischen Zirkels »Jung-Wien«, zu dem u. a. Hermann Bahr, Hugo von Hofmannsthal, Felix Salten und Arthur Schnitzler gehörten. Nach seiner Schließung wurde die Rolle vom Café Central eingenommen, das Franz Werfel in seinem Roman »Barbara« als »Schattenreich« porträtiert hat. Es hielt seinen Rang als das Wiener Literaturcafé bis zum Ende des Ersten Weltkrieges. Hier verkehrten u. a. Egon Friedell, Karl Kraus und Alfred Polgar. Peter Altenberg, der Kaffeehaus-Literat par excellence, verbrachte in diesem Lokal fast sein ganzes Leben und riet dazu auch den anderen:

»Du hast Sorgen, sei es diese, sei es jene – ins Kaffeehaus!

Sie kann aus irgendeinem, wenn auch noch so plausiblen Grunde nicht zu dir kommen – ins Kaffeehaus!

Du hast zerrissene Stiefel – Kaffeehaus!

Du hast 400 Kronen Gehalt und gibst 500 aus – Kaffeehaus!

Du bist Beamter und wärest gern Arzt geworden – Kaffeehaus! . . .«

Alfred Polgar hat sogar eine »Theorie des Café Central« geschrieben: »Das Café Central liegt unterm wienerischen Breitengrad der Einsamkeit. Seine Bewohner sind größtenteils Leute, deren Menschenfeindlichkeit so heftig ist wie ihr Verlangen nach Menschen, die allein sein wollen, aber dazu Gesellschaft brauchen . . . Der Centralist lebt parasitär auf der Anekdote, die von ihm umläuft. Sie ist das Hauptstück, das Wesentliche. Alles übrige, die Tatsachen seiner Existenz, sind Kleingedrucktes, Hinzugefügtes, Hinzuerfundenes, das auch wegbleiben kann.«

Dem Café Central folgte als literarischer Ort das Café Herrenhof, in dem bis 1938 Hermann Broch, Franz Werfel, Friedrich Torberg, Berthold Viertel, Robert Musil und Joseph Roth »leb-

ten«. Nach dem Zweiten Weltkrieg erlebte es noch eine kurze Blüte, bis es 1960 geschlossen wurde. Aber zu diesem Zeitpunkt war es in seiner Bedeutung längst vom Café Hawelka abgelöst. Einer der allerersten Gäste war H. C. Artmann, und mit ihm kam die »Wiener Gruppe«, deren Stammcafé es wurde. 1959 vermerkte der Kunstkritiker Alfred Schmeller im Gästebuch des Kaffeehauses: »Wenn ich nicht zu Hause bin, bin ich im Hawelka. Wenn ich nicht im Hawelka bin, dann bin ich auf dem Weg ins Hawelka.«

Auch wenn die Mythen inzwischen verblaßt sind, ist das Kaffeehaus immer noch ein angenehmer und ungewöhnlicher Ort. Die Cafés, in den Außenbezirken auch liebevoll »Tschocherl« oder »Tschecherl« genannt, sind vor allem ruhig. Man kann stundenlang bei einem Kaffee und zahllosen, vom Kellner ungefragt und kostenlos gebrachten Gläsern Wasser sitzen und vor sich hinträumen oder arbeiten, Zeitung lesen und spielen. Alle Cafés bieten zumindest die wichtigsten österreichischen Zeitungen an sowie Illustrierte und Magazine, Brett- und Kartenspiele gibt es überall. Die meisten größeren Cafés verfügen sogar über einen Billardtisch. Das Kaffeehaus ist auch der geeignete Ort zum Tratschen, um Freundschaften sowie Feindschaften zu pflegen, über den Sinn des Lebens zu philosophieren und – das sollte man bei all dem nicht vergessen – um Kaffee zu trinken. Ob es ein kleiner Schwarzer, eine Melange oder ein Einspänner ist, tut wenig zur Sache. Entscheidend ist, daß er »heiß wie die Hölle, schwarz wie der Teufel, rein wie ein Engel und süß wie die Liebe« schmeckt.

Bei aller Freundlichkeit des Obers wird man als Besucher doch immer eine leichte Reserviertheit merken. Fremde werden im Kaffeehaus zwar toleriert, aber was wirklich zählt, ist der Stammgast. Wer Tag für Tag, Jahr für Jahr kommt, wird dann auch öffentlich erhöht und dezent-lautstark vom Kellner als »Herr Doktor« oder »Herr Hofrat« begrüßt. Und weil Stammgäste nie wirklich wegbleiben, werden sie, wie es dem Regisseur Berthold Viertel, der

1938 emigrieren mußte, geschehen ist, bei ihrer Wiederkehr nach vielen Jahren ganz selbstverständlich mit der Frage begrüßt: »Wie immer, Herr Doktor?«

als später auch Napoleon bauten an dieser Stelle ihre Geschütze auf. Seit dem 17. Jh. war der Spittelberg die Endstation der Fuhrleute, die mit ihren schweren Wagen nicht in die Stadt fahren konnten, und ein volkstümliches Vergnügungsviertel mit zahlreichen Wirtshäusern: 58 Lokale bei insgesamt 138 Häusern. Die »Kellnerinnen« der Beisl und deren wichtigster Raum, das »Extrazimmer«, haben sich in zahlreichen obszönen Gstanzln, den sogenannten »Spittelbergliedern« erhalten. In einer heute noch bestehenden Gastwirtschaft (»Witwe Bolte«) erinnert eine Inschrift daran, daß Kaiser Joseph II. einmal hier hinausgeworfen wurde, als er sich inkognito über das Treiben am Spittelberg informieren wollte: »Durch dieses Thor im Bogen ist Kaiser Josef II. geflogen – 1778«.

In der Restaurationsphase nach 1848 wurden die Vergnügungsstätten geschlossen. Vorgeblich aus moralischen, in Wirklichkeit aber aus politischen Gründen, und das Viertel verfiel. Zu Beginn der 70er Jahre, als die Nostalgiewelle auch Wien erreichte, wurde der Spittelberg zur Schutzzone erklärt und ein umfassendes Sanierungs- und Revitalisierungsprogramm durchgeführt. Aus der einst so gefährlichen und verrufenen Gutenberggasse ist eines der schönsten Sträßchen Wiens geworden, mit barocken Fassaden, Hauszeichen und begrünten Pawlatschenhöfen. Die schönen Fassaden, gepflegten Galerien und properen Läden sind ein angenehmes und stilvolles Beispiel für Altstadtsanierung. Nur hat sie weniger die Bedürfnisse der Bewohner als vielmehr Konsum und Tourismus im Auge.

Vom Allgemeinen Krankenhaus zum Palais Liechtenstein

Anläßlich der Eröffnung des **Allgemeinen Krankenhauses**  am 16. August 1784 erschien eine 47 Seiten umfassende »Nachricht an das Publikum über die Einrichtung des Hauptspitals in Wien«: »Die Liebe für die allgemeine Menschheit und Mitleiden gegen Unglückliche, denen ihre traurigen Umstände Hilfe und Beistand unentbehrlich, aber die Dürftigkeit, sich dieselben selbst zu verschaffen, unmöglich machen, haben seine Majestät bewogen, mit Verschonung der öffentlichen Staatseinkünfte, aus ihrem Eigenen die öffentliche Anstalt zu unterstützen, welche unter der Benennung des Hauptspitals, das allgemeine Krankenhaus, die Geburtshilfe, das Findlings- und Tollhaus, und verschiedene Siechenhäuser vereinbaret.«

Die Schaffung dieses Großkrankenhauses für über 2000 Menschen durch den aufgeklärten Kaiser Joseph II. war eine in mehrfacher Hinsicht revolutionäre Tat. Wien hatte damals an die 200 000 Einwohner, doch wirkten in der Innenstadt nur 87 Doktoren der Medizin und in den Vorstädten gar nur 11. Das

Anatomisches Modell im Josephinum

Allgemeine Krankenhaus war somit die wichtigste medizinische Versorgungseinrichtung der Stadt und ist es bis heute geblieben. Wenn der Besucher über die diversen Behelfspavillons hinwegsieht, bietet sich das AKH, wie es genannt wird, wie zu Kaiser Josephs II. Zeiten dar: ein klassizistischer Bau mit großzügig gestalteten Innenhöfen. Die sogenannten neuen Kliniken wurden 1904 jenseits der Spitalgasse errichtet, und der Neubau des AKH, dessen Türme nicht zu übersehen sind, ist eine Geschichte für sich. Er dauert schon dreißig Jahre und ist ein andauernder öffentlicher Skandal. Aber daß die Bauzeiten und die Kosten ständig überschritten werden, nimmt inzwischen kaum noch jemand zur Kenntnis. Drei Jahrzehnte sind eben eine genügend lange Zeitspanne, um sich auch daran zu gewöhnen.

Im hintersten Eck des sechsten Hofes befindet sich ein ganz besonderes Gebäude, der sogenannte **Narrenturm** **2**. Unter der Regentschaft Joseph II. untersagte man die bis dahin übliche Zurschaustellung geistig kranker Menschen und behandelte sie fortan als Kranke. 1784 wurde die im Volksmund »Gugelhupf« genannte Irrenanstalt ihrer Bestimmung übergeben. (Noch heute schimpft man in Wien: »Du gehörst in den Gugelhupf«). In diesem von des Kaisers Lieblingsarchitekten Isidor Canevale errichteten Gebäude sollten die »Wahnwitzigen«, wie sie damals bezeichnet wurden, eine Heimstatt finden. Eine komfortable war es nicht. Der Turm ist fünf Stockwerke hoch und enthält insgesamt 139 Zellen, die mit einem oder zwei Kranken belegt waren. Die Wohnungen der Aufseher lagen im Mittelgebäude. Bis 1860 war der Narrenturm mit psychisch Kranken belegt, danach diente er unter anderem als Schwesternwohnheim. Heute ist hier das **Pathologisch-Anatomische Museum** untergebracht, das schon 1796 als Sammlung des Allgemeinen Krankenhauses gegründet wurde (s. S. 275). Für einen Besuch bedarf es einer gewissen Nervenstärke und Unerschrockenheit, denn »die meisten Exponate sind« – wie der Katalog vorsorglich hervorhebt – »Teile des Körpers von Verstorbenen oder sind Operationspräparate von noch lebenden Mitbürgern«.

Joseph II. bestimmte auch, daß das »Hauptspital« nicht nur Heil-, sondern auch Lehrzwecken zu dienen habe. Durch die sich daraus entwickelnde klinische Schule erlangte die Wiener Medizin über lange Zeit Weltruf. In enger Verbindung damit steht das sogenannte **Josephinum** 3. Dieser klassizistische Bau, das Hauptwerk Isidor Canevales, beherbergte ursprünglich das 1785 eröffnete Institut zur Ausbildung von Militärärzten. Weil Joseph II. nicht wollte, daß seine Feldscher weiterhin relativ ahnungslos an den Verwundeten herum-

Vom Allgemeinen Krankenhaus zum Palais Liechtenstein *1 Allgemeines Krankenhaus 2 Narrenturm und Pathologisch-Anatomisches Museum 3 Josephinum 4 Bezirksmuseum Alsergrund 5 Strudlhofstiege 6 Palais Liechtenstein*

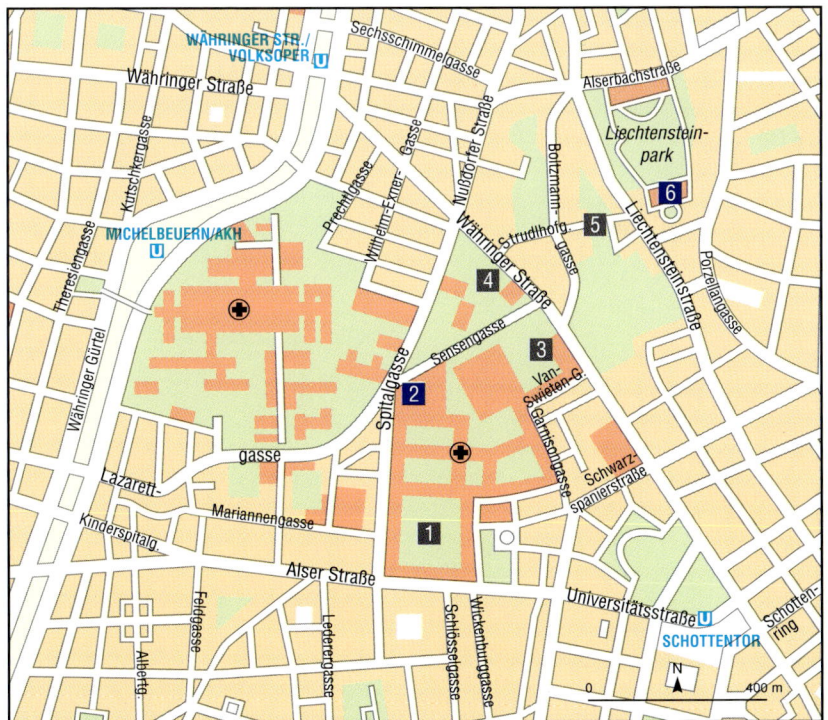

»Therapeutischer Nihilismus«
Die Wiener medizinische Schule

Der Begründer der Ersten Wiener medizinischen Schule war Maria Theresias Leibarzt Gerard van Swieten (1700–1772). Er war empirisch orientiert und versuchte, die quacksalberischen Praktiken seiner Kollegen einzudämmen. Johann Lukas Booer, den Joseph II. nach Wien holte, trat unter dem Hinweis, daß die Natur selbst eine Genesung bewirkt, für eine Theorie des Abwartens ein. Seine Vorgehensweise wurde zur Richtlinie im Allgemeinen Krankenhaus. Johann Peter Frank, der ab 1805 das AKH reorganisierte, schrieb eine sechsbändige Abhandlung mit dem programmatischen Titel »System einer vollständigen medicinischen Polizey« und begründete das öffentliche Gesundheitswesen.

In diesem Spannungsfeld zwischen Abwarten und Eingriff bewegte sich auch die Zweite Wiener medizinische Schule, die Weltgeltung erlangte. Ihre Triumphe sind vor allem auf die konsequent materialistische Überwindung der spekulativen romantischen Medizin zurückzuführen. Die Romantik verfocht die These, die Krankheit resultiere aus einem – wie immer gearteten – Mißverhältnis innerhalb der leidenden Person oder zwischen dem Individuum und der Umwelt. Dagegen hielt man in Wien die Überzeugung, daß die pathologischen Symptome durch einen lokalisierbaren Defekt im Körper bzw. den Organen zu erklären sei. Deshalb versprach man sich Heilung von medikamentösen oder

chirurgischen Eingriffen. An die Stelle der großen Kuren der Romantiker, die ihren Krankheitsbegriff aus der umfassenden Darstellung des einzelnen Falles entwickelten, trat die Sammlung, der Vergleich und die statistische Auswertung von Reihenuntersuchungen. Eine Konsequenz dieses Verfahrens jedoch war, daß das ärztliche Interesse an der Lebensgeschichte des Patienten schwand und er nur noch als individuelle Spielart eines allgemeinen Krankheitstyps von Interesse war.

Unter dem Anatomen Carl von Rokitansky, der ab 1834 als Professor in Wien lehrte, ging man noch einen Schritt weiter: Die Diagnose bekam den Vorrang vor der Therapie. Berichten zufolge soll Rokitansky selbst über 85 000 Autopsien durchgeführt haben. Er machte als erster die pathologische Anatomie zum verläßlichen Instrument der Diagnose. Sein Zeitgenosse Josef Skoda, Primar des Allgemeinen Krankenhauses, verlegte den praktischen Unterricht der Medizinstudenten ans Krankenbett und gilt wegen der Einführung des Abhorchens und Beklopfens der Patienten als Begründer der modernen Diagnostik. Doch die Indifferenz gegenüber der Therapie zog im Allgemeinen Krankenhaus skandalöse Bedingungen nach sich. Obwohl sie selbst im Reichstag zur Sprache gebracht wurden, änderte sich wenig. Die Schwestern waren kaum ausgebildet und wurden so schlecht bezahlt, daß sie zusätz-

Im Pathologisch-Anatomischen Museum

lich noch Kaffee verkaufen mußten und auf Trinkgelder angewiesen waren. Die Kranken hatten Angst, weil sie fürchteten, daß sie das Hospital nie wieder verlassen würden. Eine Furcht, die durchaus begründet war, wie ein ausländischer Besucher im Jahre 1898 berichtete: »Ein Arzt, der das Spital besuchte, erzählte mir, er habe eine Gruppe von Studenten gesehen, die alle eine Frau abhörten, die gerade an Lungenentzündung oder Rippenfellentzündung im Sterben lag, daß jeder das Rasseln in ihren Lungen mitanhören könnte, wenn ihr letzter Augenblick gekommen war. Sie starb, noch ehe die Gruppe den Saal verlassen hatte. Als dann besagter Arzt zu dem Professor, der diese jungen Männer unterrichtete, eine Bemerkung über Behandlungsmethoden in vergleichbaren Fällen machte, erhielt er die Antwort: »Behandlung, Behandlung, das ist gar nichts; die Diagnose wollen wir.«

»Am Allgemeinen Krankenhaus«, so meint der US-amerikanische Kulturhistoriker William M. Johnston etwas überspitzt, »wurde die Unparteilichkeit der josefinischen Bürokratie zur Unparteilichkeit gegenüber dem Tod: nicht einmal die Reichen konnten fähiges Pflegepersonal bekommen. Die Krankheit stellte einfach einen Teil des Lebens dar, und die Aufgabe der Ärzte bestand nicht darin sie auszurotten, sondern lediglich darin, sie zu verstehen.«

Aber die Analyse ist die notwendige Voraussetzung für die Heilung. Und berühmt wurde die Wiener medizinische Schule nicht wegen ihres »therapeutischen Nihilismus«, sondern wegen ihrer Erfolge. Der Chirurg Theodor Billroth (1829–1894), ein Freund von Johannes Brahms, entwickelte eine Anästhesiemethode mit Hilfe von Äther und Chloroform und leistete auf dem Gebiet der Magenresektion und der Kehlkopfoperation einzigartige Pionierarbeit. Ignaz Semmelweis (1818–1865), der »Retter der Mütter«, erkannte die Ursache des weit verbreiteten und fast immer tödlich verlaufenden Kindbettfiebers in der mangelnden Hygiene im Kreißsaal. Den Begriff »Allergie« prägte ein Bahnbrecher moderner Ernährung, Clemens Pirquet (1874–1929), der auch die nach ihm benannte Tuberkulin-Hautreaktion zur Früherkennung von Tbc entdeckte. Den ersten von mehreren Nobelpreisen für die Wiener Medizin erhielt 1914 Robert Bárány (1876–1936) für seine Arbeit über den menschlichen Bogengangapparat. Sie bildete eine der Grundlagen zur Bekämpfung der Gehirnhautentzündung. Julius Wagner-Jauregg (1857–1940) erhielt die Auszeichnung 1927 für die von ihm entwickelte Malariabehandlung der progressiven Paralyse. Und drei Jahre später wurde der Serologe Karl Landsteiner (1868–1943) für die Entdeckung des ABO-Systems der Blutgruppen geehrt.

doktorten und anatomische Leichenöffnungen damals noch selten waren, ließ er von toskanischen Bildhauern Wachspräparate *(Anatomia Plastica)* anfertigen. Die lebensgroßen, meist farbigen Figuren und Modelle einzelner Organe bilden eine einmalige Studiensammlung zur Anatomie des menschlichen Körpers. Die Künstler setzten ihren Ehrgeiz daran, die anatomischen Details wie Muskeln, Adern, Lymphgefäße und Eingeweide ebenso realistisch wie ästhetisch darzustellen. Das Ergebnis sind Plastiken mit – wenn man so will – Verfremdungseffekt: Die wunderschöne Frau mit der Perlenkette hat eine offene Bauchdecke, und dem malerisch auf einem Bett ruhenden Mann fehlt die Haut. All diese Figuren sind das künstlerische Ergebnis eines Wissenschaftsbegriffes, der sowohl die Strenge des Gedankens hatte als auch die Üppigkeit des Lebens noch kannte. Diese weltberühmte Sammlung gehört zum **Institut für Geschichte der Medizin** (s. S. 275). In weiteren Räumen zeigt es eine unter Denkmalschutz stehende Studienapotheke und Erinnerungsstücke an die führenden Vertreter der Wiener Medizinischen Schule wie Theodor Billroth und Ignaz Semmelweis.

Den Plastiken der toskanischen Künstler nicht unähnlich ist die Prosa von Heimito von Doderer. Auch hier ist die Gedankenstrenge eingehüllt in eine fast barock anmutende Fabulierlust mit einem unübersehbaren Hang zu makabrem Humor und grotesker Schilderung. Im **Bezirksmuseum Alsergrund** **4** sind zwei Gedenkräume eingerichtet, die über sein Leben und sein Werk informieren (s. S. 271). Der 1966 gestorbene Dichter war der letzte bedeutende aus jener Generation, deren erzählerisches Werk und Lebensphilosophie ihre Wurzeln in der Donaumonarchie hatte. Nur wenige Schritte vom Museum entfernt ist die **Strudlhofstiege** **5**, die seinem berühmtesten, 1951 erschienenen Roman den Titel gegeben hat und für die Doderer eine Widmung an den Beginn des Buches stellte:

Die Strudlhofstiege

Auf die Strudlhofstiege zu Wien.
Wenn die Blätter auf den Stufen liegen
herbstlich atmet aus den alten Stiegen
was für Zeiten über sie gegangen.
Mond darin sich zweie dicht umfangen
hielten, leichte Schuh und schwere Tritte,
die bemooste Vase in der Mitte
überdauert Jahre zwischen Kriegen.
Viel ist hingesunken und zur Trauer
und das Schöne zeigt die kleinste Dauer.

Die von Theodor Jäger erbaute Strudlhofstiege ist eine der schönsten Jugendstilanlagen Wiens. Sie führt von der Währinger in die Liechtensteinstraße und macht auf reizvolle Art deutlich, daß

Jüdischer Friedhof Seegasse

Der älteste erhaltene jüdische Friedhof der Stadt liegt mitten im Häuserdickicht des 9. Bezirks. Er ist im Hof eines Pensionistenheims verborgen. Die älteste erhaltene und noch lesbare Inschrift datiert aus dem Jahre 1582. Urkundlich wird er ab 1629 als

»Juden-Freithoff am oberen Werd« erwähnt und die Seegasse als »Gassl« bezeichnet, »allwo der Juden Grabstätte« liegt. Hier fanden zahlreiche wichtige Vertreter der Wiener Gemeinde wie Samuel Oppenheimer und Simon Auerbach, der erste »Wiener Hofjude«, ihre letzte Ruhestätte. Ursprünglich gab es hier über 900 Grabsteine. Nach der Verwüstung durch die Nazis konnten etwa 280 identifiziert und wieder aufgestellt werden. Aber es dauerte immerhin fast vierzig Jahre, bis der Friedhof im September 1984 wieder eingeweiht werden konnte.
Jüdischer Friedhof Seegasse, 9., Seegasse 9–11, Eingang durch das Pensionistenheim

Wien eine hügelige Stadt ist. Aus einem erstaunlicherweise von keinem Kunsthistoriker bisher erforschten Grund sind die eindrucksvollsten Jugendstilbauten immer in der Nähe barocker Pracht. So ist es auch hier: Am Fuß der Stiege hat man das **Palais Liechtenstein** 6 vor Augen. Dabei handelt es sich um die Sommerresidenz der adeligen Familie, das Stadtpalais befindet sich in der Inneren Stadt, in der Bankgasse Nr. 9.

Bis 1944 war der barocke Prachtbau Sitz der Liechtensteinschen Gemäldegalerie, der bis zur Jahrhundertwende wohl bedeutendsten Privatsammlung der Welt. 1979 wurde er als Standort für die Gegenwartskunst angemietet, nachdem es gelungen war, Leihgaben aus der Sammlung des Aachener Fabrikanten Ludwig nach Wien zu holen. Das **Museum Moderner Kunst Stiftung Ludwig Wien**, wie es zungenbrecherisch heißt, zeigt einen repräsentativen Querschnitt vom Expressionismus bis zur internationalen Malerei der 80er und 90er Jahre. Aus Österreich sind der »Wiener Phantastische Realismus« und der »Wiener Aktionismus« vertreten (s. S. 274).

Schloß Schönbrunn ▷

Die Vororte

Favoriten – Der Fabrikbezirk

Unter Wiens dreiundzwanzig Bezirken nimmt der Zehnte eine Sonderstellung ein. Alle anderen Außenbezirke waren ursprünglich Dörfer, die im Zeitalter der Industrialisierung expandierten und von Wien aufgesogen wurden. Favoriten hingegen ist ein Produkt der industriellen Revolution und wurde relativ planmäßig angelegt.

Zu Beginn der 40er Jahre des vergangenen Jahrhunderts entstanden hier, vor den Befestigungslinien, zwei wichtige Bahnhöfe: der Süd- und der Staatsbahnhof (heute im Südbahnhof vereint), die die östlichen und südlichen Gebiete der Monarchie erschlossen. Das unverbaute Gebiet ringsum wurde durch die transportgünstige Lage vor allem für den Maschinenbau und die Metallverarbeitung zu einem attraktiven Betriebsstandort. Da die Gegend zudem außerhalb der städtischen Zoll- bzw. Steuergrenze lag, die entlang des heutigen Gürtels verlief, zog sie massenhaft die Arbeiterfamilien an, die durch die höheren Lebensmittelpreise und die teuren Mieten aus dem Zentrum vertrieben wurden. 1884 stellte eine Untersuchung fest, daß Favoriten »mit keinem anderen Reichthum als dem an Kindern versehen« ist.

Im Wirtschaftsboom der Gründerzeit expandierte Favoriten stürmisch in Richtung Wiener- und Laaer Berg. Ersterer war das Zentrum der Ziegelindustrie, deren Besitzer am Bauboom der Gründerzeit Unsummen verdienten. Im Dezember 1888 schlich sich hier als Maurer verkleidet der Arzt und spätere Gründer der SPÖ und der Ersten Republik, Victor Adler, ein. Seine Sozialreportagen in der Zeitschrift »Gleichheit« über das Leben der »Ziegelböhm« entfachten einen handfesten Skandal. Der größte Teil der Arbeiter kam aus dem tschechischen Teil der Monarchie und wurde in einem, wie Adler es nannte, »südamerikanischen Plantagen- und Sklavensystem« gehalten: »Diese Ziegelarbeiter sind die ärmsten Sklaven, welche die Sonne bescheint.« Nicht nur waren ihre Löhne

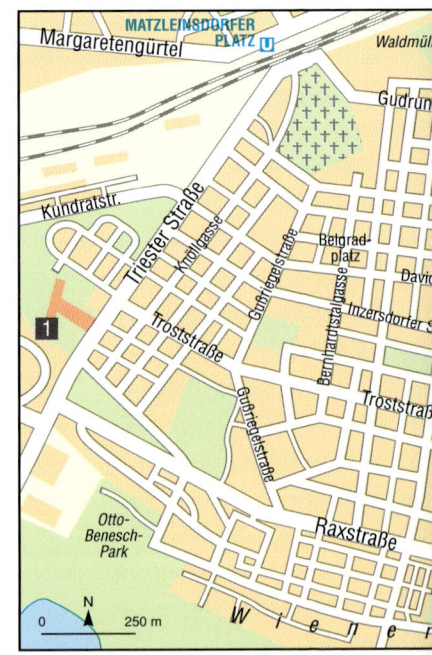

Favoriten
1 Spinnerin am Kreuz
2 Ehemaliges Arbeiterheim
3 Amalienbad
4 Böhmischer Prater

unterdurchschnittlich gering, sie bekamen sie auch lediglich in Blechmarken ausbezahlt. Die berechtigten nur zum Einkauf in den firmeneigenen Läden mit ihren hohen Preisen. Gezwungen, vor Hunger betteln zu gehen, wanderten sie oft in das nahegelegene Neudorf, wo es eine immer mildtätige Seele gab – den Henker von Wien.

Daß der Henker hier wohnte war kein Zufall, denn am Wienerberg steht weithin sichtbar das 16 m hohe alte Wahrzeichen der Stadt, die **Spinnerin am Kreuz** 1. Der Legende nach hat hier über lange Zeit eine edle und keusche Wienerin spinnend auf die Wiederkehr ihres Gatten gewartet. Der war als Kreuzfahrer ins Heilige Land gezogen und dort verschollen. Als er nach Jahren zurückkehrte, ließ er als Lohn für die Treue seiner Penelope diese Säule errichten. In Wirklichkeit wurde dieser tabernakelartige Steinpfeiler 1452 vom

Dombaumeister Hans Puchsbaum geschaffen. Und weil am Wienerberg die Stadtgerichtsbarkeit endete, wurden hier bis 1868 die öffentlichen Hinrichtungen vollzogen. Der sich dahinter erstreckende George-Washington-Hof mit seinen über 1000 Wohnungen gehört zu den größten kommunalen Wohnungsbauten der Zwischenkriegszeit.

Geprägt ist Favoriten, das seinen Namen vom ehemaligen kaiserlichen Lustschloß La Favorita hat, von den Bauten der Gründerzeit. Die Wohnhäuser hier tragen den Namen »Mietskaserne« mit Recht. Denn so wie für die Mietpaläste an der Ringstraße das Adelspalais Vorbild war, war es für diese Bauten die Kaserne. Damals entstanden auch zahlreiche Industriebauten in klassischer Rohziegelarchitektur (z. B. Erlachgasse 117, Pernerstorfergasse 64, Quellenstraße 49). In der Absgasse befindet sich die 1891 gegründete Anker-

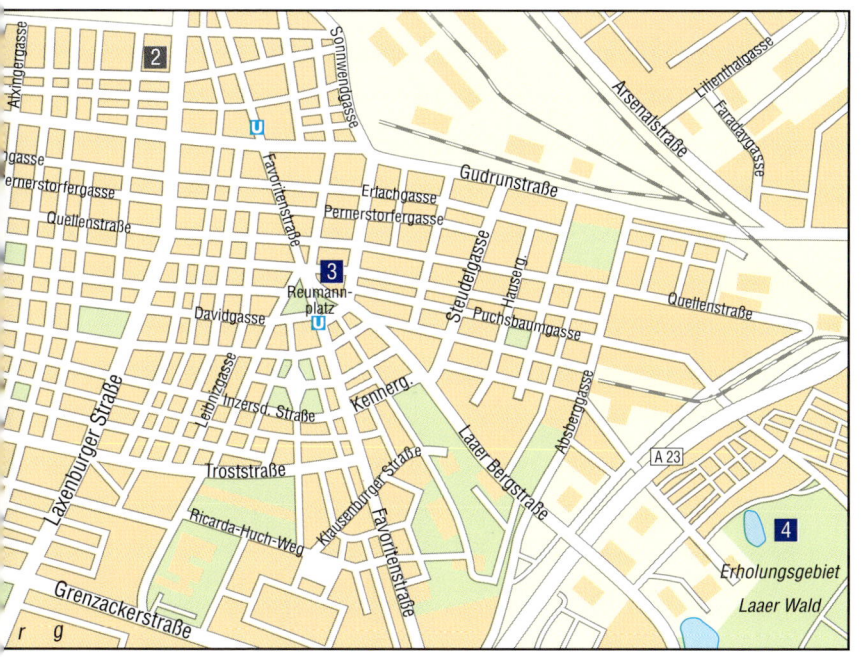

Tschechisches Wien

aßt's mir meine Böhm' in Ruh«, soll Bürgermeister Karl Lueger gesagt haben – was aber sehr unwahrscheinlich ist. Guten Grund dazu hätte er gehabt, denn von alters her sind die Tschechen und – in geringerem Ausmaß – die Slowaken ein wichtiges Element in der Stadt. Davon künden nicht allein die Palais der böhmisch-mährischen Aristokratie in der Inneren Stadt.

Um die Mitte des vergangenen Jahrhunderts war es im Zuge des Ausbaus der Donaumetropole und des damit verbundenen wirtschaftlichen Aufschwungs zu einer starken Zuwanderung aus dem Königreich Böhmen und der Markgrafschaft Mähren gekommen. Die Neuankömmlinge stellten einen Großteil der Industriearbeiterschaft und der ungelernten Arbeiter, wie den sogenannten »Ziegelböhm«. Aber noch mehr als die Männer kamen die Frauen nach Wien. Denn es gab kaum eine bürgerliche Familie um die Jahrhundertwende, die auf die treuen Dienste ihrer Zdenka oder Božena als Dienstmädchen oder Köchin kräftiger Fleischgerichte und nahrhafter Mehlspeisen verzichten wollte. So war um das Jahr 1900 Wien die größte tschechische Stadt der Monarchie und hatte mehr »böhmisch« sprechende Einwohner als Prag. In Arbeiterbezirken wie Favoriten oder Ottakring sprach gut ein Viertel der Bevölkerung Tschechisch. Sie hatten ihre eigenen Schulen, Sportvereine (*Slovan*

oder *Sokol*) und Kulturinstitutionen. Darunter auch den nach einem tschechischen Heldensänger benannten Gesangsverein »Lumir«, dessen Motto lautete: *Bud'me zpěvem na Dunaji, jako Lumir v českém kraji* – »Laßt uns an der Donau singen, wie Lumir im böhmischen Land«. Amtlich waren um 1900 über 100 000 Einwohner registriert, die sich der »böhmisch-mährisch-slowakischen« Umgangssprache bedienten. Doch die wirkliche Zahl lag weit höher, denn man gab sich in der Residenzstadt ungern als Tscheche zu erkennen. Schuld daran war eben dieser Bürgermeister Lueger (s. S. 117), dessen Motto war: »Wien muß deutsch erhalten bleiben, und es darf der deutsche Charakter der Stadt nie angezweifelt werden.« Darum hatte er auch dafür gesorgt, daß das Gemeindestatut geändert wurde und man nicht mehr so einfach Bürger der Haupt- und Residenzstadt werden konnte. Seit dem 28. März 1900 mußte jeder Tscheche, der sich um das Bürgerrecht bewarb, durch einen Eid vor dem Bürgermeister schwören, daß er »den deutschen Charakter der Stadt nach Kräften aufrecht halten wolle«.

Das Verhältnis der Wiener zu den Tschechen war immer so zwiespältig wie heute das zu den »Gastarbeitern«. Zum einen schätzte man sie als Arbeiter und Dienstboten, zum anderen fürchtete man ihre zahlenmäßige Stärke. Am deutlichsten kam das da zum Ausdruck, wo der Wiener ganz bei sich ist: beim Heurigen. Vor dem Ersten Weltkrieg sang man noch Zeilen wie: »Wien ist Wien, aber ohne Tschechen wär's hin.« Aber 1918, nach dem Zerfall der Monarchie und der Gründung des Staates Tschechoslowakei, hieß es dann: »Wer wird uns in Wien jetzt regier'n? Der Tschechoslowak Mit'n Zylinder und Frack, Der wird uns in Wien jetzt regier'n!«

Damals verließen etwa 150 000 Tschechen die Stadt – mehr als jemals bei einer Volkszählung registriert wurden. Für die Verbliebenen brachen nach der Okkupation Österreichs durch Hitler im März 1938 harte Zeiten an. Die meisten tschechischen Schulen wurden geschlossen und viele Vereine aufgelöst. Und schon im November 1941 forderte Martin Bormann die Abschiebung der Tschechen aus Wien. Obwohl es dazu nicht gekommen ist, macht das verständlich, daß über 10 000 von ihnen nach 1945 das Angebot der neuen demokratischen tschechoslowakischen Regierung zur Umsiedlung annahmen. Bei der ersten Volkszählung nach dem Zweiten Weltkrieg im Jahre 1951 gaben nur noch 3540 Pesonen an, Tschechisch als Umgangssprache zu benützen. Auch die großen Re-Immigrationswellen nach der kommunistischen Machtübernahme 1948 und dem Ende des »Prager Frühlings« 1968 haben nicht zur Wiederbelebung der tschechischen Kultur in Wien geführt. Heute kommen Böhmen, Mähren und Slowaken als Besucher in die Stadt. Von den Wienern werden sie nicht allzu gerne gesehen, denn sie kaufen im Gegensatz zu den westlichen Touristen wenig.

Doch ihr über Jahrzehnte währender Aufenthalt hat bis heute Spuren im Alltagsleben hinterlassen. So etwa in der Sprache. So urwienerische Ausdrücke wie *Bramburi* (Kartoffeln), *pomali* (langsam) oder *schetzkojedno* (alles egal) stammen aus dem Tschechischen. Selbst sprachliche Eigentümlichkeiten des Wienerischen haben, worauf der deutsch-tschechische Journalist, der »Rasende Reporter« Egon Erwin Kisch hinwies, ihren Ursprung im Zusammenleben beider Völker: »Darf man doch nicht ›daran‹ vergessen (wörtliche Übersetzung von ›pamatovati na něco‹) und muß man doch ›darauf‹ denken (falsche Übersetzung des Wörtchens ›na‹). Man geht auch ›auf ein Bier‹ oder ›auf ein Nachtmahl‹. Der Fremde, der vermeinen würde, daß wir Künstler seien, die auf Bier zu gehen vermögen, oder Verschwender, die ihr Abendbrot mit den Füßen treten, würde sich täuschen. Unsere Kunst besteht bloß darin, die tschechische Präposition ›na‹ an falscher Stelle richtig zu übersetzen.«

Wie tschechisch Wien einmal war, macht letztendlich das Telefonbuch deutlich. Über ein Viertel der Eintragungen sind tschechische Namen. An der Spitze steht in verschiedensten Schreibweisen Novak, dicht gefolgt von Svoboda. Aber auch Jelinek und Fiala sind noch jeweils rund 700mal vertreten. Und schließlich: Was wäre die Wiener Küche ohne Liptauer und Krenfleisch, Topfenkolatschen und Powidltatschkerln, diese Köstlichkeiten, die doch alle erst von den »böhmischen Köchinnen« in die Haupt- und Residenzstadt gebracht wurden?

Die Heller Zuckerl-Fabrik

brotfabrik, die in den 20er Jahren zu den größten Brotfabriken der Welt zählte. Bis in die 60er Jahre konnte man am Ende des Sommers im Radio immer ihren Werbespruch hören: »Worauf freut sich der Wiener, wenn er aus dem Urlaub kommt? – Auf Hochquellenwasser und Ankerbrot!«

Die ursprüngliche wirtschaftliche Dynamik ist längst verlorengegangen. Viele der alten und renommierten Betriebe stehen heute still, wie die Heller Zuckerl-Fabrik (Belgradplatz), ein besonders imposantes Denkmal vergangener Herrlichkeit. Doch seinen Charakter als Industrie- und Arbeiterbezirk hat Favoriten nicht verloren. Das Warenangebot ist auf Massenkonsum ausgerichtet und westliche Touristen wird man hier kaum finden. Wohl aber welche aus Osteuropa, dem Balkan und der Türkei. Aber der zehnte Bezirk ist nicht mehr das »grausamste Viertel der Stadt«, wenngleich die Spuren latenter Gewalt für den aufmerksamen Beobachter nicht zu übersehen sind: In den Beisln und Cafés, wo man als Fremder mißtrauisch beäugt wird und den Dialekt kaum versteht, sowie an Häuserwänden, wo Graffiti und Gedenktafeln von anderen Arten der Grausamkeit berichten. An der Vorderfront des Gebäudes der Österreichischen Brown-Boveri (Gudrunstr. 187) erinnert eine Tafel an Werksangehörige, die sich gegen den Naziterror zur Wehr

gesetzt haben und hingerichtet wurden. Ähnliche Tafeln befinden sich auch in der Ankerbrotfabrik und in der Straßenbahnremise bei der Laxenburgerstraße.

Einen zentralen Platz in der Geschichte dieses Bezirks nimmt das **ehemalige Arbeiterheim** **2** ein. Nach dem Vorbild des 1897 fertiggestellten und weltweit bewunderten »Maison du Peuple« in Brüssel war das Gebäude in Favoriten das Sinnbild sozialdemokratischer Bautätigkeit. Zur Eröffnung schrieb die »Arbeiterzeitung«: »Das Arbeiterheim ist eine Festung des Solidaritätsgedanken, ein Stück Ziegel und Stein gewordenes Kraftbewußtsein.« Dabei ist die Fassade des Hauses von einer für den Jugendstil typischen Heiterkeit, und der Eindruck eines Bollwerkes konnte erst in Verbindung mit dem politisch-sinnbildlichen Eigenschaftswort »rot« entstehen. Bei der Eröffnung im September 1902 wünschte sich Victor Adler ein »Haus des Kampfes«. Bereits wenige Wochen später drangen anläßlich einer Demonstration gegen einen christlich-sozialen Wahlschwindel säbelschwingende Polizisten ein und hinterließen fünfzehn Schwerverletzte.

Das Heim hatte eine große Bedeutung für die SPÖ. Hier fanden mehrere Parteitage statt, bei den großen Januarstreiks 1918, die den Anfang vom Ende der Monarchie bedeuteten, war es das zentrale Streiklokal, die Parteigründer Engelbert Pernerstorfer und Victor Adler waren hier öffentlich aufgebahrt. Nach 1934 wurde das Gebäude von der austrofaschistischen Vaterländischen Front und nach dem Anschluß von der NSDAP als Kreisleitungshaus mißbraucht. Danach diente es als Bezirkskommandantur der sowjetischen Besatzungsmacht, wurde aber bereits 1952 wieder den Favoritner Arbeitern übergeben. Doch es erreichte nie mehr die kulturelle und politische Bedeutung, die es besessen hatte. Der letzte Kampf um das Arbeiterheim wurde 1983 geführt, als die Absicht bekannt wurde, das zu diesem Zeitpunkt völlig heruntergekommene Gebäude in ein Shopping-Center umzuwandeln. Zwar wurde die damals erkämpfte Zusage, hier ein Museum zur Geschichte der Arbeiterbewegung einzurichten, nicht eingehalten, aber die Fassade liebevoll-authentisch renoviert. Dahinter verbirgt sich ein modernes Hotel – vielleicht ein Aufenthaltsort für Nostalgiker der Weltrevolution. Eine Nacht im Schloß kann man inzwischen fast überall verbringen, aber eine Nacht im Arbeiterheim?

Das Zentrum Favoritens ist der Reumann-Platz. Hier befindet sich Wiens renommiertestes Eisgeschäft: Tichy. Und ein Art-Deco-Prachtstück, das in den 20er Jahren europäische Maßstäbe setzte: das **Amalienbad** 3. Es ist wunderschön restauriert und in seiner Kombination als Dusch-, Wannen- und Schwimmbad erhalten. Brausebäder für den Massenbetrieb, von den Wienern »Tröpferlbad« genannt, waren ebenfalls eine sozialdemokratische Errungenschaft, die den Arbeitern nicht nur die Möglichkeit zur Hygiene geben sollte, sondern auch – wie es in einem Kommentar aus den 20er Jahren heißt – die Voraussetzungen dafür schufen, daß »das Proletariat seinem Körper in Gesundheit und Schönheit zugleich dienen könne«.

Hinter der Laaer Bergstraße beginnt der seit 1885 bestehende **Böhmische Prater** 4, in dem noch ein wenig von jener ursprünglichen Schaubuden- und Ringelspielromantik erlebbar ist, die ursprünglich auch den Wurstelprater ausgezeichnet hat: Kindereisenbahn, Autodrom, Schießbude, Kettenkarussel, Ringelspiel und Schiffsschaukel sind allesamt ein bißchen altertümlicher, provinzieller und daher auch billiger als die Attraktionen beim Riesenrad. Aber Spaß und Lärm machen sie genauso viel – wenn nicht noch mehr. Und außerdem findet man hier die letzten und wahren Könner eines vom Aussterben bedrohten Berufsstandes: die Ausrufer.

Art-Deco-Juwel : Das Amalienbad

Simmering – Die Totenstadt

Selbstverständlich wird man Simmering nicht gerecht, wenn man es auf den Zentralfriedhof reduziert. Aber einerseits mag die einstige Spezialität des 11. Wiener Gemeindebezirks, das Gemüse von der Simmeringer Haide, falls es überhaupt noch wächst, ohnehin niemand mehr, und zum anderen ist der **Zentralfriedhof** (s. S. 270) mit seiner Fläche von über 2,3 Mio. m^2 immer noch einer der größten Friedhöfe Europas und allemal größer als beispielsweise der 8. Bezirk, die Josefstadt. Ungefähr 3 Mio. Menschen gewährt dieser Gottesacker eine letzte Heimstatt, und bis zum Jahr 2000 sollen es noch eine Million mehr werden.

Die Bevölkerungsexplosion, die Wien seit dem Beginn des 19. Jh. erlebte, führte auch dazu, daß die bestehenden »communalen« Friedhöfe nicht mehr in der Lage waren, die Toten aufzunehmen. Deshalb beschloß der Gemeinderat 1863, einen Großfriedhof zu errichten, und setzte zu diesem Zweck eine Kommission ein. Bereits drei Jahre später konnte diese erste Ergebnisse vorlegen und favorisierte ein Grundstück mit sandigem Boden in Simmering. Nachdem wiederum drei Jahre vergangen waren, entschloß sich der Gemeinderat, die zur Auswahl anstehenden Grundstücke zu besichtigen. Da aber spätestens Ende 1872 ein Begräbnisnotstand drohte, weil zu diesem Zeitpunkt der St. Marxer Friedhof (s. S. 137) gesperrt werden mußte, ließ man jetzt nur noch ein Jahr verstreichen, bis die Ausschreibung für den Zentralfriedhof vorgenommen wurde. Die Eröffnung der Wiener Totenstadt erfolgte an Allerheiligen 1874. Das erste Einzelgrab, das an diesem 1. November belegt wurde, ist noch erhalten: Es ist das des Jakob Zelzer in Gruppe 0.

Zu diesem Zeitpunkt waren Haupttor wie Leichenhalle ein Provisorium und Kirche war gar keine vorhanden. Dafür faßte der Gemeinderat aber in den folgenden Jahren eifrig wichtige Beschlüsse. Die Verordnungen zur »Errichtung von Grabstätten zur Beerdigung hervorragender, historisch denkwürdiger Personen« sowie die zur »Übertragung der Leichenreste historisch denkwürdiger Personen von den alten Friedhöfen nach dem Zentralfriedhofe« schufen die Grundlage für die heutigen Ehrengräber. Erst nach der Jahrhundertwende wurden das Haupttor und die beiden Leichenhallen (für Infektiöse und Nicht-Infektiöse) gebaut. 1908 erfolgte die Grundsteinlegung zum Kirchenbau. Bürgermeister Karl Lueger, der die repräsentative Ausgestaltung des Zentralfriedhofes in die Wege geleitet hatte, konnte ihre Vollendung nicht mehr erleben. Zum Dank für seine Tätigkeit wurde er im Unterbau der Kirche beigesetzt, die auch seinen Namen trägt: **Dr. Karl Lueger-Gedächtniskirche**.

Vor der Eröffnung des Zentralfriedhofs hatte es eine intensive Diskussion über das Problem der Leichenbeförderung gegeben, das letztendlich nicht in dem erwogenen umfassenden Sinne gelöst wurde. Es kam weder zur geplanten Leichensammelstelle in der ehemaligen Großmarkthalle, noch wurde das Projekt einer »pneumatischen Leichen-

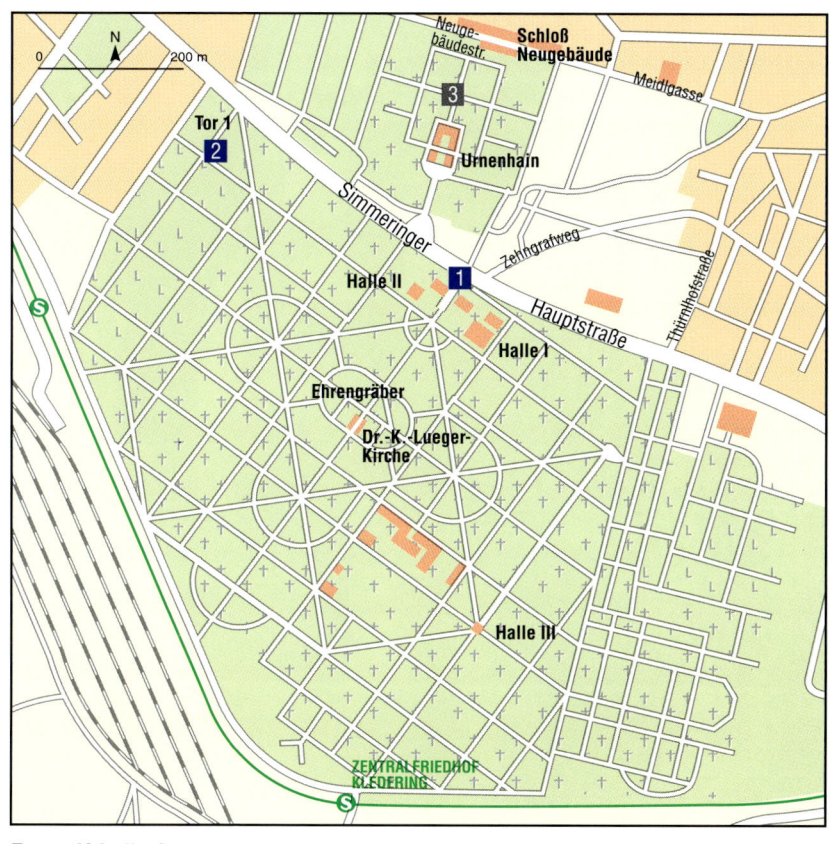

Zentralfriedhof 1 *Haupteingang* 2 *Alte Israelitische Abteilung* 3 *Krematorium*

beförderung«, ähnlich der Rohrpost, das zwei Wiener Erfinder entwickelt hatten, realisiert. Einzig die Simmeringer Pferdebahn wurde ausgebaut und später elektrifiziert. Am 1. November, wenn der Zentralfriedhof Geburtstag hat, befördert der 71er, wie die Straßenbahn seit 1907 heißt, in manchem Jahr bis zu einer Million Besucher. Allerheiligen am Zentralfriedhof, das sind nicht nur fünf Millionen Chrysanthemen und eine halbe Million Zyklamen und Stiefmütterchen, sondern auch Blumen- und Würstelstände sowie Maronibrater vor dem Haupteingang und eine getragen-feierliche, aber nichtsdestoweniger volksfesthafte Stimmung.

Einen Rundgang durch den Zentralfriedhof beginnt man am besten bei Tor 2, dem **Haupteingang 1**, wo man auch einen detaillierten Plan erwerben kann. Nach den beiden Aufbewahrungshallen öffnet sich eine breite, zur Kirche führende Allee. An ihrem Anfang befinden sich prächtige Arkadengräber. In ihnen stellte das Wiener Bürgertum seinen Reichtum zur Schau und ahmte die alten Adelsgrüfte nach. Berühmt sind das Grab der Industriellenfamilie Mautner und das des Erfinders der feuerfesten

JOHANN
STRAVSS
1825–1899
VND DESSEN GATTIN
ADELE
1856–1930

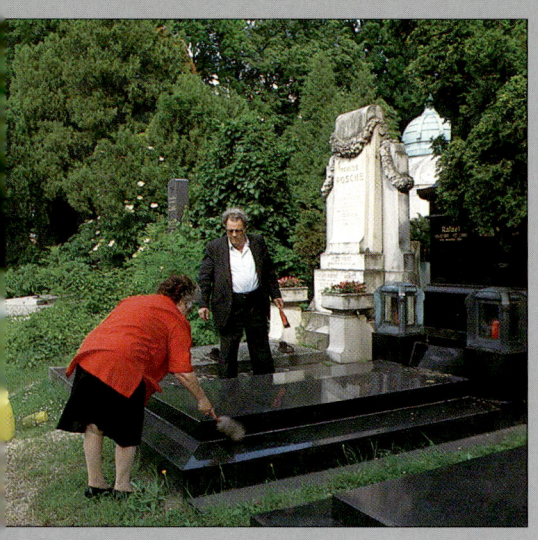

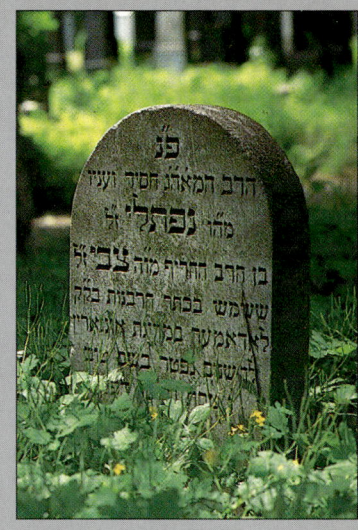

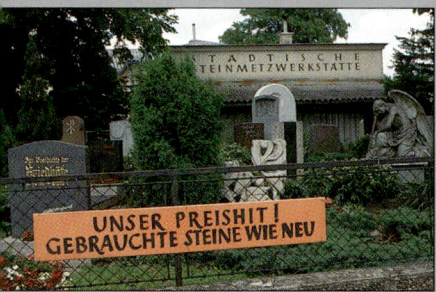

TÄDTISCHE
TEINMETZWERKSTÄTTE
UNSER PREISHIT!
GEBRAUCHTE STEINE WIE NEU

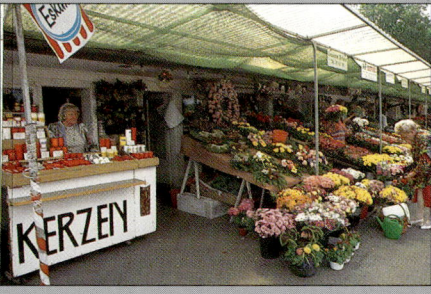

KERZEN

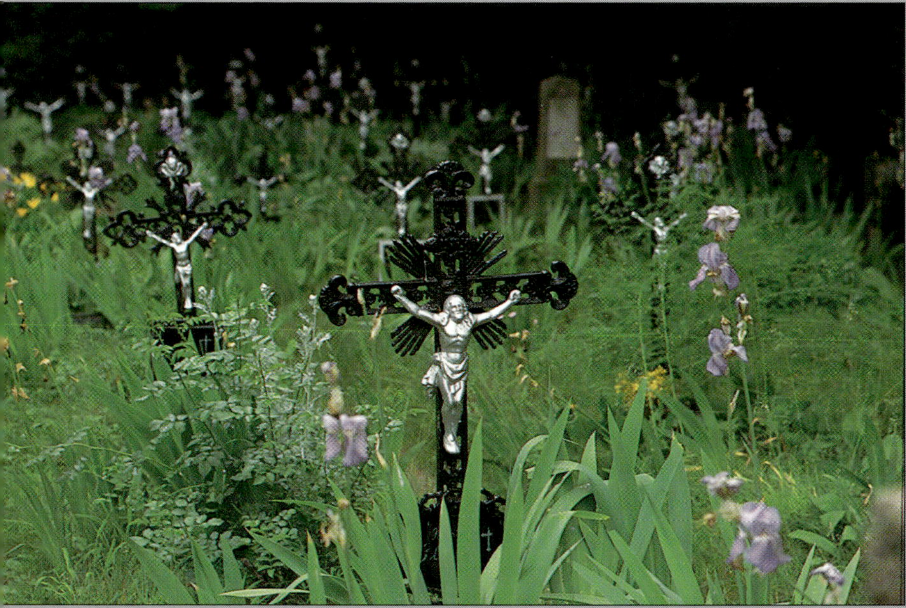

Kasse, Franz Freiherr von Wertheim. Auf dem Weg zur Kirche liegen die beiden großen Abteilungen der Ehrengräber, ein österreichisches Pantheon und die Hauptattraktion des Zentralfriedhofes. Unter anderem ruhen hier die Musiker Ludwig van Beethoven, Johannes Brahms, Franz Schubert, Johann Strauß Vater und Sohn, Joseph Lanner, Robert Stolz und der 1974 hierher überführte Arnold Schönberg. Ehrengräber haben auch die Ringstraßenarchitekten Theophil Freiherr von Hansen, Karl Freiherr von Hasenauer und Eduard van der Nüll sowie die Wissenschaftler Julius Wagner-Jauregg, Ludwig Boltzmann und der Arzt Theodor Billroth. Neben Schriftstellern wie Ludwig Anzengruber, Johann Nestroy, Franz Werfel und Anton Wildgans befinden sich prominente österreichische Politiker wie die Bundeskanzler Leopold Figl, Julius Raab und Bruno Kreisky. Der Anziehungspunkt für die Besucher aber sind die Gräber der Schauspieler und Publikumslieblinge: Paul Hörbiger, Hans Moser, Albin Skoda, Theo Lingen und Curd Jürgens haben hier ihre letzte Ruhestatt gefunden. Und selbst den Schauspieler, Kabarettisten und Schriftsteller Helmut Qualtinger, der vor allem wegen seiner Mitläufer-Satire »Der Herr Karl« den Wienern ein Dorn im Auge war, hat man in einem Ehrengrab bestattet. Doch das hat »Quasi« schon vorher gewußt: »In Wien mußt erst sterben, damit sie dich hochleben lassen. Aber dann lebst lang.«

Eine völlig andere Welt tut sich einem auf, wenn man durch das Tor 1 die **Alte Israelitische Abteilung** 2 betritt. Gleich hinter dem Eingang ist ein großer leerer Platz. Die hier befindliche Zeremonienhalle wurde in der sogenannten »Reichskristallnacht« von den Nazis verwüstet und 1944 von Bomben endgültig zerstört. Der dahinter beginnende Fried-

hof präsentiert sich in seiner Stille wie ein riesiger verwachsener Garten. Doch der Eindruck von Verzauberung mag sich nicht einstellen, denn die geschändeten Gräber und die aufgebrochenen Bauten sind unübersehbar. Der Dichter Arthur Schnitzler liegt hier begraben, doch die Namen anderer großer Wiener aus der jüngsten Glanzperiode der Donaumetropole wird man vergebens suchen. Diese Stadt hat ihre jüdischen Mitbürger selbst vertrieben. Und Gustav Pick, dessen Grab sich hier befindet, kennt kaum ein Wiener. Obwohl er der Textdichter und Komponist des Fiakerliedes war, des wienerischsten aller Wienerlieder.

Auf der anderen Seite der Simmeringer Hauptstraße befindet sich das **Krematorium** 3. Sein Urnenhain bedeckt drei Viertel des Lustgartens des sogenannten »Neugebäudes«, eines unter Kaiser Maximilian II. errichteten Lustschlosses (s. S. 49). Die Reste des Renaissancegebäudes verfallen schon seit den Jahren Maria Theresias und sind heute hinter einem Bretterzaun verborgen. Das erste, was beim Besuch des Urnenhains ins Auge fällt, ist eine Gedenktafel: »Den Vorkämpfern der Feuerbestattung in Österreich«. Diese Inschrift ist sehr ernst gemeint. Das erste große Bauwerk des Roten Wien, das von Feinden wie Freunden der Sozialdemokratie als Bollwerk im Kulturkampf verstanden wurde, war das Krematorium. »Proletarisch gelebt, proletarisch gestorben und dem Kulturfortschritt entsprechend eingeäschert« lautete die Forderung des Arbeiterbestattungsvereins »Die Flamme«. Mit dem 1922 gebauten Krematorium ging sie in Erfüllung. Obwohl bei der Ausschreibung nur mit dem dritten Preis ausgezeichnet, ging der Auftrag an den Architekten Clemens Holzmeister. Ausschlaggebend dafür dürften takti-

»Der Tod,
das muß ein Wiener sein...«

Gibt es einen anständigen Menschen, der in irgendeiner guten Stunde in tiefster Seele an etwas anderes, als ans Sterben denkt?«, fragte um die Jahrhundertwende der Dichter Arthur Schnitzler. Eine rhetorische Frage ohne Zweifel, insbesondere für einen Wiener. Heute wird es oft als Unglück beklagt, daß wir verlernt haben, mit unseren Toten angemessen umzugehen. Dabei ist das eine Fähigkeit, die man durchaus lernen kann – schon als Kind. In der Stadt an der Donau gab es bereits vor 150 Jahren, im Biedermeier, kolorierte Ausschneidebögen zu erwerben, mit deren Hilfe ein aufgewecktes und handwerklich begabtes Kind einen Leichenzug basteln konnte, der von der Kaserne zur Kirche führt. So ist man gut für den letzten Gang vorbereitet.

Doch bevor er angetreten wird, gilt es erst einmal die Berechtigung dafür festzustellen. Tot oder scheintot ist hier die Frage. Um der Gefahr des Lebendig-Begrabenwerdens vorzubeugen, hatte schon 1796 ein Hofdekret bestimmt, daß in der Leichenkammer der Sargdeckel abgenommen und ein letzter Blick auf die im Todesschlaf liegende Gestalt geworfen werde. Außerdem mußte die gespannte Schnur eines Glockenzuges um die Hand des Toten gelegt werden, und im Winter war die Leichenkammer zu heizen. Weil der technische Fortschritt vor nichts halt macht, wurde am Zentralfriedhof sogar ein elektrischer »Rettungswek-ker« installiert. Selbstmörder durften daran nicht angeschlossen werden, da war die katholische Kirche vor. Aber wer, wie etwa der Dichter Johann Nestroy, panische Angst davor hatte, lebendig begraben zu werden, den beruhigte auch eine solche Installation nicht. Doch in Wien ist das kein Problem, denn hier hatte und hat bis heute jeder Tote das Recht auf den sogenannten »Herzstich«, ausgeführt von einem Arzt und anschließend bescheinigt durch ein Protokoll.

Nun konnte man sich beruhigt auf seine letzte Reise begeben. Um die Jahrhundertwende wurden dem Wiener dafür sieben Klassen angeboten. Die billigste umfaßte immerhin noch einen Priester, sechs Musikanten und ebensoviele Sargträger. In der teuersten gab es gleich neun Geistliche, acht Kutschen, Lampionsträger, Windlichter, Musik, Statisten, wenn es an Trauergästen mangelte, und ein großes Geläute.

Doch zuvor hielt man noch ein letztes Mal Hof. In seinen »Lebenserinnerungen« hat der Wiener Otto Friedländer die Atmosphäre des bürgerlichen Begräbniskults des Fin de Siècle festgehalten: »Die beiden Türflügeln werden weit geöffnet, ein schwarzer Teppich wird bis zur Eingangstür der Wohnung gelegt. Bei reichen Leuten legen sie den Teppich bis zum Haustor, hängen schwarze Draperien um das Tor und stellen einen Trauerportier in spanischer Gala daneben. Wer will kann jetzt hereinkommen, und die Aufbahrung besichtigen. Und es wollen viele.

Es gibt im Wiener Volk viele Leichenamateure, die keine schöne Aufbahrung und keine schöne Leiche auslassen. Ganz arme Leute sparen ihr Leben lang für ein prunkvolles Leichenbegräbnis mit prächtiger Aufbahrung und Galaleichenwagen. Die Wiener haben große Freude, wenn man sich die Trauer um seine Lieben was kosten läßt.«

Am Friedhof, wo die Bestattung endet, kann sie noch einmal ihren ganzen Prunk entfalten, in dessen Mittelpunkt der Sarg steht. In der sogenannten »Pracht-Klasse« war es natürlich ein »Prachtsarg reichster Art, mit vergoldeter und versilberter Ornamentik«. Über seine weiteren Bestandteile gibt ein zeitgenössischer Prospekt Auskunft: »Eine weisse Atlasmatratze oder solche von schwarzen Sammt reich mit Spitzen, Bouquets und Schleifen geputzt. Ein Sargkissen von weissem Atlas oder schwarzen Sammt ebenfalls mit Spitzen, Bouquets und Schleifen aufgeputzt.
Ein feinstes Ebenholz-Sargkreuz mit Silber eingelegt, mit Bouquet und Schleife geputzt.
Eine Garnitur feinste französische Sargblumen, schwarz oder färbig.
Endlich ein Maroquin-Leder-Etui mit Atlas gefüttert, darin ein echt vergoldeter Sargschlüssel mit dem Namen, Charakter, Geburts- und Sterbedatum des Verstorbenen in echtem Golddruck.«

Ein glatter Fichtenholzsarg, das steht für den Wiener fest, wäre eine Blamage – nicht für die Hinterbliebenen, sondern für den Toten. Deshalb kennt auch das republikanische Wien noch vier Begräbnisklassen und in mehr als der Hälfte der Fälle wird nach wie vor die 1. Klasse bestellt.

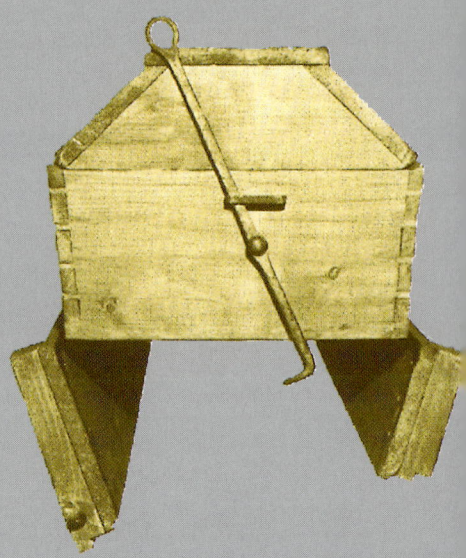

Der von Kaiser Joseph II. verordnete »Retoursarg« mit seinem raffinierten Klappmechanismus fand bei den Wienern wenig Anklang

Ein einziges Mal wurde versucht, den Wienern ihren Begräbnispomp zu nehmen, was fast zu einer Revolution geführt hätte – und das schon einige Jahre vor der großen französischen. Aus hygienischen und wirtschaftlichen Gründen verordnete Kaiser Joseph II. 1784 eine einfache Bestattung. Der Verstorbene wurde in einen Leinensack eingenäht und in einen schlichten Sarg gelegt. An der Grabstelle wurde der Boden geöffnet, die Leiche fiel heraus und der Sarg stand für die nächste Bestattung zur Verfügung. Deshalb wurde er von den Wienern »Retour-« bzw. »Sparsarg« genannt. Der Widerstand der Bevölkerung gegen diese erzwungene Schlichtheit war so groß, daß der Monarch schon im Januar 1785 die Verfügung aufhob und in einem Handbillet schrieb: »Da ich sehe und täglich erfahre, daß die Begriffe der lebenden

Leute noch so materialistisch sind, daß sie einen unendlichen Preis darauf setzen, daß ihr Körper langsamer faule und länger ein stinkendes Aas bleibe, so ist mir wenig daran gelegen, wie sich die Leute wollen begraben lassen.«

Wenn der Sarg im Grabe ist, bleibt nur noch die Erinnerung an den Verstorbenen. Damit sie nicht langsam aus dem Gedächtnis schwindet, bedienten sich die Wiener früh des technischen Fortschritts. Sie trugen den Toten in ein Fotoatelier, schminkten ihn und setzten ihn auf einen Stuhl. Die Augen wurden nachträglich daraufkoloriert, so daß diese »Leichenporträts« in der Tat so aussehen, wie ihre Werbung behauptete: »Billig und in größter Ähnlichkeit«.

Weil diese aber schon 1891 verboten wurden, bleibt seither für den endgültigen Abschied nur mehr der altbekannte Leichenschmaus. Und dem gaben und geben sich die Wiener gerne und exzessiv hin, wie zumindest ein Spottgedicht aus dem 17. Jh. behauptet:

Wann das Grab ist zugeworffen
Wird der Todt erst gar versoffen
In dem Sterbhaus nach dem Tod,
Wo man Todtenmahlzeit haltet,
Da der Leichnam kaum erkaltet,
Ißt und trinkt wohl über Not.

sche Überlegungen gewesen sein: Da die Feuerbestattung von der katholischen Kirche strikt abgelehnt wurde, kam der Bau eines Krematoriums geradezu einer Kriegserklärung gleich. Die Wahl eines angesehenen katholischen Architekten sollte Öl auf die Wogen gießen. Der romantisch-expressionistische Bau mit seinen gotisch wirkenden Elementen wie Zinnen und spitzen Arkadenbögen fand internationale Anerkennung, und in Wien beeinflußte er die Gestaltung der ersten Wohnbauten der Gemeinde.

Wer nun endgültig seine nekrophile Ader entdeckt hat, kann vom Zentralfriedhof mit den Buslinien 72A und 6A zum Albener Hafen fahren, hinter dem der **Friedhof der Namenlosen** liegt. Durch einen Wasserwirbel im Bereich des heutigen Hafens wurden hier früher die Leichen der in der Donau Ertrunkenen angeschwemmt. Nachdem der alte Friedhof, an den eine Tafel erinnert, immer wieder überschwemmt worden war, wurde im Jahre 1900 eine Grabstätte jenseits des Dammes angelegt. Die letzte Bestattung fand 1935 statt, denn nach dem Bau des Hafens gibt die Donau ihre Toten nicht mehr frei. Insgesamt liegen hier 104 Personen: meist Selbstmörder und Verunglückte. Eine Grabinschrift verkündet: »Ertrunken durch fremde Hand.« Auch der frühere Besitzer der daneben befindlichen Gastwirtschaft hat hier seine letzte Ruhestätte gefunden. Die Gräber sind betont schlicht und meist nur von einem schmiedeeisernen Kreuz geziert. Die Stimmung auf diesem kleinen und stillsten aller Wiener Friedhöfe ist besonders am Morgen, wenn die Nebel von der Donau aufsteigen, sehr traurig und friedvoll.

Hietzing – Das Schloß Schönbrunn

Dem nach Versailles prächtigsten Barockschloß der Welt nähert man sich am besten von der Mariahilferstraße kommend durch die Schloßallee. Es ist dies auch der Weg, den Kaiser Franz Joseph täglich von der Hofburg nahm. Der Anblick ist trotz des unangenehmen Verkehrschaos immer noch so grandios wie damals. In dieser Gesamtansicht bietet sich das Schloß als das dar, was es ist: der steinerne Zeuge eines »idyllischen Absolutismus maria-theresianischer Prägung«.

Ursprünglich diente das Areal als kaiserliches Jagdgebiet und verdankt seinen Namen einer Quelle, deren Wasser Kaiser Matthias so sehr schätzte, daß er

Najadenbrunnen

den Ort mit einer Nymphe schmücken ließ und »Schöner Brunnen« nannte. Die zu einem Herrenhaus umgebaute Mühle machten die Türken 1683 bei der Belagerung Wiens dem Erdboden gleich. Nach dem Sieg und den Erfolgen des Prinzen Eugen im Krieg mit der Hohen Pforte waren die Habsburger mächtig wie nie zuvor, und das wollten sie auch zeigen. Leopold I. beauftragte Johann Bernhard Fischer von Erlach mit dem Entwurf für ein kaiserliches Lustschloß. Es sollte mit vier Flügelbauten und drei Ehrenhöfen auf der Anhöhe der heutigen Gloriette Versailles an Größe und Pracht noch übertreffen. Doch das überschritt die finanziellen Möglichkeiten des Kaisers. So wurde ein späteres Projekt des Architekten ausgeführt, das das Schloß näher an den Wienfluß rückte und mit seinen 1441 Zimmern und Sälen von wesentlich bescheidenerem Zuschnitt war. Bestimmt war es für den Thronfolger Joseph und keineswegs fertig, als der Kaiser wurde. Nach Joseph I. überraschenden Tod an den schwarzen Blattern wurden die Bauarbeiten eingestellt. Sein Nachfolger, der aus Spanien kommende Karl VI. erwählte »La Favorita« (s. S. 147) zum Sommersitz und wollte sich in Klosterneuburg einen österreichischen Escorial bauen lassen (s. S. 236). Schönbrunn blieb ein Torso.

Weil Maria Theresia »La Favorita«, in dem ihr Vater gestorben war, nicht mehr betreten wollte, ließ sie **Schloß Schönbrunn** **1** ausbauen (s. S. 276). Am 25. Februar 1743 ordnete sie an, daß das Schloß »nicht nur repariret, sondern

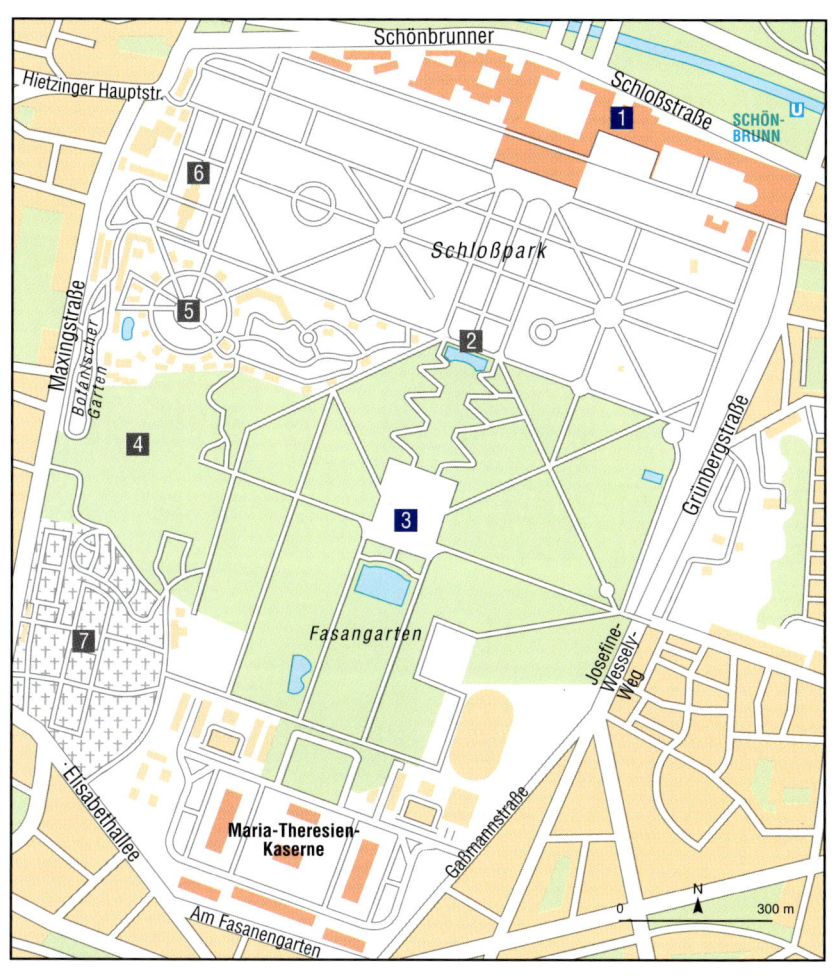

Schloß Schönbrunn   1 Schloß   2 Neptunbrunnen   3 Gloriette   4 Tiroler Garten
5 Tiergarten   6 Palmenhaus   7 Hietzinger Friedhof

auch erweitert und zu bequemer Unterbringung der Hof Staat ausgebauet werden sollte«. Geld schien keine Rolle zu
spielen. Beauftragt mit dem Bau wurde
ihr Günstling und damals meist beschäf-
tigte Architekt Wiens, Nikolaus Pacassi.
Was er geschaffen hat, ist weit mehr als
ein repräsentativer Sommersitz für das
Kaiserhaus, es ist ein Denkmal für die
Dynastie der Habsburger, weil die Archi-

tektur den Geist des Herrscherhauses
zum Ausdruck bringt: die hinter freund-
lich-volkstümlichem Glanz verborgene
kühle Distanz.

39 Schauräume, das sind 2,7 Prozent
der Schloßgemächer, stehen heute Besuchern offen. Das Porzellanzimmer, das
Miniaturenkabinett und das Schreibzim-
mer sind Beispiele der Hochblüte des
Rokoko und wirken dennoch bieder-

meierlich. Die von der Kaiserin gelebte Familienidylle hat ihnen den Stempel aufgedrückt. Die Chinoiserien, die in vielen der Räume zu finden sind, dokumentieren eine Vorliebe des spätbarocken Adels für die fernöstliche Kultur, eine Mode der feinen Gesellschaft. In Wien gehörte sie jedoch erst zum guten Ton, als sie in ihrem Ursprungsland Frankreich schon längst vergessen war. Sieht man vom Spiegelsaal ab, wo das sechs-

jährige »Wunderkind« Mozart vor Maria Theresia musizierte, ohne daß dies nennenswerten Einfluß auf seine Karriere hatte, so hat nur der Blaue Salon geschichtliche Bedeutung erlangt: Hier, zwischen blau-weißen japanischen Vasen und handgemalten fernöstlichen Tapeten, unterschrieb Kaiser Karl I. im November 1918 seine Verzichtserklärung und Österreich wurde eine demokratische Republik.

Der fast zwei Quadratkilometer große Schloßpark ist eine der bedeutendsten Barockanlagen im französischen Stil. Am **Neptunbrunnen** 2 vorbei kommt man über einen Serpentinenweg zur **Gloriette** 3, dem krönenden Abschluß des Parks. Sie wurde erst 1775 aufgestellt und ist ein Denkmal. Es soll an den Sieg der österreichischen Truppen über das preußische Heer Friedrichs des Großen bei Kolin erinnern (1757).

Der damalige Zeitgeist findet sich zweifach in dieser Anlage. Die überall verstreuten Plastiken nehmen Bezug auf die antike Mythen- und Sagenwelt und sind Monumente der Verherrlichung der antiken humanistischen Geistestradition. Der **Tiroler Garten** 4 zum anderen ist Ausdruck der von Jean-Jacques Rousseau initiierten Hinwendung zum natürlichen Leben, aus dem der Adel eine kunstvolle Mode gemacht hat.

»Was nicht in den Akten steht, ist nicht in der Welt« Kaiser Franz Joseph I.

Im Schloß Schönbrunn ist noch heute das Schlafzimmer Kaiser Franz Josephs I. mit seinem kargen Soldatenbett zu besichtigen. Das ist das eine heute noch gerne verbreitete Bild des Monarchen. Das andere ist auf vielen Postkarten zu sehen: ein gütig lächelnder Mann in Uniform, der die Weisheit des Alters ausstrahlt. Seine Zeitgenossen hatten oft einen ganz anderen Eindruck von ihm – oder gar keinen. Karl Kraus schrieb nach seinem Tod ein Gedicht, in dem es heißt:

Wie war er? War er dumm? War er
    gescheit?
Wie fühlt' er? Hat es wirklich ihn
    gefreut?
War er ein Körper, war er nur ein Kleid?
War eine Seele in dem Staatsgewand?...
Wollt' er den Krieg? Wollt' eigentlich er
    nur
Soldaten, und von diesen die Montur,
von der den Knopf nur? Hat' er eine
    Spur
von Tod und Liebe und von Menschen-
    leid?
Nie prägte mächtiger in ihre Zeit,
jemals ihr Bild die **Unpersönlichkeit**.

Heute ist Franz Joseph zur Ikone der guten alten Zeit geworden und das sicher nicht zufällig, denn wie kaum ein anderer Habsburger verkörperte er das Wiener Wesen.

Auf den Thron kam er in den Revolutionswirren des Jahres 1848, weil im Interesse der Machterhaltung ein Personalaustausch in der Führungsspitze dringend erforderlich schien. Nachdem Kaiser Ferdinand zu seinen Gunsten abgedankt hatte, wollte Franz Joseph ihm danken. Doch der wehrte ab mit dem Satz »Laß nur, es ist gern geschehen«. Daraufhin entschwand der im Geist nicht sehr starke Ferdinand auf seinen Altersruhesitz, die Prager Burg. Hier lebte er noch über ein Vierteljahrhundert und pflegte bei jedem Mißgeschick seines Nachfolgers, also relativ oft, zu sagen: »Das hätt' ich auch zusammengebracht.«

Systematisch war Franz Joseph für diesen Tag, an dem er Kaiser von Gottes Gnaden werden sollte, erzogen worden. Schon als Siebenjähriger hatte er, den die Hofdamen als Baby »Gottheitl« nannten, 32 Unterrichtsstunden in der Woche und lernte von seinem Dienstkämmerer, wie ein Habsburger zu sein hat: pflichteifrig, gewissenhaft, fleißig, pedantisch und eintönig. Das Kind erfuhr, daß man immer Haltung zu zeigen hat und immer im Dienst ist, wenn man ein riesiges Reich regieren muß. Aber dieses Österreich war kein Staat mit einem Monarchen an der Spitze, sondern das Haus Habsburg besaß ausgedehnte Ländereien mit darauf lebenden Untertanen. Doch weil die aufgemuckt und Revolution gemacht hatten, fand Franz Josephs Amtsantritt auch nicht in der kaiserlichen Residenz zu Wien, sondern im provinziellen Olmütz statt. Zu

seinem Regierungsmotto wählte er den Satz *Viribus unitis* – »Mit vereinten Kräften«. Daß er damit nicht die Bürger seines Vielvölkerstaates meinte, wurde sehr schnell klar: Als sich herausstellte, daß seine militärische Macht nicht reichte, die für ihre nationale Unabhängigkeit kämpfenden Ungarn zu besiegen, bat er den als blutigen Tyrannen in ganz Europa verhaßten russischen Zaren um Hilfe. Nach dem »mit vereinten Kräften« errungenen Sieg über die aufständischen Ungarn hielt der damals neunzehnjährige Kaiser ein Blutgericht. Über 300 Todesurteile wurden vollstreckt. Das war ein Vorgang von solcher Ungeheuerlichkeit, daß selbst Zar Nikolaus, der finstere Despot, intervenierte und ein Ende der Hinrichtungen forderte.

Franz Joseph schaffte die Verfassung ab, ebenso die Pressefreiheit und die öffentlichen Gerichtsverhandlungen. Regiert wurde auf dem Verordnungswege, wie es einem Kaiser von Gottes Gnaden geziemt. Dabei war Franz Joseph doch nur ein Kaiser von der Kanonen Gnade: Er vertraute auf die neugeschaffene Gendarmerie und die Bajonette der Armee. Doch mit letzterer war es nicht weit her, wie sich bald zeigen sollte. Unter der Führung des Königreiches Piemont versuchte die italienische Freiheitsbewegung, Venetien und die Lombardei vom österreichischen Kolonialjoch zu befreien. In blindem Größenwahn verfangen erklärte der Wiener Hof 1859 Piemont den Krieg, den Franz Joseph, der den Oberbefehl übernommen hatte, verlor und der über 22 000 Tote kostete. Gelernt hat der Monarch nichts daraus. Als er endlich Bismarcks feingesponnenen Plan, Deutschland unter der Führung der Hohenzollern zu einigen und die Habsburger auszuschalten, begriff, konnte er nur noch seinen Machtanspruch aufgeben oder Krieg führen. Franz Joseph entschied sich für letzteres. Zur entscheidenden Schlacht kam es am 3. Juli 1866 bei Königgrätz. Sie wurde eine Katastrophe für die mit veralteten Gewehren ausgerüstete österreichische Armee, die wie auf dem Exerzierplatz in farbenprächtigen Monturen und aufrechter Haltung vorrückte. An die 6000 Tote, über 7000 Verwundete und ebensoviele Vermißte war die Bilanz. Ihr folgte eine Erklärung des Habsburgers: »Seine Majestät der Kaiser von Österreich erkennt die Auflösung des bisherigen Deutschen Bundes an und gibt seine Zustimmung zu einer neuen Gestaltung Deutschlands ohne Beteiligung des österreichischen Kaiserstaates.«

Nun war es mit dem Kriegspielen erst einmal vorbei. Außerdem galt es, die seit Jahrzehnten ungelösten politischen, sozialen und nationalen Probleme in Angriff zu nehmen. Der Kaiser und seine Minister handelten diesmal erstaunlich rasch. Bereits im Februar 1867 wurde mit dem sogenannten »Ausgleich«, der Ungarn weitgehende Autonomie zugestand und die k. u. k.-Monarchie schuf (Franz Joseph war jetzt Kaiser von Österreich und König von Ungarn), das wichtigste Problem gelöst. Nun begann jene glanzvolle und walzerselige Epoche, die heute noch – und nicht nur der Touristen wegen – in Wien eine große Rolle spielt. Nicht mehr absoluter Herrscher war Franz Joseph jetzt, sondern Symbol der k. u. k.-Monarchie, wie der Historiker Franz Herre meint: »Er umgürtete sich mit Formen und Formalitäten, die ihn selber disziplinieren, andere zur Ordnung anhalten, das Ganze zusammenhalten sollten. Er trachtete danach, stets gleich gekleidet, gestimmt und gesinnt zu sein, um in der Erscheinungen Flucht das Bleibende zu repräsentieren. Er suchte in ewig gleicher Tageseinteilung ständig zur selben Stunde dasselbe zu tun, als wollte er die Zeit daran gewöhnen, im Verrinnen zu verweilen. Die Statik war der Habitus eines Herrschers, der ein Reich verkörperte, das die moderne Dynamik mehr und mehr zu überrollen drohte. Schon der Vierziger sah auf den ersten Blick beinahe so aus, wie der Achtziger noch aussehen sollte. Die Uniform war sein Dienstanzug, und da er fast immer im Dienst war, sah man ihn kaum ohne den einfachen Waffenrock oder in Generalsgala. Das Bild des Monarchen, das die Untertanen vor sich haben sollten, hatte stets das gleiche zu sein, ähnlich einprägsam wie die Darstellungen von Gottvater auf den Altargemälden.«

Franz Joseph war der oberste Hofrat seines Reiches und seine Maxime lautete: Was nicht in den Akten steht, ist nicht in der Welt. Sein langjähriger Regierungschef Eduard Graf Taaffe war die ideale Ergänzung, da er eine Lebensstrategie des Wiener, das »Fortwursteln«, zum Inbegriff politischer Praxis machte. Die Wiener gaben sich dem Walzer, dem Backhendl und dem Heurigen hin. »Wir können warten«, ist seit damals ihr Lebensmotto. Aber sie hatten auch keine andere Wahl, denn der k. u. k.-Amtsschimmel (der auch heute noch oft anzutreffen ist) war legendär: In der Residenzstadt ging beispielsweise jede Steuerzahlung durch die Hand von 27 Beamten. Typisch für den herrschenden Geist war der Beitrag Österreich-Ungarns zur Pariser Weltausstellung von 1900. Während die anderen Staaten bei dieser Musterschau des technischen Fortschritts Lokomotiven, Dynamos und Geschütze präsentierten, zeigte die Donaumonarchie das Schießregister des Kaisers, der in seiner damals schon über fünfzigjährigen Amtszeit 48 345 Stück Wild mit eigener Hand erlegt hatte.

In seinen späten Jahren sagte Franz Joseph einmal: »Gott läßt mich solange leben, damit das Ende des uralten Reiches um einige Zeit hinausgeschoben wurde. Nach meinem Tode wird es unvermeidbar kommen.« Das waren prophetische Worte, denn die Monarchie überlebte ihn nur um zwei Jahre. Aber daran trug auch er Schuld. Der Kaiser hatte es nie überwunden, daß er durch die von ihm geführten Kriege dem Reich nur territoriale Verluste zugefügt hatte. So hatte er nach der Ermordung des Thronfolgers ein offenes Ohr für die Kriegspartei am Hofe, die endlich einen Vorwand für ihren Rachefeldzug gegen Serbien gefunden hatte. Am 28. Juli 1914 unterschrieb der greise Monarch die Kriegserklärung und veröffentlichte das Manifest »An meine Völker«, in dem es heißt: »Mit ruhigem Gewissen betrete Ich den Weg, den die Pflicht mir weist.« Für 1,2 Millionen Österreicher war das der Weg in den Tod. Kaiser Franz Joseph hat das Ende nicht mehr miterlebt. Er starb wenige Tage vor seinem 68. Regierungsjubiläum. Und die Bürokratie, die vorschriftsmäßige österreichische Ordnung, die er so geliebt hatte, ließ ein letztes Mal grüßen. Denn auch für ihn, wie für jede auf dem Gebiet der Monarchie verstorbene Person, mußte der unerläßliche Totenschau-Befund ausgestellt werden:

Vor- und Zunamen: S. M. Kaiser Franz Joseph I.

Letzter ständiger Wohnort: XIII. Bezirk, k. u. k. Lustschloß Schönbrunn.

Berufszweig und Berufsstellung: Kaiser von Österreich, König von Ungarn etc. etc.

Glaubensbekenntnis: römisch-katholisch.

Stand: Verwitwet.

Unmittelbare Todesursache nebst Angabe der etwaigen Grundkrankheit, aus welcher sich die unmittelbare Todesursache entwickelt hat: Herzschwäche nach Lungen- und Rippenfellentzündung.

Ist zu beerdigen: In Kapuzinergruft.

Überführung der Leiche: In die Burg.

Gestorben: 21. XI. 1916 um 9 Uhr 5' Abends.

Wien, beschaut am 23. November 1916 um $1/2$ 11 Vormittags.

Ebenfalls Mode war es, sich exotische Tiere zu halten. Franz Stephan von Lothringen, der Gemahl Maria Theresias, griff für den Bau seiner Menagerie und des oktogonalen Frühstückspavillons sogar in die eigene Tasche. Aber das geschah weniger aus Liebe zu seinen Untertanen, sondern weil mit diesem Pavillon, in dem heute ein Café untergebracht ist, ein Geheimnis verbunden war: ein unterirdisches Labor. Dort versuchte der Kaiser mit Hilfe einer handschriftlichen Anleitung, den »Stein der Weisen« herzustellen. Daraus ist zwar nichts geworden, aber Wien besitzt seither den einzigen barocken **Tiergarten** 5, der zugleich der älteste Zoo der Welt ist. Für die Tiere bedeutete dies bis vor kurzem eine qualvolle Unterbringung und ein Dahinvegetieren unter schlimmen Bedingungen. Das hat sich erst 1992 mit der Berufung des Konrad Lorenz-Schülers Helmut Pechlaner zum Direktor geändert. Er hat sich zum Ziel gesetzt, aus der Barockmenagerie einen artgerechten Tiergarten zu machen. Finanzielle Unterstützung gewährt der Staat, etwa für ein Wärmeversorgungsnetz. Daher müssen die Tiere seit 1995/96 nicht mehr wie vorher - über Jahrhunderte üblich - im Winter frieren (s. S. 276). Vor dem Zoo befindet sich das größte Glashaus Europas. Die imposante Eisen-Glas-Konstruktion des **Palmenhauses** 6 wurde in der Ringstraßenära geschaffen und beherbergt jede Menge exotischer Pflanzen.

Nur wenige Schritte von der kaiserlichen Pracht entfernt entfaltet das Bürgertum die seine – auf dem **Hietzinger Friedhof** 7. Schon beim Betreten des Gottesackers fallen die prächtigen, monumentalen Mausoleen und die klassizistischen Tempelbauten auf, die ihm den Ruf eines »Nobelfriedhofs« eingetragen haben. Alles sieht sehr teuer und sehr repräsentativ aus. Trotzdem ist es eine sehr individuell gestaltete und oft aus dem üblichen Rahmen fallende, aber in jedem Fall würdige Totenstadt des Bürgertums. Unter anderem ruhen hier

Franz Grillparzer (1872); die Tänzerin Fanny Elßler (1884), der damals ganz Wien zu Füßen lag; der Architekt des modernen Wien, Otto Wagner (1918); die beiden Jugendstilkünstler Gustav Klimt (1918) und Kolo Moser (1918); der Komponist Alban Berg (1935) und die Schauspielerin sowie Seelen-und-nochmehr-Freundin Kaiser Franz Josephs, Katharina Schratt (1940).

Dieser Friedhof gibt wie kaum ein anderer in der Donaumetropole einen Einblick in die Seele der Menschen. Die Figuren künden von echtem und stilisiertem Schmerz, von Eitelkeiten und menschlicher Größe. Der blanke Marmor auf den Gräbern des Geldadels und der Neureichen ist so abweisend wie sie selbst als Lebende waren und so unversöhnlich wie der Tod. Interessant ist ein Vergleich der Grabmale der drei großen Jugendstilkünstler. Das des Malers Gustav Klimt ist ein einfacher Stein. Otto Wagner ruht etwas erhöht auf einer der zahlreichen Terrassen unter einem Baldachin. Daneben ist das Grab von Kolo Moser mit der Inschrift: UND ZULETZT DES LICHTS BEGIERIG / BIST DU SCHMETTERLING VERBRANNT.

Ottakring – Die Macht der Arbeiterbewegung

Ottakring kann man am Geruch erkennen. Je nach Jahreszeit und Windrichtung gibt es drei unterschiedliche, aber immer wiederkehrende Düfte: Hopfen aus der Bierbrauerei, Kaffee aus der Rösterei oder einen süßen Hauch von den in Wien so geschätzten Mannerschnitten. Ottakring, bis zum 19. Jh. ein ländlicher Bezirk, besteht aus mehreren Teilen. Der gürtelnahe Bereich des 16. Bezirks heißt Neulerchenfeld. Im 18. Jh. war er, wie ein Lokalhistoriker meinte, »des Heiligen Römischen Reiches größtes Wirtshaus«. Denn der Gürtel, der 1704 auf Anregung Prinz Eugens als befestigter Schutz für die Stadt errichtet wurde und Linienwall hieß, war auch die Steuer- und Zollgrenze der Donaumetropole. Außerhalb dieses Bereichs konnten alle Waren billiger verkauft werden als in der Stadt. So kam es, daß um 1800 zwei Drittel der Häuser in Neulerchenfeld eine Schankkonzession besaßen. Das hat Nachwirkungen bis auf unsere Tage: Hier findet man wirklich das in Wien sprichwörtliche »Wirtshaus an jedem Eck«. Und wenn die warme Jahreszeit gekommen ist, werden bei vielen wie früher drei, vier Tische mit Stühlen und Bänken einfach vor die Tür gestellt: Fertig ist der »Schanigarten«.

Das pralle Vorstadtleben beginnt am Yppenplatz und erstreckt sich jeden Samstagmorgen noch einen guten halben Kilometer durch die Brunnengasse. Der **Brunnenmarkt** 1 ist einer der schönsten Märkte Wiens und zu jeder Jahreszeit eine Symphonie aus Farben und Geräuschen. Hier herrscht ein babylonisches Sprachgewirr. Selbst die diversen Wiener Dialekte, die hier von den Standlern gesprochen werden, sind nicht mehr für alle Einheimischen verständlich. Das Angebot an Waren reicht von wohlschmeckenden Marmeladen und den im Sommer von den Wienern hochgeschätzten Salzgurken der traditionsreichen Firma Staud über Käse-, Wurst- und Fleischspezialitäten bis zu den in großen Pyramiden aufgetürmten Paprika, Tomaten und Wassermelonen. Daneben finden sich auch Geschirr, Kleider und Trödel jeglicher Art.

Das Viertel um den Brunnenmarkt war immer schon voller Leben. Im 19. Jh. befanden sich hier einige der bekanntesten Wiener Vergnügungsstätten wie der »Apollo-Saal« und die »Rote Bretze«, wo Johann Strauß Vater und Joseph Lanner aufspielten. Im Vormärz entwickelte in Ottakring das Wiener Volkssängertum ein hohes Niveau. Daran knüpften die Brüder Schrammel an, die bei den Wiener Symphonikern eine klassische Ausbildung erhalten hatten, und es entstand das moderne Wienerlied, das als »Heurigenmusik« weltberühmt geworden ist. Die originale Besetzung des Schrammel-Quartetts waren zwei Geigen, Kontragitarre und G-Klarinette. Das »picksüße Hölzl«, wie es in Wien genannt wird, wurde später durch die »Quetsche«, die Ziehharmonika, ersetzt. Ein großer Teil der bedeutendsten Wienerliedkomponisten waren Ottakringer. Beim »Alten Dreher« (Liebhartstal 12) gibt es immer noch jeden ersten und dritten Montag im Monat ein Wienerliedtreffen, bei dem Volkssänger auch die fast vergessene

Ottakring
1 Brunnenmarkt
2 Dr.-Friedrich-Becke-Hof
3 Adelheid-Popp-Hof
4 Schmelzer Pfarrkirche
5 Johann-Nepomuk-Berger-Platz
6 Ottakringer Friedhof
7 Sternwarte
8 Siedlung Sandleiten

wienerische Kunst des »Dudelns« (eine Art Jodeln) pflegen.

Erholen vom Trubel des Marktes und zugleich ein typisches Vororte-Beisl kennenlernen kann man beim »Eisernen Mann« in der Hasnerstraße 56. Die anspruchslose Einrichtung und die einfache, aber durchaus schmackhafte Küche machen deutlich, daß Ottakring nach wie vor ein Arbeiterbezirk ist. Als in den Jahren um 1880 unter dem Vorwand der Bekämpfung anarchistischer Gruppen der Ausnahmezustand verhängt wurde, waren die Hinterzimmer solcher Wirtshäuser die Zuflucht der als beispiels-

weise »Pfeifenraucher-Clubs« getarnten Arbeiterbewegung. Sie hatte hier schon eine lange Tradition: 1792 war von Neulerchenfeld der Aufstand der Textilarbeiter ausgegangen und im Oktober 1848 konnte sich das Viertel sechs Tage gegen das Militär halten.

Aber die Bedeutung der Wirtshäuser für das Alltagsleben hatte nicht nur politische Gründe. Typisch für Ottakring waren die noch heute existierenden, oft nur einräumigen »Bassena-« – amtsdeutsch »Substandard-« – genannten Wohnungen ohne Wasser- und WC-Anschluß. (Bassena ist der Name für die

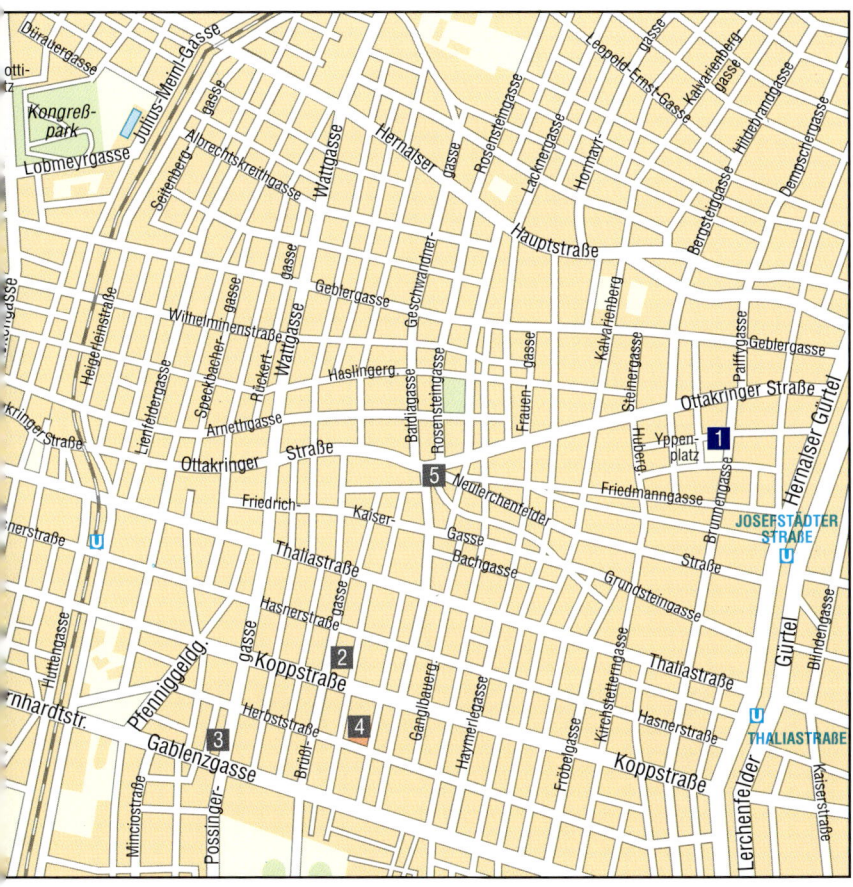

auf dem Flur befindlichen Wasserbekken.) Diese menschenunwürdigen Behausungen machten Ottakring in der Zwischenkriegszeit zu einem der Schwerpunkte des kommunalen Wohnbauprogramm des »roten Wien«. 28 Gemeindebauten wurden in diesem Bezirk errichtet. Sehr deutlich wird der Kontrast zu den bis dahin dominierenden Mietskasernen beispielsweise in der Thaliastraße. Nur wenige Jahre vorher sind die Häuser mit den prächtigen Fassaden entstanden, die ein Wohnidyll vortäuschen, das dahinter nie bestanden hat. Der Karl-Volkert-Hof (Nr. 75)

hingegen erscheint auf den ersten Blick wie ein ärmlicher Bau aus der Zeit unmittelbar nach dem Zweiten Weltkrieg und ist doch schon in den 20er Jahren entstanden. Mit ihren eher nüchternen Fassaden und den begrünten Innenhöfen stellen die Gemeindebauten aber ein Stück Lebensqualität für ihre Bewohner dar, das auch einen Spaziergänger zum Verweilen einlädt. Hier sollte man einen Rundgang beginnen, denn er zeigt den unbekannteren, aber sehr reizvollen Teil des »roten Wien«.

Der **Dr.-Friedrich-Becke-Hof** 2 ist einer der originellsten und schönsten

Das rote Wien

Eigentlich haben die Frauen das »rote Wien« geschaffen. Denn erst nachdem sie das Wahlrecht erhielten, konnten die Sozialdemokraten 1919 die absolute Mehrheit im Wiener Gemeinderat erringen. Die behaupteten sie bis zur Errichtung der Dollfußdiktatur im Jahre 1934. »Mit uns zieht die neue Zeit«, heißt es in einem früher oft gesungenen sozialdemokratischen Lied. Wien wurde zur Nagelprobe für diese Behauptung. Die Donaumetropole war die erste Millionenstadt der Welt, in der eine sozialdemokratische Verwaltung ihre kommunalen Grundsätze verwirklichen konnte. Unter Bürgermeister Karl Seitz und Gesundheitsstadtrat Univ. Prof. Dr. Julius Tandler wurden die Lebensbedingungen der Arbeiter entscheidend verbessert. Mit einem großangelegten und von der Gemeinde finanzierten Gesundheitsprogramm wurden die hohe Kindersterblichkeit und die in Wien weit verbreitete Tuberkulose erfolgreich bekämpft. Um die vor allem im Arbeitermilieu schweren sozialen Probleme – Alkoholismus, verwahrloste und auf der Straße herumstreunende Kinder – zu lösen wurden städtische Kindergärten und Horte sowie Beratungsstellen für Mütter und Alkoholiker eingerichtet. Weil die SPÖ in den kleinen, finsteren und unhygienischen Wohnungen nicht zu Unrecht die Wurzel dieser Übel sah, wurde ein riesiges kommunales Bauprogramm ins Leben gerufen. Zwischen 1919 und 1934 wurden 348 städtische Wohnanlagen mit über 60 000 Wohnungen gebaut, davon acht Anlagen mit jeweils über 1000 Wohnungen. So konnte die schon seit Jahrzehnten in Wien herrschende Wohnungsnot zwar nicht vollständig beseitigt, aber doch auf ein erträgliches Ausmaß reduziert werden. Dominiert wurde die kommunale Bautätigkeit von Otto Wagner-Schülern wie Karl Ehn. Er hat die berühmteste Anlage des »roten Wien« geschaffen, den einen Kilometer langen Karl-Marx-Hof (1927–30), ein international bedeutendes Beispiel einer expressionistisch-kubistischen Bauweise. Durch Türme und Torbögen wurde hier eine besondere Monumentalität erzielt. Die Durchschnittsgröße der Wohnungen liegt bei 38 m^2, was damals für die Arbeiter nahezu paradiesische Ausmaße waren. Zudem wurden die Grundstücke nicht mehr, wie bei den Mietskasernen, fast vollständig bebaut, sondern bis zu 70 % der Fläche als Grünanlagen und Parks genutzt.

Finanziert wurde dieses grandiose Programm durch die nach dem damaligen Finanzstadtrat benannten Breitner-Steuern: Abgaben für privaten Luxus wie Rennpferde und Dienstmädchen sowie für diverse Lustbarkeiten wie Feinschmeckerlokale und Bars. Diese verwandelten sich »gewissenhaft in Werte«, wie selbst die konservative »Neue Zürcher Zeitung« feststellte, »die der Allgemeinheit zugute kommen: in billigen elektrischen Strom, in billiges Gas, in billige Straßenbahn- und Stadtbahntarife, in billiges Trinkwasser, in mustergültige hygienische Einrichtungen, Wohnbauten, großartige Wohlfahrtsinstitute, Schulen, Spitäler, Kindergärten, Tuberkuloseheime, Volksbäder usw.«

baten, Philosophen und Fußballer, Wandervögel und Freidenker, Katholiken und Nudisten, Ökonomen und Psychiater, Pazifisten und Waffenschmuggler, Radiobastler und Leichenredner waren, was sie waren, und taten, was sie taten, aber nicht schlechthin, sondern ›gesinnungsmäßig‹, im echten

Die Sozialdemokratie wollte jedoch nicht nur das materielle Umfeld verbessern, sie wollte den ganzen Menschen: von der Wiege bis zur Bahre. »Für alle Berufe und Lebensstellungen war in ihrem breiten Organisationsbetriebe Raum; alle Altersstufen konnten dort ihre Unterhaltungsbedürfnisse, Bildungsabsichten, Lebenszwecke, ihr Kulturverlangen ebenso wie ihre Torheiten und Spielereien organisieren und auf ernste oder lächerliche Weise mit den Zielen der Partei ›weltanschaulich‹ verschmelzen. Arbeiter und Bohemien, Angestellte und Lebensreformer, Weinbauern und Abstinenzler, Soldaten und Krankenpfleger, Ärzte und Gefängniswärter, Advokaten und Polizisten, Schriftsteller und Gastwirte, Journalisten und Kaninchenzüchter, Schauspieler und Generale, Erzieher und Akro-

oder eingebildeten Interesse der Partei und des ›Sozialismus‹.«

Was der sozialdemokratische Funktionär Joseph Buttinger leicht ironisch beschreibt, betrachtete die Parteiführung als ein Stück Klassenkampf. Im Gegensatz zur von ihr immer kritisierten revisionistischen deutschen Sozialdemokratie hatte sich die SPÖ nicht mit dem bürgerlichen Staat ausgesöhnt. Andererseits lehnte sie die terroristischen und diktatorischen Methoden der russischen Kommunisten ab und suchte einen »Dritten Weg« zum Sozialismus. Dazu entwickelte sie eine eigene, noch bis in die 60er Jahre intensiv diskutierte Theorie, den sogenannten »Austromarxismus«.

Das »rote Wien« hatte Vorbildcharakter und sollte alle Österreicher überzeugen, denn mit dem Stimmzettel wollte die SPÖ die Macht erobern. Nur 320 000 Stimmen fehlten ihr zur absoluten Mehrheit im Parlament, als Engelbert Dollfuß Bundeskanzler wurde. Doch dieser war kein Demokrat, sondern wollte eine faschistische Diktatur, den sogenannten »Ständestaat« errichten. Das konnte ihm nur gelingen, wenn die Sozialdemokratie ausgeschaltet wurde. Am 11. Februar 1934 sagte der Führer der bewaffneten Heimwehren, Major Fey: »Wir werden morgen an die Arbeit gehen und ganze Arbeit leisten.«

So ist es auch geschehen. Am 12. Februar begann ein mehrere Tage dauernder Bürgerkrieg. Der Widerstand der Arbeiter beschränkte sich im wesentlichen auf Wien und da vor allem auf die Gemeindebauten. Der faschistische Umsturz bereitete dem Wirken der sozialdemokratischen Organisationen, Parteieinrichtungen und Vereinen rei-

Februar 1934: Spuren des Straßenkampfes

bungslos und gründlich ein Ende, da sie allesamt aufgelöst und verboten wurden. Die führenden Funktionäre der SPÖ wanderten ins Gefängnis bzw. in ein eigens für sie errichtetes KZ, das »Anhaltelager« in Wöllersdorf bei Wien. Nach Feststellung von Joseph Buttinger fielen dem faschistischen Ständestaat in die Hände: »Hundertsieben Arbeiterheime und acht Parteidruckereien, dutzende Gewerkschaftshäuser, Naturfreundehütten und Kinderferienlager; hunderte Sport- und Spielplätze, Kinderheime, Filmapparate, Anschlagkästen, Zeitungskioske; zehntausende Fahnen, Turngeräte, Schreibmaschinen, Fußbälle, Lichtbilder, Schallplatten, Abziehapparate und Schreibtische sowie die vielen Arbeiterbüchereien mit ihrem Bestand von 350 000 Bänden nebst neun Millionen Schilling, die von den Siegern in der Arbeiterbank erbeutet wurden. Hinzu kamen Reisebüros und Buchhandlungen.«

Doch Zahlen sagen nichts darüber aus, was das alles für die Menschen bedeutet hat. Der spätere Bundeskanzler Kreisky, damals Jugendfunktionär, meinte: »Vor dem Februar sind die Jugendlichen, die ja kein Geld und keinesfalls die Möglichkeiten der jungen Leute von heute gehabt haben, in die vielen hundert Jugendheime der Partei gekommen; das war ihre Heimstätte. Während des Tages waren dort die Aktionen ›Jugend in Not‹ und ›Jugend am Werk‹ tätig; die Jugendlichen haben eine Erbsensuppe mit Speck bekommen und ein Stück Brot dazu. Am Abend hat dann die sozialistische Jugendbewegung in diesen Heimen Vorträge oder ein kulturelles Programm organisiert. Das war Heimat, das war das Leben. Nun war alles zerschlagen. Das hat zu einer ungeheuren Verzweiflung unter den Menschen geführt.«

Gemeindebauten Wiens. Durch den Hof gelangt man in die Brüßlgasse, wo sich zwei untypische, weil kleine Wohnbauten verbergen (Nr. 34 und Nr. 45). Eine Ahnung vom Lebensgefühl und der Macht der Wiener Sozialdemokraten bekommt man in der Herbststraße, wo sich der **Adelheid-Popp-Hof** 3 und der Pirquet-Hof befinden. Architekt des ersteren war Karl Ehn, der auch den berühmten Karl-Marx-Hof geschaffen hat. Unübersehbar geben an jeder Wohnanlage Tafeln Auskunft über den oder die Namensgeber(in) und den Architekten. In der Herbststraße 82 befindet sich die außergewöhnliche, 1911 erbaute **Schmelzer Pfarrkirche** 4. Sie war das erste Gotteshaus, für dessen Bau Eisenbeton sichtbar als Werkstoff verwendet wurde. Entworfen hat sie der Otto Wagner-Schüler Josef Plečnik, der als Architekt des modernen Ljubljana, der slowenischen Hauptstadt, zu internationaler Berühmtheit gelangt ist.

Ottakring hat mehrere Zentren. Eines ist der **Johann-Nepomuk-Berger-Platz** 5. Hier sieht man das Wahrzeichen dieses Bezirkes, den Malzturm der Ottakringer Brauerei, einer interessanten und gut erhaltenen Industrieanlage aus dem vorigen Jahrhundert. Sie, die 1898 fertiggestellte Tabakfabrik und die 1901 eröffnete Firmenzentrale von Julius Meinl machten Ottakring endgültig zum Arbeiterbezirk. Die Gründer und langjährigen Besitzer der Brauerei, die Familie Kuffner, hat sich ganz in der Nähe, Ottakringer Straße 118, ein Stadtpalais gebaut. Mit der reich gegliederten Fassade und der deutlich höheren Beletage ist es ein typisches Beispiel für ein bürgerliches Palais des ausgehenden 19. Jh. Einen extremen Kontrast dazu bietet das Haus Nr. 184. Blickt man in seinen Innenhof, so bekommt man eine Vorstellung davon, wie Ottakring einst

ausgesehen hat, als es noch ein Bauern- und Winzerdorf war. Bis 1984 existierte in der Bachgasse noch ein Kuhstall. Zweimal in der Woche wurden die Kühe auf den Wilhelminenberg zum Weiden geführt. Und von den Winzern sind ohnehin noch deutliche Spuren vorhanden. Um sie zu finden begibt man sich – wie sollte das in Wien anders sein – am besten in die Nähe des **Ottakringer Friedhofs** 6. Bevor man ihn noch richtig erreicht hat, hört man im Sommer schon den fröhlichen Lärm der Zecher, denn in seiner unmittelbaren Nähe befindet sich ein beliebtes Ausflugslokal mit einem schattigen Gastgarten. Ein Aufenthalt hier ist anzuraten, da eine schwierige Entscheidung getroffen werden muß: Geht man weiter durch die Galitzinstraße zu den Heurigen ins Liebhartstal oder zu denen an der bergauf führenden Johann Staudt-Straße. Eine Entscheidung, die jedesmal anders ausfallen kann, denn rationale Kriterien für die Auswahl eines Heurigen gibt es nicht (s. S. 225).

Wer sich von der Richtigkeit des Wienerliedes »Wien is a Sternderl vom Himmel« überzeugen möchte, der sollte der Johann-Staudt-Straße den Vorzug geben, denn hier befindet sich eine **Sternwarte** 7. Einer der drei Brauereibesitzer, Moritz Edler von Kuffner, ließ sie in den 80er Jahren des vorigen Jahrhunderts errichten. Mit seinen Backsteinfassaden und den beiden Kuppeln ist das reichgegliederte Gebäude ein typisches Beispiel für die technisch-wissenschaftlichen Bauten seiner Zeit.

In dieser Gasse steht auch ein Denkmal, das sehr viel über den Umgang des Wieners mit der Vergangenheit aussagt: das des austrofaschistischen Diktators und Zerstörers der Sozialdemokratie, Engelbert Dollfuß. Als es 1969 hier aufgestellt wurde, blieben nennenswerte

Siedlung Sandleiten

sich ein Bauwerk anzusehen, in dem sich die Macht und die Größe der sozialdemokratischen Arbeiterbewegung manifestiert. Hier befindet sich die neben dem Karl-Marx-Hof bedeutendste kommunale Wohnhausanlage der 20er Jahre. Mit ihren fast 1600 Wohnungen ist die **Siedlung Sandleiten** 8 der größte Gemeindebau des »roten Wien«. Sie wurde 1924–1928 »aus den Mitteln der Wohnbausteuer« errichtet und bildet in einer parkähnlichen Landschaft eine Stadt für sich. Die Platzbildung und die romantisierende Straßenführung, die Stiegenanlagen und Brunnen sind in einem verschnörkelten, unfunktionalen Stil gehalten. Die Volksbibliothek wirkt wie die moderne Kopie eines barocken Gebäudes, der Nationalbibliothek. Das macht Sandleiten zum heitersten und verspieltesten Gemeindebau des »roten Wien«. Die Maxime der sozialdemokratischen Wohnungsbaupolitik – »Licht, Luft, Sonne« – wird durch niedrige Bauhöhen und große, begrünte Höfe erreicht. Die Hofform ist der architektonische Ausdruck des sozialdemokratischen Prinzips der Solidarität. Einrichtungen wie Bäder, Kindergarten und Hort, Mütterberatungsstelle und Wäscherei, Bücherei, Apotheke, Kino- und Theatersaal, Caféhaus, Ateliers, Werkstätten, Magazine, Räume für das Marktamt, Feuerwehr und kleine Geschäfte sowie Betriebe machten die Anlage autark, gleichsam zu einer sozialistischen Insel im kapitalistischen Meer der Großstadt. Ein bißchen ist selbst heute noch davon zu spüren: Die kleinen Geschäfte, die Greißlereien, existieren noch, und die Bewohner der Siedlung sitzen nach wie vor in den Innenhöfen und Parks, reden, spielen Karten und erwecken den Eindruck, daß die schon lange versunkene heile Welt der Wiener Sozialdemokratie immer noch existiert.

Reaktionen in der Öffentlichkeit aus. Das Gegenstück dazu ist eine Tafel am Haus Schönbrunner Schloßstr. 30, auf der vermerkt wird, daß Stalin noch vor der russischen Revolution hier gewohnt und sein Buch über die Nationalitätenfrage geschrieben hat. Auch nach 1989 ist es niemandem eingefallen, sie zu entfernen. Geschichte ist für die Wiener in erster Linie die Möglichkeit, ihrer Freude am Aufstellen von Denkmälern zu frönen. Andererseits zeugt solches Verhalten aber auch von einer Liberalität im positiven oder »Wurschtigkeit« im negativen Sinne. Veränderungen in der politischen Großwetterlage führen nicht sofort zu einem Denkmalsturm, wie etwa in der Bundesrepublik Deutschland.

Eine Alternative zum Heurigen ist, in der Sandleitengasse mit der Straßenbahn (Linie 10 und 44) zwei Stationen bis zum Matteottiplatz zu fahren und

Richtig Reisen Tip

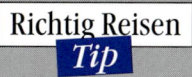

Kirche am Steinhof

Das sakrale Hauptwerk des Wiener Jugendstils ist die Kirche auf dem Gelände der ehemaligen Niederösterreichischen Landesirrenanstalt, dem heutigen Psychiatrischen Krankenhaus der Stadt Wien. Sie wurde nach einem Entwurf von Otto Wagner 1904–1907 erbaut. Auf dem höchsten Punkt des Areals errichtet, ist ihre von zwei Türmen flankierte Kuppel weithin sichtbar. Der Kirchenraum ist klar und hell, die Wände und Böden sind mit Platten belegt. Licht, Luft und klare Funktion, die für Otto Wagner wesentlichen Bauprinzipien, bestimmen den Bau. Die Entwürfe für die Glasmosaiken der Fenster hat Kolo Moser geliefert.
Kirche am Steinhof: 14., Baumgartner Höhe 1, ✆ 9 10 60 - 2 00 31, Mo–Fr 8–15 Uhr.

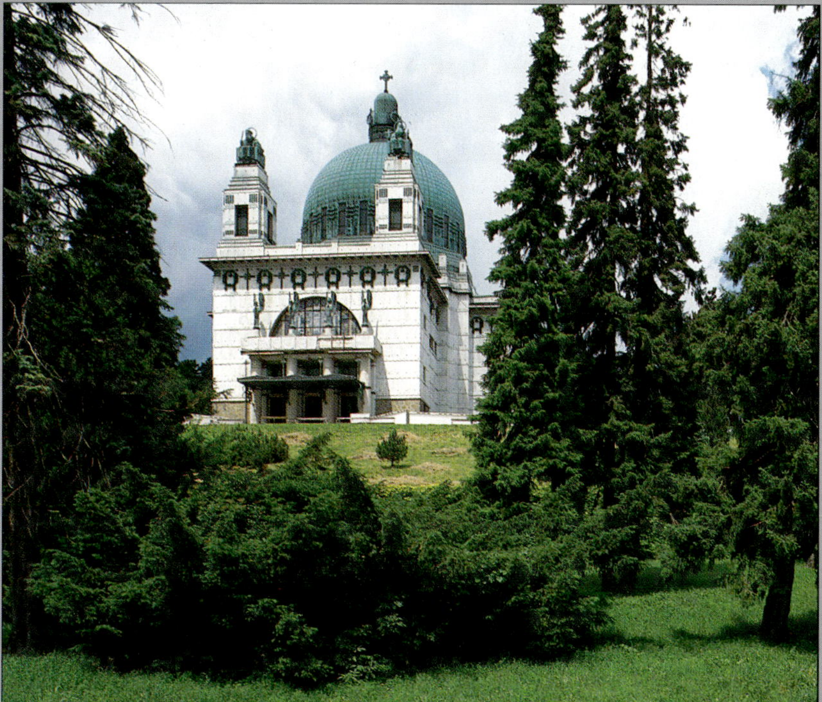

Währing – Das Cottage

In den 20er Jahren hat die Gemeindeverwaltung Vorortefriedhöfe, die bis an die Grenze ihrer Kapazität belegt waren, geschlossen und in »soziales Grün« verwandelt: In kleine Parks mit Kinderspielplätzen. So ist auch der **Schubertpark** 1 entstanden. Vom ehemaligen Währinger Ortsfriedhof ist nur ein kleiner Gräberhain übrig geblieben. Ursprünglich war Ludwig van Beethoven hier begraben, dessen Sarg die ungeheure Menge von zwanzigtausend Menschen folgte. Darunter befand sich mit einer brennenden Kerze auch Franz Schubert, der über ein Jahr später (1828) ebenfalls hier bestattet wurde. Er hatte den von ihm hochverehrten Beethoven noch kurz vor seinem Tode besucht und eine sehr eigenwillige, aber nicht unzutreffende Deutung von dessen Kompositionen gegeben: »Ihm ist die Kunst bereits Wissenschaft geworden: er weiß, was er kann, und die Phantasie gehorcht seiner unergründlichen Besonnenheit. ... Der kann alles, aber wir können noch nicht alles verstehen, und es wird noch viel Wasser die Donau dahinwogen, ehe es zum allgemeinen Verständnis gekommen. ... Beethoven begreift niemand so recht, er müßte denn recht viel Geist und noch mehr Herz haben und entsetzlich unglücklich lieben oder sonst unglücklich sein.«

Die Grabrede auf Ludwig van Beethoven hielt einer, der dem Komponisten sehr ähnlich war und ihn daher gut verstanden hat, der Dichter Franz Grillparzer: »Ein Künstler war er, aber auch ein Mensch. Weil er von der Welt sich abschloß, nannten sie ihn feindselig, und weil er der Empfindung aus dem Wege ging, gefühllos. ... Er floh die Welt, weil er in dem ganzen Bereich seines liebenden Gemüts keine Waffe fand, sich ihr zu widersetzen. Er entzog sich den Menschen, nachdem er ihnen alles gegeben und nichts dafür empfangen hatte.« Auch Franz Grillparzer war ursprünglich auf diesem Friedhof beigesetzt worden.

Im Türkenschanzpark

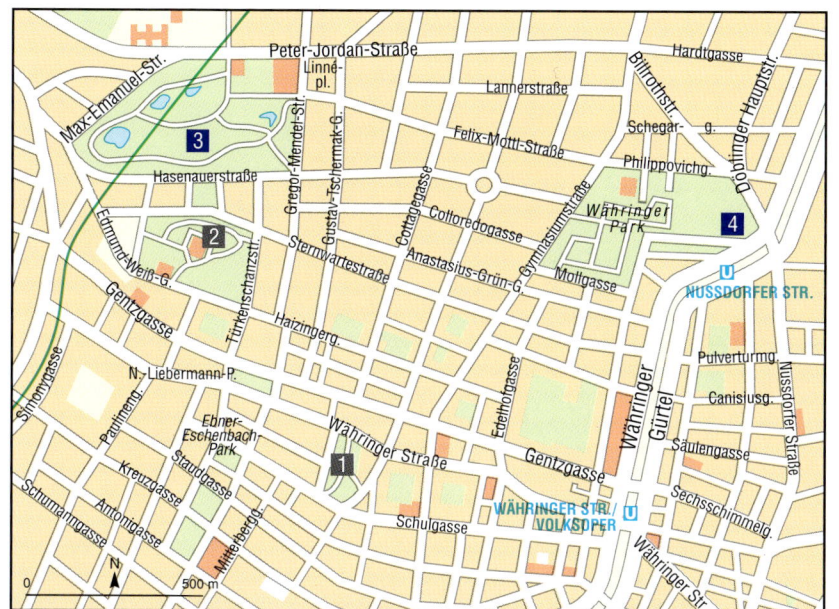

Währing – Das Cottage   1 *Schubertpark*   2 *Sternwarte*   3 *Türkenschanzpark*   4 *Alter Israelitischer Friedhof*

Daß der Revolutionär Beethoven und der humanistische Konservative Grillparzer auf demselben Gottesacker vorübergehend ihre Ruhestatt gefunden haben, sagt auch etwas über Währing aus. Es ist ein bürgerlich-konservativer Bezirk, wo man aber gerne aufmuckt, und, wie sich am Beispiel des Parks der **Universitäts-Sternwarte** 2 zeigte, auch erfolgreich. Die war schon bei ihrer Errichtung in den 80er Jahren des vorigen Jahrhunderts eine Fehlplanung. Denn mit der Sicht war es durch die zunehmende Dunst-, Staub- und Rußbelastung nicht weit her. 90 Jahre später wollte die Universität dann in dem Parkgelände ein Zoologisches Institut errichten und dazu 80 Bäume fällen. Das rief den Widerstand der Anwohner hervor. Und der war so stark, daß sich die Stadtverwaltung zum ersten Male im politischen Leben Wiens zu einer Volksbefragung entschloß. Das befragte Volk lehnte 1973 mit einer Mehrheit von rund 57 % den Bau des neuen Institutes ab. Dieses unerwartete Selbstbewußtsein hatte noch eine weitreichende politische Konsequenz: Der damalige Bürgermeister, Felix Slavik, trat zurück und den Sozialdemokraten begann zu dämmern, daß sie die Stadt und ihre Bewohner nicht als ihr Eigentum betrachten können. Ganz ordentlich beleidigt über den Ausgang der Volksbefragung war natürlich die Universität. Deshalb lehnte sie die von den Bürgern geforderte Öffnung des Sternwarte-Parks ab. Doch das konnte das Volk nicht verdrießen, denn nur wenige Schritte weiter befindet sich ein großer Landschaftsgarten mit Aussichtsturm und Teich, der **Türkenschanzpark** 3.

Wiener Salons

Der schöngeistige Salon des beginnenden (18.) Jahrhunderts war eine Schöpfung der jüdischen Damen, die ihn aus Berlin mitgebracht hatten. Was diesen Salons die Überlegenheit über die noch viel glänzendere Gastlichkeit des Hofadels gab, war nicht der Prunk, ... den sie entfalteten, sondern die leichtere Beweglichkeit, die einer im Tiefsten aufgerüttelten Zeit ein Labsal war. Der durch die napoleonischen Kriege durcheinandergetriebenen internationalen Gesellschaft war die Schwere gebundener Tradition eine Last ... Die jüdischen Damen, die sich von ihrer alten Tradition gelöst und noch keine neue entwickelt hatten, waren beweglicher, freier und bereiter, sich allem Neuen hinzugeben, waren die natürlichen Vorkämpferinnen des gesellschaftlich oder künstlerisch Modernen.«

Die Begründerin und zugleich typische Vertreterin dieser vom Historiker Hans Tietze beschriebenen Salonkultur war die aus Berlin stammende Fanny von Arnstein (1758–1818). Ein Zeitgenosse hat sie so beschrieben: »Eine hohe, schlanke Gestalt, von Schönheit und Anmuth strahlend, vornehmen Tons und Betragens, lebhaften, feurigen Ausdrucks, scharfen Verstand und Witz mit fröhlicher Laune vereinend, nicht ohne Belesenheit, und fremder Sprachen wie der eigenen mit Meisterschaft kundig, war sie in Wien eine höchst auffallende und merkwürdige

Erscheinung.« Zu den Besuchern des Arnsteinschen Hauses gehörten Künstler wie Mozart, aber vor allem Politiker, darunter der berühmt-berüchtigte reaktionäre Publizist Friedrich von Gentz, ein Freund und Vertrauter Metternichs. In diesem wie in den anderen Salons wurde das Leben Wiens in starkem Maß beeinflußt: kulturelle Moden wurden kreiert und Politik gemacht. Doch auch das einfache Volk verdankt Fanny von Arnstein eine Einrichtung, die bis heute Bestand hat: Die deutsche Jüdin führte den ihr aus Berlin bekannten Christbaum in der Kaiserstadt ein.

Ebenfalls in einer geistigen Umbruchszeit erlangte der Salon der Reformpädagogin Eugenie Schwarzwald (1872–1940) eine große Bedeutung. Sie selbst war eine der ersten Frauen, die einen Doktorgrad erworben hatte – in Zürich, denn in Wien war das erst nach 1900 möglich. Selbst der ihr ablehnend gegenüberstehende Schriftsteller Elias Canetti hat über seinen Besuch der Wohnung in der Josefstadt geschrieben: »Das eher kleine Zimmer, in dem die Besucher empfangen wurden, war noch legendärer als die Frau Dr. Schwarzwald, denn wer war nicht alles schon da gesessen! Hier kamen die eigentlichen Größen Wiens und zwar lange bevor sie zu allgemein bekannten, öffentlichen Figuren geworden waren. Adolf Loos war da gewesen und hatte den jungen Kokoschka mitgebracht, Schönberg, Karl Kraus, Musil, man müßte viele Namen nennen und es ist bemerkenswert, daß sich alle die hier einfanden, deren Werk später vor der Zeit bestanden hat.«

In einer Villa im 19. Bezirk hatte Berta Zuckerkandl (1864–1945), von Karl Kraus spöttisch »Tante Klara« genannt, ihren Salon. Zu ihren Gästen gehörten unter anderem Hermann Bahr und Arthur Schnitzler. Hier entstand auch die Idee zur Gründung der Secession. Die sächsische Gräfin Nostitz-Wallwitz hat eine sehr lebendige Schilderung von Berta Zuckerkandl gegeben: »Sie war ganz Farbe und Grazie, neu, das Neue stark empfindend … Wie eine exotische Blume wirkte sie in ihrem feinfarbigen Interieur von Hoffmann. Ihr rotes Haar glühte über bunt gestrickten Stoffen und Batiks, und ihre dunkelbraunen Augen funkelten von innerem Feuer. Meist fand man sie, auf ihrem langen Diwan … sitzend, umgeben von jungen Malern, Dichtern und Musikern, die sich immer wohl bei ihr fühlten, weil eine lösende, schwingende Luft dort wehte.«

Alma Mahler-Werfel

Die Wiener Institution der 20er Jahre war der Salon von Alma Mahler-Werfel auf der Hohen Warte. Damals war sie bereits mit dem Schriftsteller Franz Werfel verheiratet. Ihr erster Gatte, der Komponist Gustav Mahler, war 1911 gestorben, die Ehe mit dem Bauhausarchitekten Walter Gropius geschieden und die Liebesbeziehung zu Oskar Kokoschka schon lange vorbei. Später hat ihr das den Spitznamen »Witwe der vier Künste« eingetragen und den Vorwurf eines immerwährenden Schielens nach der Öffentlichkeit. Doch das wird der zugegebenermaßen höchst egozentrischen Alma Mahler-Werfel nicht gerecht. Der Schriftsteller Friedrich Torberg hat eine sehr zutreffende Beschreibung von ihr verfaßt, die auch deutlich macht, welche Bedeutung ihr Salon für junge Künstler hatte: »Sie war die klassische Ausprägung dessen, was man in Amerika eine ›take it or leave it-proposition‹ nennt: nimm's oder laß es bleiben – aber wenn du's nimmst, dann so, wie es ist. Es war, zugegeben, nicht jedermanns Sache, Alma Mahler-Werfel so zu nehmen. Wer sich jedoch dazu entschlossen hatte, war ihr auf der einen oder anderen Ebene (und manchmal auf mehreren zugleich) unweigerlich verfallen, war bereichert um das Erlebnis einer garantiert einmaligen Persönlichkeit, einer Frau von gewaltigem Kunstverstand und Kunstinstinkt, von unheimlichem Spürsinn für Werte und Wirkungen, und von bedingungslosem Glauben ans Aufgespürte. Wenn sie von jemandes Talent überzeugt war, ließ sie für dessen Inhaber – mit einer oft an Brutalität grenzenden Energie – gar keinen anderen Weg mehr offen als den der Erfüllung. Dazu war er dann sich und ihr und der Welt gegenüber verpflichtet.«

Seinen Namen hat er von der türkischen Schanzanlage während der Zweiten Belagerung Wiens (1683). Hier erzielte das Entsatzheer den schlachtentscheidenden Durchbruch. Über 10 000 Türken sollen dabei ums Leben gekommen sein, ihre Massengräber fand man, als der Park angelegt wurde. Das geschah im letzten Viertel des vorigen Jahrhunderts, als das Bürgertum Währing zu einem bevorzugten Wohngebiet erkor und unter Leitung des Ringstraßen-Architekten Ferstel ein »Comité zur Anlage eines öffentlichen Parks auf der Türkenschanze« gründete. Die rund 15 ha große Anlage zählt zu den größten und schönsten der an Parks nicht armen Donaumetropole. Die Bäume und Büsche stammen als Geschenk zum Teil aus den königlichen Gärten von Sanssouci in Berlin und sind teilweise Spenden der für ihre Hilfsbereitschaft berühmt-berüchtigten Fürstin Pauline Metternich. Ihrer Leidenschaft für die Errichtung von Denkmälern haben die Wiener natürlich auch hier gefrönt. Herausgekommen ist ein wundervolles Sammelsurium. Unter anderem befinden sich hier neben den Dichtern Arthur Schnitzler und Adalbert Stifter der Operettenkomponist Emmerich Kálmán, der Wegbereiter des österreichischen Alpinismus, Adolf Ritter von Guttenberg, die Frauenrechtlerin Auguste Fickert und der Wienerlieder-Sänger Schmid Hansl.

Daß diese Denkmäler nicht einfach nur herumstehen, sondern von den Wienern auch betrachtet werden, wurde spätestens 1989 dem letzten Zweifler klar, als für einige Tage große Aufregung herrschte. Der Kopf des Schmid Hansl war nämlich verschwunden. Aber es war alles in Ordnung: Ein Bildhauer hatte ihn abgeholt, um eine Kopie anzufertigen und den Spaziergängern vergessen, Bescheid zu sagen.

Vom Türkenschanzpark in Richtung Gürtel erstreckt sich das »Cottage«, ein Villenviertel, das wienerisch »Cotäääsch« ausgesprochen wird. Es geht ebenfalls auf eine Initiative des Ringstraßenarchitekten Ferstel zurück. Wer hier ein Haus errichten wollte, mußte sich verpflichten, »keine Bauten auszuführen, welche auch nur einem der übrigen Cottagebesitzer die freie Aussicht, das Licht und den Genuß frischer Luft benehmen würden, ferner keinerlei Gewerbe auf diesen Realitäten zu betreiben oder durch andere betreiben zu lassen, welches vermöge der Erzeugung von Dünsten oder üblen Gerüchen, vermöge des damit verbundenen Lärms oder möglicher Feuersgefahr den Nachbarn belästigen würde«. Weiters wurde festgelegt, daß die Bauten höchstens zweistöckig sein durften, und Gaststätten, Geschäfte, Schulen und Kindergärten waren hier nicht erlaubt. An diesen Bestimmungen ist vermutlich so man-

Wiener Bezirksmuseen

Ein altes Gerücht besagt, daß Wien mehr Museumswärter als Besucher hat. Auch wenn das übertrieben erscheint, so hat doch jeder Gemeindebezirk sein eigenes Museum. Sie sind von unterschiedlicher Qualität und jedes hat seinen eigenen Schwerpunkt. Während man in Währing beispielsweise das Alltagsleben der ärmeren Bevölkerung dokumentiert, wird im benachbarten Döbling die Wohnkultur des Biedermeier gezeigt. In Hernals erfährt man nicht nur von den Gebrüdern Schrammel und dem Wienerlied, sondern auch aus der Geschichte einer religiösen Minderheit in Wien: den Protestanten.

Da die Bezirksmuseen auf freiwillige Helfer angewiesen sind, haben sie sehr uneinheitliche Öffnungszeiten. Informationen bekommt man bei der ARGE Wiener Bezirksmuseen, 8. Schmidgasse 18, ☎ 4 03 58 53, oder bei einem der Bezirksmuseen

Bezirksmuseum Währung, 18., Währinger Straße 124, Do 18–20, So 10–12.

cher Rechtsanwalt reich geworden, denn über Begriffe wie »freie Aussicht« und »frische Luft« läßt sich trefflich streiten und prozessieren. Obwohl heute die Gebäude in zunehmendem Maß als Büros genutzt werden, ist das Bild des Viertels im wesentlichen immer noch von den 1873 beschlossenen Grundsätzen geprägt. Zu den bekanntesten Bewohnern des Cottage gehörten Arthur Schnitzler (Sternwartestraße 71) und Felix Salten (Cottagegasse 37). Nicht bekannt freilich ist, ob die Atmosphäre in diesem Viertel Felix Salten eher zu seinem Kinderbuch »Bambi« oder mehr zu seiner urwienerischen Pornografie »Josefine Mutzenbacher« inspiriert hat.

Am Ende des Cottage liegt der Währinger Park. Auch er war früher ein Friedhof, woran noch einige etwas ratlos herumstehende Grabsteine erinnern. Erhalten ist noch der **Alte Israelitische Friedhof** 4, der 1784 eröffnet wurde und bis zur Fertigstellung der jüdischen Abteilung am Zentralfriedhof (1879) genutzt wurde. Trotz seiner unmittelbaren Nähe zum Gürtel ist es ein stiller und berührender Ort. Das wuchernde Efeu gibt ihm ein friedliches Aussehen und verdeckt auch die Wunden der mutwilligen Zerstörungen, denen er immer wieder ausgesetzt war und ist. Er ist ohnehin nur ein Rest des ursprünglichen Areals. Einen großen Teil zerstörten die Nationalsozialisten und errichteten einen Luftschutzbunker. 1960 wurde dann auf diesen Gründen ein Gemeindebau errichtet, der Arthur Schnitzler-Hof.

Der
Wienerwald

Vom Leopoldsberg zur Jubiläumswarte

Am Nußdorfer Spitz, wo der Donaukanal die Donau verläßt, befindet sich eines der interessantesten Ensembles des General-Stadtsanierungsplans von 1892: die **Nußdorfer Wehranlage** ❶ mit Verwaltungs- und Magazingebäuden. Über das Wehr führt eine Brücke, die wegen ihrer Bronzefiguren Löwenbrücke genannt wird. Was heute angesichts der hier versammelten Autobahnbrücken unverstellbar scheint: Noch bis zum Ende der 60er Jahre war dieser Teil des Donaukanals und stromabwärts bis zur Friedensbrücke ein Ausflugsgebiet der in der Brigittenau wohnenden Arbeiter. Der 1986 verstorbene Volkssänger und -schauspieler Heinz Conrads hat ihm sogar ein Lied gewidmet: »A schräge Wiesen am Donaukanal / is mei Riviera auf jeden Fall.«

Von hier aus sieht man auch deutlich, daß der am anderen Ufer gelegene Bisamberg von der Donau abgesondert wurde und, geologisch gesehen, als nördlichster Ausläufer der Ostalpen zum Wienerwald gehört. Der war schon unter den Babenbergern fürstliches Jagdgebiet und lange Zeit »Bannwald«, der nicht gerodet werden durfte. 1905 beschloß dann der Gemeinderat die Schaffung des Wald- und Wiesengürtels als unverbaubares Luftreservoir und Erholungsraum für die Bürger. Mit einem Waldanteil von nahezu 20 % ist Wien eine der grünsten Städte Europas.

Der direkte, aber auch schweißtreibendste Weg auf den Leopoldsberg (425 m) führt über die steile Südostkante, die sogenannte »Nase«. An der Stelle der ehemaligen Babenbergerfestung stehen ein Gasthaus und eine Kirche. Von hier geht es weiter hinauf zum **Kahlenberg** (484 m) ❷. Er hieß ursprünglich wegen der vielen hier lebenden Wildschweine einfach Sauberg. In Kahlenberg wurde er umbenannt, weil der ursprüngliche Kahlenberg zu Ehren Kaiser Leopolds I. Leopoldsberg getauft wurde. An die größte Stunde dieses Bergrückens, als am 12. September 1683 das Entsatzheer ausrückte, um Wien von den Türken zu befreien, erinnert hier allerlei Unechtes und Kitschiges. Bemerkenswerter ist da schon die Aussicht, die an klaren Tagen bis ins Schneeberggebiet und zu den kleinen Karpaten reicht. Dieser beeindruckend schöne Ausblick und die idylli-

Nußdorfer Wehranlage

sche Landschaft mit ihren Buckeln und Buchenwäldern, Wiesen und Weinbergen sollte einen aber nicht täuschen. Das meinte zumindest der Schriftsteller Heimito von Doderer: »Der Wienerwald ist eine nicht unbedenkliche Landschaft. Alles leichtgeschwungen und duftig enteilend. Aber dahinter lauert eine gewisse Schwere, die Schwere der Wehmut, eine Gefahr auch für sehr gesunde Menschen; ja, für die erst recht. Es ist eigentlich schon der Abschied von Berg und Hügel, von villenbesetzten Lehnen, die sich in die Waldtäler schieben; es ist der Abschied von all' dieser freundlich anheimelnden westlichen Detailliertheit und den kleineren Landmaßen; ja, es ist wie der Abschied von der Kleinheit Griechenlands, hart vor dem Eintritt in den Osten, den unmäßig hingedehnten: nicht weit von hier beginnt die Tiefebene und flieht dahin und enteilt; gegen Ungarn zu.« Einen völlig anderen Eindruck von dieser Landschaft, sehr innig und lebendig in Töne umgesetzt, vermittelt Johann Strauß Sohn in sei-

Löwe an der Nußdorfer Wehranlage

nem Walzer »G'schichten aus dem Wienerwald«.

Vom Kahlenberg ist es nicht weit zum dritten der Wiener Hausberge, dem **Cobenzl** 3, zu dem auch ein Bus (38 A) fährt. Im Tal sieht man die bekannten Heurigenorte Nußdorf, Grinzing und Sievering. Die Höhenstraße führt noch ein gutes Stück weiter bis nach Neuwaldegg. (Für diesen Teil stehen keine öffentlichen Verkehrsmittel zur Verfügung.) Sie ist in gewissem Sinne eine Besonderheit. Errichten ließ sie nämlich der austrofaschistische Diktator Dollfuß durch den Arbeitsdienst, eine Zwangsorganisation für junge Arbeitslose. Weil die Arbeiten auf primitivste Weise, mit Schaufeln und Krampen (Spitzhacken), verrichtet werden mußten, gingen sie so langsam voran, daß schließlich doch qualifizierte Firmen engagiert werden mußten. Dennoch dauerte es sechs Jahre, bis 1940 der letzte Abschnitt gebaut war. Aber sie existiert wenigstens

noch, im Gegensatz zu dem anderen großen Bauwerk aus der Zeit des Ständestaates, der Reichsbrücke: Die ist am 1. August 1976 gegen fünf Uhr morgens eingestürzt.

Am Ende der Höhenstraße kann man durch ein Vogelschutzgebiet, den Gallitzinberg (von den Wienern Gallitziberg genannt), hinauf zur **Jubiläumswarte** 4 wandern. Von ihr hat man einen guten Blick über das gesamte Gebiet des Wienerwalds. Im Wald befinden sich überdurchschnittlich viele Bombentrichter und zubetonierte Schächte. Hier befand sich im Zweiten Weltkrieg der Kommandobunker des Gauleiters von Wien, Baldur von Schirach. In der Savoyenstraße stehen auch noch einige Baracken aus dieser Zeit, in die später das »Institut für vergleichende Verhaltensforschung« des Konrad Lorenz-Schülers Otto König eingezogen ist. Einen erfreulicheren und einladenderen Anblick bietet da schon das um die Jahrhundertwende im Stil des Neo-Empire erbaute **Schloß Wilhelminenberg** 5. Von seiner Kaffeehausterrasse kann man einen letzten Blick auf die Dunstglocke über der Stadt werfen, bevor man sich selbst in deren Niederungen begibt. Damit nach soviel Natur der Schock nicht so groß ist, folgt man am besten dem Rosenbach zum **Dehnepark** 6, der einst Privatbesitz des Filmschauspielers und Regisseurs Willi Forst war und mit exotischen und seltenen Bäumen bestückt ist.

Vom Leopoldsberg zur
Jubiläumswarte
1 Nußdorfer Wehranlage
2 Kahlenberg
3 Cobenzl
4 Jubiläumswarte
5 Schloß Wilhelminenberg
6 Dehnepark

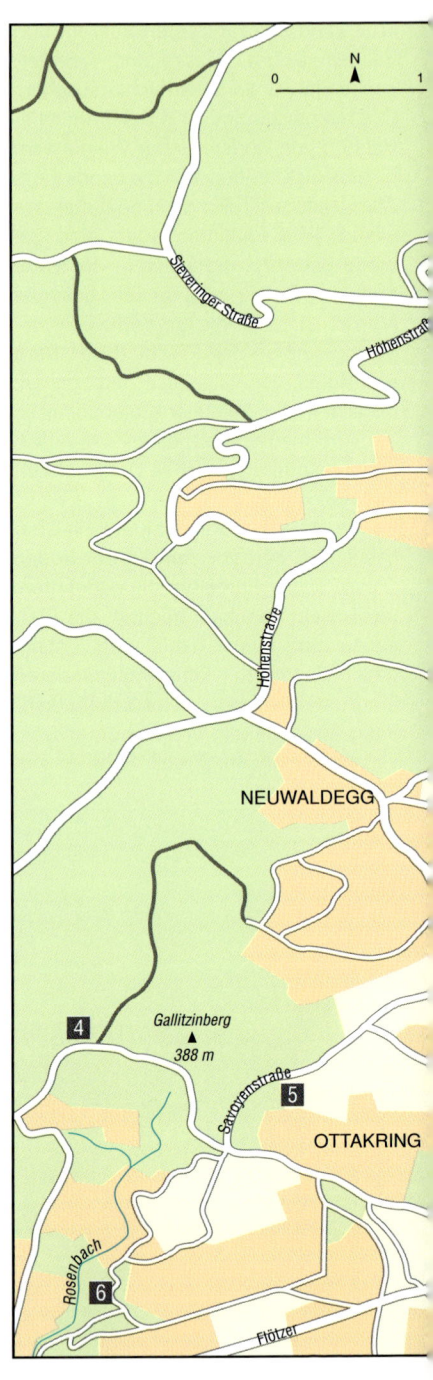

»Du Mechame, du Hund«

Mit dem Begriff »Türken« verband sich im 17. Jh. im Heiligen Römischen Reich Deutscher Nation die Vorstellung mordender und plündernder Barbaren. In einer zeitgenössischen Schrift wurde vom Großwesir Kara Mustafa, der das türkische Heer anführte, behauptet, er

nen.« Aber richtig war auch, daß 72 Tage lang, seit dem 15. Juli 1683, an dem die Türken ihr erstes Geschütz vor Wien in Stellung gebracht hatten, die Kanonen nur schwiegen, wenn Regen fiel. Die Wiener hungerten, die Pest grassierte und wenn nicht bald Entsatz kam, war, wie der Stadtkommandant

lasse die gefangenen Christen bei lebendigem Leibe schinden, ihre Häute ausstopfen und sie als Siegestrophäen dem Sultan senden. Aber nicht nur Gerüchte, auch Augenzeugenberichte verbreiteten Angst und Schrecken. So schrieb ein Begleiter des nach Wien entsandten päpstlichen Nuntius über die Türken: »Sie sind von Ansehen wüst, eher Wilde denn Menschen … Sie haben Pferde von gutem Atem, die den ganzen Tag ohne Futter laufen kön-

Ernst Rüdiger Graf von Starhemberg meinte, »Matthäi am letzt«.

Kaiser Leopold I. war mit seinem Hofstaat nach Passau geflohen. Die Reichsfürsten bewilligten ihm ein Heer, das sich mit dem des polnischen Königs vereinigen sollte. Doch beeindruckend war es nicht. Ein Augenzeuge beschrieb es als »ein unversuchtes, zerlumbtes, abgemattetes und schlecht mundiertes Volk«. Die vereinigten Armeen sollten ein »kahles Gebirge« überschreiten und dann in die Ebene vor Wien einrücken. Das Gebirge war der Wienerwald, und »Kahler Berg« nur ein Name. Ein irreführender zudem noch, wie König Sobieski in einem Brief seiner Frau berichtete: »Empfindlich ist die Täuschung. Waldungen, Abgründe, ein großer Berg zur rechten und, wovon man mir gar keine Erwähnung getan, fünf oder sechs Hohlwege.« Und der Anblick, der sich den Neuankömmlingen bot, war auch nicht gerade erhebend. Der Artillerie-Ingenieur Dupont notierte: »Der ungeheure Raum von prächtigsten Zelten übersät. Das furchtbare Gedonner aus den Feuerschlünden der feindlichen Batterien und die erwiedernden Schüsse von den Stadtmauern erfüllten die Lüfte. Rauch und Flammen verhüllten die Stadt dergestalt, daß nur die Spitzen der Türme dazwischen sichtbar waren.«

Am Morgen des 12. September begann die Schlacht. Entschieden war sie, als die Kaiserlichen die Türkenschanze in Währing genommen hatten. Aber es dauerte noch bis gegen sechs, sieben Uhr abends, bis sich das Entsatzheer und die Verteidiger Wiens vereinigen konnten. Doch konnte ein so erfolgreiches und stolzes Heer wie das türkische von einer so schlecht ausgerüsteten und erschöpften Armee geschlagen werden? Nein, in Wirklichkeit wurde es durch eine Geheimwaffe der Wiener besiegt, wie der türkische Zeremonienmeister Ahmed in seinem Kriegstagebuch vermerkte: »Als die Muslims die unendlichen Mengen an Wein sahen, die in den Ländern der Giauren und vor allem in der Vorstadt von Wien erbeutet worden waren, da verfielen auch die Enthaltsamsten unter ihnen dem Trunk und begannen die mannigfaltigsten Übeltaten und unbegreifliche Schändlichkeiten zu verüben – und zwar gerade in den heiligen Monaten ihres Glaubens.«

Was immer den Ausschlag für die Niederlage gegeben haben mag, sicher war jedenfalls, daß das christliche Abendland gerettet war. Daß gerade sie es waren, die den Ansturm der Ungläubigen abgewehrt haben, hat die Wiener seither beflügelt und immer wieder dazu geführt, Durchhalteappelle der Herrschenden mit diesem historischen Ereignis zu verquicken. So schrieb beispielsweise der »Völkische Beobachter« am 31. März 1945: »Es stehen die Bolschewisten vor der Südostgrenze des Reiches und aus der Vergangenheit steigen die Bilder der Türkenanstürme vor unserem geistigen Auge auf. Wir wissen um den glorreichen Ausgang jener Tage, in denen Wien sich wahrhaft als unüberwindliches Bollwerk des Reiches erwies. Unsere Bevölkerung wird sich auch in diesen Tagen nicht weniger entschlossen und tapfer zeigen, als ihre Vorväter es waren, die mit Standhaftigkeit aushielten, bis die Stunde der Wende geschlagen hatte.«

Während Durchhalteparolen bei der Bevölkerung in der Regel auf taube Ohren stoßen, ist es mit den Vorurteilen nicht so, schon gar nicht, wenn es sich um die »Kümmeltürken« handelt. Die Gastarbeiter aus der Türkei werden nach wie vor ausgegrenzt und unterliegen einem Ausländerrecht, das in seinen diskriminierenden Bestimmungen in Europa seinesgleichen sucht. Sensibler hat sich da die katholische Kirche gezeigt. Nachdem es mehrfach zu Protesten gekommen war, hat sie im Stephansdom eine Erinnerung an die glorreiche Befreiung von den Türken verhängt: Eine Tafel, die einen Türkenkopf zeigt und die Inschrift hat: »Schau du Mechame (Mohammedaner), du Hund«.

Der Lainzer Tiergarten

Daß es den Wienerwald, der viel mehr als ein Naherholungsgebiet ist, überhaupt noch gibt, verdanken die Wiener dem Landtagsabgeordneten und Bürgermeister von Mödling, Josef Schöffel. 1866, nach dem verlorenen Krieg gegen Preußen, sollten 770 000 Klafter Holz – fast ein Viertel des Wienerwaldes – geschlagen und verkauft werden. Gemeinsam mit Journalisten deckte Schöffel diesen Angriff auf die Lebensqualität, wie man heute sagen würde, und den Reichtum der Stadt auf. Wie bei solchen Gelegenheiten nicht unüblich, verfolgte man zunächst nicht die Holzspekulanten, sondern die Enthüller des Skandals und klagte Schöffel wegen »Aufreizung zu Haß und Verachtung« an. Nach einer Flut von Prozessen wurde Schöffel schließlich freigesprochen und an seiner Statt wanderte eine Reihe korrupter Beamter ins Gefängnis. Die Erhaltung der einzigartigen Wald- und Wiesenlandschaft wurde danach gesetzlich geregelt, aber vor allem in Notzeiten nicht immer beachtet. Nach dem Zweiten Weltkrieg beispielsweise verwandelte man Teile des Wienerwaldes in Bauland, um Ersatz für 80 000 zerstörte Wohnungen zu schaffen.

Am Anfang des südlichen Wienerwaldes liegt der Lainzer Tiergarten, ein etwa 25 km² großes Naturschutzgebiet mit alten Eichen- und Buchenwäldern. Bereits im Mittelalter bestand hier ein herzogliches Hirschgehege, und Kaiser Josef II. ließ das Areal 1782 mit einer 24 km langen Steinmauer umgeben. Auf deren Erbauer, Philipp Schlucker, so behauptet man in Wien, geht die Rede-

Die Hermesvilla

wendung vom »armen Schlucker« zurück. Der hatte nämlich mit einem Billigangebot alle Konkurrenten unterboten, aber sich dabei selbst ruiniert.

Der Lainzer Tiergarten war kaiserliche Domäne und ist erst seit 1919 allgemein zugänglich. An seine Geschichte als Hofjagdgebiet erinnert alljährlich am 20. September die Jägermesse mit Jagdhornblasen zu Ehren des hl. Eustasius, dem schon seit dem 11. Jh. oft mit dem hl. Hubertus verwechselten Schutzpatron der Jäger, Förster, Krämer und Strumpfwirker. In den weiten Gehegen sind Mufflons, Damwild, rückgezüchtete Wildpferde und Auerochsen untergebracht. Wildschweinen kann man auf Schritt und Tritt begegnen, stehen doch rund 80 km Wanderwege zur Verfügung, außerdem jede Menge Jausenstationen und Unterstände. Aufsuchenswert ist der Rest eines über dreihundert Jahre alten Eichenbestandes am Johannser Kogel. Das Hirschgstemm wurde 1782 als Jagdhaus errichtet und von der Re-

Die Wotruba-Kirche

Die Kirche »Zur Heiligsten Dreifaltigkeit« wurde von dem herausragendsten modernen Bildhauer Österreichs, Fritz Wotruba (1907–1975), gestaltet. Sie besteht aus kubischen, ineinander verschachtelten Betonblöcken und Glaswänden. Die Kirche eine riesige Skulptur. Fritz Wotruba, selbst kein Katholik, hat zu der Konzeption der Kirche gesagt: »Der Grundriß dieser Kirche widerspricht den gängigen Vorstellungen, weil er sich zum Prinzip der Asymmetrie bekennt. ... Das scheinbare Chaos, das durch die Anordnung asymmetrischer Blöcke entsteht, sollte zuletzt eine harmonische Einheit ergeben. Eine Einheit bestehend aus vielen Teilen, unterschieden durch Form und Maß. Das Ziel ist: Ordnung – Gesetz – Harmonie. Elemente, ohne die der Glaube nicht auskommt.«

Kirche Zur Heiligsten Dreifaltigkeit, 23., Georgsgasse/Rysergasse, ✆ 8 88 50 03, Do, Fr, Sa 14–16, So und Feiertage 9–17 Uhr.

Lainzer Tiergarten

219

publik zum Restaurant umgebaut. Die Attraktion aber ist die beim Lainzer Tor gelegene **Hermesvilla,** die Kaiser Franz Joseph 1882 für seine Frau Elisabeth errichten ließ. Der Historismus des Architekten Hasenauer, die theatralischen Dekorationen Makarts und die dazwischen eingestreuten Werke einzelner Secessionisten schaffen einen ungewöhnlichen Rahmen für die hier regelmäßig stattfindenden Ausstellungen des Historischen Museums der Stadt Wien.

Jenseits der Donau

Von der Donauinsel nach Stammersdorf

»Leider nicht von mir«, sagte kein Geringerer als Johannes Brahms über die Anfangstakte des Opus Nr. 314 von Johann Strauß Sohn. Doch obwohl der Donauwalzer später sein größter Erfolg werden sollte, fiel er bei der Uraufführung zu Beginn der Ballsaison 1867 mit Pauken und Trompeten durch (s. S. 121). Das lag natürlich an dem extrem dummen Text, aber vielleicht auch an der Musik, die intensiv-melodisch die Donau beschreibt und ihr Wesen offenbart. Daran mußten sich die Wiener erst gewöhnen, denn mit dem Fluß haben sie wenig im Sinn. Wien scheint an der Donau aufzuhören, nennt man doch das jenseits des Flusses gelegene Stadtgebiet leicht abschätzig »Transdanubien«. Da wirkt noch die Vergangenheit nach, denn einst war die Donau ein stark mäandrierender Fluß, dessen Hochwasser immer wieder zu katastrophalen Überschwemmungen führte. Im letzten Drittel des vergangenen Jahrhunderts wurde der Strom begradigt, und mit der feierlichen Durchfahrt von 18 Schiffen eröffnete Kaiser Franz Joseph am 30. Mai 1875 die regulierte Donau. Trotz eines breiten Hochwasserbettes, das von den Wienern im Sommer gerne als Naherholungsgebiet genutzt wurde, kam es immer wieder zu neuerlichen Überschwemmungen. Deshalb, und um die Absenkung des Grundwasserspiegels im Stadtgebiet zu verhindern, wurde der Fluß erneut reguliert. 1987 war das parallel zum alten Strom verlaufende und auch »Neue Donau« genannte Entlastungsgerinne fertig und damit auch die **Donauinsel** **1**. Späte-

stens mit ihr hat sich das Verhältnis der Wiener zur eher grünen als blauen Donau geändert. Sie verfügen jetzt über einen Badestrand, der so lang ist wie der des beliebten Wörthersees (42 km) und den sie eifrig und in Massen nutzen. An heißen Tagen werden hier um die 200 000 Menschen gezählt.

In ihrem Nordteil ist die Donauinsel ein Paradies für Segler und Surfer, da hier die Winde aus dem Wienerwald einfallen. Der mittlere Teil umfaßt Sportanlagen, eine Rollschuhbahn und einen Radspaßplatz. Zu den weiteren Attraktionen gehören eine Wasserrutsche und ein 800 m langer Wasserskilift. Im Süden befindet sich der FKK-Strand. Außerdem gibt es hier jede Menge Grillplätze, wo man, sofern man dies will, über einen »Fischereierlaubnisschein« verfügt und auch noch Glück gehabt hat, einen Donaufisch auf den Rost legen kann.

Wer es beschaulicher haben will und nicht so viele Leute um sich, kann an die **Alte Donau** **2** gehen. Sie markiert noch das Hauptbett des Stromes vor der ersten Regulierung. Auch hier gibt es die Möglichkeit zu rudern, zu paddeln und zu segeln oder auch nur faul in einem schattigen Gasthausgarten zu sitzen, der angenehmerweise meist dem Bootsverleih angegliedert ist. Sommerbäder befinden sich hier ebenfalls, beispielsweise das Angeli- oder das Arbeiterstrandbad. Sie sind – wie schon der Name des letzteren deutlich macht – eine Einrichtung aus der Zwischenkriegszeit und Ausdruck eines neuen Körperbewußtseins, das die SPÖ damals gefördert hat und das von den österreichischen Bischöfen in ihren Hirtenbriefen verdammt wurde.

Von keiner Stelle zu übersehen ist der 252 m hohe **Donauturm** 3, der 1964 anläßlich der »Wiener Internationalen Gartenausstellung« (WIG) errichtet wurde. Zwei Schnellaufzüge führen zu der Aussichtsterasse (150 m) und den beiden Restaurants, die sich um ihre eigene

Von der Donauinsel nach Stammersdorf   1 Donauinsel   2 Alte Donau   3 Donauturm

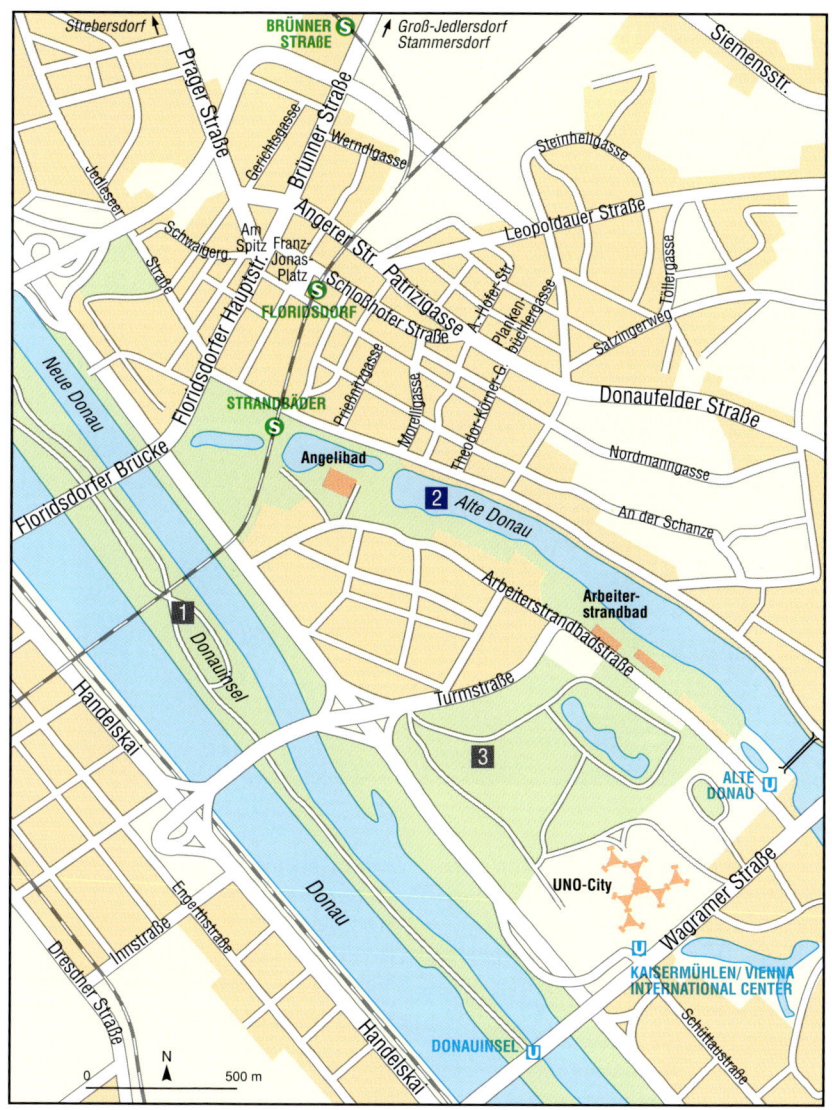

Der Donauturm

Achse drehen. Umgeben ist er von einer Parklandschaft mit künstlichem See, durch die eine Kleinbahn fährt.

Nicht diese, aber die Straßenbahn bringt einen zu der anderen großen und gleich mehrfach vorhandenen Attraktion des 21. Bezirkes: den Heurigen. Sie sehen weder so schön aus noch sind sie so bekannt wie die in Grinzing und Sie-

vering, aber dafür haben sie einen unschätzbaren Vorteil: Sie sind authentischer und die Wiener selbst sind in ihnen Stammgast. Am Franz Jonas-Platz, der nach dem aus diesem Bezirk stammenden Bundespräsidenten (1965–1974) benannt ist, muß man sich entscheiden, ob man der Linie 31 oder der Linie 32 den Vorzug gibt. Bei dem Platz

Das »Fröhliche Apokalypserl«

dar wein dar wein dar wein
dar wein dar wein dar wein
sunsd foed ma goa nix ein

> dar schdeffe ewendduö
> dar schdeffe ewendduö
> und dar wein
> dar wein dar wein dar wein
> sunsd foed ma bei leib nix ein

> > dar wein dar wein dar wein
> > dar wein dar schdeffe dar wein
> > sunsd foed ma i schwea s nix mea ein

So zollte Gerhard Rühm, einer der Dichter der avantgardistischen »Wiener Gruppe«, dem Rebensaft seinen Tribut. Wien und der Wein, das ist eine lange Geschichte, die ihren Ursprung in römischen Zeiten hat. Schon im Mittelalter empörte sich der deutsche Arzt Heinrich von Neustadt, daß »die Wienerinnen schon am frühen morgen eine ansehnliche Quantität Weines« zu sich nehmen, und Kaiser Ferdinand I. nannte ihn lapidar die »erste Nahrung« der Stadt. Aber wie so vieles in Wien beginnt auch die wirkli-

che Geschichte des »Heurigen« mit dem großen Aufklärer Joseph II. Er erlaubte 1784 den Winzern, ihre Eigenprodukte »unter dem Buschen, zu welchem Preise er will« zu bestimmten Zeiten auszuschenken.

Heuriger bedeutet im Österreichischen »Diesjähriger«, doch in Wien wird das Wort hauptsächlich zur Bezeichnung eines Weißweines und des Orts seiner Ausschank benutzt. Die authentischen Heurigen sind klein und schenken nur selbstangebauten Wein aus. Sie tragen keine phantasievollen Namen, nur den des Besitzers, und haben einen Föhrenbuschen am Eingang hängen. Darum werden sie auch Buschenschank genannt. Dieser Buschen zeigt an, daß das Lokal geöffnet ist. »Ausg'steckt«, sagen die Wiener dazu. Echte Heurige haben nicht das ganze Jahr über geöffnet, kleine oftmals nur ein paar Wochen, bis der eigene Wein leergetrunken ist.

Der Heurige in den verschiedenen Weingebieten am Rande der Stadt

schmeckt unterschiedlich. Er ist nicht sortenrein, sondern ein »gemischter Satz«, wie man in Wien sagt. Aber weil der Durst so groß ist und die Rebhänge rund um die Stadt so klein, werden inzwischen auch Weine aus anderen österreichischen Anbaugebieten zugeschnitten. Das tut der Qualität des Ausgeschenkten keinen Abbruch. (Eingefleischte Wiener Weinbeißer sehen das natürlich anders.)

Der Heurige ist sicherlich der Mittelpunkt der Trinkseligkeit in der Donaumetropole und bei ihm scheinen manchmal – aber das ist im Zustand

trunkener Weinseligkeit nicht so außergewöhnlich – die sozialen Unterschiede zu verschwinden. »Beim Heurigen, da gibt's kan Genierer, da sitzt da Bankdirektor neman Tapezierer«, reimt man auf Wienerisch. Bei ihm, den der Dichter Hermann Broch »fröhliches Apokalypserl« genannt hat, finden die Menschen in jeder Lebenslage Trost.

Zum Heurigen gehört nicht nur der Wein, sondern auch das Essen. An Selbstbedienungstheken bekommt man die hausgemachten Spezialitäten: Das reicht von Liptauer und Grammeln über den obligaten Erdäpfelsalat bis zu Surschnitzel, Schweinsbraten und Stelzen (siehe Heurigenlexikon, S. 264).

Zum Heurigen gehört auch Musik, die Schrammelmusik, wie jeder weiß.

Das stimmt und stimmt auch nicht. Beim Heurigen wurde immer Volksmusik gespielt und gesungen. Die Gebrüder Schrammel haben das auch getan. Ihre eigenen Kompositionen – die von keinen Geringeren als Johannes Brahms und Johann Strauß hoch geschätzt wurden – sind dann selbst zu Volksmusik geworden. Mit dem Kitsch, der heute meist dargeboten wird, hat das wenig zu tun. Doch solange in dem Henkelglas noch ein Rest des goldgelben Lebenselexiers ist und die leicht wehmütige Musik durch die laue Luft klingt, spielt das keine Rolle:

Erst wann's aus wird sein,
mit aner Musi und mit'n Wein,
dann pack'ma
die sieb'n Zwetschk'n ein,
eh'nder net!

Badefreuden an der Donau

»Am Spitz« kann man nämlich entweder der alten Reichsstraße nach Böhmen oder der nach Mähren folgen. Die Linie 32 fährt durch die Prager Straße nach Strebersdorf. Die Heurigen finden sich im Viertel um die **Rußbergstraße.**

Die Alternative dazu ist die Brünner Straße. Bei der Fahrt mit der 31 bekommt man auch einen guten Einblick in den Charakter dieses Stadtteils. Floridsdorf ist ein von der Industrie geprägter Bezirk, an dessen Rand das Wohnungsproblem durch die Errichtung von Satellitenstädten gelöst werden sollte, wie der selbst aus der Straßenbahn nicht zu übersehenden Großfeldsiedlung. Aber Floridsdorf hat noch ein zweites Gesicht: ein ländlich-dörfliches. Wo das zum ersten Mal erkennbar wird,

kann man schon aussteigen, **Groß Jedlersdorf** ist erreicht. Hier finden sich in der Amtsstraße jede Menge Heurige. Man kann aber auch bis zur Endstation nach **Stammersdorf** fahren. Wo es den besseren Wein gibt, läßt sich ohnehin nicht entscheiden. Das ist bekanntlich eine Geschmacks- bzw. für eingefleischte Heurigenbesucher eine Glaubensfrage. Stammersdorf jedenfalls hat, weil der Ortskern zur Schutzzone erklärt wurde, seinen ländlichen Charakter als Weinbauerndorf bewahrt. Und in der einen Kilometer langen durch den Ortskern führenden **Stammersdorfer Straße** am Rande des Bisambergs, an dessen Hängen unübersehbar der Wein wächst, ist die Auswahl an Buschenschenken groß.

Von der UNO-City in die Lobau

Gegen Ende des vorigen Jahrhunderts warnte der berühmte Stadtplaner Camillo Sitte: »Es wäre durchaus nicht nötig, an einer so hervorragenden Stelle, welche vielleicht berufen ist, dereinst eine Glanzstelle des Wiens der Zukunft zu bilden, alles von vornherein zu verderben.« Mit der »hervorragenden Stelle« meinte er das linke Donauufer, das nach den heutigen Planungen das zukünftige zweite Zentrum der Stadt beherbergen soll und wo – wie manche Wiener meinen – inzwischen alles verdorben ist. Einen architektonischen Akzent setzen jedenfalls die eigenwillig geschwungenen und bis zu 120 m hohen Hochhaustürme der **UNO-City** . Sie ist für 99 Jahre zu dem symbolischen Preis von einem Schilling an die Vereinten Nationen vermietet. Neben einer Reihe kleinerer Organisationen sind hier auch die Internationale Atomenergiebehörde (IAEA) und die UN-Organisation für industrielle Entwicklung (UNIDO) untergebracht. An der künstlerischen Ausgestaltung haben nahezu alle namhaften zeitgenössischen österreichischen Maler und Bildhauer mitgewirkt, u. a. Georg Eisler, Alfred Hrdlicka und Friedensreich Hundertwasser. Neben diesem Komplex befindet sich ein internationales Konferenzzentrum, das Austria Center Vienna. Doch Bürohäuser allein schaffen noch keinen zweiten Stadtkern. Darum soll hier die sogenannte Donau-City entstehen, eine Mischung aus Büros, Geschäften und Wohnungen. Der Rahmenplan für das neue Stadtviertel ist fertig und mit dem Bau des ersten Großobjekts wurde 1994 begonnen. Die konkrete Ausgestaltung der einzelnen Gebäude überlassen die Politiker den einzelnen Architekten und – der Zeit. Die wird es auf jeden Fall brauchen, denn

UNO-City

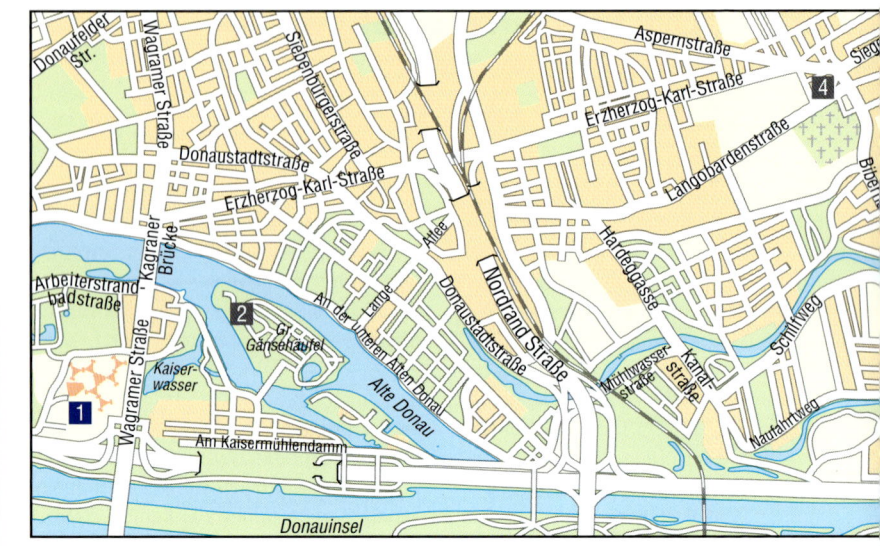

Von der UNO-City in die Lobau   *1 UNO-City   2 Gänsehäufel   3 Steinspornbrücke   4 Asp*

von einem Ansturm der Investoren kann im Augenblick nicht die Rede sein.

Auch hier fällt wieder auf, welch eine kontrastreiche Stadt Wien ist. Denn dreht man der UNO-City den Rücken zu und überquert die Wagramer Straße, befindet man sich schon am Kaiserwasser und an der Alten Donau: Moderne Architektur aus Glas, Stahl und Beton und Natur pur liegen nur einen Steinwurf auseinander. Die Alte Donau umspült hier eine Insel, auf der sich eine Institution der Stadt befindet: das **Gänsehäufel 2**. Um 1900 hatte sie der Naturapostel Florian Berndl gepachtet und ein Luft-, Wasser- und Sonnenbad eingerichtet. Spartanisch ist es da sicher nicht zugegangen, denn schließlich hatten Berndl und seine Frau vorher im Sacher gearbeitet. Weil dieses Privatbad sich steigenden Zulaufs erfreute, baute es 1906 die Gemeinde Wien zu einem städtischen Strandbad um und aus. Mit der Übernahme waren die Spießer auch den Naturapostel und seine kaum oder

gar nicht bekleideten Anhänger los. Man war aber immerhin so liberal, den verbliebenen FKK-Anhängern ein durch hohe Mauern abgegrenztes Geviert zur Verfügung zu stellen. Die Mehrzahl der sonnenhungrigen Individualisten jedoch verschmähte dieses Angebot und begab sich in die ein Stück stromabwärts gelegene **Lobau.** Dies ist eine schöne Stromlandschaft mit alten Pappeln und Ulmen sowie jeder Menge Hasen und Wasservögel. In den 20er und 30er Jahren fanden sich hier nicht nur Nacktkolonien, sondern auch die selbsterrichteten Hütten vieler Obdachloser. Wer durch die große Krise Arbeit und Wohnung verloren hatte, konnte in der Lobau ein bißchen Gemüse züchten und überleben.

Industriebauten und ein Ölhafen nebst Bahnanlagen haben das Augebiet klein werden lassen, aber seiner Beliebtheit keinen Abbruch getan. Das adäquate Verkehrsmittel für die Lobau ist das Fahrrad, das man bei der **Stein-**

spornbrücke 3 leihen kann. Die Bus-station heißt »Roter Hiasl« nach dem jenseits der Straße, am Anfang der Lobau gelegenen Wirtshaus. Der »Rote Hiasl« ist eine der typischen Gartenwirt-schaften, an der auch deutlich wird, wie sehr der Wiener eine bestimmte Form der mediterranen Gleichgültigkeit lebt und offensichtlich auch schätzt. Der Gasthausgarten ist nämlich von allen Seiten vom pulsierenden Verkehr einge-

In der Lobau

schlossen und zudem kommen in unre-gelmäßigen, aber relativ kurzen Abstän-den schrill pfeifende Güterzüge vorbei. Der guten Stimmung tut dies alles kei-nen Abbruch.

Der beliebteste, aber leider nicht immer sehr saubere und deswegen auch zeitweise gesperrte Wildbadeplatz ist die **Dechantlacke.** Im Osten wird das Augebiet vom Torso des Donau-Oder-Kanals begrenzt. Er war zu Zeiten des Großdeutschen Reiches im Jahre 1939 begonnen worden und sollte die Möglichkeit schaffen, die oberschlesi-sche Kohle preiswert nach Wien zu transportieren. Heute ist er eine mit Schrebergärten bestückte Badesied-lung.

Bei der Fahrt durch die Lobau stößt man beständig – wie in Wien nicht an-ders zu erwarten – auf Denkmäler. In die-sem Fall sollen sie daran erinnern, daß 1809 Napoleon hier seine Truppen sam-melte und sein Hauptquartier hatte. Mit dem Rad ist es auch nicht weit in das

»In Wien war alles schön«

jo, des woan hoet fesche zeitn
wo noch sel'ge walzer klangen
und der himmel voller geigen
und die geigen walzer sangen
Aus: H. C. Artmann/Gerhard Rühm,
Requiem viennense

In Wien war alles schön. Viel Geld und viel Luxus. Aber infolge der Frömmelei der Kaiserin war es außerordentlich schwer, sich Cysterens Freuden zu verschaffen, besonders für Fremde. Eine Legion erbärmlicher Spitzel, die man mit dem schönen Namen »Keuschheitskommissäre« schmückte, waren die unerbittlichen Verfolger aller Mädchen. Die Herrscherin besaß in bezug auf die sogenannte illegitime Liebe nicht die erhabene Tugend der Duldsamkeit; fromm bis zur Bigotterie, glaubte sie sich ein großes Verdienst vor Gott zu erwerben, indem sie den natürlichsten Trieb beider Geschlechter auf das kleinlichste verfolgte.
Aus: Giovanni Giacomo Casanova
(1725–1798), Geschichte meines Lebens

(N)icht nur die Abneigung gegen den Mitbürger war dort bis zum Gemeinschaftsgefühl gesteigert, sondern es nahm auch das Mißtrauen gegen die eigene Person und deren Schicksal den Charakter tiefer Selbstgewißheit an. Man handelte in diesem Land – und mitunter bis zu den höchsten Graden der Leidenschaft und ihren Folgen – immer anders, als man dachte, oder dachte anders, als man handelte. ...

Es ist passiert, sagte man dort, wenn andre Leute anderswo glaubten, es sei wunder was geschehen; das war ein eigenartiges, nirgendwo sonst im Deutschen oder einer anderen Sprache vorkommendes Wort, in dessen Hauch Tatsachen und Schicksalsschläge so leicht wurden wie Flaumfedern und Gedanken.
Aus: Robert Musil (1880–1942), Der
Mann ohne Eigenschaften

WIR WIENER
Wir leben dem Genusse
und freuen uns am Wein
und jeder wollt am Schlusse
ein kleiner Rothschild sein.
Vor ruhelosen Gespenstern
verschlossen wir das Haus
und sahen aus schmalen Fenstern
scheu in die Welt hinaus
Aus: Josef Weinheber (1892–1945),
Wien wörtlich

Beim Hause der Fabrik angelangt, finden wir das Tor gesperrt und darauf einen Zettel geklebt, der mit großer Schrift die harte Abweisung trägt: »Die Stelle ist schon besetzt!« Ein anderer Arbeitsloser ... erzählt uns, daß der Inhaber der Fabrik den Lohn auf fünf Kronen erniedrigte, als er sah, wie viele junge und kräftige Leute sich um die Laufburschenstelle bewarben. ... »Der Lohndrücker der elendige, derschlagn soll ma so an böhmisch'n Klachel!« Der empörte Erzähler spuckt recht kräftig in die Richtung des Fabriktores.

Der arbeitslose Wiener Arbeiter ist immer sehr national gesinnt, besonders der nichtorganisierte und schimpft furchtbar auf die »verflucht'n Böhm und Krowoten«, in denen er nur eine unlautere Konkurrenz auf dem Arbeitsmarkt sieht. Er will sich nicht die Mühe nehmen, darüber nachzudenken, daß diese arbeitslosen Tschechen, Slowenen, Ungarn, Kroaten gerade so arme Teufel sind wie wir und der Grund unseres Elends ganz anderswo zu suchen ist, als in der Überschwemmung Wiens mit fremdsprachigen Arbeitern.
Aus: Alfons Petzold (1882–1923), Drei Tage

I maan, schaun S', was ma uns da nachher vorg'worfen hat – des war ja alles ganz anders ... da war a Jud im Gemeindebau, a gewisser Tennenbaum ... sonst a netter Mensch ... da ham's so Sachen gegen de Nazi g'schrieben g'habt auf de Trottoir ... und der Tennenbaum hat des aufwischen müssen ... net er allan ... de andern Juden eh aa ... hab i ihm hing'führt, daß ers aufwischt ... und der Hausmaster hat zuag'schaut und hat g'lacht ... er war immer bei aner Hetz dabei ...

Nachn Krieg is er z'ruckkumma, der Tennenbaum. Is eahm eh nix passiert ... Hab i ihm auf der Straßen troffen. I gries eahm freundlich: »Habe-

diehre, Herr Tennenbaum!« Der hat mi net ang'schaut. I grüaß ihn no amal: » – ›diehre, Herr Tennenbaum ...« Er schaut mi wieder net an. Hab i ma denkt ... na bitte, jetzt is er bees ... Dabei – irgendwer hätt's ja wegwischen müaßn ... i maan, der Hausmeister war ja aa ka Nazi. Er hat's nur net selber wegwischen wolln.«
Aus: Carl Merz (1906–1979) und Helmut Qualtinger (1928–1986), Der Herr Karl

Die Parkbank am Abend

Wien

Praterbank. Kastanienduft. Sumpfnähe. Windverwehte Klänge von Orchestrions. Die zwei auf der Bank zwitschern in einer Sprache, deren Worte auf »itscherl«, »-uckerl« und »itschi-atschi« enden. Taktvoll wendet sich der Passant. Er könnte beim Dabeigewesensein betreten werden. Das Flagranti könnte ihn auf frischer Zeugenschaft ertappen. Er will weder Wand noch Laterne noch Löwe sein und setzt, ohne sich umzuwenden, seinen Weg fort.

Berlin

Tiergarten. Die Amsel ist zum Walddienst abberufen. Der Asphalt duftet nach Rasengrün. Das Paar auf der Bank küßt sich wie in Wien. Plötzlich prallt es auseinander. Hinter der Bank steht ein Mann und macht »Ksch! Ksch!«
Aus: Anton Kuh (1890–1941), Der unsterbliche Österreicher

ehemalige Bauerndorf **Aspern** 4, wo Napoleon am 21. und 22. Mai jenes Jahres seine erste Niederlage in den europäischen Kriegen beigebracht wurde. Daran erinnert »Der Löwe von Aspern«, ein Denkmal in der Nähe der Kirche. In

der ehemaligen Sebastianskapelle befindet sich ein Museum mit Erinnerungsstücken aus dieser Schlacht.

Kloster Heiligenkreuz ▷

Die
Umgebung
Wiens

Klosterneuburg, Gugging und Tulln

In dem Bericht eines Reisenden aus dem Jahre 1737 heißt es: »Den 12ten zu Fruhe zu wasser bis Closter Neuburg gefahren, allwo ein groß angefangenes Gebäu gesehen, dißes wird mit der zeit ein Closter werden, desgleichen wenig zu finden seyn wird, daran ist ein Virtel noch nicht gar in der Höh, waß aber steht, doch dast gantz fertig. dießer stehende bau ist von Ihro Kayserll. Maytt. gebauet, die Zimmer seynd von zimlicher Gattung, waß aber die neue noch zu machende Kirch angehet, wird dazu vieles Gelt erfordert werden ...« Daran hat es dann schließlich gemangelt und so ist der Augustiner Chorherrenstift in **Klosterneuburg** 🔳1 ein Torso geblieben, aber ein höchst sehenswerter.

Einer im 14. Jh. erstmals aufgezeichneten Legende nach hatte der babenbergische Markgraf Leopold III. auf dem Leopoldsberg seine Residenz. Bei der Hochzeit mit Agnes, der Tochter Kaiser Heinrichs IV., soll ein Windstoß ihren Brautschleier entführt haben. Nach dessen Auffindung im Geäst eines Holunderbaums gelobte der Babenberger, hier ein Kloster zu errichten. Wahr an der Legende ist, daß Leopold III. um 1106 seine Hofhaltung von Melk nach »Niwenburg« verlegt und auch ein Kloster gestiftet hat. Teile der alten babenbergischen Burg sind noch vorhanden.

Seine besondere Bedeutung gewann der Ort schließlich, weil der habsburgische Herzog Rudolf IV., der Stifter, beim Papst ein Kanonisierungsverfahren für den hier in einem kostbar vergoldeten und teilweise emailierten Schrein ruhenden Leopold III. einleiten ließ. 1485 wurde der nunmehr zum Landespatron von Niederösterreich ernannte Babenberger heiliggesprochen. Damit hatte nun auch Österreich endlich wie Frankreich (Ludwig) und Ungarn (Stephan) einen eigenen, aus dem Lande selbst stammenden Patron, was auch den neuen Herrschern, den Habsburgern, besonderen Glanz verlieh.

Seine Errichtung verdankt das Stift der Trauer Karls VI. um sein verlorengegangenes spanisches Reich. Als er 1711 zum deutschen Kaiser gekrönt wurde und deshalb den Madrider Thron

Klosterneuburg,
Gugging und Tulln
1 Klosterneuburg
2 Gugging
3 Tulln
4 Burg Greifenstein

Klosterneuburg

verlassen mußte, wollte er sich nach dem Vorbild des Escorial eine gewaltige Klosterresidenz schaffen. Vier große Höfe waren geplant und neun Kuppeln, von denen jede eine der Kronen des Hauses Habsburg tragen sollte. Doch nach dem Tod ihres Vaters ließ Maria Theresia den noch unvollendeten Bau einstellen, sie brauchte das Geld drin-gender für Soldaten und Waffen, um sich der Feinde zu erwehren, die Österreich mit Krieg überzogen. Daß Klosterneuburg ein Torso geblieben ist, ergibt einen tieferen Sinn: Es sollte der architektonische Ausdruck der Idee des Heiligen Römischen Reiches sein. Doch spätestens nach dem von Karl VI. Tochter, Maria Theresia, verlorenen Siebenjähri-

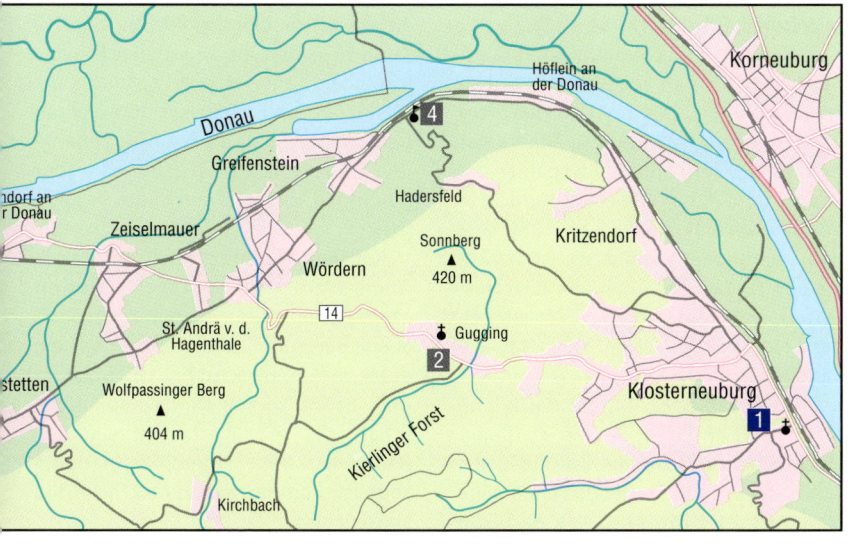

»Haus der Künstler« in Gugging

gen Krieg (1756–1763) gehörte die Reichsidee endgültig der Geschichte an. Erst in den 40er Jahren des 19. Jh. wurde der Bau von Josef Kornhäusel in seine heutige Gestalt gebracht. Statt der neun gibt es nur zwei Kuppeln: die große mit der römisch-deutschen Kaiserkrone und die kleine mit dem österreichischen Erzherzogshut.

Berühmt ist Klosterneuburg zum einen wegen der hier ausgestellten Kunstschätze aus 800 Jahren, darunter dem weltbekannten »Verduner Altar« aus dem 12. Jh. Zum anderen wegen seiner Weingärten, deren erlesene Produkte in der Stiftskellerei zu verkosten sind. Eine damit verbundene Attraktion ist das sogenannte »Tausendeimerfaß« (560 Hektoliter), auf dem jeden 15. November, dem Namenstag des hl. Leopold., ein »Faßlrutschen« veranstaltet wird.

Die Bundesstraße 14, die nach Tulln führt, heißt an ihrem Beginn Kierlinger Hauptstraße. Das Haus Nr. 187, ein schlichtes Wohnhaus, ist das ehemalige **Sanatorium Hofmann,** das nach der

Jahrhundertwende oft von Lungenkranken aufgesucht wurde, unter anderem von Franz Kafka. Der Raum, in dem er die letzten Tage seines Lebens verbracht hat, ist vor einigen Jahren zu einer Gedenkstätte umgestaltet worden. Direkt beim Ortsschild **Gugging** 2 geht es rechts in die Niederösterreichische Landesnervenklinik. Betritt man sie und folgt dem Wegweiser mit dem blauen Stern, erreicht man das auf der Anhöhe gelegene »Haus der Künstler«. Hier leben und arbeiten seit 1981 Maler und Dichter. Sie alle sind psychisch krank, aber auch Künstler. Einen ersten Eindruck von ihrem Schaffen, das zur »Art brut« gezählt wird, vermittelt die von ihnen selbst gestaltete Fassade des Hauses. Im Inneren ist es eine Mischung aus Wohnraum, Atelier und Galerie. Nach Voranmeldung ist eine Besichtigung möglich (s. S. 277).

Eine lange Zeit verfemter und unverstandener Maler ist der größte Sohn Tullns: Egon Schiele. Im ehemaligen Gefängnis an der Donaulände (Nr. 28), in dem er wegen seiner »unzüchtigen« Bilder mehrere Tage eingesperrt war, ist ein Museum eingerichtet (s. S. 278). **Tulln** 3 selbst ist ein reizendes Provinzstädtchen mit einem entzückenden Marktplatz und einer großen Vergangenheit: Hier hat, so wird im Nibelungenlied erzählt, König Etzel seine burgundische Braut Kriemhilde empfangen.

Auf dem Rückweg kann man in St. Andrä-Wördern links nach **Greifenstein** 4 abbiegen. Von der mittelalterlichen Burgruine hat man einen eindrucksvollen Blick über das Donautal und das Weinviertel. Durch eine Aulandschaft, die mit Wochenendhäusern, Badehütten und Strandbädern durchsetzt ist, kommt man zurück nach Klosterneuburg.

Das Weinviertel

Nördlich von Wien liegt das Weinviertel. Eine Rundfahrt beginnt man am besten in **Korneuburg** , einer alten Marktstadt mit hübschen spätgotischen Bürgerhäusern. Nur 5 km entfernt, auf einer bewaldeten Anhöhe, steht die **Burg Kreuzenstein** . Sie wurde gegen Ende des vorigen Jahrhunderts von Hans Graf Wilczek an Stelle einer zerstörten Burg aus dem 12. Jh. errichtet und sieht wie aus einem Bilderbuch aus. Sie ist ein schönes Beispiel einer romantischen Ritterburg und verfügt über eine reichhaltige Sammlung mittelalterlicher Alltags- und Kunstgegenstände sowie Waffen (s. S. 277).

Nach Stockerau nimmt man die Bundesstraße 4 nach Kleinwetzdorf, wo sich ein kurioses Monument des wienerischen Totenkults befindet, der **Heldenberg** – das österreichische Walhalla. Errichtet hat ihn der Armeelieferant Joseph Gottfried Pargfrieder, der von sich behauptete, ein illegitimer Sohn Josephs II. zu sein. 19 Statuen, 142 Büsten und vier Statuetten bilden eine Heldenallee, in der nahezu alle österreichischen Heerführer und Kaiser versammelt sind. Der Höhepunkt jedoch ist das Mausoleum. Hier liegt Feldmarschall Radetzky begraben, weil der Armeelieferant seine Schulden beglichen hat. Außerdem sind

Burg Kreuzenstein

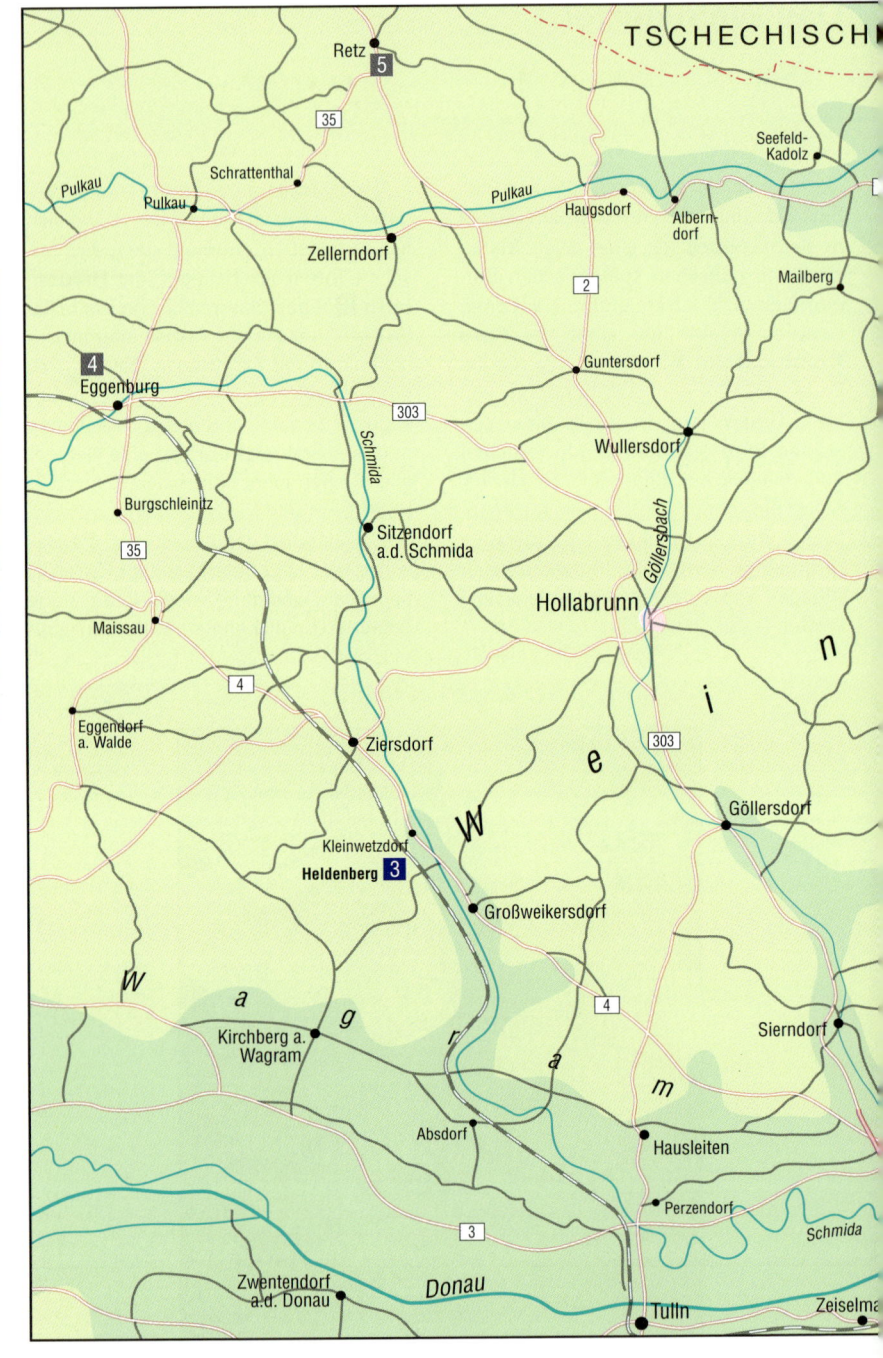

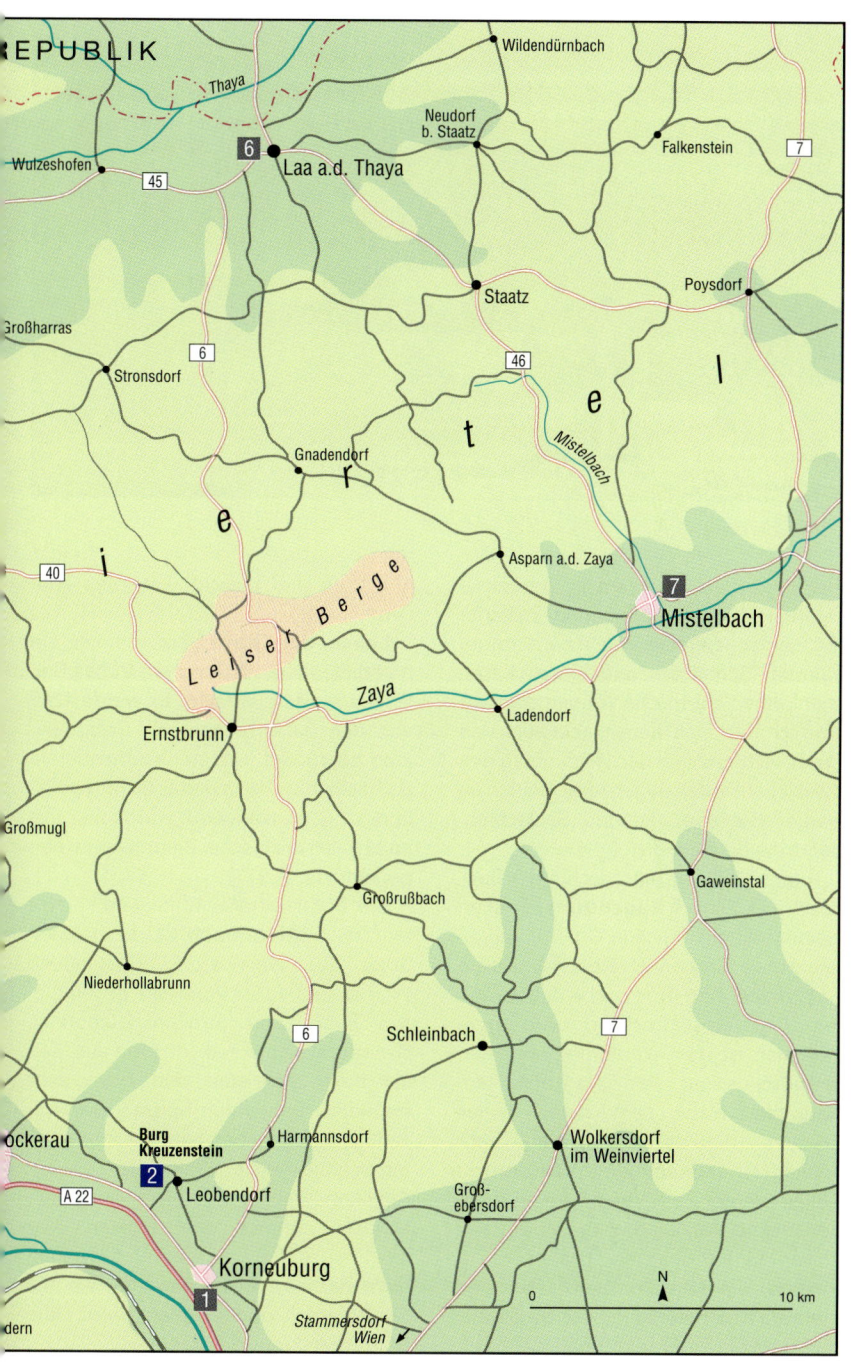

REPUBLIK

Thaya

Wildendürnbach

Neudorf
b. Staatz

Falkenstein

7

6 Laa a.d. Thaya

Wulzeshofen

45

Poysdorf

Staatz

Großharras

6

46

l

Stronsdorf

e

Mistelbach

Gnadendorf

t

r

e

40

i

Asparn a.d. Zaya

7 Mistelbach

Leiser Berge

Zaya

Ernstbrunn

Ladendorf

Großmugl

Großrußbach

Gaweinstal

Niederhollabrunn

6

Schleinbach

7

Burg
Kreuzenstein

Harmannsdorf

Wolkersdorf
im Weinviertel

A 22

2 Leobendorf

Groß-
ebersdorf

ockerau

Korneuburg

N

1

0   10 km

Stammersdorf
Wien

dern

Der Heldenberg

hier bestattet der damals berühmte Feldmarschall Wimpffen und Pargfrieder selbst, angetan mit einem rotgeblumten Schlafrock und einem Käppchen ohne Schirm. Die Wiener, die zwar eine schöne Leich' lieben, aber auch den Spott, dichteten auf den Heldenberg den Zweizeiler: »Hier liegen drei Helden in ewiger Ruh/zwei lieferten Schlachten, der dritte die Schuh.«

Hinter Maissau führt rechts die Bundesstraße 35 nach **Eggenburg** 4, einen kleinen mittelalterlichen Ort. Von da gelangt man direkt nach **Retz** 5, dessen Stadtmauer und Türme ebenfalls erhalten sind. Beeindruckend und ungewöhnlich ist das »Verderberhaus«, ein viergeschossiger Renaissancebau am Hauptplatz. Neben dem Wappen seines Erbauers trägt es auch dessen – sehr wienerisch anmutenden – Wahlspruch: »Alles mit der Zeit«. Retz ist eine traditionsreiche Weinstadt und verfügt aus diesem Grund über eine besondere Attraktion, die »Katakomben«. Das sind mehrere Kilometer lange Kelleranlagen, die sich kreuz und quer unter der Stadt

hinziehen und besichtigt werden können.

Laa an der Thaya 6 ist ebenfalls ein mittelalterlicher Ort und ein frühes Beispiel von Stadtplanung. Er wurde 1240 von den Babenbergern als Grenzsiedlung gegründet. Um zu dokumentieren, daß selbst im Weinviertel nicht nur Rebensaft getrunken wird, wurde hier das erste österreichische Biermuseum eingerichtet (s. S. 277).

Der Bundesstraße 46 folgend kommt man nach **Mistelbach** 7, der größten Stadt des Weinviertels. Gestandene Wiener sind voller Vorurteile gegen diesen Bahn- und Straßenknotenpunkt. Das drückt sich vor allem darin aus, daß sie ihren Polizisten den nicht sehr freundlich gemeinten Spitznamen »Mistelbacher« gegeben haben. Darum halten sich die meisten Wiener trotz des exzellenten Weines hier nicht lange auf, sondern nehmen den direkten Weg nach Hause. Aber sie müssen deswegen nicht darben, liegen doch da, wo die Stadtgrenze überschritten wird, die Stammersdorfer Heurigen.

Die Marchfeldschlösser

Das Marchfeld ist eine Tiefebene zwischen den Flüssen Donau und March. Für Wien hatte es immer eine strategische Bedeutung, denn es war das Einfallstor östlicher Eroberer. So erwarteten auch Anfang 1945 die deutsche Wehrmacht und die SS hier den Vorstoß der sowjetischen Panzerverbände. Doch Marschall Tolbuchin war klüger und kam mit seinen Truppen vom Süden und vom Westen in die Stadt.

Das erste Mal in die Geschichte eingegangen ist das Marchfeld durch die sogenannte »Regenwunderschlacht«, die auf der Marc-Aurel-Säule in Rom festgehalten ist. Im Jahre 174 besiegte hier der philosophische und nicht sehr christliche Kaiser die Markomannen, nachdem seine vorher von der Hitze erschöpften Soldaten durch das »Wunder« eines Regens zu neuer Kraft gekommen waren. So berichtet zumindest einer der Propagandisten des Christentums, der Geschichtsschreiber Tertullian.

Zu einer für Wien und Österreich entscheidenden Stätte wurde das March-

Schloß Marchegg

feld im 13. Jh. Ottokar II. Přemysl, der Sohn des böhmischen Königs, hatte Margarete, die Schwester des letzten kinderlos verstorbenen Babenbergers geheiratet und war somit zum Herrscher über Österreich geworden. Bedroht wurde sein Reich vom ungarischen König Béla IV. Am 12. Juli 1260 kam es an der March zur Schlacht, die Ottokar II. Přemysl für sich entschied. Zum Gedenken daran gründete er eine Stadt.

»Marchegg soll sein der Markstein meines Glücks.

Von dort aus weiter; denn wer hielte mich?«

So läßt der Habsburgverehrer Franz Grillparzer hintersinnig den siegreichen Feldherrn in seinem Drama »König Ottokars Glück und Ende« sprechen. Denn das für 10 000 Menschen gedachte **Marchegg** **1** war eine Fehlplanung. Es erlangte nie eine Bedeutung als Grenzstadt und hat heute noch dörflichen Charakter. Die ursprüngliche Stadtmauer mit ihren Toren ist noch erhalten. Die mittelalterliche Stadtburg wurde zu einem Barockschloß umgestaltet, in dem sich das Niederösterreichische Jagdmuseum befindet (s. S. 277). Ebensowenig Glück wie Marchegg hatte auch Ottokar. Achtzehn Jahre später mußte er neuerlich auf dem Marchfeld einen Streit ausfechten. In der Zwischenzeit war Rudolf von Habsburg zum

deutschen König gewählt worden (1273). Die sieben Kurfürsten hatten sich gegen den mächtige Ottokar für einen unbekannten, wenn auch nicht politisch bedeutungslosen Grafen aus dem südwestdeutschen Raum entschieden. Ottokar II. Přemysl blieb ein zäher und gefährlicher Gegner des Habsburgers. Nach mehrjährigen Auseinandersetzungen kam es am 26. August 1278 auf dem Marchfeld bei Dürnkrut zur entscheidenden Schlacht. Sie ist als die größte Ritterschlacht in die österreichische Geschichte eingegangen. König Ottokar verlor nicht nur sie, sondern auch sein Leben. Der Leichnam wurde nach Wien gebracht und später in den Prager Veitsdom überführt.

Erst Jahrhunderte später, mit dem Ende der türkischen Bedrohung, veränderte das Marchfeld seinen Charakter und wurde im Barock gleichsam ein österreichisches Gegenstück zur Loire. 1725 schenkte Kaiser Karl VI. seinem erfolgreichsten Feldherrn, Prinz Eugen von Savoyen, die Herrschaft Obersiebenbrunn »zu seiner beliebigen Excursion und Landsdistraction.« Im selben Jahr kaufte Eugen die Herrschaft Hoff an der March (heute **Schloßhof** **2**) und zwei Jahre später das nahegelegene Schloß **Niederweiden** **3** (Beide sind nur im Rahmen von Ausstellungen zugänglich, die aber regelmäßig zwischen April und November veranstaltet werden.) Nach dem Tod Eugens wurde die Herrschaft Schloßhof-Niederweiden vom Kaiserhof erworben, der aber bald das Interesse daran verlor und die Bauten verkommen ließ. Ende des 19. Jh. wurde Schloßhof gar dem Militär zur Verfügung gestellt, was der barocken Gartenanlage den Todesstoß versetzte. Sie wird heute umfassend restauriert. Nicht weit davon entfernt ist der barocke Jagdsitz des Grafen Kinsky, **Eckartsau**

4, der später ebenfalls in den Besitz der Habsburger überging. Hier verbrachte Kaiser Karl 1918 nach der Abdankung seine letzten Tage in Österreich.

Von der kriegerischen Zeit des Marchfeldes kündet **Orth an der Donau 5**, wo das Äußere eines mächtigen Wehrbaus nahezu unverändert erhalten ist.

Ende des 17. Jh. wurde der Burg ein »Stöckl«, das sogenannte Neue Schloß, vorgesetzt, um den adeligen Besuchern mehr Komfort zu bieten. Auch Burg Orth fiel schließlich in den Besitz der Habsburger. Heute beherbergt sie das Österreichische Fischerei- und ein Heimatmuseum (s. S. 277).

Die römischen Ausgrabungen in Carnuntum

Carnuntum ist 28 römische Meilen von *Vindobona* entfernt oder etwas mehr als 41 km von Wien. Diese ursprünglich illyro-keltische Siedlung lag am Schnittpunkt zweier uralter Handelswege: der Donau (West-Ost) und der Bernsteinstraße, die von der Ostsee ans Mittelmeer führte.

Erstmals wird der Ort im Jahre 6 n. Chr. erwähnt, als Ausgangspunkt einer Militäraktion. Nach 100 wurde *Carnuntum* Hauptstadt der Provinz *Pannonia superior* (Oberpannonien), Sitz des Statthalters und wichtige Handelsstadt: Aus dem Norden kamen Bernstein, Felle, Häute, Leder und Schlachtvieh. Der Süden lieferte keramische Waren, Gläser, Haushaltsgeräte und Schmuck. 171 wurde die Stadt bei einem Markomanneneinfall zerstört und danach glanzvoll wieder aufgebaut. Gut 20 Jahre später wurde in *Carnuntum* Geschichte gemacht: Der erste Soldatenkaiser Roms, Lucius Septimus Severus, wurde hier ausgerufen. 308 war die Stadt dann wieder in aller Munde. Unter dem Vorsitz Diocletians fand ein Kaiser-

kongreß statt, der ein Ende der Bürgerkriege und eine grundsätzliche Reform des römischen Weltreiches bringen sollte. An dieses erfolglose Unternehmen erinnert ein steinerner Altar. 375 kam Kaiser Valentin I., um neue Befestigungen im Abwehrkampf gegen die Quaden zu errichten. In seinem Gefolge befand sich der Geschichtsschreiber Ammianus Marcellinus, und von ihm stammt die letzte Beschreibung *Carnuntums*. Er nennt es ein »ödes, schmutziges Dorf«, und als solches versinkt es dann.

Freilichtmuseum Carnuntum

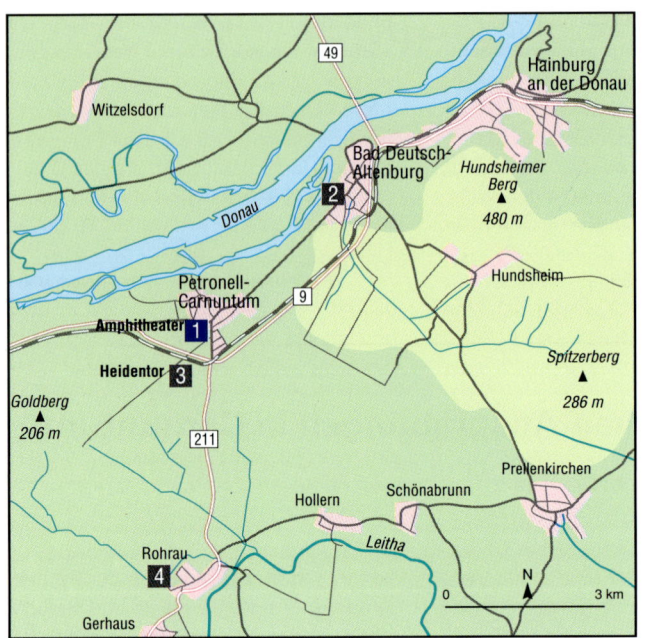

Die römischen Ausgrabungen in Carnuntum
1 Freilicht-
   museum
   Carnuntum
2 Bad Deutsch-
   Altenburg
3 Heidentor
4 Rohrau

Mit den auch heute noch nicht abgeschlossenen Ausgrabungen fast direkt vor einem eindrucksvollen Barockschloß wurde schon vor über hundert Jahren begonnen. Die freigelegte Römerstadt ist als **Freilichtmuseum** 1 gestaltet. Zu sehen sind Hausfundamente, eine Palastruine, das Amphitheater. Die Bodenfunde und Rekonstruktionen befinden sich im Römischen Museum in **Bad Deutsch-Altenburg** 2.

Etwas verloren und rätselhaft steht in der flachen Landschaft bei Petronell das riesige **Heidentor** 3. Wozu es diente ist immer noch unbekannt. Wozu es jedoch dienen kann, ist relativ einfach: als von weitem sichtbarer Wegweiser nach dem etwa 5 km entfernten **Rohrau** 4. Hier wurde am 1. April 1732 Franziskus Josephus Haydn geboren. In einer kurzen, 1778 erschienen Selbstbiografie gibt der Musiker jedoch den 31. März als Ge-

burtsdatum an. Daraufhin angesprochen bemerkte er: »Ich bin am 1. April geboren und so steht es in meines Vaters Hausbuch eingeschrieben – aber mein Bruder Michael behauptet, ich sei am 31. März geboren, weil er nicht will, daß man sage, ich sei als Aprilnarr in die Welt getreten.« Das Geburtshaus, in dem ein Museum untergebracht ist, liegt zwar in einer reizlosen Gegend, macht aber keineswegs den Eindruck einer »schlechten Bauernhütte«, wie Beethoven meinte, sondern der respektablen Wohnung eines Dorfhandwerkers. Am Ende des Dorfes befindet sich Schloß Rohrau mit der Graf Harrachschen Gemäldegalerie, der größten österreichischen Privatsammlung. Schwerpunkt sind spanische, neapolitanische und römische Malerschulen des 17. und 18. Jh. (s. S. 278).

Schloß Laxenburg

Nach Laxenburg fuhr einst der kaiserliche Hof in die Sommerfrische. Das **Alte Schloß** ließ Herzog Albrecht III. »mit dem Zopfe« um 1380 als Wasserburg anlegen. Im Innenhof befindet sich eine Marmortafel Friedrichs III. mit kaiserlichem Monogramm und seinem Wahlspruch: *Rerum irrecuperabilium summa felicitas est oblivion* (»Das größte Glück ist, unwiederbringliche Dinge zu vergessen«). Historisch bedeutsam ist dieses Gebäude, weil auch Karl VI. ein häufiger Gast war und hier die »Pragmatische Sanktion« erlassen hat, die seiner Tochter Maria Theresia die Thronfolge ermöglichte. Unter der erhielt Laxenburg auch im wesentlichen seine heutige Gestalt. Die strenge geometrischen Anordnung des barocken Garten ist aber nur noch in den strahlenförmig auf das

Grüne Lusthaus zulaufenden Alleen erkennbar. Schon unter ihrem Sohn, Kaiser Joseph II., wurde die barocke Anlage in einen Landschaftsgarten umgestaltet. Kaiser Franz I. tat ein übriges und legte darin einen verträumten Teich mit Inseln und Brücken an und ließ künstliche Grotten und romantische Felsenszenerien bauen. 1798 begann man mit dem Bau der **Franzenburg**, die die Gestalt einer »gotischen Burgfeste« erhielt. Es ist das Hauptwerk der klassizistischen Romantik in Österreich. Die Einrichtung besteht aus Originalen und romantischen Fälschungen. Um auch in der näheren Umgebung die passende Stimmung zu erzeugen, gibt es im »Rittergau«, dem Park rings um den Teich, eine »Rittergruft«, eine »Rittersäule« und einen »Turnierplatz« (s. S. 278).

Romantische Ritterburg: Die Franzensburg

Der südliche Wienerwald

Der südliche Wienerwald mit seinen schluchtartigen Tälern, die teilweise selbst heute noch wildromantisches Gepräge haben, ist ein Ausläufer der Kalkalpen. An seinem Rande liegt die sogenannte »Thermenlinie« mit ihren Heilbädern. Bereits die Römer errichteten hier einen Badeort namens *Aquae*. Der Hauptort dieses Gebietes ist **Baden** 1️⃣, das im Jahre 869 unter dem Namen *Padaun* erstmals urkundlich erwähnt wird. Sein Aufschwung setzte zu Beginn des 19. Jh. ein, als Kaiser Franz I. zwischen 1803 und 1834 mit seinem Hof jeden Sommer hier verbrachte. Danach verlor die Stadt an Anziehungskraft, da der passionierte Jäger Franz Joseph I. das oberösterreichische Bad Ischl als Sommerresidenz bevorzugte. Mit der Eröffnung der Südbahn wurde Baden jedoch wieder zum »Nobelkurort«, in dem sich »tout Wien« traf.

Das Stadtbild wird ganz von den Fassaden des Biedermeier-Architekten Josef Kornhäusel bestimmt. Damals errichtete man auch die Gebäude der Bäder, denen man die Form klassischer

Baden bei Wien

griechischer Tempel gab. Die Schwefelthermalquellen helfen gegen rheumatische Erkrankungen aller Art. Sie schütten täglich mehr als 6,5 Mio. Liter Wasser mit einer natürlichen Temperatur bis zu 36° aus. Baden ist nach wie vor ein internationaler Kurort mit allem, was dazugehört: Thermalbäder, Kurparks und -konzerte sowie eine traditionsreiche Trabrennbahn und die Roulettetische eines Casinos. Die Stadt ist umgeben von ausgedehnte Weinbergen, und einer der Spitzenweine trägt den Namen »Lumpentürl«. Im Mittelalter mußten wie überall auch in Baden die Stadttore bei anbrechender Dunkelheit geschlossen werden. Was aber sollten die fröhlichen Zecher in den umliegenden Weinbergen tun? Im Freien übernachten? Das ging ebensowenig, wie die Stadttore nicht zu schließen. So kam es zu einer typisch österreichischen Lösung. Es wurde eine kleine, immer offene Nebentüre errichtet, durch die die Nachtschwärmer, die Lumpen also, heimlich wieder in die Stadt konnten.

Das Wetter von Baden ist – wenn man so will – in der ganzen Welt bekannt, weil Beethoven in seiner »Pastorale«, der 6. Symphonie, die gesamte Meteorologie der Stadt und des umliegenden Wienerwalds musikalisch gestaltet hat. Der Komponist zählte zu den häufigen Besuchern der Stadt und blieb neben seiner Leidenschaft für den Wein auch der für häufigen Wohnungswechsel treu, so daß es in Baden eine Reihe von Beethovenhäusern zu besichtigen gibt (s. S. 277). In Baden vollzog sich auch seine Alterskrise, in der die Pläne für die

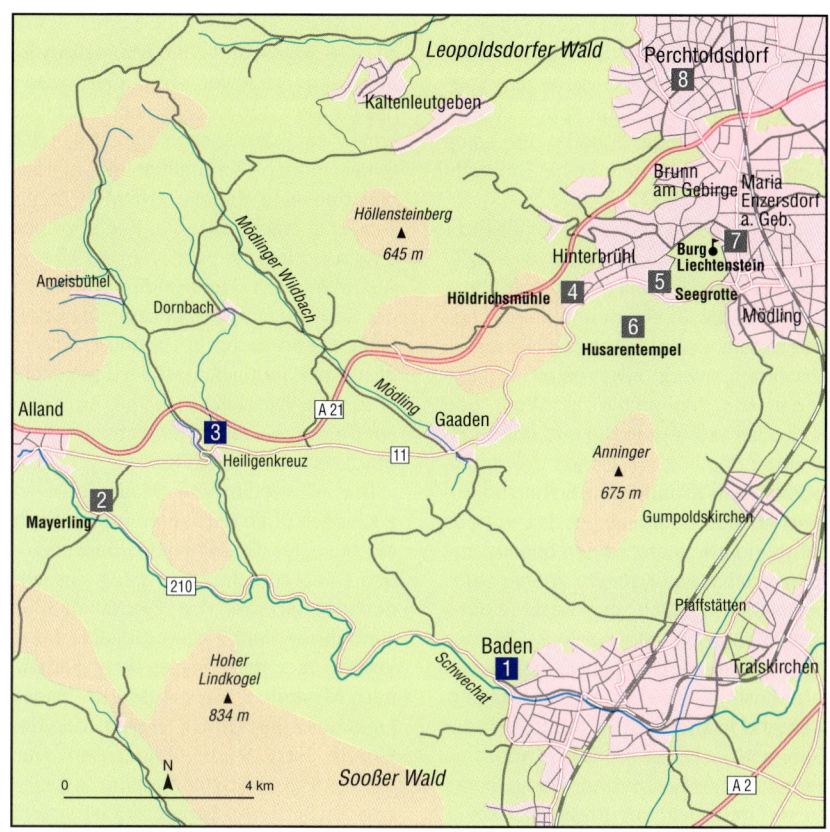

Der südliche Wienerwald   1 Baden   2 Mayerling   3 Heiligenkreuz   4 Höldrichsmühle
5 Seegrotte   6 Husarentempel   7 Burg Liechtenstein   8 Perchtoldsdorf

zehnte Symphonie entwickelt wurden,
die in ihrem dionysischen Schwung die
seiner Meinung nach mißglückte Neunte übertreffen sollte. Aber das Kolossal-
werk geriet nicht über die ersten Auf-
zeichnungen hinaus und das Ergebnis
war eine große Umkehr: In der konzisen
Kammermusikform wollte Beethoven
nun ausdrücken, was in der Symphonie
nicht möglich war (Streichquartette op.
127, 130, 132).

Eine lokale Berühmtheit, dessen Spur
heute noch zu finden ist, war schon zu
Lebzeiten der Stadtphysikus Dr. Rollett.

Er war ein bedeutender Sammler und
fanatischer Anhänger des Doktor Gall,
der um 1800 mit seiner »Phrenologie«
weltweites Aufsehen und Interesse er-
weckte. Gall behauptete, aus der Schä-
delform den menschlichen Charakter
ablesen zu können. Als er starb, hinter-
ließ er seine Sammlung Rollett. Der ver-
machte sie seinerseits der Stadt, tat aber
vorher natürlich alles, um sie zu vergrößern, was schließlich dazu führte, daß er
als Arzt weniger an den Kranken denn
an den Toten interessiert war. So wurde
er nach dem Selbstmordversuch des

Dichters Ferdinand Raimund gerufen. Als er feststellte, daß dem Dichter nicht mehr zu helfen war, verließ er den Sterbenden, um einige Tage später zurückzukehren und den Schädel für seine Sammlung zu erbitten. Er hat ihn nicht bekommen (s. S. 277).

Wenn man Baden in westlicher Richtung verläßt, kommt man in das idyllische, tief in die Kalkberge eingeschnittene Helental. In einem auf viele Bände berechneten, aber niemals vollendeten Monumentalwerk »Die österreichisch-ungarische Monarchie in Wort und Bild«, das »auf Anregung und unter Mitwirkung Seiner k.u.k. Hoheit des durchlauchtigsten Kronprinzen Erzherzog Rudolf« in den 80er Jahren des vorigen Jahrhunderts zu erscheinen begann, hat dieser selbst das Kapitel »Wienerwald« beigesteuert. Nach der Beschreibung des Helentals, heißt es: »Gegen Norden wird das enge Thal umschlossen von jäh ansteigenden waldigen Hügeln, während in südlicher Richtung sich das Gebirgsmassiv des 831 Meter hohen Eisernen Thores und des nur wenig niedrigeren Lindkogels mit großen Holzschlägen, Fichten-, Föhren-, Lärchen- und Tannenbeständen, kahlen Felswänden und öden Geröllhalden erhebt, das den vollen Typus des hohen Mittelgebirgs-Charakters verräth. Beim Sattelbach-Wirtshaus theilen sich die Straßen, die eine führt an den Felsen des Urgesteins und an dem reizend gelegenen Mayerling mit der großen Kirche und dem schloßartigen Besitztum des Stiftes Heiligenkreuz vorüber in den freundlich grünen Thalkessel von Alland, die andere, nach Nordwesten abzweigende passirt ein enges waldiges Thal, an dessen nördlichem Ende Heiligenkreuz liegt.«

Einen den Zisterziensern von Heiligenkreuz gehörenden Wirtschaftshof erwarb Kronprinz Rudolf 1886 und ließ ihn zu dem Jagdschlößchen **Mayerling** [2] umbauen. Nach der »Tragödie« wurde das Bauwerk auf ausdrücklichen Wunsch von Kaiser Franz Joseph dem Orden der unbeschuhten Karmelitinnen übergeben und eine Kapelle errichtet, damit Tag und Nacht für die Seele seines armen Sohnes gebetet werden könne. Aus dem alten Jagdschloß sind neben der Sakristei einige Gegenstände ausgestellt, die an Kronprinz Rudolf erinnern: gestickte Handtücher mit der Jahreszahl 1889, eine Waschschüssel, ein Krug und ein Stück des blauen Teppichs aus dem Sterbezimmer (s. S. 278).

Die »Tragödie von Mayerling« ist auch nach über 100 Jahren immer noch ein beliebtes Objekt wilder Spekulationen. Dabei sprechen die Fakten eine eindeutige Sprache: Am 29. Januar 1889 »entführte« Rudolf seine Geliebte Mary Vetsera aus dem Palast ihrer Familie nach Mayerling. Nach Aussagen seines Freundes, des Grafen Hoyos, der der einzige Gast beim Abendessen war, drehte sich die Unterhaltung dabei – was als Indiz von Bedeutung ist – nicht um Politik, sondern nur um alltägliche Dinge. Irgendwann in der Nacht hat Rudolf Mary Vetsera durch einen Revolverschuß getötet und dann am frühen Morgen des 30. Januar Selbstmord begangen. Mit einem politischen Motiv für den Selbstmord war man trotzdem sehr schnell bei der Hand: Die Aufdeckung des Planes einiger ungarischer Magnaten, Rudolf zu ihrem König zu machen, hätte ihm als Ehrenmann keine andere Möglichkeit als den Freitod gelassen. Doch dafür gibt es in den schon lange geöffneten ungarischen Adelsarchiven keinen Hinweis. Dennoch werden diese und andere Theorien über ein politisches Motiv immer noch vertreten. Denn die andere Möglichkeit war und ist anscheinend für das Haus Habsburg und seine Anhänger immer noch zu banal und peinlich. Aus den Rezepten der Wiener Hofapotheke geht eindeutig hervor, daß Rudolf seit 1886 an Gonorrhöe erkrankt war und seine Gemahlin angesteckt hatte, was diese auch öffentlich bestätigte. Da diese Krankheit damals nicht heilbar war, hätte das bedeutet, daß ein sicherer Geschlechtskranker Kaiser Franz Joseph auf dem Throne nachgefolgt wäre. Das war zu Beginn des 20. Jh. aber undenkbar. Unmittelbaren Anstoß zu der Tat kann die Befürchtung Rudolfs gegeben haben, daß er auch Mary angesteckt und geschwängert hat.

Mit päpstlicher Zustimmung erhielt Kronprinz Rudolf ein kirchliches Begräbnis und wurde in der Kapuzinergruft beigesetzt. Die Baronesse Mary von Vetsera wurde am Ortsfriedhof von Heiligenkreuz bestattet. Daß ihre Familie die Tat den Habsburgern nicht verziehen hat, dokumentiert die Grabinschrift:

Stift Heiligenkreuz

»Wie eine Blume sproßt der / Mensch auf und wird / gebrochen.«

Stift Heiligenkreuz **3** ist fast so etwas wie ein österreichisches Nationalheiligentum. Das Gelände hat 1133 der babenbergische Markgraf Leopold III. Zisterziensern aus dem französischen Morimond zugewiesen, die das Land gerodet und christliche Kultur in die Ostmark gebracht haben. Aus Verehrung des »heilbringenden Zeichens unserer Erlösung« wurde das Kloster Heiligenkreuz genannt und seine große Relique ist – wie behauptet wird – ein Stück des Kreuzes Christi. Es war ein Geschenk des Königs von Jerusalem an den Babenbergerherzog Leopold V. während dessen Pilgerfahrt 1182. Außer diesem liegen hier in einer Art historischer Weihestätte noch drei weitere Babenbergerherzöge begraben (s. S. 277).

Die Bundesstraße 11 folgt nach Gaaden dem Mödlingbach. Er hat hier ein Durchbruchstal geschaffen, das Brühl genannt wird und schon im Biedermeier

Perchtoldsdorf

sie selbst nicht sehr ernst genommen, denn sie waren als Gebrauchslyrik für Gesellschaftsspiele geschrieben worden. Daß sie heute noch nicht vergessen sind, liegt einzig an der genialen Musik Schuberts. In dem Ort Hinterbrühl befindet sich außerdem ein aufgelassenes Gipsbergwerk, die **Seegrotte** 5, mit dem größten Höhlensee Europas (s. S. 277).

Bevor man Mödling erreicht, sieht man auf dem Kleinen Anninger (496 m) ein Tempelchen im griechischen Stil, das Fürst Johann I. von Liechtenstein errichten ließ und aus einer romantischen Laune heraus »**Husarentempel**« nannte 6. Noch heute wird beharrlich behauptet, die hier beerdigten Soldaten seien jene Husaren, die dem Fürsten während der napoleonischen Kriege das Leben gerettet und dafür ihr eigenes geopfert hätten. Dieser Fürst veranlaßte auch den Wiederaufbau der Ruine Enzesburg als **Burg Liechtenstein** 7. Sie ist ein relativ stilgetreu restaurierter romanischer Profanbau.

Spätestens in **Perchtoldsdorf** 8, im Volksmund »Petersdorf« genannt, sollte man, falls man es bis zu diesem Zeitpunkt noch nicht getan hat, einen Heurigen aufsuchen. Der vulkanische Untergrund der »Thermenlinie« schmort die Reben zu einem Saft, die ihm die Bezeichnung »österreichischer Tokayer« eingebracht haben. Die Weißweine hier haben eine leicht rötliche Färbung und heißen deshalb »Rotgipfler« und »Spätrot«. Wie Anton Bruckner meinte, ist ihr Genuß eine wesentliche Voraussetzung, um die klassische Wiener Musik zu verstehen: »Trinkt's einmal in Petersdorf an einem sternhellen Juniabend in einem Garten ein Viertel Gerebelten, schaut's auf die Glühwürmchen, horcht's auf die Grillen – nachher wißt's, was ein Schubert-Adagio ist.«

ein bekanntes und beliebtes Ausflugsziel war. Beethoven beispielsweise weilte gerne »in der göttlichen Brühl«. Im Dorf Hinterbrühl liegt dicht an der Bundesstraße die **Höldrichsmühle** 4. Vor dem Gebäude steht ein altertümlicher Ziehbrunnen und eine noch gar nicht so alte Linde. In seinem berühmten Lied »Am Brunnen vor dem Tore« soll Franz Schubert diesen Baum und damit die Höldrichsmühle verewigt haben. Mehr noch: Der Liederzyklus »Die schöne Müllerin« soll sein Entstehen der schönen Müllerstochter Rosi verdanken. Das ist eine der netten wienerischen Legenden, die mit der historischen Wahrheit nicht das Geringste zu tun haben. In seinem Liederzyklus »Die schöne Müllerin« hat Schubert die Gedichte eines mittelmäßigen Literaten namens Wilhelm Müller vertont. Der hatte

Rax und Schneeberg

Die Raxalpe (Heukuppe 2007 m) und der Schneeberg (Klosterwappen 2076 m) sind die alpinen Hausberge der Wiener. Sie sind keine bequemen Ausflugsberge für Halbschuhtouristen. Dazu sind sie zu hoch und zu weitläufig. Manche Wege erfordern überdies ein hohes bergsteigerisches Können. Von Wien fährt man die Südautobahn (A2) bis zum Knoten Wiener Neustadt und nimmt dann die Bundesstraße 17. Wenn man diese nach Neunkirchen in Richtung Ternitz verläßt, erreicht man nach etwa 20 km **Puchberg.** Das ist der Hauptort einer im vergangenen Jahrhundert entstandenen elegant-bürgerlichen Sommerfrischenszene. Hier zeigt sich der **Schneeberg** mit seinen etwa 4 km langen und rund 1000 m hohen Nordwänden am eindrucksvollsten. Außerdem ist er von hier am leichtesten zu erreichen: Mit der bereits 1895/97 erbauten Zahnradbahn. Fährt man die Bundesstraße 17 noch ein Stück weiter bis nach Gloggnitz, dann kann man rechts nach **Payerbach-Reichenau** abbiegen. Auch dieser Ort ist eine beliebte Sommerfrische. Von ihm führt eine Seilbahn auf die verkarstete Kalkhochfläche der **Rax.** Für die Wiener hat dieses Gebiet eine besondere Bedeutung, denn 1732 entdeckte Kaiser Karl VI. bei einer Jagd im Höllental eine Quelle. Das Wasser daraus schmeckte ihm so gut, daß er es von »Wasserreitern« an seinen Hof in Wien bringen ließ. Seit 1873 können es alle Wiener – wenn auch nicht unverfälscht – trinken, denn aus diesem »Kaiserbrunnen« kommt ein Teil des Wassers der Wiener Hochquellenleitung.

Information

Anreise

Unterkunft

Essen und
Trinken

Unterwegs

Sehenswürdig-
keiten

Kultur und Un-
terhaltung

Einkaufen

Nachtleben

Serviceteil

Serviceteil

So nutzen Sie den Serviceteil richtig

▼ In den ersten Kapiteln finden Sie ausgewählte **Adressen** von Hotels, Restaurants, Kaffeehäusern, Heurigen und Weinlokalen, Informationen zu Theatern, Kinos und Nachtleben, ferner Hinweise zu Informationsstellen, Anreise, Verkehrsverbindungen in der Stadt, zu den Öffnungszeiten von Museen und anderen Sehenswürdigkeiten. Piktogramme helfen Ihnen bei der raschen Orientierung.

▼ Die **Reiseinformation von A-Z** bieten von A wie ›Apotheken‹ bis Z wie ›Zollbestimmungen‹ eine Fülle von nützlichen Hinweisen – Antworten auf Fragen, die sich vor und während der Reise stellen.

Bitte schreiben Sie uns, wenn sich etwas geändert hat!
Alle in diesem Buch enthaltenen Angaben wurden vom Autor nach bestem Wissen erstellt und von ihm und dem Verlag mit größtmöglicher Sorgfalt überprüft. Gleichwohl sind – wie wir im Sinne des Produkthaftungsrechts betonen müssen –inhaltliche Fehler nicht vollständig auszuschließen. Daher erfolgen die Angaben ohne jegliche Verpflichtung oder Garantie des Verlages oder des Autors. Beide übernehmen keinerlei Verantwortung und Haftung für etwaige inhaltliche Unstimmigkeiten. Wir bitten dafür um Verständnis und werden Korrekturhinweise gerne aufgreifen:
DuMont Buchverlag, Postfach 10 10 45, 50450 Köln
E-Mail: reise@dumontverlag.de

Inhalt

ℹ️ Information

Vor dem Antritt einer Reise nach Wien kann man sich bei den Büros der »Österreich Werbung« informieren:

... in der Bundesrepublik Deutschland:

Österreichinformation
Postfach 1231
82019 Taufkirchen bei München
☎ 0 89/66 67 01 00
Fax 0 89/66 67 02 00
Persönliche Urlaubsberatung Mo–Fr 9.30–17.30 Uhr, Prospektbestellung über Tonband Mo–Fr 8–9.30, 17.30–20 Uhr.

... in der Schweiz:

Zweierstr. 146
Wiedikerhof
8036 Zürich
☎ 01/4 51 15 51
Fax 01/4 51 11 80
Videotext *2120#

... in Wien:

Tourist-Information und Zimmervermittlung:
1., Kärntnerstr. 38, ☎ 5 13 88 92, tägl. 9–19 Uhr.

Stadtinformation im Wiener Rathaus:
1., Friedrich-Schmidt-Platz 1, ☎ 5 25 50, Mo–Fr 8–18 Uhr.

Jugend-Information Wien:
1., Dr.-Karl-Renner-Ring, Bellaria-Passage, ☎ 17 99, Mo–Sa 12–19. Hier gibt es nicht nur spezielle Informationen für Jugendliche, sondern auch ermäßigte Karten für viele Veranstaltungen. Österreich-Werbung, 4., Margaretenstr. 1, ☎ 5 87 20 00, Mo–Fr 10–17, Do 10–18 Uhr.

Bei all diesen Informationsstellen bekommt man u. a. eine Monatsvorschau der kulturellen Veranstaltungen.

🚗 Anreise

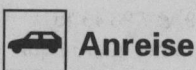

... mit dem Auto

Aus der Bundesrepublik Deutschland und der Schweiz erreicht man Wien von Salzburg bzw. Linz kommend über die Westautobahn (A 1). An der Autobahnstation Wien-Auhof befindet sich eine Zweigstelle des Wiener Fremdenverkehrsamtes mit Zimmervermittlung. (Täglich geöffnet April–Okt. 8–22 Uhr, Nov. 9–19 Uhr, Dez.–März 10–18 Uhr, ☎ 97 12 71/72)

... mit der Bahn

Aus der Bundesrepublik wie aus der Schweiz bestehen EuroCity- und Nachtzugverbindungen. Die Züge kommen am Westbahnhof an. Eine Touristen-Information mit Zimmervermittlung ist in der Eingangshalle (tägl. 7–22 Uhr). Aus den südlichen Bundesländern (Kärnten, Steiermark, Burgenland), aus Italien und aus den Nachfolgestaaten Jugoslawiens kommt man am Südbahnhof an.

... mit dem Flugzeug

Der Flughafen Schwechat liegt ca. 20 km vom Zentrum entfernt. Er ist von mehr als 40 europäischen Flughäfen direkt zu erreichen. Eine Touristen-Information mit Zimmervermittlung befindet sich in der Ankunftshalle. (Täglich geöffnet Juni–Sept. 8.30–23 Uhr, Okt.–Mai 8.30–22 Uhr, ✆ 7 00 70.)

Flughafen Wien: ✆ 7 00 70
Flugauskunft: ✆ 7 00 70 22 33

Um vom Flughafen in die Stadt zu kommen, gibt es mehrere Möglichkeiten. Die preiswerteste Möglichkeit ist die Schnellbahn, die jedoch nur jede Stunde fährt. Zwischen 6.30 und 23.30 Uhr fahren alle 20 Minuten Linienbusse zum City Air Terminal, der zentral bei der Schnellbahnstation Wien-Mitte liegt. Außerdem gibt es am Flughafen einen Shuttle Service und selbstverständlich Taxis, die aber relativ teuer sind.

... mit dem Schiff

Von April bis Oktober gibt es einen Linienverkehr sowohl von Passau als auch von Bratislava und Budapest nach Wien. Die Schiffe legen nahe der Reichsbrücke beim Schifffahrtszentrum an (Handelskai 265).
Information und Buchung:
DDSG - Blue Danube Schifffahrt GmbH, 1., Friedrichstr. 7,
✆ 58 88 00,
Fax 58 88 04 40.

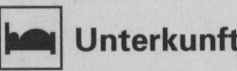 **Unterkunft**

Hotels und Pensionen

Da Wien »immer Saison hat«, empfiehlt es sich, schon vor Reiseantritt eine Unterkunft zu buchen. Amtlich sind die Hotels in fünf Kategorien eingeteilt: 5 Sterne = Luxusklasse (EZ 1700–8600/DZ 1700–12 000 Schilling), 4 Sterne = erstklassig (EZ 800–2500/DZ 1000–3300 Schilling), 3 Sterne = bürgerlich (EZ 500–1600/DZ 800–1800 Schilling), 2 Sterne = einfach (EZ 500–950/DZ 600–800 Schilling), 1 Stern = sehr bescheiden (EZ 300–750/DZ 300–800 Schilling) (Stand Okt. 1999).

*****
Ambassador, 1., Neuer Markt 5, ✆ 5 14 66, Fax 5 13 29 99: Hotel in der üppigen Pracht des Ringstraßenstils.

Bristol, 1., Kärntner Ring 1, ✆ 51 51 60, Fax 51 51 65 50: Eines der alten Luxushotels mit der Atmosphäre würdevollen Überflusses.

Im Palais Schwarzenberg, 3., Schwarzenbergplatz 9, ✆ 7 98 45 15, Fax 7 98 47 14: Die Zimmer mit Antiquitäten und Gemälden in einem der großen innerstädtischen Barockpaläste haben ihren Preis.

Imperial, 1., Kärntner Ring 16, ✆ 50 11 00, Fax 50 11 04 10: Ein ehemaliges Stadtpalais, in dem schon so manches Staatsoberhaupt genächtigt hat.

Sacher, 1., Philharmonikerstr. 4, ✆ 5 14 56, Fax 51 45 68 10: Wiens bekanntestes Hotel, komfortabel und luxuriös.

****

Astoria, 1., Führichgasse 1, ✆ 51 57 70,
Fax 5 15 77 82: Gemütliches Hotel aus
der Zeit der Jahrhundertwende, das
gerne von den Künstlern der nahen
Oper frequentiert wird.
König von Ungarn, 1., Schulerstr. 10,
✆ 51 58 40, Fax 51 58 48: Traditionsreiches Haus mit einem wunderschönen
überdachten Innenhof.
Mailbergerhof, 1., Annagasse 7,
✆ 5 12 06 41, Fax 5 12 06 41 10:
Barockbau mitten in der Fußgängerzone.
Römischer Kaiser, 1., Annagasse 16,
✆ 51 27 75 10, Fax 5 12 77 51 13: Auch
ein Barockbau in der Fußgängerzone.

***

Kärntnerhof, 1., Grashofgasse 4,
✆ 5 12 19 23, Fax 5 13 22 28 33: Neben
dem Heiligenkreuzerhof gelegen, sehr
ruhig, mit einem eindrucksvollen Ju-
gendstil-Lift.
Nordbahn, 2., Praterstr. 72, ✆ 21 13 00,
Fax 2 11 30 72: Stillos modern, aber
komfortabel.
Wandl, 1., Petersplatz 9, ✆ 53 45 50,
Fax 5 34 55 77: Traditionsreiches Haus
mit angenehm altmodischem Charakter.
Zur Wiener Staatsoper, 1., Kruger-
str. 11, ✆ 5 13 12 74, Fax 5 13 12 74 15:
Sehr zentral, aber relativ klein.

Pensionen

Astra, 9., Alserstr. 32, ✆ 4 02 43 54,
Fax 4 02 46 62
Arenberg, 1., Stubenring 2,
✆ 5 12 52 91, Fax 5 13 93 56
City, 1., Bauernmarkt 10, ✆ 5 33 95 21,
Fax 5 35 52 16
Neuer Markt, 1., Seilergasse 9,
✆ 5 12 23 16, Fax 5 13 91 05
Nossek, 1., Graben 17, ✆ 5 33 70 41,
Fax 5 35 36 46

Shermin, 4., Rilkeplatz 7,
✆ 58 66 18 30, Fax 5 86 61 83 10

Außerhalb:
Landhaus Fuhrgassl-Huber, 19.,
Rathstr. 24, ✆, 4 40 30 33, Fax 4 40 27 14
Rosengarten, 14., Underreingasse 33,
✆ 91 45 28 00, Fax 9 14 03 63 24

Jugendherbergen

Jugendgästehaus der Stadt Wien,
Hütteldorf-Hacking, 13., Schloßberg-
gasse 8, ✆ 8 77 15 01, ganzjährig geöffnet, tgl. 7–23.45 Uhr
Jugendherberge Wien,
Myrthengasse, 7., ✆ 52 36 31 60, ganzjährig geöffnet, tgl. 7.30–1 Uhr
Hostel Ruthensteiner, 15., Robert-
Hamerling-Gasse 24, ✆ 8 93 42 02,
ganzjährig geöffnet, tgl. 0–24 Uhr
Weitere Informationen beim **Österreichischen Jugendherbergsverband,**
1., Schottenring 28, ✆ 53 35 35 30

Camping

Camping Wien-West I, 14., Hüttel-
bergstr. 40, ✆ 9 14 14 49, Mai–Sept.
Camping Wien-West II, 14., Hüttel-
bergstr. 80, ✆ 9 14 23 14, ganzjährig
geöffnet
Camping Wien-Ost, 22., Am Klee-
häufl, ✆ 2 02 40 10, Mitte Mai–Mitte
Sept.
Camping Wien-Süd, 23. Breitenfur-
terstr. 267, ✆ 8 65 92 18, Mai–Sept.
Schwimmbad-Camping Wien-Süd,
23., An der Au 2, ✆ 8 88 41 54, Mitte
März–Mitte Nov., Reservierung möglich
Campingplatz Schloß Laxenburg,
2361 Laxenburg, Münchendorfer
Straße, ✆ 0 22 36/7 13 33, geöffnet
Mitte April–Ende Okt.

Ausflugslokale

Weingasthof Am Spitz, 7083 Purbach, Waldsiedlgasse 2, ✆ 0 26 83/ 55 26, Fr–So 12–14 u. 18–21.30: Gutbürgerliche Küche. Die Terrasse bietet einen schönen Ausblick auf die Weingärten der Umgebung. Garten mit alten Kastanien.

Zum Weißen Adler, 3433 Königsstetten, Wiener Str. 40, ✆ 0 22 73/22 46, Mi–Fr 17–22, Sa/So 10–22 Uhr: Regionaltypische traditionelle Küche. Der Gastgarten ist schattig und die Schankräume sind im alten Stil gehalten.

Zur Linde, 2130 Mistelbach, Bahnstr. 59, ✆ 0 25 72/24 09, Di–Sa 11–14.30 u. 18–22, So 11–14 Uhr: Bodenständige regionale Küche mit einer sehr großen Weinauswahl.

Zur Linde, 3052 Laaben, Hauptplatz 28, ✆ 0 27 74/83 78, Do–Mo 11.30–14.3o u. 17.30–21, So 11.30–17 Uhr: Traditionelle Küche. Liebevoll renovierter Gasthof aus dem vorigen Jahrhundert mit Garten und gemütlichen Fremdenzimmern.

Beisl

Das Beisl ist nicht einfach ein Gasthaus, sondern eine Wiener Institution (s. S. 110). Hier ißt man in der Regel gut, reichlich und preiswert. Deshalb ist es um die Mittagszeit oft schwer, in den traditionellen Beisln einen Platz zu bekommen. Nachdem vor gar nicht langer Zeit das große Beisl-Sterben drohte, sind diese Wirtschaften inzwischen wieder »in«. Daher wird inzwischen fast jedes Lokal zum Beisl gemacht. Die nachfolgende – sehr subjektive Auswahl – führt neben traditionellen nur Lokale auf, die, auch wenn sie erst im Zuge der »Beisl-Welle« entstanden sind bzw. die »moderne« Wiener Küche anbieten, etwas von der traditionellen Wiener Beislatmosphäre vermitteln.

Zu den 3 Hacken, 1., Singerstraße 28, ✆ 5 12 58 95, Mo–Sa 9–24 Uhr: In diesem traditionsreichen Lokal sollen schon Beethoven, Schubert und eine Reihe von Berühmtheiten gezecht haben. Es ist heute noch ein angenehmer und ruhiger Aufenthaltsort mit durchschnittlicher Küche.
Pürstner, 1., Riemergasse 10, ✆ 5 12 63 57, tägl. 10–24 Uhr: Preiswertes und beliebtes Lokal mit einfacher Wiener Küche und Schanigarten.
Figlmüller, 1., Wollzeile 5, ✆ 5 12 61 77, tägl. 11–23.30 Uhr: Die touristisch überlaufene Schnitzel-Legende. Diese sind immer noch so groß, daß sie über den Tellerrand hängen.
Gösser Bierklinik, 1., Steindlgasse 4, ✆ 5 35 68 97, Mo–Sa 10–23.30 Uhr: Altes Lokal mit kleinen Stüberln und traditioneller Küche.
Pfudl, 1., Bäckerstraße 22, ✆ 5 12 67 05, Mo–Sa 9–2, So 9–15 Uhr: Gilt als *das* innerstädtische Beisl schlechthin, was sich inzwischen in den Preisen niedergeschlagen hat.
Smutny, 1., Elisabethstraße 8, ✆ 5 87 13 56, tägl. 10–24 Uhr: Ein gekachelter Schankraum, ein Schanigarten und traditionelle Wiener Küche mit starken böhmischen Akzenten ergeben ein solides Restaurant.

Beisl-Lexikon

Ananas – Erdbeere
Bauernschmaus – Platte mit Schweinsbraten, Geselchtem, Würstchen, Sauerkraut und Knödel
Beuschl – Herz und Lunge in pikanter Sauce
Blunzn – Blutwurst
Buchtel – Hefegebäck mit Marmeladefüllung
Eierschwammerln – Pfifferlinge
Einbrenn – Mehlschwitze
Erdäpfl – Kartoffeln
Faschiertes – Gehacktes
Fisolen – grüne Bohnen
Fleischlaberln – Frikadellen
Fogosch – Zander
Fritatten – Suppeneinlage aus nudelig geschnittenen Pfannkuchen
Germknödel – süße Hefeklöße
Geselchtes – Geräuchertes
Grammeln – Grieben
Holler – Holunder
Jungfernbraten – Schweinslende
Kaiserschmarrn – Dessert aus zerrupftem Omeletteig mit Rosinen
Kalbsvögerl – ausgelöste Teile der Kalbshaxe
Karfiol – Blumenkohl
Kipferl – Hörnchen
Kipfler – Kartoffelsorte
Kracherl – Limonade

Krautfleckerl – quadratisch geschnittene Nudeln mit pikant gewürztem Weißkohl
Kren – Meerrettich
Krügel – großes Bier
Kukuruz – Mais
Lungenbraten – Lendenbraten
Marille – Aprikose
Mehlspeise – Dessert
Millirahmstrudel – Milchrahmstrudel
Nockerl – Spätzle
Obers – Sahne
Palatschinken – süße Pfannkuchen
Paradeiser – Tomaten
Powidl – Pflaumenmus
Powidltatschkerl – mit Powidl gefülltes Knödel
Rahm – (saure) Sahne
Ribisel – Johannisbeere
Risipisi – Reis mit grünen Erbsen
Russen – Bismarckheringe
Schlagobers – Schlagsahne
Schöberl – Suppeneinlage aus gesalzenem Biskuit
Schöpsernes – Hammelfleisch
Seidl – kleines Bier
Sprossenkohl – Rosenkohl
Topfen – Quark
Vanillerostbraten – mit Knoblauch gewürzter Rostbraten
Vogerlsalat – Feldsalat
Weichsel – Sauerkirschen
Zwetschkenröster – Pflaumenkompott

Zum alten Heller, 3., Ungargasse 34, ℘ 7 12 64 52, Di–Sa 9.30–23 Uhr: Um die Mittagszeit das Lokal für die höheren Angestellten mit einer vorzüglichen Rindfleischküche.
Altes Fassl, 5., Ziegelofengasse 37, ℘ 5 44 42 98, Mo–Fr 11.30–15 u. 18–1, Sa 18–1, So 12–15 u. 18–1 Uhr: Gemütliches Beisl mit beeindruckendem Naturgarten im Biedermeier-Innenhof.

Zur goldenen Glocke, 5., Schönbrunner Straße 8, ℘ 5 87 57 67, Mo–Sa 11–14.30 und 17.30–24 Uhr: Von Aussehen, Atmosphäre und Küche her eines der wenigen noch existierenden Lokale des traditionellen Bürgertums.
Grünauer, 7., Hermangasse 32, ℘ 5 26 40 80, Mo 18–24, Di–Fr 11.30–15 und 18–24 Uhr: Ausgezeichnete Altwiener Küche.

Heurigenlexikon

Achterl – Achtelliter, kleinstes Wein-
maß
Aff', auch: Schwü, Spitz – Schwips
bibberln – trinken
Bratlfetten – gut gewürztes, mit gelier-
tem Fleischsaft versetztes Fett
vom Schweinebraten

Liptauer – mit Zwiebeln, Paprika, Küm-
mel, Senf, Kapern angemachter
Topfen (Quark)
Drüberstrahrer – letztes (?) Glas Wein,
wenn man sich schon im Aufbruch
befindet
Gspritzter – Schorle
Stelze (geselcht) – Kalbs- oder Schweins-
haxe (geräuchert)

Prinz Ferdinand, 8., Bennoplatz 2,
☎ 4 02 94 17, tägl. 11.30–15 und
17.30–24 Uhr: »Uriges Gasthaus mit
Alt-Wiener Flair« lautet die Werbung
dieses Lokals und das mit Recht. Die
Küche ist exzellent.
Zum eisernen Mann, 16., Hasnerstraße 56, ☎ 4 93 17 87, Mo–Fr 9–22
Uhr: Das älteste Gasthaus in Ottakring
bietet gute und billige Hausmannskost.
Wer einen Eindruck von einem richti-
gen Vorortebeisl bekommen will, sollte
es aufsuchen. Ein bißchen Abenteuer-
lust ist aber notwendig.
Zum Herkner, 17., Dornbacherstr. 123,
☎ 4 85 43 86, Mo–Fr 9–22 Uhr: Hier be-
reitet ein Starkoch gutbürgerliche Wiener Küche zu. Daher ist das Lokal zum
»Geheimtip« geworden, was bedeutet,
daß eine Reservierung ratsam ist.

Heurige

Den echten Heurigen kennzeichnen ein
Föhrenbuschen über dem Eingang und
vor allem eine Tafel mit dem Wort
»Eigenbau«. Während der Föhrenbuschen anzeigt, daß das Lokal geöffnet ist, besagt die Tafel, daß nur selbst-
gekelterter Wein ausgeschenkt wird.
Deshalb haben viele Heurige nur einige

Monate im Jahr geöffnet, manche
sogar nur ein paar Wochen. Die bekanntesten Weinorte sind Grinzing,
Nußdorf, Neustift und Sievering im 19.
Bezirk (Döbling). Weniger bekannt und
deshalb meist noch ursprünglicher sind
die Heurigen in Ottakring und Floridsdorf (siehe S. 201 und 228).

Döbling

Altes Bürgermeisterhaus, Cobenzl-
gasse 40, ☎ 3 20 72 23, tägl. 11.30–24
Uhr
Fuhrgassl-Huber, Neustift am Walde
68, ☎ 4 40 14 05, tägl. 14–24 Uhr
Kierlinger, Kahlenberger Straße 20,
☎ 37 22 64, tägl. 15.30–24 Uhr
Mantler-Buschenschank, Sieveringer
Hauptstraße 269, ☎ 4 40 22 43, alle ge-
raden Monate tägl. 15–24 Uhr
Mayer am Pfarrplatz, Heiligenstädter
Pfarrplatz 2, ☎ 37 12 87, Mo–Sa 16–24,
So u. Fei 11–24 Uhr
Reinprecht, Cobenzlgasse 22,
☎ 3 20 14 71, tägl. 15.30–24 Uhr
Rudolfshof, Cobenzlgasse 8,
☎ 32 21 08, tägl. 13–24 Uhr
Sirbu, Kahlenbergerstr. 210,
☎ 3 20 59 28, Mo–Sa 15–24 Uhr
Zeiler, Rathstr. 31, ☎ 4 40 13 18,
Mo–Sa 15–24 Uhr

Ottakring

10er Marie, Ottakringer Straße 222–224, ✆ 4 89 46 47, tägl. 15–24 Uhr
Buschenschank Christine Rath, Liebhartstalstr. 16–18, ✆ 4 85 84 69, Di–Sa 16–23, So u. Fei 15–23 Uhr
Weinbau Hermann, Johann-Staud-Straße 51, ✆ 9 14 81 61, Anfang März – Ende Nov., Mo, Di, Do u. Fr 15.30–23, Sa 15–23, So 15–22 Uhr

Floridsdorf

Bernreiter, Amtsstraße 24–26, ✆ 29 23 68 00, in geraden Monaten Mo–Sa 14–24, So u. Fei 11–24 Uhr
Buschenschank Christ, Amtsstraße 12, ✆ 2 92 51 52, in ungeraden Monaten tägl. ab 15 Uhr
Olszewski, Stammersdorfer Straße 23, ✆ 2 92 55 77, Feb., Aug. u. Dez. geschlossen, sonst Mi–So ab 11 Uhr
Wieninger, Stammersdorfer Straße 78, ✆ 2 92 41 06, Mi–Fr ab 15, Sa ab 14, So ab 12.30 Uhr

Kaffeehäuser

Café Bräunerhof, 1., Stallburggasse 2, ✆ 5 12 38 93, Mo–Fr 7.30–20, Sa 7.30–18, So 10–20 Uhr (große Zeitungsauswahl)
Café Diglas, 1., Wollzeile 10, ✆ 5 12 84 01, So–Mi 7–23.30, Do–Sa 7–1 Uhr
Café Frauenhuber, Himmelpfortgasse 6, ✆ 5 12 38 85, Mo–Sa 8–24, So u. Fei 10–22 Uhr (das älteste Kaffeehaus Wiens)
Café Griensteidl, 1., Michaelerplatz 2, ✆ 5 35 26 92, tägl. 8–24 Uhr
Café Hawelka, 1., Dorotheergasse 6, ✆ 5 12 82 30, Mi–Mo 8–2, So und Fei 16–2 Uhr (die legendären Buchteln gibt es ab 22 Uhr)
Café Landtmann, 1., Dr.-Karl-Lueger-Ring 4, ✆ 5 32 06 21, täglich 8–24 Uhr (große Sommerterrasse)
Café Ministerium, 1., Georg-Coch-Platz 4, ✆ 5 12 92 25, Mo–Fr 7–23 Uhr
Café Museum, 1., Friedrichstraße 6, ✆ 58 65 29 02, tägl. 8–24 Uhr (gestaltet von Adolf Loos, viele Zeitungen)

Kaffeehauslexikon

Schwarzer – Mokka
Einspänner – »Schwarzer« im Glas mit Schlagobers
Melange – Milchkaffee mit Schlagobers
Brauner – »Schwarzer«, der durch Milch bzw. Obers eine braune Farbe hat
Kapuziner/Franziskaner – »Schwarzer«, der durch Milch bzw. Obers den Braunton der jeweiligen Ordenskutte hat

Schale Gold – »Schwarzer«, der durch Milch bzw. Obers eine goldbraune Farbe hat
Großer Mokka kurz– »Schwarzer«, für dessen Zubereitung soviel Wasser wie für einen kleinen, aber so viel Kaffee wie für einen großen Mokka verwendet wurde
Verlängerter – »Schwarzer«, für dessen Zubereitung soviel Wasser wie für einen großen, aber soviel Kaffee wie für einen kleinen Mokka verwendet wurde
Pikkolo – Kellnerlehring

Café Prückl, 1., Stubenring 24,
✆ 5 12 61 15, tägl. 9–22 Uhr

Café Sacher, 1., Philharmonikerstr. 4,
✆ 5 14 56-0, tägl. 8–24 Uhr

Café Schottenring, 1., Schottenring 19, ✆ 3 15 33 43, Mo–Fr 6.30–23,
Sa/So 8–21 Uhr

Café Schwarzenberg, 1., Kärntner
Ring 17, ✆ 5 12 89 98, So–Fr 7–24,
Sa 9–24 Uhr

Café Zartl, 3., Rasumofskygasse 7,
✆ 7 12 55 60, Mo–Fr 8–24, Sa/So 9–18
Uhr (Billard)

Café Drechsler, 6., Linke Wienzeile 22,
✆ 5 87 85 80, Mo–Fr 4–20, Sa 4–18 Uhr
(Lokal der Naschmarktanlieferer und
Nachtschwärmer)

Café Sperl, 6., Gumpendorfer Straße
11, ✆ 5 86 41 58, Mo–Sa 7–23, So und
Fei 15–23 Uhr (unter Denkmalschutz)

Café Eiles, 8., Josefstädterstraße 2,
✆ 4 05 45 40, Mo–Fr 7–22, Sa, So und
Fei 8–22 Uhr

Café Hummel, 8., Josefstädterstr. 66,
✆ 4 06 08 19, Mo–Sa 7–2 Uhr, So u. Fei
8–2 Uhr

Café Rathaus, 8., Landgerichtsstraße 5,
✆ 4 06 12 82, Mo–Fr 8–24 Uhr, Sa, So
und Fei 9–22 Uhr

Café Ritter, 16., Ottakringer Straße
117, ✆ 4 86 12 53, Mo–Fr 8–1 Uhr, Sa
8–24, So 14–24 Uhr (*das* Kaffeehaus für
Spieler)

Konzert-Cafés

Seit geraumer Zeit unterhalten zahlreiche Kaffeehäuser - vor allem in der Inneren Stadt - ihre Gäste mit musikalischen Darbietungen und beleben so die
fast vergessene Tradition des Konzert-
Cafés. Zwei Lokale huldigen diesem
Brauch aber bereits seit Jahrzehnten:
Café Dommayer, 13., Auhofstr. 2,
✆ 8 77 54 65, tägl. 7–24 Uhr (Aus einer

einfachen „Jausenstation" am Rande
des Wienerwaldes entwickelte es sich
zu einem noblen Tanzlokal, in dem
schon Johann Strauss aufgespielt hat.)
Café Schmid Hansl, 18., Schulgasse
31, ✆ 4 06 36 58, Di–Sa 21–4 Uhr (Dieses Lokal, das auch ein Heuriger ist, gilt
als „Heimstätte des Wienerliedes".
Sein Gästebuch zeigt, daß es ein beliebter Aufenthaltsort der Wiener Kultur-
Prominenz war und ist.)

Konditoreien

Aida, 1., Stock im Eisen-Platz 2,
✆ 5 12 79 25, Mo–Sa 7–20, So 9–20 Uhr
Demel, 1., Kohlmarkt 14, ✆
5 35 17 17 39, tägl. 10–19 Uhr
Gerstner, 1., Kärntner Straße 15,
✆ 5 12 49 63, Mo–Sa 9–22 Uhr
Heiner, 1., Kärntner Str. 21–23,
✆ 5 12 68 63, Mo–Sa 8.30–19.30,
So 10–19.30 Uhr
Kurcafé Konditorei Oberlaa, 1., Neu-
er Markt 16, ✆ 5 13 29 36, Mo–Fr 8–19,
Sa nur bis 18, So und Fei 10–18 Uhr
Sluka, 1., Rathausplatz 8, ✆ 4 05 71 72,
Mo–Fr 8–19, Sa 8–17.30 Uhr

Restaurants

Altwienerhof, 15., Herklotzgasse 6,
✆ 8 92 60 00, Mo–Fr 12–14 und 18.30–2,
Sa 18.30–23 Uhr: Französisches Lokal
der Spitzenklasse
Arche Noah, 1., Seitenstättengasse 2,
✆ 5 33 13 74, So–Fr 12–15 und
18.30–22, Sa 11–13 Uhr: Elegantes Restaurant mit der seltenen koscheren
Küche
Do & Co im Haas-Haus, 1., Stephansplatz 12, ✆ 5 35 39 69 18, Mo–So 12–15
und 18–24: Exzellente Fischküche, doch
stört die hektische Betriebsamkeit

Kervansaray-Hummerbar, 1., Mahlerstr. 9, ✆ 5 12 88 43, Mo–Sa und Fei 12–24 Uhr: Im 1. Stock *das* Wiener Fischrestaurant, im Erdgeschoß Spezialitäten aus der Türkei

Korso, 1., Mahlerstraße 2, ✆ 51 51 65 46, So–Fr 12–15 und 19–1 Uhr: *Der* Gourmet-Tempel: Reinhard Gerer kocht so, daß man alles um sich herum vergißt, auch das etwas schwülstige Ambiente

Oswald & Kalb, 1., Bäckerstr. 14, ✆ 5 12 13 71, tägl. 18–2 Uhr: Ein »In-Lokal« mit guter Küche und ordentlichem Schilcher (herber Rosé aus der Steiermark)

Restaurant Bauer, 1., Sonnenfelsgasse 17, ✆ 5 12 98 71, Di–Fr 12–15 und 18–24, Sa 18–24 Uhr: Ein Gourmet-Tempel – kreative Spitzenküche

Schnattl, 8., Lange Gasse 40, ✆ 4 05 34 00, Mo–Fr 11.30–14.30 und 18–24 Uhr: Moderne Küche zu vernünftigen Preisen, schöner Garten

Schwarzenberg, 3., Schwarzenbergplatz 9, ✆ 79 84 51 56 00, tägl. 12–15 und 18–23 Uhr: Luxus pur – exzellente Küche in einem traumhaften Schloß

Steirereck, 3., Rasumofskygasse 2, ✆ 7 13 31 68, Mo–Fr 12–15 und 19–24 Uhr: »Neue Wiener Küche« in Nobelatmosphäre

Stomach, 9. Seegasse 26, ✆ 3 10 20 99, Mi–Sa 16–24, So 10–22 Uhr: Erstklassige Küche und gute Weine zu moderaten Preisen

Vikerl's Lokal, 15., Würfelgasse 4, ✆ 8 94 34 30, Di–Sa 11–14.30 und 18–23, So 11–15 Uhr: Daß es kein Geheimtip mehr ist, wird so mancher Wiener bedauern.

Zu den drei Husaren, 1., Weihburggasse 4, ✆ 5 12 10 92, tägl. 12–15 und 18–1 Uhr: Ein Denkmal der traditionellen Wiener Küche, dessen Vorspeisenwagen zu Recht berühmt ist

Weinlokale und -keller

Augustinerkeller, 1., Augustinerstr. 1, ✆ 5 33 10 26, tägl. 11–24 Uhr: Schrammelmusik und Garten

Esterházykeller, 1., Haarhof 1, ✆ 5 33 34 82, Mo–Fr 11–23, Sa und So 16–23 Uhr: Ausgezeichneter Wein aus eigenem Anbau

Urbanikeller, 1., Am Hof 12, ✆ 5 33 91 02, tägl. 18–1 Uhr: Elegantes Lokal in barockem Bürgerhaus

Zwölf Apostel-Keller, 1., Sonnenfelsgasse 3, ✆ 5 12 67 77, tägl. 16.30–24 Uhr: Angenehmes Lokal mit deftiger Küche

Weinstube Josefstadt, 8., Piaristengasse 27, ✆ 4 06 46 28, tägl. 16–23 Uhr: Beschauliches Lokal mit Garten

Würstelstände

1., Albertina/Ecke Goethegasse, tägl. 10–2 Uhr

1., Seilergasse/Graben, Mo–Sa 7–1, So 9–1 Uhr

1., Burgring 5, tägl. 8–2 Uhr

18., Währinger Gürtel (Stadtbahnbogen 84), Mo–Sa 9–24 Uhr, So 11–23 Uhr

19., Heiligenstädter Straße 46, Mo–Fr 8.30–2 Uhr

⬥ Unterwegs in Wien

... mit öffentlichen Verkehrsmitteln

Wien hat ein ausgezeichnetes öffentliches Nahverkehrssystem (Straßenbahn, Bus, U- und Schnellbahn), mit dem man problemlos jeden Punkt der Stadt erreichen kann. Das Glanzstück ist die U-Bahn, die in weiten Bereichen auf die Anlagen der um die Jahrhundertwende errichteten Stadtbahn zurückgreifen konnte.

Für Wien-Besucher bietet sich die **Wien-Karte** an, mit der man nicht nur 72 Stunden lang alle öffentlichen Verkehrsmittel benutzen kann, sondern auch in einer Reihe von Museen, Geschäften und Restaurants Ermäßigungen in Anspruch nehmen kann. Die Wien-Karte erhält man bei der Tourist-Information, bei den Vorverkaufsstellen der Wiener Verkehrsbetriebe und in vielen Hotels.

... mit dem Auto

Wien ist eine Stadt, in der man das Autofahren vermeiden sollte. Der dichte Verkehr und die Suche nach Parkplätzen haben die Autofahrer in den letzten Jahren zunehmend aggressiv und unfreundlich gemacht. Außerdem gibt es keinen zwingenden Grund, das Auto zu benutzen, da Wien über ein vorzüglich ausgebautes öffentliches Personennahverkehrssystem verfügt.

Im Stadtgebiet gilt eine Geschwindigkeitsbeschränkung von 50 km/h und Hupverbot. Es besteht Anschnallpflicht. Die Höchstgrenze für den Blutalkoholgehalt beträgt 0,8 Promille. Straßen-

bahnen haben grundsätzlich Vorfahrt. Die Parkmöglichkeiten sind gering. Die gesamte Innenstadt ist Kurzparkzone, in der man Mo–Fr von 9–19 Uhr maximal 90 Minuten gegen Gebühr parken darf. Zu diesem Zweck muß ein Parkschein erworben (am einfachsten in einer Trafik), ausgefüllt und hinter die Windschutzscheibe gelegt werden. Ebenfalls Kurzparkzone sind die rund um die Innenstadt gelegenen Bezirke 4 bis 9, sowie die zentrumsnahen Teile des 2., 3. und 20. Bezirks. Hier beträgt die maximale Parkdauer 2 Stunden (Mo–Fr von 9–20 Uhr). Halten ist für 10 Minuten nur erlaubt, wenn das Fahrzeug mit einem lila Parkschein gekennzeichnet ist, der kostenlos in den Trafiken erhältlich ist. Vorsicht: Die flächendeckenden Kurzparkzonen sind nur im Einfahrtsbereich beschildert. Innerhalb der Zonen selbst ist kein Hinweis vorhanden. Vom 15. 12.–31. 3. besteht in allen Straßen mit Straßenbahnschienen ein generelles Parkverbot, um bei starkem Schneefall den Einsatz der Räumfahrzeuge sicherzustellen.

In Österreich existieren zwei **Automobilclubs:**

ARBÖ (Auto-, Motor- und Radfahrerbund Österreichs)
15., Mariahilferstr. 180, ✆ 89 12 10

ÖAMTC (Österreichischer Automobil-, Motorrad- und Touring-Club)
1., Schubertring 1–3, ✆ 71 19 90

Pannendienste:
ARBÖ: ✆ 1 23
ÖAMTC: ✆ 1 20

... mit dem Fahrrad

Das Fahrrad ist ein gutes Verkehrsmittel für Wien, denn die Stadt hat inzwischen über 450 km gekennzeichnete Fahrradwege geschaffen. Die Broschüre »Wien vom Sattel aus entdecken« ist bei der Tourist-Information erhältlich.

Fahrradverleih:
Radverleih Floridsdorfer Brücke, 21., Floridsdorfer Brücke, ✆ 2 78 86 98
Radverleih Hochschaubahn, 2., Prater 113, ✆ 7 29 58 88
Radverleih Safari Lodge, 22., Steinspornbrücke, ✆ 2 82 33 78

Taxi

Taxis stehen an den gekennzeichneten Standplätzen oder sind über eine der Funkzentralen zu erreichen. ✆ 3 13 00; 4 01 00; 6 0160. Neben der Grundgebühr gibt es noch jede Menge Zuschläge: für Nacht- und Wochenendfahrten, für Gepäck und für jede zusätzliche Person.

Fiaker

Seit dem Ende des 17. Jh. gibt es die von den Wienern »Fiaker« oder »Zeugl« genannten Pferdefuhrwerke. Heute fahren noch etwa drei Dutzend dieser Kutschen Besucher durch die Innenstadt.

Standplätze sind an der Nordseite des Stephansdoms, vor der Albertina und beim Erzherzog Karl-Denkmal am Heldenplatz. So vergnüglich eine Fahrt mit einem Fiaker ist, so teuer ist sie auch. Der Preis und die Fahrtdauer sollten – soweit möglich – vorher ausgehandelt werden. Schon relativ kurze Fahrten kosten um die 1000 Schilling.

Stadtrundfahrten

Stadtrundfahrten mit dem Bus werden von mehreren Reisebüros angeboten. Informationen erhält man im Hotel oder bei der Tourist-Information.

Eine Rundfahrt durch die Innere Stadt kann man mit Fiaker machen.

Es besteht auch die Möglichkeit, mit einen Fremdenführer die Stadt zu erkunden. Diese bieten Rundgänge für 3–25 Personen zu thematischen Schwerpunkten an, wie »Wien auf den zweiten Blick«, »Alte Häuser, stille Höfe«, »Schauplätze der demokratischen Entwicklung«, »Magie und Erotik am Kaiserhof« und »Wau! Auf der Fährte von Kommissar Rex«. Informationen unter ✆/Fax 8 94 53 63.

Außerdem gibt es die Möglichkeit einer ca. dreistündigen Schiffsrundfahrt (siehe S. 107) und eines Rundfluges über Wien (Informationen erhält man bei den Austrian Airlines, 1., Kärntner Ring 18., ✆ 50 55 75 70).

Sehenswürdigkeiten

Archive und Bibliotheken

Eine Stadt, in der jahrhundertelang Geschichte gemacht wurde, hat natürlich an den verschiedensten Stellen gesammelt, was wichtig war oder auch nicht:

Archiv der Wiener Philharmoniker, 1., Bösendorferstr. 12, Besuch nur nach Voranmeldung, ⌀ 50 56 52 50
Österreichische Nationalbibliothek, 1., Josefsplatz 1, Auskunft über Öffnungszeiten: ⌀ 5 34 10-0. Der Gesamtbestand der Nationalbibliothek umfaßt über 2,5 Mio. Bücher, hinzu kommen eine Reihe selbständiger Sammlungen wie Porträts und Bilder. Im Gebäude am Josefsplatz ist die Handschriftensammlung untergebracht, deren ältestes Exemplar aus dem 6. Jh. stammt. Sie umfaßt etwa eine Viertelmillion Autographen. Ebenso umfangreich ist die Kartensammlung. Die Druckschriftensammlung ist wie das Bildarchiv in der Neuen Hofburg untergebracht.
Dokumentationsarchiv des österreichischen Widerstandes, 1., Wipplingerstr. 8 (Altes Rathaus), ⌀ 5 34 36-0 17 79, Mo, Mi, Do 9–17 Uhr

Friedhöfe

Wien ist die europäische Großstadt der Friedhöfe und des Totenkults schlechthin. Jeder Gottesacker in dieser Stadt hat seinen besonderen Reiz und sein eigenes Flair. Umfassende Informationen bietet ein »Wiener Friedhofsführer«.

Evangelischer Friedhof Matzleinsdorf, 10., Triester Straße 1: 1856 eingerichtet, viele Burgschauspieler liegen hier begraben.
Friedhof Döbling, 19., Hartäckerstr. 65: Hier liegen prominente Schauspieler (z. B. Josef Kainz) und bedeutende Persönlichkeiten der Jahrhundertwende (z. B. der Begründer des Zionismus, Theodor Herzl) begraben.
Friedhof Grinzing, 19., An der langen Lüssen 33: Nobelfriedhof
Friedhof Hietzing, 13., Maxingstr. 15: Nobelfriedhof (s. S. 194)
Friedhof St. Marx, 3., Leberstr. 6–8: einziger erhaltener Biedermeier-Friedhof (s. S. 137)
Friedhof der Namenlosen, 11., Albener Hafen: Hier liegen die aus der Donau geborgenen Toten begraben (s. S. 185)
Jüdischer Friedhof Roßau, 9., Seegasse 11: ältester erhaltener jüdischer Friedhof (s. S. 169)
Kahlenberger Friedhof, 19., Jungherrnsteig: ein sehr kleiner und malerisch über der Stadt gelegen
Zentralfriedhof, 11., Simmeringer Hauptstraße 234: die Totenstadt der Wiener (s. S. 178)

Gedenkstätten

Hermann Bahr-Gedenkraum, Österr. Theatermuseum, 1., Hanuschgasse 3, ⌀ 5 12 24 27, Di–Fr 10–12 u. 13–16 Uhr, Sa, So u. Fei 13–16 Uhr
Eduard von Bauernfeld-Erinnerungsraum, Bezirksmuseum Döbling, 19., Döblinger Hauptstr. 96, ⌀ 3 68 65 46, Sa 15.30–18, So 10–12 Uhr
Ludwig van Beethoven-Museum (Pasqualatihaus), 1., Mölkerbastei 8,

✆ 5 35 89 05, Di–So 9–12.15 und 13–16.30 Uhr

Ludwig van Beethoven Gedenk-stätte, Eroica-Haus, 19., Döblinger Hauptstr. 92, ✆ 3 69 14 24, Di–So 9–12.15 und 13–16.30 Uhr

Johannes Brahms-Gedenkraum, Haydn-Museum, 6., Haydngasse 19, ✆ 5 96 13 07, Di–So 9–12.15 und 13–16.30 Uhr

Heimito von Doderer-Gedenkstätte, Bezirksmuseum Alsergrund, 9., Währinger Str. 43, ✆ 40 03 40 91 27, Mi 9–11, So 10–12 Uhr

Sigmund Freud-Museum, 9., Berggasse 19, ✆ 3 19 15 96, tägl. 9–16 Uhr (Juli–Sept. bis 18 Uhr)

Erich Fried-Gedenkraum, Bezirksmuseum Alsergrund, 9., Währinger Str. 43, ✆ 40 03 40 91 27, Mi 9–11, So 10–12 Uhr

Gedenkstätte für die Opfer des österreichischen Freiheits-kampfes, 1., Salztorgasse 6, ✆ 53 43 6-0 17 75, Mo 14–17, Do/Fr 9–12 u. 14–17 Uhr

Franz Grillparzer-Erinnerungsraum, Historisches Museum der Stadt Wien, 4., Karlsplatz 8, ✆ 50 58 74 78 40 21, Di–So 9–18 Uhr

Franz Grillparzer Gedenkraum im Hofkammerarchiv, ✆ 5 13 78 00, 1., Johannesgasse 6, Di–So 9–16.30 Uhr

Josef Kainz-Erinnerungsraum, Österreichisches Theatermuseum, 1., Hanuschgasse 3, ✆ 5 12 24 27, Di–Fr 10–12 u. 13–16 Uhr, Sa, So u. Fei 13–16 Uhr

Emmerich Kálmán-Erinnerungsraum, Österreichisches Theatermus., 1.,Hanuschgasse 3, ✆ 5 12 24 27, Di–Fr 10–12 u. 13–16 Uhr, Sa, So u. Fei 13–16 Uhr

Franz Lehár-Museum, Lehár-Schlößl, 19., Hackhofergasse 18, ✆ 3 18 54 16, Besichtigung nur nach telefonischer Voranmeldung

Adolf Loos-Zimmer, Historisches Museum der Stadt Wien, 4., Karlsplatz 8, ✆ 50 58 74 78 40 21, Di–So 9–18 Uhr

Wolfgang Amadeus Mozart-Erinne-rungsräume, Figarohaus, 1., Domgasse 5, ✆ 5 13 62 94, Di–So 9–18 Uhr

Caspar Neher-Gedenkraum, Österreichisches Theatermuseum, 1., Hanuschgasse 3, ✆ 5 12 24 27, Di–Fr 10–12 u. 13–16 Uhr, Sa, So u. Fei 13–16 Uhr

Max Reinhardt-Gedenkraum, Österreichisches Theatermuseum, 1., Hanuschgasse 3, ✆ 5 12 24 27, Di–Fr 10–12 u. 13–16 Uhr, Sa, So u. Fei 13–16 Uhr

Ferdinand von Saar-Erinnerungs-raum, Bezirksmuseum Döbling, 19., Döblinger Hauptstr. 96, ✆ 3 68 65 46, Sa 15.30–18 Uhr, So 10–12 Uhr

Arnold-Schönberg-Center, 3., Schwarzenbergplatz 6, ✆ 7 12 18 88, Mo–Fr 10–17 Uhr

Franz Schubert-Museum, 9., Nuß-dorfer Straße 54, ✆ 3 17 36 01, Di–So 9–12.15 und 13–16.30 Uhr

Franz Schubert-Sterbezimmer, 4., Kettenbrückengasse 6, ✆ 5 81 67 30, Di–So 9–12.15 und 13–16.30 Uhr

Adalbert Stifter-Museum 9., Nuß-dorfer Straße 54, ✆ 3 17 36 01, Di–So 9–12.15 und 13–16.30 Uhr

Johann Strauß-Gedenkstätte, 2., Praterstraße 54, ✆ 2 14 01 21, Di–So 9–12.15 und 13–16.30 Uhr

Hugo Thimmig-Gedenkraum, Österreichisches Theatermuseum, 1., Hanuschgasse 3, ✆ 5 12 24 27, Di–Fr 10–12 u. 13–16 Uhr, Sa, So u. Fei 13–16 Uhr

Otto Wagner-Wohnung, 7., Döbler-gasse 4, ✆ 5 23 22 33, nach Voranmeldung

Josef Weinheber-Arbeitszimmer, Bezirksmuseum Landstraße, 3., Sechskrügelgasse 11, ✆ 8 12 73 59, Mi 16–18, So 10–12 Uhr

**Carl Michael Ziehrer-Erinnerungs-
raum,** Österreichisches Theatermuseum, 1., Hanuschgasse 3, ℘ 5 12 24 27,
Di–Fr 10–12 u. 13–16, Sa, So u. Fei
13–16 Uhr
Stefan Zweig-Archiv, Bezirksmuseum Josefstadt, 8., Schmidgasse 18,
℘ 4 03 64 15, Fr 12–14 Uhr

Hofburg

Kaiserappartements, ℘ 5 33 75 70,
tägl. 9–16.30 Uhr: Appartements der
Kaiserin Elisabeth und Kaiser Franz Josephs mit originalen Einrichtungsge-
genständen.
**Weltliche und Geistliche Schatz-
kammer,** 1., Hofburg, Schweizerhof,
℘ 5 33 79 31, Mi–Mo 10–18, Do 10–21
Uhr: In den 21 Räumen befinden sich
Kostbarkeiten von unschätzbarem
künstlerischem, historischem und ma-
teriellem Wert. Hier werden die Reichskleinodien und Reliquien des Heiligen
Römischen Reiches Deutscher Nation
aufbewahrt, außerdem verschiedene
habsburgische Krönungs- und Ordensinsignien. Viele der Kostbarkeiten
haben sich Habsburger erheiratet, wie
beispielsweise den Schatz des Goldenen Vlieses, den Maria von Burgund in
ihre Ehe mit Maximilian I. einbrachte.
Während so manches Stück (z. B. das
als Schale des Heiligen Grals geltende
antike Achatgefäß) von der ungewöhnlichen habsburgischen Sammlerleiden-
schaft kündet, ist vom Schmuck dieser
Familie wenig zu sehen. Den ließ nämlich Kaiser Karl vor seiner Abdankung
ins Ausland verschieben.
**Ehemalige Hofsilber- und Tafel-
kammer,** 1., Hofburg, Michaelerplatz,
℘ 5 33 75 70, tägl. 9–16.30 Uhr: Porzellan, Besteck, Tafelaufsätze und Zubehör
der kaiserlichen Tafel.

Burgkapelle, 1., Schweizerhof,
℘ 5 33 99 27 71, Besichtigung :
Jan.–Juni u. Mitte Sept.–Dez. Mo–Do
11–15, Fr 11–13 Uhr.
Messe der Hofmusikkapelle mit den
Wiener Sängerknaben an Sonntagen
und kirchlichen Feiertagen um 9.15 Uhr
(Reservierung erforderlich, Fax
5 33 99 27 75)
Schmetterlinghaus, 1., Burggarten,
℘ 5 33 85 70, April–Okt. tägl. 10–17,
Nov.–März tägl. 10–16 Uhr
**Ephesos-Museum/Hofjagd- und
Rüstkammer/Sammlung alter
Musikinstrumente** (s. S. 274)
Museum für Völkerkunde (s. S. 276)

Spanische Reitschule

Karten für die **Vorführungen** der Spanischen Reitschule können nur schrift-
lich bestellt werden:
Spanische Reitschule
Hofburg
A-1010 Wien
℘ 5 33 90 32
Fax 5 35 01 86
Karten für die **Morgenarbeit mit
Musik** (Beginn jeweils 10 Uhr) sind nur
bei den Wiener Theaterkarten- und Reisebüros erhältlich.
An bestimmten Tagen sind Besucher
zur **Morgenarbeit** zugelassen. Beginn
jeweils 10 Uhr, Karten am gleichen Tag
im Inneren Burghof, keine Reservierun-
gen.
Über Termine und Preise informiert ein
Prospekt, der bei den Informationsstellen erhältlich ist.
Lipizzaner Museum, Stallburg/Hof-
burg, 1., Reitschulgasse 2, ℘ 5 26 41 84-
30, tägl., 9–17 Uhr. Gezeigt wird die Geschichte der berühmten Pferde von ihren Anfängen in Lipizza im 16. Jh. bis in
die Gegenwart.

Museen

Wien ist unzweifelhaft die Metropole des Museums. Hier ist alles, was gesammelt werden kann, auch ausgestellt. Das Spektrum der Museen in dieser Stadt reicht von A wie Armenisches Klostermuseum über G wie Gulaschmuseum bis zu Z wie Ziegelmuseum. Wer in die in Vitrinen und Schränken festgehaltene Welt von Elektropathologie, Fiaker, Heizung und anderes mehr versinken will, kaufe sich in Wien einen speziellen Museumsführer. Denn die nachfolgende Auflistung ist nur eine Auswahl aus dem reichlich vorhandenen Angebot.

Gemäldegalerie der Akademie der bildenden Künste, 1., Schillerplatz 3, ✆ 5 88 16-225 oder -228, geöffnet Di–So u. Fei 10–16 Uhr: Die Gemäldegalerie, ursprünglich als »Lehrmittelsammlung« gedacht, umfaßt u. a. Werke von Bosch, Rembrandt, Rubens, Botticelli und Tizian. Aus Österreich sind vertreten Daniel Gran, Franz Anton Maulbertsch, Ferdinand Georg Waldmüller sowie die Professoren der Akademie.
Albertina, 1., Augustinerstr. 1, ✆ 53 4 83. Wegen Umbau geschlossen. Die graphische Sammlung befindet sich während dieser Zeit im Akademiehof, 1., Makartgasse 3, ✆ 5 81 30 60 11, Di–So 10–17 Uhr. Die größte Graphiksammlung der Welt zeigt Arbeiten vom Beginn des 15. Jh. bis zur Gegenwart. Zu den besonderen Kostbarkeiten gehören Zeichnungen von Dürer, Leonardo da Vinci, Michelangelo und Rembrandt. Die Moderne ist u. a. vertreten durch Klimt und Schiele sowie Picasso und Chagall.
Alte Backstube, 8., Lange Gasse 34, ✆ 4 06 11 01, Di–Sa, 10–24, So u. Fei 10–16 Uhr, Aug. geschlossen (s. S. 158)

Alte Schmiede, 1., Schönlaterngasse 9, ✆ 5 12 83 29, Mo–Fr 10–15 Uhr und nach tel. Anmeldung (s. S. 106)
Museum mittelalterliche österr. Kunst und österr. Barockmuseum, 3., Rennweg 6a, Unteres Belvedere, ✆ 79 55 7-134, Di–So 10–17 Uhr: Bilder und Plastiken vom 12. bis zum frühen 16. Jh. werden im Museum Mittelalterliche Kunst gezeigt. Herausragend sind der Znaimer Altar und der Ecce Homo von Urban Görtschacher. Im Barockmuseum finden sich neben Gemälden von Maulbertsch und Troger die Charakterköpfe des F. X. Messerschmidt und das Original des Donner-Brunnen vom Neuen Markt.
Wiener Bestattungsmuseum, 4., Goldeggasse 19, ✆ 5 01 95-42 27, Mo–Fr 12–15 Uhr (nur nach Voranmeldung; s. S. 147)
Bezirksmuseen (siehe S. 209)
Circus- und Clownmuseum, 2., Karmelitergasse 9, ✆ 3 69 11 11, Mi 17.30–19, Sa 14.30–17, So 10–12 Uhr
Dom- und Diözesanmuseum, 1., Stephansplatz 6, ✆ 5 15 52 35 60, Di–Sa 10–17 Uhr: Hier ist religiöse Kunst vom Mittelalter bis zur Gegenwart ausgestellt. Besonders sehenswert ist der Domschatz, der unter anderem ein Kreuzreliquiar und eines der frühesten mittelalterlichen Porträts (Herzog Rudolf IV.) enthält.
Feuerwehrmuseum, 1., Am Hof 10, ✆ 5 31 99, So und Fei 9–12 Uhr, sonst nach Voranmeldung
Galerie der österr. und internat. Kunst des 19. und 20. Jahrhunderts, 3., Prinz-Eugen-Str. 27, Oberes Belvedere, ✆ 7 95 57-134, Di–So 10–17 Uhr: Dieses Museum gibt einen sehr umfassenden Überblick über die klassische Moderne und deren Wurzeln in Vormärz (Biedermeier) und Historismus. Hier sind die wichtigsten Arbeiten

von Waldmüller und Fendi über Defregger und Pettenkofer sowie Klimt und Kokoschka bis zur Schule des phantastischen Realismus ausgestellt.

Museum zur mittelalterlichen Geschichte des Judentums und Informationsraum zur Schoa im Misrachi-Haus, 1., Judenplatz 8. Die Eröffnung dieser Ausstellungs- und Gedenkstätte ist für Anfang 2000 geplant.

Wiener Glasmuseum Lobmeyr, 1., Kärntner Str. 26, ℰ 5 12 05 08, Mo–Fr 9–18, Sa 9–16 Uhr.

Heeresgeschichtliches Museum, 3., Arsenalstr. Objekt 18, ℰ 79 56 10, So–Do 9–17 Uhr: Das auch als österreichische Ruhmeshalle geplante Gebäude zeigt eine umfangreiche militärgeschichtliche Sammlung. Sie reicht vom Beginn des Dreißigjährigen Kriegs bis zum Ende des Ersten Weltkrieges. Breiten Raum nehmen die 2. Türkenbelagerung und das den Vorwand für den Ersten Weltkrieg liefernde Attentat auf Thronfolger Franz Ferdinand ein.

Historisches Museum der Stadt Wien, 4., Karlsplatz 8, ℰ 50 58 74 78 40 21, Di–So 9–18 Uhr: Die Exponate reichen von Funden aus vorrömischer und römischer Zeit bis ins 20. Jh. Sie vermitteln einen sehr anschaulichen und übersichtlichen Eindruck vom Alltagsleben in dieser Stadt und vom Wirken bedeutsamer Persönlichkeiten. Zu den vielen hier versammelten Glanzstücken gehören ein Empiresalon und die Wohnung des Dichters Franz Grillparzer.

Ehemaliges Hofmobilien- und Materialdepot, 7., Andreasgasse 7, ℰ 5 24 33 57-0, tägl. 9–17 Uhr (siehe S. 155)

Jüdisches Museum, 1., Dorotheergasse 11, ℰ 5 35 04 31, So–Fr 10–18, Do 10–20 Uhr (siehe S. 96)

Wiener Kriminalmuseum, 2., Große Sperlgasse 24, ℰ 2 14 46 78, Di–So 10–17 Uhr (siehe S. 120)

Österreichisches Museum für angewandte Kunst, 1., Stubenring 5, ℰ 71 13 60, Di–So 10–18 Uhr, Do 10–21 Uhr: Es ist aus dem 1864 gegründeten Museum für Kunst und Industrie entstanden und verfügt über eine sehenswerte Sammlung von Glas, Keramik, Möbeln und Holzarbeiten von der Romanik bis zur Gegenwart. Neben den Schwerpunkten Biedermeier und Jugendstil zeigt das Museum auch islamische und ostasiatische Kunst. Bei der 1993 erfolgten Renovierung wurde jeder Ausstellungssaal von einem bekannten Künstler individuell gestaltet. Das verleiht dem Museum selbst eine einzigartige Atmosphäre.

Museum moderner Kunst – Stiftung Ludwig Wien:
– Palais Liechtenstein, 9., Fürstengasse 1, ℰ 3 17 69 00, Di–So 10–18 Uhr: Das relativ lieblos gestaltete Museum zeigt Werke von Klee, Léger, Kandinsky, Magritte, Segel und der österreichischen Moderne.
– 20er Haus, 3., Schweizer Garten, ℰ 7 99 69 00, Di–So 10–18 Uhr: Neben der kleinen Sammlung ist vor allem der Skulpturgarten interessant. Hier stehen Werke von Henry Moore, Franz Arp, Fritz Wotruba, Alberto Giacometti und Auguste Rodin.

Ephesos-Museum/Hofjagd- und Rüstkammer/Sammlung alter Musikinstrumente, 1., Neue Burg, Heldenplatz, ℰ 52 52 40, Mi–Mo 10–18 Uhr: Diese drei kleineren Museen zeigen jedes für sich bedeutende Kostbarkeiten. Die Ephesossammlung präsentiert die Erträge der Ausgrabungen österreichischer Archäologen. Die Sammlung der mittelalterlichen Jagd- und Kampfwaffen der Rüstkammer ist in dieser Form einzigartig in Europa. In der Musikinstrumentensammlung findet man u. a. die Flügel, auf denen Beethoven und Schubert gespielt haben. Doch nicht diese, sondern die Renaissanceinstrumente sind das Glanzstück.

Kunsthistorisches Museum, 1., Maria-Theresien-Platz, ☎ 52 52 40, Di–So 10–18, Do 10–21 Uhr: Das Gebäude beherbergt neben der weltberühmten Gemäldesammlung noch die Ägyptisch-orientalische Sammlung, die Antikensammlung, die Kunstkammer mit Plastiken und Kunsthandwerk sowie das Münzkabinett. Der Schwerpunkt der Gemäldesammlung liegt auf den Meistern des 15.–18. Jh. und ist durch die diversen Vorlieben der Habsburger geprägt. Die Werke sind nach Schulen und Malstilen zusammengefaßt und lassen sich grob in sechs Bereiche einteilen:

Die flämische Malerei von Hans Memling bis P. P. Rubens. Glanzpunkte sind die Werke von Pieter Brueghel d. Ä. (Bauernhochzeit, Turmbau zu Babel) und Rubens (Venusfest).

Die holländische Malerei umfaßt u. a. Pieter de Hooch, Rembrandt (Großes Selbstporträt) und Jan Vermeer.

Einen Schwerpunkt bilden die Arbeiten der italienischen Meister. Vertreten sind Bellini (Junge Frau bei ihrer Toilette), Tizian (Zigeunermadonna), Canaletto, Raffael (Madonna im Grünen), Arcimboldo, Caravaggio (Rosenkranzmadonna) u. a. Die Sammlung französischer und britischer Maler ist im Vergleich dazu klein, ebenso die spanische. Letztere aber hat mit Murillo und mehreren Porträts von Velázquez ihre Glanzpunkte. Von den alten deutschen Meistern sind Albrecht Dürer, Holbein d. J. und Lucas Cranach d. Ä. vertreten.

Institut für Geschichte der Medizin, Josephinum, 19., Währinger Str. 25, ☎ 42 77-6 34 01, Mo–Fr 9–15 Uhr: Lebensgroße anatomische Modelle aus Wachs mit allen Details, historische Studienapotheke und Erinnerungsstücke an die großen Mediziner der Wiener Schule (s. S. 168).

Naturhistorisches Museum, 1., Maria-Theresien-Platz, ☎ 52 17 70, Mi–Mo 9–18 Uhr: Dieses Museum ist aus der Naturaliensammlung Kaiser Franz I. entstanden und so altertümlich mutet manchmal noch die Präsentation der Exponate an. Eindrucksvoll ist die Prähistorische Abteilung mit den Fundstücken aus Hallstatt (Ältere Eisenzeit) und einer etwa 25 000 Jahre alten Fruchtbarkeitsfigur, der Venus von Willendorf. Daneben gibt es eine sehenswerte zoologische und anthropologische Abteilung.

Pathologisch-Anatomisches Bundesmuseum im Alten Allgemeinen Krankenhaus, 6. Hof, Narrenturm, 9., Spitalgasse 2, ☎ 4 06 86 72, Mi 15–18, Do 8–11, erster Sa im Monat 10–13 Uhr: Über 40 000 pathologische Präparate und Modelle (s. S. 165).

Puppen- und Spielzeugmuseum, 1., Schulhof 4, ☎ 5 35 68 60, Di–So u. Fei 10–18 Uhr

Schatzkammer des Deutschen Ordens, 1., Singerstr. 7, ☎ 51 21 06 50, Do–Mo 10–12, Mi, Fr und Sa auch 15–17 Uhr: Nach der Auflösung des Deutschen Ordens durch Napoleon verlegte dieser seinen Sitz und seinen Schatz nach Wien. Er besteht aus einer reichen Sammlung von Ordens- und Sakralgegenständen.

Secession, 1., Friedrichstr. 12, ☎ 5 87 53 07, Di–Sa 10–18, So u. Fei 10–16 Uhr: Beethovenfries von Klimt, Wechselausstellungen zeitgenössischer Kunst (s. S. 148).

Museum im Schottenstift, Kunstsammlungen der Benedtktinerabtei zu den Schotten in Wien, 1., Freyung 6, ✆ 53498-600, Do, Fr, Sa 10–17, So 12–17 Uhr: Glanzstück der Sammlung ist der spätgotische Flügelaltar des sog. »Wiener Schottenmeisters«, der in einem eigenen Saal zusammen mit seiner Entstehungsgeschichte präsentiert wird. In anderen Räumen werden Werke des Barock, liturgische Geräte und Möbel und Bilder der Biedermeierzeit gezeigt.

Straßenbahnmuseum, 3., Ludwig-Koeßler-Platz, ✆ 7 90 94 49 00, Mai–Okt. Sa, So und Fei 9–16 Uhr.

Tabakmuseum, 7., Mariahilferstr. 2, ✆ 5 26 17 16, Di–Fr 10–17, Sa, So u. Fei 10–14 Uhr.

Technisches Museum, 14., Mariahilferstraße 212, ✆ 89 99 80, Mo–Sa 9–18 (Do bis 20), So 10–17 Uhr: Die umfangreiche Sammlung dokumentiert die Entwicklung von Gewerbe und Industrie in Modellen und Exponaten, die von Haushaltsgeräten bis zu großen Turbinen reichen. Maderspergers Nähmaschine ist hier ebenso ausgestellt wie die von Mitterhofer geschnitzte Schreibmaschine (siehe S. 144). Eisenbahn- Post- und Telegraphenmuseum.

Österreichisches Theatermuseum, 1., Lobkowitzplatz 2, ✆ 51 28 80 00, Di–So 10–17 Uhr: Neben ständigen Ausstellungen wird hier aus dem reichen Fundus der Wiener Bühnen die Geschichte des österreichischen Theaterwesens dokumentiert.

Uhrenmuseum der Stadt Wien, 1., Schulhof 2, ✆ 5 33 22 65, Di–So 9–16.30 Uhr.

Museum für Völkerkunde, 1., Neue Burg, Heldenplatz, ✆ 53 43 00, Mi–Mo 10–16 Uhr: Hier sind Kulturdokumente »schriftloser« Völker ausgestellt. Schwerpunkte sind die afrikanische Benin-Kultur, die Mexikosammlung mit der berühmten aztekischen Federkrone und die 1806 angekaufte Sammlung des britischen Weltumseglers James Cook.

Österreichisches Museum für Volkskunde, 8., Laudongasse 15–19, ✆ 4 06 89 05, Di–Fr 9–17, Sa 9–12, So 9–13 Uhr: Die Ausstellungsstücke berichten über das Alltagsleben, das Brauchtum und die Volkskunst der Alpen- und Donauländer.

Schloß Schönbrunn

13., Schönbrunner Schloßstraße ✆ 81113-2 39: Die Schauräume (39 von insgesamt 1441 Gemächern) können besichtigt werden: April–Okt. 8.30–17 Uhr, Nov.–März 8.30–16.30 Uhr. Zu sehen sind Geburts-, Schreib- und Schlafzimmer Kaiser Franz Josephs. Die anderen Räume sind im wesentlichen in der Ausstattung erhalten, die sie unter Maria Theresia bekommen haben.

In der **Wagenburg** (ehemalige Winterreitschule) sind 60 Karossen, Sänften und Schlitten ausgestellt, April–Okt. tägl. 9–18 Uhr, Nov–März Di–So 10–16 Uhr)

Schönbrunner Schloßpark:
Palmenhaus, ✆ 87 75 08 74 06, Mai–Sept. 9.30–17.30 Uhr, Okt.–April 9.30–16.30 Uhr

Tiergarten, ✆ 87 79 29 40, Feb., Okt. 9–17 Uhr, Nov.–Jan. 9–16.30, März 9–17.30 Uhr, April 9–18 Uhr, Mai–Sept. 9–18.30 Uhr

Gloriette, Mai–Okt. 9–17 Uhr

Weitere Sehenswürdig-keiten

Augarten Porzellan-Manufaktur, Schau- und Verkaufsräume Mo–Fr 9–18, Sa 9–12 Uhr (s. S. 125)

Herzgruft der Habsburger, Augusti-nerkirche, 1., Augustinerstr. 3, ℘ 5337099, (siehe S. 94).

Kaisergruft (Kapuzinergruft), 1., Neuer Markt, ℘ 5 12 68 53-12, tägl. 9.30–16 Uhr (siehe S. 97).

Michaelergruft, 1., Michaelerplatz, Führungen Mo–Fr 11, 13, 14, 15 u. 16 Uhr (siehe S. 93).

Neidhart-Fresken, 1., Tuchlauben 19, ℘ 5 35 90 65, Di–So 9–12 Uhr (siehe S. 82),

Römische Baureste Am Hof, 1., Am Hof 9, ℘ 50 58 74 78 40 16, Sa, So, Fei 11–13 Uhr.

Römische Ruinen unter dem Hohen Markt, 1., Hoher Markt 3, ℘ 5 35 56 06, Di–So 9–12.15 und 13–16.30 Uhr.

Kirche Am Steinhof, 14., Baumgart-ner Höhe 1 (Psychiatrisches Kranken-haus), ℘ 91 06 02 00 31 (siehe S. 203)

Urania-Sternwarte, 1., Uraniastr. 1, ℘ 7 12 61 91-15, Mi, Fr, Sa 20 Uhr, April–Okt. 21 Uhr, So 11 Uhr. Führun-gen nur bei klarem Himmel.

Wotrubakirche (Kirche Zur heiligsten Dreifaltigkeit), 23., Mauer, Ecke Georgs-gasse/Rysergasse, ℘ 8 88 50 03, Do/Fr 14–16, Sa 14–20 Uhr, So u. Fei 9–17 Uhr

In der Umgebung von Wien

Aspern, ehem. Sebastianskapelle, Mitte April–Ende Okt. Di 17–18, So 9–12 Uhr: Erinnerungsstücke an die Schlacht bei Aspern.

Bad Deutsch-Altenburg, Römisches Museum, Di–So 10–17, Fr 10–19 Uhr

Baden, Beethovengedenkstätte, Rat-hausgasse 10, Di–Fr 16–18 Uhr, So und Fei 8–11, 16–18 Uhr.
Städtische Sammlungen, Weihendorf-platz 1, ℘ 0 22 52/4 82 55, Di–Fr 9–12 und 13–17 Uhr.

Carnuntum, Freilichtmuseum, ℘ 02 16-3 37 70, März–Nov. tägl. 9–17 Uhr: Ausgrabungen der römischen Pro-vinzhauptstadt mit den Fundamenten und Ruinen von Wohnhäusern, einem Palast und einem Amphitheater.

Gugging, Niederösterreichische Lan-desnervenklinik, Ausstellung im Haus der Künstler, Besichtigung nach Voran-meldung ℘ 0 22 43/8 33 12-2 52

Heiligenkreuz, mittelalterliche Kloster-anlage, Mo–Sa 10, 11, 14, 15, 16 Uhr, So und Fei 11, 14, 15, 16 Uhr, nur mit Führung.

Hinterbrühl, Seegrotte: größter Höh-lensee Europas, Besichtigung und Fahrt mit Elektrobooten April–Okt. tägl. 8.30–17 Uhr, Nov.–März tägl. 9–15.30 Uhr.

Klosterneuburg, Stiftmuseum, 3400 Klosterneuburg, ℘ 0 22 43/62 10, Kern-stück der Sammlung ist der weltbe-rühmte »Verduner Altar« aus dem 12. Jh.

Burg Kreutzenstein, Besichtigung Sa, So und Fei nur mit Führung

Laa an der Thaya, Österreichisches Biermuseum, ℘ 0 25 22/25 01, Sa, So und Fei 14–16 Uhr

Marchegg, Jagd- und Afrikamuseum, ℘ 0 22 85/2 24, Di–So 9–12, 13–17 Uhr

Mayerling, Kapelle im ehemaligen Jagdschloß. Führungen Mo–Sa ab 9 Uhr, So ab 11 Uhr: Erinnerungen an Kronprinz Rudolf.

Orth an der Donau, Österreichisches Fischerei- und Heimatmuseum, ℘ 02 21/25 55, Di–Fr 9–12, 13–17 Uhr, Sa, So u. Fei 9–17 Uhr.

Rohrau, Franz Haydns Geburtshaus, Di–So 10–17 Uhr.
Harrachsche Gemäldegalerie im Schloß Rohrau, ✆ 0 21 64/2 25 36, Ostern–Okt. Di–So 10–17 Uhr: Gemälde der spanischen, neapolitanischen und römischen Malerschulen des 17. und 18. Jh.
Schloß Eckartsau, ✆ 0 22 14/22 40, Führungen April–Okt. Sa, So u. Fei 11 u. 14 Uhr, Gruppen nach Voranmeldung. Das Schloß ist ein guter Ausgangspunkt für Wanderungen durch den Nationalpark Donau-Auen.

Schloß Laxenburg, 2361 Laxenburg, ✆ 0 22 36/71 22 60, Das Parkgelände ist ganzjährig geöffnet. Franzenburg: Führungen tägl. 11, 14, 15, 16 Uhr.
Schloßhof, April–Okt. Di–So 10–17 Uhr, ✆ 0 22 85/65 80
Tulln, Egon Schiele-Museum im ehemaligen Bezirksgefängnis, An der Donaulände 28, ✆ 0 22 72/45 70, Di–So 9–12, 14–18 Uhr.

 # Kultur und Unterhaltung

Ausstellungsorte

Kunstforum der Bank Austria, 1., Freyung 8, ✆ 7 11 91-57 42, Wechselausstellungen internationaler Kunst des 19. und 20. Jh.
Kunsthalle Wien, 4., Karlsplatz/Treitlstr. 2, sowie 7., Museumsplatz 1, ✆ 5 21 89-0. Wechselausstellungen zeitgenössischer Kunst und der klassischen Moderne
KunstHausWien, 3., Untere Weißgerberstr. 13, ✆ 7 12 04 95. Permanente Hundertwasser-Ausstellung sowie internationale Ausstellungen
Literaturhaus, 7., Seidengasse 13, ✆ 5 26 20 44 41. Ausstellungen zur österreichischen Literatur
Palais Harrach, 1., Freyung 3, ✆ 5 23 17 53. Internationale Ausstellungen

Galerien
(Schwerpunkt österreichische Kunst)

Galerie Chobot, 1., Domgasse 6, ✆ 5 12 53 32
Galerie nächst St. Stephan, 1., Grünangergasse 1/2, ✆ 5 12 12 66
Galerie Walfischgasse, 1., Walfischgasse 12, ✆ 5 12 37 16
Galerie 10, 1., Getreidemarkt 10, ✆ 5 87 57 44

Musik

Eine kostenlose Monatsübersicht gibt es bei der Tourist-Information.

Oper, Operette und Musical
Staatsoper, 1., Opernring 2, ✆ 5 14 44 29 55
Volksoper, 9., Währinger Straße 78, ✆ 5 14 44 29 55
Wiener Kammeroper, 1., Fleischmarkt 24, ✆ 5 13 60 72

Raimundtheater, 6., Wallgasse 18,
✆ 5 88 85-0
Theater an der Wien, 6., Linke Wienzeile 6, ✆ 5 88 85-0

Klassik
Musikverein, 1., Bösendorferstr. 12,
✆ 5 05 81 90
Konzerthaus, 3., Lothringer Str. 20,
✆ 7 12 12 11

Jazz
Jazzland, 1., Franz Josefs-Kai 29,
✆ 5 33 25 75
Papas Tapas, 4., Schwarzenbergplatz
10, ✆ 5 05 03 11
Porgy & Bess, 1., Spiegelgasse 2,
✆ 5 12 84 38

Rock, Pop, Folk & Alternatives
Arena, 3., Baumgasse 80, ✆ 7 98 85 95
Metropol, 17., Hernalser Hauptstr. 55,
✆ 40 77 74 07
Planet Music, 20., Adalbert-Stifter-Str.
73, ✆ 3 32 46 41/0
Szene Wien, 11., Hauffgasse 26,
✆ 7 49 17 75

Kinos

Bellaria, 7., Museumstr. 3, ✆ 5 23 75 91
(»Austro-Nostalgie«; Filme aus den
Jahren 1930–1960, z.B. mit Hans Moser,
Paul Hörbiger u.a.)
Burg-Kino, 1., Opernring 19,
✆ 5 87 84 06 (Filme in Originalfassung)
Filmcasino, 5., Margaretenstr. 78,
✆ 5 87 90 62 (Avantgardefilme)
Filmhaus Stöbergasse, 5., Stöbergas-
se 11–15, ✆ 54 66 60 (Avantgardefilme)
Imperial, 1., Rotgasse 9, ✆ 5 33 32 23
(Zeichentrickfilme für Kinder)
Österreichisches Filmmuseum, 1.,
Augustinerstr. 1, ✆ 5 33 70 54 (Retro-
spektiven)

Star, 7., Burggasse 71, ✆ 5 23 46 83
(Retrospektiven, Kultfilme)

Theater und Kleinbühnen

Der Wochenspielplan der Wiener Bühnen ist in den Tageszeitungen abgedruckt und an Litfaßsäulen und An-
schlagwänden plakatiert.

Theater
Akademietheater, 3., Lisztstr. 1,
✆ 5 14 44-0
Burgtheater, 1., Dr.-Karl-Lueger-Ring,
✆ 5 14 44-44 40, Kartenverkauf an den
Tageskassen im Burgtheater, tägl. 8–18
Uhr, So u. Fei 9–12 Uhr od. an den zen-
tralen Kassen in der Hanuschgasse 3.
Im Rahmen der Stadtbesichtigung
Führungen im Burgtheater, Dauer etwa
1 Std., Di., Do–Sa 9 u. 15 Uhr, So 11 u.
15 Uhr
Kammerspiele, 1., Rotenturmstr. 20,
✆ 42 70 03 00
Theater in der Josefstadt, 8., Josef-
städter Straße 28, ✆ 42 70 03 00
Volkstheater, 7., Neustiftgasse 1,
✆ 5 24 72 63

Kleinbühnen
die theater Konzerthaus, 3., Lothrin-
gerstr. 20, ✆ 5 86 20 18
die theater Künstlerhaus, 1., Karlsplatz 5, ✆ 5 87 05 04
Kulisse, 17., Rosensteingasse 39,
✆ 4 85 38 70
Rabenhof, 3., Rabengasse 3,
✆ 42 70 03 00
Theater in der Drachengasse, 1.,
Drachengasse 2, ✆ 5 13 14 44

Kabaretts
Das Wiener Kabarett hat in den letzten
Jahren einen ungeheuren Aufschwung
erlebt und ist heute das bissigste und

pointierteste im deutschen Sprachraum. Ein genaues Wissen um die jeweiligen Untiefen der österreichischen Innenpolitik ist für einen Besuch nicht unbedingt erforderlich, wohl aber Grundkenntnisse des Wienerischen.

Kabarett Niedermair, 8., Lenaugasse 1a, ✆ 4 08 44 92
Spektakel, 5., Hamburger Str. 14, ✆ 5 87 06 53
Theater Kabarett Simpl, 1., Wollzeile 36, ✆ 5 12 47 42

Vorverkaufsstellen

Bundestheater (Staatsoper, Volksoper, Burgtheater, Akademietheater): Schriftliche Kartenbestellungen können bis spätestens drei Wochen (für Staats- und Volksoper) bzw. 10 Tage (für Burg- und Akademietheater) vor dem Vorstellungstag gerichtet werden an:
Österreichischer Bundestheaterverband
Bestellbüro
Hanuschgasse 3
1010 Wien
Fax 5 14 44 29 69

Telefonische Kartenbestellung für Inhaber von Kreditkarten (frühestens sieben Tage vor der Vorstellung):
✆ 5 13 15 13 (Mo–Fr 8–18, Sa, Sonn- und Feiertage 10–12 Uhr)

Vorverkaufskassen
Hanuschgasse 3
1010 Wien
✆ 5 14 44-29 59 oder -29 60.
Geöffnet Mo–Fr 8–18 Uhr, Sa, So und Feiertage 9–12 Uhr

Vienna Ticket Service
Linke Wienzeile 6
1060 Wien
✆ 5 88 30
Fax 5 88 30 33
Geöffnet tgl. 10–13 und 14–18 Uhr. Vermittelt Karten für Theater, Oper und Konzert. Telefonischer Kartenverkauf für Inhaber von Kreditkarten: ✆ 5 88 85

Für die Wiener Bühnen und Konzertstätten können Karten auch über die zahlreichen privaten Kartenbüros bestellt werden. Diese nehmen für die Besorgung eine Provision, die bis zu 25 % des Kartenpreises beträgt.

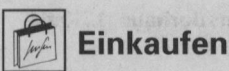 # Einkaufen

Wie in jeder Großstadt gibt es unzählige Einkaufsmöglichkeiten, das Angebot ist international. Die folgende Liste beschränkt sich im wesentlichen auf typische Wiener Produkte.

Antiquitäten
Eine Vielzahl von Antiquitätengeschäften findet man in den Gassen rund um

das Dorotheum. Ein zweites Viertel liegt südlich des Stephansdoms im Bereich Singerstraße und Annagasse.
D & S, 1., Dorotheergasse 13 (alte Uhren und Möbel)
Galerie Rauhenstein, 1., Rauhensteingasse 3 (alter Schmuck)
Monika Kaesser, 1., Krugerstraße 17 (Jugendstil)

Michael Kovacek, 1., Stallburggasse 2
(alte Gläser)

Antiquariate
Antiquariat Krikl, 18., Edelhofgasse 15
Bernhard Halmer, 18., Währinger Str. 154

CDs & LPs
Mit großer Auswahl an Austro-Pop, Austro-Folk, Vienna Swing und Volksmusik, sowie Kabarett und Sprechplatten:
EMI-Music Shop, 1., Kärtnerstr. 30
Amadeus, 5., Mariahilfer Str. 99

Confiserien
Altmann & Kühne, 1., Graben 30
Eibensteiner, 1., Friedrichstr. 8

Damenmode
W. F. Adlmüller, 1., Kärntnerstr. 41
Boutique Song, 1., Landskrongasse 2

Delikatessen
Böhle, 1., Wollzeile 30
Meinl am Graben, 1., Graben 19
Zum schwarzen Kameel, 1., Bognergasse 5

Glaswaren
Lackinger Glas, 1., Weihburggasse 21
J. & L. Lobmeyr, 1., Kärntnerstr. 26

Herrenmode
Knize, 1., Graben 13
Sir Anthony, 1., Kärntnerstr. 21

Juweliere
Heldwein, 1., Graben 13
Schullin, 1., Kohlmarkt 7

Keramik und Porzellan
Gmundner Keramik, 1., Kärntner Durchgang
Augarten-Porzellan, 1., Stock-im-Eisen-Platz 3–4 (Filiale); 2., Schloß Augarten, Obere Augartenstr. 1

Kindermode
Taki To, 1., Petersplatz 8

Petit-Point-Stickereien
Petit Point, 1., Kärntnerstr. 16
Maria Stransky, 1., Hofburg-Passage 2

Spielwaren
Witte, 6., Linke Wienzeile 16
Zauberklingel, 1., Führichgasse 4

Trachten
Resi Hammerer, 1., Kärntnerstr. 29–31
Loden-Plankl, 1., Michaelerplatz 6
Trostmann, 1., Schottengasse 3 a

Vinotheken
Gettingers Weinkabinett, 1., Tuchlauben 17
Unger & Klein, 1., Gölsdorfergasse 2
Vinothek St. Stephan, 1., Stephanspl. 6

Altwaren

Die lange Geschichte Wiens hat ihre Spuren auch in vielen kleinen Dingen hinterlassen – und die kann man in zahlreichen Geschäften kaufen. Sie als Antiquitäten zu bezeichnen wäre übertrieben, sie Trödel zu nennen abwertend. Der Wiener nennt sie darum schlicht »Altwaren«.

Allgemein
Altwaren Art-Curiosa, 3., Neulinggasse 26
Sammelsurium, 12., Gierstergasse 4

Ansichtskarten und Poststücke
Ansichtskarten-Shop und Antikes aus Großmutters Zeiten, 12., Steinbauergasse 24
k.k. Kuriositäten, 1., Himmelpfortgasse 7

Werbeträger
Alte Spezialitäten, 1., Spiegelgasse 16
Galerie Alte Kunst, 7., Kaiserstraße/Seidengasse

Militaria
Peter Weithofer, 7., Siebensterngasse 25
Walter Moser, 9., Nußdorferstr. 72
Spielzeug
Heinz Brandstätter, 5., Schönbrunner Str. 90
Kunst und Kuriositäten, 18., Gentzgasse 40
Tonträger
Johann Müller, 5., Schönbrunner Str. 60
Artur Eichhorn, 15., Jadengasse 18

Märkte

Fast jeder Gemeindebezirk hat seinen eigenen Markt. Sie sind Mo–Fr 6–8 und Sa 6–13 Uhr geöffnet. Die schönsten und atmosphärisch dichtesten sind:
Brunnenmarkt, 16., Brunnengasse (siehe S. 195)
Karmelitermarkt, 2., Im Werd (siehe S. 119)

Naschmarkt, 4., Wienzeile (siehe S. 154). Am Ende des Naschmarktes, bei der U-Bahnstation Kettenbrückengasse findet jeden Samstag ein **Flohmarkt** statt.

Ein etablierter **Kunst- und Antikmarkt** findet von Mai bis September am Franz-Josefs-Kai zwischen Schottenring und Schwedenplatz statt. (Sa 14–20, So 10–20 Uhr).

Außerdem gibt es noch den **»Alt Wiener Kunst- und Antikmarkt«** – jeden Freitag und samstag, 10–19 Uhr, 1., Am Hof

Kunst- und Werkausstellung am Spittelberg, 7. Bezirk (April–Nov Samstags, im Dez. täglich 10–18 Uhr)

Vor Weihnachten finden am Rathausplatz, auf der Freyung sowie am Spittelberg **Christkindlmärkte** statt.
Auf der Freyung wird neuerdings auch zu Ostern ein Markt abgehalten. Aber wirkliche Tradition hat der sogenannte **Fastenmarkt** in Hernals (17., Kalvarienberggasse).

Nachtleben

Seit einigen Jahren ist das Nachtleben in Wien vielfältiger und bunter. Manchmal wird sogar behauptet, daß vor dem Entstehen des »Bermudadreiecks« die Donaumetropole gar kein Nachtleben hatte. Das stimmt so nicht. Aber es fand am Stadtrand bei den Heurigen statt und in einigen traditionsreichen Bars.

Spielkasino

Cercle Wien, 1., Kärntnerstr. 41,
✆ 5 12 48 36, tägl. 15–3 Uhr, Roulette,

Baccara, Black Jack. Mindestalter 21 Jahre, Personalausweis- und Krawattenzwang

Szenelokale

Im »Bermuda-Dreieck« (Rabensteig, Seitenstettengasse und Judengasse) befinden sich auf rund 200 m an die 20 Lokale. Hier beginnt das Leben allerdings erst gegen oder nach Mitternacht. Die Lokale wechseln häufig Namen und Besitzer, denn was in der Szene »in«

und »out« ist, verändert sich rasch. Deshalb hier nur eine Auswahl:

Krah Krah, 1., Rabensteig 8, ✆ 5 33 81 93, tägl. 17–2 Uhr

Der neue Engel, 1., Rabensteig 5, ✆ 5 35 41 05, tägl. 17–2 Uhr

Salzamt, 1., Ruprechtsplatz 1, ✆ 5 33 53 32, tägl. 17–4 Uhr

Bars

American (Loos) Bar, 1., Kärntnerdurchgang, ✆ 5 12 32 83, tägl. 18–4 Uhr (siehe S. 80)

Bonbonniere, 1., Spiegelgasse 15, ✆ 5 12 68 86, Mo–Sa 15–2 Uhr

Eden, 1., Liliengasse 2, ✆ 5 12 74 50, tägl. 22–4 Uhr

HB-Bar, 1., Naglergasse 5, ✆ 5 35 33 23, Mo–Fr 18–2, Sa 20–2 Uhr

Wunderbar, 1., Schönlaterngasse 8, ✆ 5 12 79 89, tägl. 16–2 Uhr

Disco

Flex-Halle, 1., Donaugelände/Augartenbrücke, ✆ 5 33 75 29

P 1, 1., Rotgasse 3, ✆ 5 35 99 95

U 4, 12., Schönbrunner Str. 222, ✆ 8 15 83 07

Reiseinformationen von A–Z

Apotheken

Apotheken sind an einem großen roten A zu erkennen. Sie sind montags bis freitags von 8 bis 12 und von 14 bis 18 Uhr geöffnet, an Samstagen von 8 bis 12 Uhr. Auskunft über den Nacht-, Sonntags- und Feiertagsdienst gibt ein Tonbandservice, ✆ 15 50. Außerdem sind die Nachtdienstapotheken auch in Tageszeitungen aufgeführt.

Ärztliche Versorgung

Die medizinische Versorgung ist bei Vorlage eines Auslandskrankenscheines der eigenen Krankenversicherung sowie eines Passes kostenlos. Notdienste s. S. 284.

Auktionen

Das staatliche Dorotheum ist Wiens größtes und ältestes Auktionshaus. In seinen beiden Haupthäusern (Dorotheergasse 11 und 17, ✆ 51 56 00, Fax 51 56 04 33) werden Schmuck, Möbel, Kunstgegenstände und Waren aller Art versteigert (Mo–Fr jeweils 14 Uhr, Sa 10 Uhr). Besichtigt werden können die Gegenstände zwischen 10 und 18 Uhr bzw. Sa 8.30–12 Uhr. In dieser Zeit findet im Haus Nr. 17 auch ein sogenannter Freiverkauf statt, d. h. ohne Versteigerung (s. S. 81).

Aussichtspunkte

Oberes Belvedere: Blick zur Innenstadt

Gloriette (Schloß Schönbrunn): Blick auf die westlichen Stadtteile
Riesenrad (Prater): Höhe 67 m. Das Rad liegt in der Nord-Süd-Richtung, die Fahrt dauert ca. 10 Minuten und bietet einen Blick über die ganze Stadt bis zum Wienerwald (April–September tägl. 9–23 Uhr, März und Oktober 10–22 Uhr)
Rathausturm (99 m): Aussichtsterrasse 66 m.
Stephansdom: Südturm (136 m), Türmerstube (72 m), 343 Stufen (kein Lift, tägl. 9–17.30 Uhr). Unausgebauter Nordturm, Aussichtsplattform (60 m) mit »Pummerin« (Lift, April–Sept. 9–18, Okt.–März 8–17 Uhr).
Donauturm (252 m): Im Donaupark, Aussichtsterrasse (165 m): zweistöckiges rotierendes Café-Restaurant.
Stephaniewarte (483 m): Kahlenberg. Zufahrt über Höhenstraße
Habsburgwarte (542 m): Hermannskogel. Zufahrt über Höhenstr. oder Sieveringerstraße (Parkplatz), dann Fußweg.
Jubiläumswarte (388 m): Gallitzinberg. Zufahrt durch Johann-Staud-Gasse, Fußweg durch das Liebhartstal.

Autovermietung

Avis, 1., Opernring 5, ✆ 5 87 62 41
Hertz, 1., Kärntner Ring 17, ✆ 5 12 86 77

Babysitter

Manche Hotels organisieren Babysitter. Wo das nicht der Fall ist, kann man sich wenden an:
Kinderdrehscheibe, 5., Wehrgasse 26, ✆ 5 81 06 60

Bäder

Wien besitzt eine Reihe von Bädern, wovon einige auch touristische Attraktionen sind:
Amalienbad, 10., Reumannplatz 23 (wunderschön restauriertes Jugendstilbad aus den 20er Jahren, s. S. 177)
Theresienbad, 12., Hufelandgasse 3 (das älteste Wiener Hallenbad)
Am Rande des Wienerwaldes liegen zwei sehr schöne und traditionsreiche Freibäder:
Krapfenwaldbad, 19., Krapfenwaldgasse 65–73
Neuwaldegger Bad, 17., Promenadengasse 58
Institution des Wiener Lebens waren und sind zum Teil noch zwei an der Alten Donau gelegene Freibäder:
Arbeiterstrandbad, 22., Arbeiterstrandbadstr. 91
Gänsehäufel, 22., Moissigasse 21

Bahnhöfe

Bahn-Total-Service-Stelle:
✆ 17 00
Zentrale Zugauskunft: ✆ 17 17
Westbahnhof, 15., Mariahilfergürtel/Mariahilferstraße (Kopfbahnhof für die Züge aus/nach Westösterreich, der Bundesrepublik Deutschland, der Schweiz und Budapest)
Süd- und Ostbahnhof, 3., Landstraßer Gürtel/Arsenalstraße (Kopfbahnhof für die Züge aus/nach Südösterreich, ehemaliges Jugoslawien, Ungarn, Slowakei und Polen).
Franz Josephs-Bahnhof, 9., Julius Tandler-Platz (Kopfbahnhof für Züge aus/nach Nordwestösterreich und der Tschechischen Republik).

Behinderte

Bei der Tourist-Information (s. S. 259) erhält man die Broschüre »Wien für Gäste mit Handicaps«, die u. a. Auskunft über behindertengerecht eingerichtete Hotels gibt.

Diplomatische Vertretungen

Diplomatische Vertretungen Österreichs

... in der Bundesrepublik Deutschland:
Botschaft der Bundesrepublik Österreich
Johanniterstr. 2,
53113 Bonn
✆ 02 28/53 00 60

... in der Schweiz:
Botschaft der Bundesrepublik Österreich
Kirchfeldstr. 28
3005 Bern
✆ 0 31/3 51 01 11

Botschaft der Bundesrepublik Deutschland
Metternichgasse 3,
Wien 3
✆ 71 15 40
Geöffnet Mo–Do 9–11.30, Fr 9–10.30 Uhr

Botschaft der Schweizerischen Eidgenossenschaft
Prinz Eugen Straße 7
Wien 3
✆ 79 50 50
Geöffnet: Mo–Fr 9–12 Uhr

Feiertage

1. Januar – Neujahr
6. Januar – Heilige Drei Könige
Ostermontag
1. Mai – Tag der Arbeit
Christi Himmelfahrt
Pfingstmontag
Fronleichnam
15. August – Mariä Himmelfahrt
26. Oktober – Nationalfeiertag
1. November – Allerheiligen
8. Dezember – Mariä Empfängnis
25. Dezember – Christtag
26. Dezember – Stephanitag

Fundbüros

Zentrales Fundbüro, 9., Wasagasse 22, ✆ 31 34 40, geöffnet Mo–Fr 8–13 Uhr
Zentralsammelstelle der Österreichischen Bundesbahnen, 15., Langauergasse 2, ✆ 5 80 03 56 56, geöffnet Mo–Fr 8–15.30 Uhr

Geldwechsel

Seit der Einführung des Euro können beim Umtausch der D-Mark die Bankgebühren gespart werden, da die Zentralbanken der Euro-Zone sie kostenlos in Landesdevisen wechselt.

Banken und Sparkassen sind wochentags von 8–12.30 und 13.30–15 Uhr (Do –17.30 Uhr) geöffnet. Eurocheques und internationale Kreditkarten werden fast überall akzeptiert. Nahezu alle **Geldautomaten** in der Inneren Stadt und viele im Bereich zwischen Ring und Gürtel funktionieren auch mit ausländischen EC- bzw. Kreditkarten.

Täglich geöffnet haben folgende **Wechselstuben**:
Westbahnhof: 7–22 Uhr
Südbahnhof: 6.30–22 Uhr
City Air Terminal (Schnellbahnstation Wien-Mitte): 8–12.30 u. 14–18 Uhr
Flughafen: 6.30–23 Uhr

Gottesdienste

In den fast ausschließlich katholischen Kirchen Wiens finden täglich Gottesdienste statt. Die sonntäglichen Hochämter beginnen um 9 bzw. 10 Uhr.

Andere Glaubensgemeinschaften:
Altkatholisch: 1., Wipplingerstraße 6, So 10 Uhr
Griechisch-katholisch: 1., Postgasse 10, Mo–Sa 8 Uhr, So 10 Uhr
Griechisch-orientalisch: 1., Fleischmarkt 13, So 11 Uhr
Israelitischer Stadttempel, 1., Seitenstättengasse 4
Lutherisch: 1., Dorotheergasse 18, So 10 Uhr
Moschee und Islamisches Zentrum, 21., Am Hubertusdamm 17–19
Russisch-orthodox: 3., Jaurèsgasse 2, Sa 17 Uhr, So 10 Uhr

Kinder

Ein Monatsprogramm mit allen Veranstaltungen für Kinder gibt es bei der Stadtinformation (s. S. 259).

Einige der Wiener Attraktionen machen ihnen großen Spaß. In erster Linie der **Wurstelprater** (siehe S. 129), der mit seinem unterschiedlichen Vergnügungsangebot Kindern aller Altersstufen gefällt. Altmodischer, kleiner aber auch billiger ist der **Böhmische Prater** (siehe S. 177) im Süden der Stadt.

Im **Imperial** (1., Rotgasse 9, ✆ 5 33 32 23) werden Zeichentrickfilme für Kinder gezeigt.

Das **Naturhistorische Museum** hat einen Kindersaal mit einer eigenen Ausstellung. Nicht speziell für Kinder gestaltet, aber dennoch beliebt sind das **Circus- und Clownmuseum** sowie das **Puppen- und Spielzeugmuseum** (Adressen siehe S. 275).

Klima

Wien liegt in der Übergangszone vom atlantischen zum kontinentalen Klima. Die Durchschnittstemperatur beträgt im Winter −1,4 °C, kann aber öfters unter −5 °C fallen. Im Sommer liegt die Durchschnittstemperatur bei 20 °C, doch sind Tage mit 30 °C keine Seltenheit. Vom Wienerwald weht ständig ein leichter Wind durch die Stadt.

Kuren

Wien ist auch eine Kurstadt: 1934 wurde bei Erdölbohrungen am südlichen Stadtrand in Oberlaa eine Schwefeltherme entdeckt. Im Kurzentrum werden heute Rheuma, Bandscheibenschäden und Kreislaufstörungen behandelt: Kurzentrum Oberlaa, 10., Kurbadstraße

Mehrwertsteuerrückerstattung

Der Mehrwertsteuersatz in Österreich liegt normalerweise bei 20 %. Diesen kann man sich als Ausländer, der nicht in Österreich wohnt, zurückerstatten lassen, wenn die Summe aller Einkäufe über 1000 Schilling liegt. Dazu muß man beim Einkauf den Paß vorlegen und den Verkäufer bitten, das Formular U 34 auszufüllen. Bei der Ausreise wird das Formular sowie die gekaufte und ungebrauchte (!) Ware dem Zollbeamten vorgelegt, der die Ausfuhr bestätigt. Das abgestempelte Formular wird dann an den Verkäufer geschickt, der den Mehrwertsteuerbetrag auszahlt.

Notdienste

Polizei: ☎ 1 33
Rettung: ☎ 1 44
Feuerwehr: ☎ 1 22
Ärztefunkdienst: ☎ 1 41
Apothekenbereitschaft: ☎ 15 50
Telefonseelsorge: ☎ 142
Tierrettung: ☎ 5 31 16
Giftinformationszentrale:
☎ 4 06 43 43

Öffnungszeiten

Die Geschäfte haben in der Regel Mo–Fr 9–18 und Sa 9–17 Uhr geöffnet. Verlängerte Ladenschlußzeiten gibt es am Donnerstag (bis 20 Uhr). Außerhalb des Zentrums öffnen Bäckereien und Lebensmittelgeschäfte oft schon um 8 Uhr, manchmal bereits um 7 Uhr. Eine Mittagspause zwischen 12 und 14 bzw. 15 Uhr ist generell außerhalb der Inneren Stadt weit verbreitet.

Banken und Sparkassen haben Mo–Fr 8–12.30 und 13.30–15 Uhr, Do bis 17.30 Uhr geöffnet.

Außerhalb der Ladenschlußzeiten kann man in den Bahnhöfen und auf dem Flugplatz einkaufen.

Post

Die Postämter haben teilweise Mo–Fr 8–12 und 14–18 Uhr und teilweise Mo–Fr 7–19 und Sa 7–10 Uhr geöffnet. Das Hauptpostamt (1., Postgasse 6) sowie die Postämter am Süd- und am Westbahnhof sind rund um die Uhr geöffnet. Briefmarken bekommt man auch in den Tabakgeschäften, die Trafik heißen. Der Standardbrief innerhalb Europas kostet 7 öS, die Postkarte ebenfalls.

Die österreichischen Postleitzahlen sind vierstellig und für Wien einfach zu bilden, denn die Nummer des Gemeindebezirkes ist Bestandteil der Zahl 1000. So hat der erste Bezirk (in diesem Fall 01) die Postleitzahl 1010, der 17. Bezirk die Postleitzahl 1170.

Reisezeit

»Wien hat immer Saison«, doch sind der Frühling und der Herbst die schönsten und abwechslungsreichsten Jahreszeiten. Der Frühling macht aus dieser an Grünanlagen reichen Stadt eine blühende Metropole und die Wiener Festwochen (s. S. 288) bilden den kulturellen Höhepunkt. Am stimmungsvollsten ist Wien im Herbst. Dann stehen auch die ersten großen Premieren der neuen Saison auf den Sprech- und Gesangsbühnen an. Im Sommer kann Wien sehr heiß sein (über 30 °C), bietet aber dem kulturell interessierten Besucher von Juli bis September den Wiener Musik-Sommer (s. S. 288). Der Winter ist vor allem Ballsaison.

Sport

Eislaufen
Wiener Eislaufverein, 3., Lothringer Straße 22, ☎ 71 36 35 30
Golf
Golf-Club Wien, 2., Freudenau 65a, ☎ 72 89 56 40

Reiten
Reitschule Freudenau, 2., Freudenau
555, ✆ 7 28 95 58
Schwimmen
s. Bäder S. 284
Tennis
Tennis-Treff, 2., Prater Hauptallee,
✆ 7 20 20 70

Telefon

Das Telefonieren ist in Österreich teuer
und nicht immer einfach, da es zu wenige Leitungen gibt. Die Telekom installiert jedoch ständig neue und deshalb
ändern sich zur Zeit auch viele Wiener
Rufnummern.

Über die unterschiedlichen Zeit- und
Tarifzonen gibt der 1. Band (A–H) des
Wiener Telefonbuchs Auskunft. Neben
der Telekom gibt es inzwischen eine
Reihe anderer Telefongesellschaften
mit eigenen Servicenummern.

Auskunft
Inland ✆ 1 18 11
Bundesrepublik ✆ 1 18 12
Übriges Europa ✆ 11 8 13
Außereuropäische Länder ✆ 1 18 14

Vorwahlen
Von der Bundesrepublik Deutschland
und der Schweiz nach Wien: 00 43-1
Vorwahl in die Bundesrepublik
Deutschland: 00 49
Vorwahl in die Schweiz: 00 41

Trafik

Die Trafik, zu erkennen an einem roten
Ring mit der Aufschrift Austria Tabak,
ist nicht einfach nur ein Tabakladen.
Man bekommt neben Rauch- und Pa-
pierwaren, Zeitungen und Zeitschriften
auch Briefmarken, Fahrkarten für die öffentlichen Verkehrsmittel und Park-
scheine.

Trinkgeld

Obwohl in den Restaurants und Beisln
das Bedienungsgeld eigentlich bereits
in der Rechnung enthalten ist, wird ein
Trinkgeld von etwa 10 % erwartet.

Veranstaltungen und Festivals

Januar: 1. Januar: Neujahrskonzerte,
Ballsaison
Februar: Ballsaison (letzter Donnerstag
im Fasching: Opernball), Internationale
Tanzwochen
März: Wiener Frühjahrsmesse
April: Wiener Frühlingsfestival
Mai: Wiener Festwochen
Juni: Klangbogen Wien
Juli: Jazz-Fest Wien
August: Internationale Tanzwochen
September: Wiener Herbstmessen
Oktober: Wiener Filmfestwochen
November: Festival Wien Modern
Dezember: 31. 12. Beginn Ballsaison

Zeit

In Wien gilt die Mitteleuropäische Zeit
(MEZ), von März bis Oktober die Som-
merzeit

Zollbestimmungen

Seit Österreich Mitglied der Europäischen Gemeinschaft (EU) ist, gibt es innerhalb dieser keine Beschränkungen
und Zölle für Waren des persönlichen
Bedarfs.

Abbildungsnachweis

Archiv für Kunst und Geschichte, Berlin S. 23, 25, 31, 32, 34 35, 37, 43, 45, 46, 54/55, 88, 89, 139, 148/149, 191, 200, 216

Paul Hahn/laif, Köln   Umschlagrückseite, Umschlaginnenklappe, S. 2, 3, 4, 5, 6, 7, 8, 9, 10, 11, 13, 14/15, 16, 18, 19, 20, 50, 58, 59, 61, 62, 63, 64/65, 67, 71, 74/75, 76, 77, 80, 81, 83, 93, 95, 97, 100, 102/103, 104, 106108, 110, 113, 118, 119, 120, 122/123, 125, 127, 128, 129, 134/135, 136, 141, 143, 146, 150, 152, 154, 156, 161, 162, 163, 164, 167, 168, 169, 170/171, 176, 177, 180, 181, 186, 188/189, 194, 199, 202, 203, 204, 208, 210/211, 212/213, 213, 218, 219, 220/212, 224, 225, 226, 227, 228, 229, 231, 234/235, 237, 238, 239, 242, 244, 245, 247, 248, 251, 252, 254

Ullstein Bilderdienst, Berlin   S. 207

Viennaslide, Wien   Umschlagvorderseite

Archiv des Autors   S. 184

S- und U-Bahnplan Wien: Schönberg + Cerny, Wien

Karten und Pläne: Berndtson & Berndtson, Fürstenfeldbruck

Quellennachweis

Zitate S. 8, 16, 143 aus: Thomas Bernhard, Alte Meister, Suhrkamp Verlag Frankfurt a. M., 1988

Zitat S. 14 aus: Robert Neumann, Deutschland deine Österreicher, Hoffmann und Campe Verlag Hamburg, 1970

Zitate S. 47, 142, 144, 232 aus: Robert Musil, Auszüge aus: Gesammelte Werke Copyright © 1978 by Rowohlt Verlag GmbH, Reinbek

Zitat S. 72 aus: Stefan Zweig, Die Welt von Gestern, © Bermann-Fischer Verlag A.B., Stockholm 1944. Alle Rechte vorbehalten S. Fischer Verlag GmbH, Frankfurt a. M.

Zitat S. 73 aus: Max Graf nach William M. Johnston, Österreichische Kultur- und Geistesgeschichte, Böhlau Verlag, Wien 1992

Zitat S. 89 aus: Erich Jandl, Aus der Kürze des Lebens, © 1985 Hermann Luchterhand Verlag GmbH & Co. KG, Darmstadt/Neuwied. Alle Rechte vorbehalten: Luchterhand Literaturverlag

Zitat S. 89 aus: Friedrich Torberg, Die Tante Jolesch, © by Langen-Müller in der F.A. Herbig Verlagsbuchhandlung GmbH, München

Zitat S. 111 aus: Heimito von Doderer, Roman Nr. 7, I. Teil, Die Wasserfälle von Slunj, © 1963 C.H. Beck' sche Verlagsbuchhandlung, München. Die erste Auflage dieses Werks ist im Biederstein Verlag erschienen.

Zitat S. 111 aus: Egon Friedell, Kulturgeschichte der Neuzeit, C.H.Beck' sche Verlagsbuchhandlung, München

Zitat S. 121 aus: Arthur Schnitzler, Jugend in Wien, © Verlag Fritz Molden, Wien-München-Zürich 1968. Alle Rechte vorbehalten S. Fischer Verlag GmbH, Frankfurt am Main

Zitat S. 132f. aus: Ingeborg Bachmann, Malina, Suhrkamp Verlag, Frankfurt a. M. 1977

Zitate S. 139, 140, 190 aus: Karl

Kraus, Die letzten Tage der Menschheit, Gedichte. st 1319, © 1989 Suhrkamp Verlag Frankfurt a.M.

Zitat S. 140 aus: Elias Canetti, Gesammelte Werke in 8 Bänden, Band 7: Die Fackel, 1921-1931. © 1993 Carl Hanser Verlag München Wien

Zitat S. 168 aus: Heimito von Doderer, Die Strudlhofstiege, © 1951 C.H. Beck' sche Verlagsbuchhandlung, München. Die erste Auflage dieses Werks ist im Biederstein Verlag erschienen.

Zitat S. 175 aus: Egon Erwin Kisch, Gesammelte Werke in Einzelausgaben; Bd: 2 © Aufbau-Verlag Berlin und Weimar 1992

Zitat S. 183f. aus: W. T. Bauer, Wiener Friedhofsführer © Falter Verlag Wien, 1989

Zitate S. 199, 200 aus: Joseph Buttinger, Das Ende der Massenpartei, Verlag Neue Kritik Schauer KG Frankfurt a.M., 1972

Zitat S. 206 aus: Elias Canetti, Gesammelte Werke in 8 Bänden, Band 8: Das Augenspiel, 1931-1937. © 1994 Carl Hanser Verlag München Wien

Zitat S. 207 aus: Friedrich Torberg, Die Erben der Tante Jolesch, © by Langen-Müller in der F.A. Herbig Verlagsbuchhandlung GmbH, München

Zitat S. 213 aus: Heimito von Doderer, Die Dämonen, © 1956 C.H. Beck' sche Verlagsbuchhandlung, München. Die erste Auflage dieses Werks ist im Biederstein Verlag erschienen.

Zitate S. 225, 232 aus: H.C. Artmann/Gerhard Rühm, Die Wiener Gruppe, Reinbek 1985, mit freundlicher Genehmigung von Gerhard Rühm, Köln.

Zitat S. 232 aus: Josef Weinheber, Wien wörtlich, © Otto Müller Verlag, Salzburg 1985

Zitat S. 233 aus: "Die Parkbank am Abend", aus Luftlinien von Anton Kuh, Copyright © by Verlag Kremayr & Scheriau, Wien

Zitat S. 233 aus: Carl Merz/Helmut Qualtinger, Qualtingers beste Satiren, © Deuticke Verlag, Wien und Thomas Sessler Verlag, Wien

Register

Personen

Abraham a Sancta Clara 101
Adler, Victor 172, 176
Albert von Sachsen-Teschen 96
Albrecht I., König 108
Albrecht III., Herzog 247
Albrecht, Erzherzog 35, 36
Altenberg, Peter 54, 162
Ammianus Marcellinus 245
Anzengruber, Ludwig 156, 182
Arendt, Hannah 116
Arnstein, Fanny von 206
Artmann, H.C. 58, 162, 232
Auerbach, Simon 169

Babenberger 22, 24, 26
Bachmann, Ingeborg 132, 137
Bahr, Hermann 15, 53, 54, 93, 161, 207
Bárány, Robert 167
Bauernfeld, Eduard von 51
Baumann, Ludwig 77
Beethoven, Ludwig van 33, 51, 94, 107,
   125, 153, 154, 158, 182, 204, 248, 252
Béla IV., ungar. König 244
Berchtold, Leopold Graf von 114
Berg, Alban 41, 58
Berndl, Florian 230
Bernhard, Thomas 8, 16, 88, 111, 143
Billroth, Theodor 167, 168, 182
Bismarck, Otto von 191
Blauensteiner, Franz 158
Booer, Johann Lukas 166
Bormann, Martin 175
Brahms, Johannes 51, 167, 182, 222,
   227
Brecht, Bertolt 141
Breuer, Josef 42
Broch, Hermann 54, 72, 162, 226
Bruckner, Anton 51, 158, 252
Brueghel d.Ä., Pieter 74
Bürckel, Josef 47
Burckhardt, Jacob 41
Buttinger, Joseph 199, 200

Canetti, Elias 89, 140, 206
Canevale, Isidor 130, 164
Canova, Antonio 73
Carnap, Rudolf 56
Casanova, Giovanni Giacomo 232
Celebi, Evliya 29
Coch, Georg 77
Conrads, Heinz 212

Demel, Christoph 85
Demel, Klara 85
Diodato, Johannes 161
Doderer, Heimito von 89, 110, 111,
   158, 168, 213
Dollfuß, Engelbert 44, 45, 201, 200, 213
Donner, Georg Raphael 133

Ehn, Karl 198, 201
Eisler, Georg 229
Elisabeth, österr. Kaiserin 38, 53, 73,
   92, 94, 219
Elßler, Fanny 194
Engelmann, Paul 76
Eugen von Savoyen, Prinz 29, 30, 79,
   98, 104, 133, 146, 186, 195, 244

Felder, Cajetan 39
Fellner, Ferdinand 160
Fendi, Peter 34, 53
Ferdinand I., österr. Kaiser 27, 35, 36,
   190, 225
Ferdinand I., dtsch. Kaiser 26, 28, 49,
   86
Ferdinand II., österr. Kaiser 87, 101,
   119
Ferdinand Karl, Erzherzog (Ferdinand
   Burg) 39
Ferstel, Heinrich von 66, 70, 75, 208
Figl, Leopold 114, 136
Fischer von Erlach, Johann Bernhard
   49, 94, 112, 131, 146, 160, 186
Fischer von Erlach, Joseph Emanuel
   49, 92, 94, 131, 146
Förster, Ludwig von 66
Frank, Johann Peter 166
Franz Ferdinand 40, 55, 136, 137

Orte

Register

297

DUMONT *EXTRA*

Die neuen
Reiseführer
mit dem gewissen Extra

DM 12. 90

»Große Klasse zum kleinen Preis: schnelle Infos, tolle Fotos, fünf Touren, moderne Grafik und Extra-karte. Ein kompletter Reiseführer für junge Leute und Junggebliebene. Mit Insidertips, die jede Reise zu einem wahren Vergnügen machen.«
buch aktuell

»Es handelt sich hier um kompakte Reiseführer mit verläßlichen, topaktuellen Tips und wirklich lohnenden, originellen Routenbe-schreibungen. Außerordentlich ist die jährliche Neuauflage! Insgesamt bietet ›DUMONT Extra‹ Tips, Tips und nochmals Tips; und diese dann auch garantiert Jahr für Jahr neu .«
Nordbayerischer Kurier

Weitere Informationen über die Titel der Reihe DUMONT EXTRA erhalten Sie bei Ihrem Buchhändler oder beim DUMONT Buchverlag · Postfach 10 10 45 · 50450 Köln · http://www.dumontverlag.de

Jetzt zu 60 Reisezielen in aller Welt!

DUMONT

RICHTIG REISEN

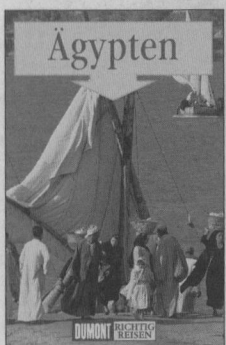

Ägypten

Schweden

Vietnam

Süditalien

Venezuela

Nicaragua
Costa Rica · Panama

»Den äußerst attraktiven Mittelweg zwischen kunsthistorisch orientiertem Sightseeing und touristischem Freilauf geht die inzwischen sehr umfangreich gewordene, blendend bebilderte Reihe ›Richtig Reisen‹. Die Bücher haben fast schon Bildbandqualität, sind nicht nur zum Nachschlagen, sondern auch zum Durchlesen konzipiert. Meist vorbildlich der Versuch, auch jenseits der ›Drei-Sterne-Attraktionen‹ auf versteckte Sehenswürdigkeiten hinzuweisen, die zum eigenständigen Entdecken abseits der ausgetrampelten Touristenpfade anregen.«

Abendzeitung, München

»Zum einen bieten die Bände der Reihe ›Richtig Reisen‹. dem Leser eine vorzügliche Einstimmung, zum anderen eignen sie sich in hohem Maß als Wegweiser, die den Touristen auf der Reise selbst begleiten.«

Neue Zürcher Zeitung

Weitere Informationen über die Titel der Reihe DUMONT Richtig Reisen erhalten Sie bei Ihrem Buchhändler oder beim DUMONT Buchverlag • Postfach 10 10 45 • 50450 Köln.

DUMONT
REISE-TASCHENBÜCHER

»Was den DUMONT-Leuten gelungen ist: Trotz der Kürze steckt in diesen Büchern genügend Würze. Immer wieder sind unerwartete Informationen zu finden, nicht trocken eingestreut, sondern lebhaft geschrieben... Diese Mischung aus journalistisch aufgearbeiteten Hintergrundinformationen, Erzählung und die ungewöhnlichen Blickwinkel, die nicht nur bei den Farb- und Schwarzweißfotos gewählt wurden – diese Mischung macht's. Eine sympathische Reiseführer-Reihe.«

Südwestfunk

»Zur Konzeption der Reise-Taschenbücher gehören zahlreiche, lebendig beschriebene Exkurse im allgemeinen landeskundlichen Teil wie im praktischen Reiseteil. Diese Exkurse vertiefen zentrale Themen der Geschichte, Kunst und des sozialen Lebens und sollen so zu einem abgerundeten Verständnis des Reiselandes führen.«

Main Echo

Weitere Informationen über die Titel der Reihe DUMONT Reise-Taschenbücher erhalten Sie bei Ihrem Buchhändler oder beim DUMONT Buchverlag • Postfach 10 10 45 • 50450 Köln.

DUMONT

VISUELL-REISEFÜHRER

»Wer einen der atemberaubenden Reiseführer aus der neuen Reihe ›DUMONT visuell‹ wie unsere Rezensentin in der Badewanne aufschlägt, der sollte sich vorsichtshalber am Rand festhalten, denn was einem in diesen Bänden geboten wird, verführt den Leser geradezu, in das Land seiner Träume einzutauchen.«

Kölner Illustrierte

»Sehfreude wird provoziert, Neugierde geweckt, Leselust angeheizt…«

Rheinischer Merkur

»Faszinierend sind die detailgetreu gezeichneten Ansichten aus der Vogelperspektive, die Form, Konstruktion und Struktur von Stadtlandschaften und architektonischen Ensembles auf einzigartige Weise vor Augen führen.«

Hamburger Abendblatt

»DUMONT visuell bei Besichtigungen stets bei sich zu haben, bedeutet stets gut informiert zu sein.«

Der Tagesspiegel

Weitere Informationen über die Titel der Reihe DUMONT visuell-Reiseführer erhalten Sie bei Ihrem Buchhändler oder beim DUMONT Buchverlag • Postfach 10 10 45 • 50450 Köln.

DUMONT

KUNST-REISEFÜHRER

Ingrid Nowel
Berlin
Vom preußischen Zentrum zur Weltmetropole –
Architektur und Kunst, Geschichte und Literatur

Walter Pippke · Ida Leinberger
Gardasee
Verona · Trentino
Kunst und Geschichte im Zentrum des Alpenbogens

Arnold Betten
Marokko
Antike, Berbertraditionen und Islam –
Geschichte, Kunst und Kultur im Maghreb

NEUE SICHT-WEISEN:

Farbiger, informativer und lesefreundlicher als je zuvor – der Klassiker unter den DUMONT Reiseführern im neuen Gewand. Eine frische und übersichtliche Gestaltung garantiert Ihnen eine schnelle Orientierung im Buch und vor allem – vor Ort. Eine Fülle farbiger Abbildungen und Karten sowie Illustrationen, Stiche und Grundrisse machen den Führer zu einem optischen Genuß. In der Marginalspalte finden Sie ergänzend zum Haupttext wertvolle »Randbemerkungen«, durch die sie zusätzliche Informationen erhalten. Kunst und Kultur des Reiselandes werden von unseren kompetenten Autoren in bewährter Qualität in den gesellschaftlich-sozialen Kontext gestellt.
»Man sieht nur, was man weiß« – wer gründlich informiert reisen will, der kann auf einen DUMONT Kunst-Reiseführer nicht verzichten.

Ernst Badstübner
Brandenburg
Das Land um Berlin –
Kunst und Geschichte zwischen Elbe und Oder

Susanne Tschirner
Elsaß
Fachwerkdörfer und historische Städte, Burgen und
Kirchen im Weinland zwischen Rhein und Vogesen

Klaus Zimmermanns
Venetien
Die Städte und Villen der Terraferma

Weitere Informationen über die Titel der Reihe DUMONT Kunst-Reiseführer erhalten Sie
bei Ihrem Buchhändler oder beim DUMONT Buchverlag • Postfach 10 10 45 • 50450 Köln.

Umschlagvorderseite: Im Café Central
Umschlaginnenklappe: U-Bahnplan und Stadtbahnstation von Otto Wagner
Umschlagrückseite: Schloß Schönbrunn

Über den Autor: Karl Unger, Jahrgang 1948, geboren im Burgenland und aufgewachsen in Wien, Promotion in Politikwissenschaften, lebt heute als freier Journalist
in Köln.

3., aktualisierte Auflage 2000
© DuMont Buchverlag
Alle Rechte vorbehalten
Satz und Druck: Rasch, Bramsche
Buchbinderische Verarbeitung: Bramscher Buchbinder Betriebe

Printed in Germany   ISBN 3-7701-3609-8